中文基础

ZHONGWEN JICHU

姚 颖 ◉ 编著

北京师范大学出版集团
BEIJING NORMAL UNIVERSITY PUBLISHING GROUP
北京师范大学出版社

图书在版编目(CIP)数据

中文基础/姚颖编著．—北京：北京师范大学出版社，2021.12
全国高等院校小学教育专业精品教材
ISBN 978-7-303-27087-3

Ⅰ.①中… Ⅱ.①姚… Ⅲ.①汉语－高等学校－教材
Ⅳ.①H193.9

中国版本图书馆 CIP 数据核字(2021)第 129680 号

营 销 中 心 电 话 010-58802135 010-58802786
北师大出版社教师教育分社微信公众号 京师教师教育

ZHONGWEN JICHU
出版发行：北京师范大学出版社 www.bnupg.com
北京市西城区新街口外大街 12-3 号
邮政编码：100088
印 刷：保定市中画美凯印刷有限公司
经 销：全国新华书店
开 本：787 mm×1092 mm 1/16
印 张：20.75
字 数：374 千字
版 次：2022 年 1 月第 1 版
印 次：2022 年 1 月第 1 次印刷
定 价：56.00 元

策划编辑：王剑虹 责任编辑：冯 倩
美术编辑：李向昕 装帧设计：李向昕
责任校对：康 悦 责任印制：赵 龙

丛书编委会

主　　编　王本陆

副 主 编　张春莉

编 委 会（按照姓氏笔画排序）

王乃弋　王工斌　王本陆　杜晓红
李臣之　吴　婵　张春莉　张新颜
陈红兵　易　进　易连云　和学新
周逸先　姚　颖　高潇怡　郭声健
郭法奇　曾　琦　綦春霞　阚　维
潘新民　戴双翔

总 序

高等院校小学教育专业精品教材是我们承担的教育部人文社会科学重点研究基地重大项目“中国教师教育课程质量研究”(项目编号：17JJD880002)的阶段性成果，是由北京师范大学小学教育研究中心、北京师范大学课程与教学研究院、北京师范大学出版社联合策划，数十所高等师范院校的众多专家携手研发而成的教师教育教材。

20 世纪初至今，我国已经走过了一百多年教师教育教材建设的探索历程，建立了包括中专、大专和本科三个不同层次，适应不同学科方向的教师教育教材体系，取得了很大的成就。当前，在党和国家大力加强教师教育建设的大好形势下，教师教育教材建设面临着前所未有的新机遇和新挑战。探索新时代教师教育教材建设的新机制，努力编写和出版适应时代要求的高质量的教师教育教材，是时代赋予我们的使命。

教材建设无小事。理论和实践表明，教材建设是教育改革发展的基础性工程，是提升人才培养质量的关键环节。教科书“是读者最多、最特殊，又最被读者信赖、最耗费读者精力和时间、对读者影响最为深远持久的文本。……在一定意义上，有什么样的教科书，就有什么样的年轻人，也就有什么样的国家的未来”①。因而，编写出版好教材，自觉选用好教材，是至关重要的大事。对于教师教育来说，把好教材质量关，更是意义重大。教师教育教材直接影响教师培养的质量，而教师质量又影响千千万万学生的学习和发展，可谓牵一发而动全身。当前，我国教师教育教材品种众多，但良莠不齐，优质教材还相对较少。进一步增加优质教材供给，可谓时不我待。

教材建设是一项与时俱进的工作。随着时代发展，教材的内涵、外延和质量标准也在不断地丰富和完善。通常来说，教材是依据课程标准编写的供师生使用的教学用书，还包括与教科书配套的辅助教学材料，如练习册(习题集)、参考读物、影像材料等。进入 21 世纪，我国教材发展呈现出数字化和优质化两大核心趋势。所谓教材数字化，主要是指信息技术与课程教材深度融合，不断改变、创新教材形态的过程。其中，又有两条路径：一是以纸媒教材为依托，集成相关数字化课程资源，如开发支持纸媒教材的网络化学科资源库、学科教学光盘，在纸媒教材上通过二维码链接微课和其他教学资源，或者提供相关专业网站的网址；二是独立开发数字教材，如集成在平板电脑中的课程内容和教学设计，在网络平台上运行的课程软件等。教材数字化扩大了教材的容量，丰富了教材内容的表现方式，极大地提高了教材使用的便捷性，意义十分深远。所谓教材优质化，是指严把教材研发、出版和选用的标准，力求不断提升教材

---

① 石鸥：《弦诵之声——百年中国教科书的文化使命》，1 页，长沙，湖南教育出版社，2019。

品质的过程。国家级一流本科课程、全国优秀教材奖的评审，《新时代马工程重点教材建设规划》的推进，国家级规划教材的建设，都体现了党和国家狠抓教材质量的坚定意志。作为立德树人的基础资源，每一本教材均应是精品，这是新时代教材优质化的核心要义。

什么样的教材称得上是精品教材呢？我们认为，至少有三条共性的判断标准：教育性标准、科学性标准和教学性标准。首先，教材是为培养人服务的，体现人才培养的时代需要和政策要求，具有促进学生德智体美劳全面发展的功能，这是评判教材好坏的首要标准(教育性标准)。教材应体现人类真善美的价值追求，在引领学生追求人类进步、国家富强和个人成长的美好理想，促进学生形成正确的人生观、世界观和价值观等方面，发挥独特的教育作用。其次，教材是对人类文明成果进行精选和加工后的产物，必须具有科学性。一方面，教材内容应准确反映人类社会生活和生产实践的基本经验，体现科学技术发展的整体格局和时代水平；另一方面，又要基于教育逻辑，把人类经验、科学技术加以精简平衡和结构重组，使教材内容兼顾基础性和前沿性、稳定性和动态性、理论性与实用性，体现教书育人的内在品质。最后，教材是供师生使用的教学资源，还应具有教学性。所谓教材的教学性，是指教材所具有的遵循教学规律、合理规划教学、便于师生使用的品质或特性。教材不仅提供教育内容，而且规划教学活动，指引学习方法和路径，这是其区别于其他文化读物的功能定位。好的教材往往版式精致、语言规范、内容丰富、活动多样、方法具体、启发性强，既能很好地支持教师开展教学活动，又能为学生创造多种多样的学习空间。我国教材建设的历史实践表明，真正好的教材是教育性、科学性和教学性的有机统一。当然，关于精品教材内涵和标准的这种共识理解，是随着时代发展而逐步达成的。在相当长时间内，我国大学教材(包括教师教育教材)比较重视内容的科学性，对教育性和教学性标准则关注不够。进入21世纪，大学教材的教学性得以被关注，在教材体例创新和课程资源支持等方面出现了很多有意义的探索。十八大以来，我国强化了“教材建设是国家事权”的理念，更加突出了教材的立德树人的功能。于是，教材的教育性成为热议话题和评判教材好坏的核心标准。当前，人们已经普遍认识到，科学性、教育性和教学性是教材不可或缺的内在品质，三者兼具的教材才是好教材。

对于精品教材内涵和标准的理解，为我们建设精品教材指明了方向。但是，要真正地把这三条标准很好地贯彻实施，是一项非常艰巨的工作。我们编写的这套小学教育专业精品教材，在努力提高教材的教育性、科学性和教学性方面做了积极探索，但成效如何还有待实践的检验。真诚欢迎各位教师和同学把在教材使用过程中发现的问题和真实的体验，以及对教材改进的设想和建议，及时反馈给我们。您的反馈将激励我们不断前行，为探寻教师教育精品教材建设的中国道路而不懈努力！

王本陆

于北京师范大学英东楼

前言

中华人民共和国成立70多年来，我国基础教育教学实践和研究领域取得了丰硕的成果，基础教育质量稳步提升，国民素质日趋提高，这有赖于国家对教育事业，特别是对基础教育的重视，有赖于国家大力支持和推进课程与教学改革。作为基础教育师资培养的专门学校，我国众多师范院校都设立了小学教育专业方向，着力培养有本科学历的小学教师。以北京师范大学、东北师范大学、华东师范大学等为代表的部属重点师范院校和一些地方师范大学，还着力培养具有研究生学历的小学教师，在本科、研究生教育教学层面开设了大量理论和实践相结合的课程，以满足职前教师培养的需要。

不过，从近几十年的优质基础教育师资职前培养的发展历程来看，高校课程体系和培养方案还存在诸多局限性：课程内容陈旧、分科独立教学、理论与实践脱节等。特别是作为小学基础学科的语文学科，在师资培养上也存在要么过度关注中文专业知识和素养的培养而实践能力缺乏，要么专业知识不牢固、技能有余而储备不足或深度不够等情况。造成这些局限性的原因是多方面的，有时代的原因，也有体制的原因，而更关键的还有人才培养的结构体系、课程设置、制度保障上的原因。要想提高基础教育师资的整体素质，就要在这些问题的解决工作上下功夫，还要深入思考我国小学教育面临的现实困境与时代挑战。

小学教育是整个国民基础教育的基础，是培根、铸魂、启智、润心的关键，也是"系好人生第一粒扣子"的起步阶段。中国学生发展核心素养对我们提出的要求是培养全面发展的人，这就需要培养全面发展、有综合素养的教师。语文在小学教育中扮演着核心和基础课程的角色，小学语文教师的培养，应予以高度重视。

有鉴于此，北京师范大学出版集团于全国范围内组织了在小学教育、课程与教学论领域有影响、有理论和实践基础的团队，编写全国高等院校小学教育专业精品系列教材；针对师范高等院校在小学语文教师专业知识和能力培养上分科独立、各自为战、分散用力、缺乏整合的现状，策划出版系列教材。《中文基础》作为系列教材的有机组成部分之一，就是从整合的角度、从培养有全面综合语文教育素养的语文教师的角度设计和编写的一本具有基础性、综合性、创新性和实践指导性的专业教材。

“中文基础”是一门在高等院校小学教育专业亟须开设的新课程。在教材编写过程中，我们可参考的成熟经验和素材并不多。我们结合高等师范院校汉语语言文学专业的课程设置，以及多数师范院校教育学院、初等教育学院、教育科学研究院的本科、硕士阶段的课程设置，从小学语文教师应具有的知识结构、能力素养、思维方法、教学能力、研究潜力等角度，遵照学界已有的定论，以兼具时代创新性、整合传统媒体资源和新媒体资源的原则，对教材的整体结构框架做出如下设计。

绪论是教材的概述部分，介绍“中文基础”课程设立的背景、意义、内容和实施等。第一章到第八章，基本按照语言、文学的脉络设立。相较而言，语言和文学属于中文的两大系统，有各自的特点、呈现方式、内容和研究方法。本书的第一章、第二章属于语言部分；从第三章开始属于文学部分，占有较大比重，第三章概括阐述了中西方文学理论；第四章到第八章分专题展现了古今中外不同的文学发展历史、特点和有代表性的作家、作品。从体例上来看，第一章到第八章涉及章结构图、章前概述、章前导语、正文、思考与练习、本章小结、关键术语、拓展资源和参考资料等板块，内容全面，便于教学运用。

针对本教材的设计定位、框架结构，我们从中文专业领域邀请了多位有深厚专业素养和实践教学经验的大学教授、中小学高级教师和小学教育方向的研究生，组成实力雄厚、充满活力的编写队伍，以保证教材的编写质量。

本教材各章节具体分工如下。

我负责绪论、第四章、第五章和第七章的撰写工作。其中，北京师范大学教育学部 2019 级小学教育硕士研究生刘瑶和徐婷婷，协助查阅资料、参与了相关内容初稿的撰写工作；北京市海淀区东北旺中心小学、教育学硕士郭微娜老师，承担了第五章部分内容初稿的撰写工作。

上海大学国际教育学院教师、汉代汉语硕士杨昱华老师，承担了第一章的撰写工作。

北京景山学校远洋分校高级教师、古代文学硕士杨谷怀老师，承担了第二章的撰写工作。

北京联合大学师范学院中文系副教授、文学博士薛红云老师，承担了第三章的撰写工作。

北京景山学校远洋分校高级教师、古代文学硕士邵世民老师，承担了第六章的撰写工作。

北京联合大学师范学院中文系教师、艺术学博士王秀梅老师，承担了第八章的撰写工作；北京市海淀区四王府小学语文教师段秋琦也参与了这一章相关内容的编写工作。

北京师范大学教育学部硕士研究生徐婷婷协助我进行了全书定稿的整理工作。

本教材在撰写过程中得到了北京师范大学出版集团王剑虹老师的大力支持，北京师范大学教育学部课程与教学研究院王本陆教授和诸位专家学者也提出了大量宝贵意见、建议。同时，本教材得以成稿，也离不开文学研究领域的前辈学人、专家、教师等的研究和实践探索。在此，向所有为本教材撰写和编辑出版付出努力的朋友们一并致谢！因能力、时间和精力的限制，本教材中论述恐有遗漏、偏颇之处，恳请方家批评指正。

姚 颖

2021 年 3 月 31 日

目　录

绪　论

第一节
“中文基础”课程的背景、概念与特点

进入 21 世纪以来，我国高等院校的招生规模不断扩大，据教育部于 1998 年、2006 年、2019 年发布的《全国教育事业发展统计公报》显示，普通高等学校本专科招生人数在 1998 年还只有 108.36 万人，到 2006 年上升到 546.05 万人，而到 2019 年，已达到 914.90 万人，呈逐渐递增趋势。教育部在本科教学工作会议上强调，在保持高等院校增长规模的同时，要更加注重提高质量，今后高校发展的目标应是规模与质量同步。也就是说，我国高等教育经过大众化的发展过程后，从以扩大规模为主转向以提高质量、注重内涵发展为主；本科阶段的培养目标也从传统意义上的专业教育转向素质教育和人的全面发展的教育。

一、“中文基础”课程开设的背景和必要性

中文是我们学习、交际、阅读、写作，乃至工作和思考的重要工具。中文学习的任务，其实从每一个人的孩提时代就开始了。不过系统化的中文学习，特别是以读写为核心的书面语言的学习，是从小学语文课开始的。语文是基础教育阶段最核心、最重要的课程。无论是从其课时的安排上、师资的配比上来看，还是从每一次语文教材和课程教学改革的影响上来看，语文都是“牵一发而动全身”的课程。学好语文，是学好其他课程的前提。即便到了大学阶段，也有大学语文课程。这一课程主要是为非中文专业的学生开设的基础类课程，是对中小学语文课程的进一步延续和提升，这一课程也成为国内大部分高等院校的公共必修课。当然，也有一部分对中国语言文学感兴趣的学生，进入高校中文系或文学院后，会系统学习语言、文学、文化理论和创作方面的知识，发展专业能力。

师范院校的中文系或文学院是培养中小学语文教师的重要摇篮，开设了诸如文艺理论、语言学概论、古代汉语、现代汉语、古代文学、现代文学、当代文学、外国文学、民间文学等课程，这些课程是关于语言文学的基本知识、理论、技能和方法的，对于中文专业的学生来说是必须掌握的。同时，就中小学语文课程设计和教科书而言，识字、写字教学，需要教师了解汉字学、训诂学、书法学等方面的知识；阅读教学，需要教师对古今中外的作家、作品有丰富的阅读经验与积累，对不同的文学思潮、理

论流派有清晰而深刻的了解和认识，对不同阶段、不同国别的文学发展史有整体的把握和定位；写作教学，是和阅读教学互为因果的，教师应引导学生在阅读中学习写作，在写作中促进阅读；口语交际教学，更是少不了现代汉语、语言学的相关知识和技能。这些知识的获得、能力的形成和素养的提升，都不是一朝一夕的，需要在中文专业本科四年中进行系统化的学习，甚至在研究生阶段于中文专业领域进一步深造。只有通过系统化、专业化的学习发展，才能健全未来从事中小学语文教学的人才的知识结构，提高其专业能力，即阅读能力、文学创作能力、审美鉴赏能力等。

目前，除了师范院校的中文系或文学院之外，还有高等师范院校初等教育学院专注于小学语文教师人才培养工作。在当下小学教育越来越受到重视，语文学科的基础和核心地位不断得到突出的大背景下，小学语文教师的培养也成为重要议题。在当下乃至未来很长的一段时间内，全国各地对于小学语文教师的需求量依然非常大。但从现状来看，师范院校培养的语文教师，由于其将更多的时间花在语言、文学、文献、阅读和学术论文撰写上，相对而言，在教学基本功和教育教学基本理论素养方面有所欠缺。很多师范院校的中文系或文学院，四年中仅仅为本科生开设一个学期的语文教育学或语文教学论等课程，学生仅初步涉猎语文课程的基本理论，而语文教学的实践操练，多数时候受制于课时，也只能浅尝辄止。学生在读期间，参与的教学实践活动更是少之又少，据统计，教学实践实习的学分一般只有 2～3 个，而且大部分教学实践安排在大学四年级的一个月的时间里。大多数师范院校的本科生可能有机会集中观摩一些一线教师的课堂教学，但由于受到时间的限制，自己参与一线教学的机会微乎其微。

相较而言，高校初等教育学院对学生培养的定位更偏向于实践教学层面。学生有更多的教育见习和实习的机会，在大学的不同学期会被有序地安排进入中小学进行见习，有机会跟随实践导师(一线优秀、骨干教师)学习；也有一段集中的时间专门进行教学实习，有更多机会接触一线教学、学习语文教材、了解不同年龄阶段学生的特点，甚至有机会亲自参与教学，得到实践导师的点拨，这对于初等教育学院或教育学院小学教育专业的本科生来说，是非常难得的锻炼机会。

虽然，为了提升未来从事小学语文教学工作的学生的语文学科专业素养，大多数高校教育学院、小学教育专业也开设了诸如现代汉语、古代汉语、民间文学、儿童文学、当代文学等课程，但是从课程设置的系统性、全面性上来看，其课程体系还不够完善，大致呈现出零散化、随意化的状态，即学校下属专业有什么师资就开设什么课程。另外受到学制、培养方案、课时进度的影响，小学教育专业的学生也无法系统学习中文基础类课程，因为他们还要学习诸如教育学、心理学、哲学、社会学等领域的课程，以及教学技能和实践类课程，此外还要接受见习和实习等教学实践活动安排。

实践环节付出的时间精力过多，势必会挤占小学教育专业学生学习基础知识和语言文学理论的课时，造成学生对于中文核心基础知识并没有形成全面的、体系化的知识图谱与框架等问题。那么，如何调和未来从事语文教学工作的学生的学科基础知识有待丰富化、系统化的问题和实际人才培养的人、时、力的局限性之间的矛盾呢？经过广泛调研，目前大部分高校的小学教育专业已经开设了语言类课程，如现代汉语、古代汉语；也开设了文学类课程，如古代文学、现当代文学、儿童文学；还开设了技能性课程，如演讲与口才、书法、写作等，但是很少开设将这么庞杂的、丰富的汉语语言和文学文化领域的知识囊括在一起的课程。因此，给高等院校小学教育专业本科生、未来立志从事小学语文教学工作的学生开设一门专门的中文基础课程，就势在必行了。

二、“中文基础”课程的概念、特点

(一)“中文基础”课程概念

中文基础，作为一门课程，既不是“无源之水”，也不是“无本之木”。早在1864年，英国人詹姆斯·萨默斯就为汉语初学者编写并且出版了一本入门教材——《中文基础》。萨默斯是一位研究汉语的教授，曾就职于英国伦敦大学。他的汉语课在当时受到了想来中国的外交官、商人、传教士的追捧。这本教材被誉为“英国国别化本土教材的雏形”①。这本入门性教材按照音韵、汉字、语法的形式编排，萨默斯将汉语学习划分为语音学习、汉字学习、构词学习、句法学习几部分。他主张在掌握各种要素学习的基础上再进行实践教学，即以练习为主，这一练习具有可操作性和实用性，教材的最后附有汉语词汇表。从今天看来，这本教材虽然用了“中文基础”之名，但是其实是一本“汉语基础”教材，主要是帮助汉语初学者学习和掌握汉语的语音、词汇、语法和句子结构，能够进行简单的实践和运用。而本教材中的“中文基础”，指的是中国语言文学学科中的基础性、专业性、综合性知识和内容，与“汉语基础”或“汉语语言”类课程相比，更强调“中文”的整合性，外延更大，不仅包含汉语语言方面的内容，还包含文学、文化等方面的内容，还涉及西方文论、外国文学的基础知识。

(二)“中文基础”课程的特点

鉴于对“中文基础”课程概念的理解，这门课程具备大多数课程的特点。“课程”作为一个教育学术语是从近代开始的，但是其实中国自古就有了“课程”的概念和相关表述，即学校课业的内容及其进程。虽然当代课程论学界对“课程”的定义并未完全达成

---

① 林馨、刘殊墨、张洁琳等：《英国汉学中汉语国别化教材初探——萨默斯〈中文基础〉(1864)述评》，载《海外华文教育》，2012(4)。

共识，但是普遍认为，课程的要素包括课程目标、内容、实施和评价等。在此基础上，发展起来的课程论学科，对课程特点的研究基本呈现三种视角，即把课程视为知识、经验和活动。

把课程作为知识并付诸实践一般具备如下特点：第一，课程体系是以科学逻辑组织的；第二，课程是社会选择和社会意志的体现；第三，课程是既定的、先验的、静态的；第四，课程是外在于学习者的，并且基本上凌驾于学习者之上的——学习者服从课程，在课程面前是接受者的角色。①

当课程被认为是经验时，一般特点在于：课程往往是从学习者角度出发和设计的；课程是与学习者个人经验相联系、相结合的；强调学习者作为学习主体的角色。②

当课程被认为是活动时，其特点是强调学习者是课程的主体，以及作为主体的能动性；强调以学习者的兴趣、需要、能力、经验为中介实施课程；强调活动的完整性，突出课程的综合性和整体性，反对过于详细的分科；强调活动是人心理发展的基础，重视学习活动的水平、结构、方式，特别是学习者与课程各因素的关系。③

从今天对“课程”的理解来看，既指的是知识的、经验的课程，也强调活动的课程。同时，作为一门独立的课程，其又不可避免地带有自身的独特性。总体来说，包括以下几点。

1. 基础性

从课程名称就可以看出，本课程强调“基础性”，是教育学院(部)小学教育专业本科生的专业类基础课程，也是为未来毕业生胜任语文学科教学打下坚实基础的核心课程。不懂中文，对汉语言的发展历史，古代汉语和现代汉语的区别，现代汉语的语音、词汇、语法、语用规律完全不了解，如何教育小学生正确运用祖国的语言文字？不懂中文，对中国古代、近代、现代，乃至当代文学、外国文学发展史、重要的作家作品、文学理论与创作规律和技能全然不知，如何能带领蒙童开始学习读和写呢？教师自己的语文素养都不过关，又如何能发展学生的语文学科素养和关键能力呢？中文学科最基础、最核心的知识，就是未来小学语文教师安身立命的根本。

2. 综合性

作为一门课程，需要在有限的篇幅内囊括中文专业本科生四年的学习内容，无疑是一个巨大的挑战，但又是现实的需要。在浩如烟海的语言和文学知识宝库中，选取吉光片羽，摘录菁华主干，就显得尤为重要了。本课程筛选的原则是将语言、文学领域的内容全覆盖，同时从中文二级学科中再筛选最基础的知识和内容，形成框架，有

---

① 丛立新：《课程论问题》，77页，北京，教育科学出版社，2000。

② 丛立新：《课程论问题》，78页，北京，教育科学出版社，2000。

③ 丛立新：《课程论问题》，78～79页，北京，教育科学出版社，2000。

机整合，前后勾连，形成小学教育专业学生中文基础的知识图谱。例如，在“古代汉语”和“现代汉语”专题中，有古今呼应的汉字、语音、词汇的发展演变，有古今异义的字词、成语、典故的衔接；在“文学理论”专题中，有各文学史专题中涉及的中西方的各种文学理论、思潮便于参照，以把握古代文学、现当代文学、外国文学和民间文学；各文学史专题又对具体的文学发展案例、作家作品做了进一步阐释，丰富了学生对文学理论的认识和理解。而且，作为中文专业课程的总览，它可以让学生对于该领域的主干框架一目了然，形成宏观认识，在学习过程中再进一步选择自己感兴趣的专题或内容，选学其他更加专业的诸如儿童文学概论、现代汉语、当代文学名著选读等课程，以便走向深入和细化。

3. 实践性

本课程是为面向未来从事小学语文教学工作的本科生准备的，在强调知识的基础性、综合性的同时，还特别注重理论与实践的结合。在全书的体例安排上，兼顾语言和文学理论的阐述，注重具体的语言现象和文学作品的理解、练习和运用，在讲授的主体内容之后，都安排有思考题、案例和辅助阅读资源，供学生课后学习巩固。同时，作为本书的一大亮点，从第一章专题内容开始，每一章都安排了专门的一节，探讨该领域内容与小学语文教学的关系，或者相关中文专题内容在小学语文课程与教学中的运用，给出可供参考的指导建议。结合目前正在全国推广和使用的“部编版”小学语文教科书的编排理念、思路和内容，有针对性地进行相应的分析，同时筛选、引用大量经典教学案例，帮助学生更好地理解理论和知识。这些丰富的内容，能给准教师、甚至是在职教师应对教育教学实践、学科教学以很大的启发。

【思考与练习】

1. 目前为高校中文系或文学院本科生开设的专业类课程主要包括哪些？请选择语言类、文学类、理论类中的一门课程，介绍其课程目标、内容、教材。

2.“中文基础”课程开设的背景是什么？如何理解其作为一门创新类课程的概念和特点？

第二节
“中文基础”课程的学习目标、内容及实施

“中文基础”作为一门课程，目前在全国的高等院校、特别是师范院校少有开设。

究其原因，多与高校学科专业课程设置的传统、体制、师资、基础等直接相关。如果给小学教育专业的本科生开设这门课，需要考虑其课程目标如何定位、课程内容如何安排、课程实施如何设计、课程效果如何评价，以及师资、课时、教材等一系列问题。这门课程的创新之处在于，它将语文教师，特别是小学语文教师需要具备的中文基础知识、技能、思想和方法在一门课程中集中呈现，既需要系统完善，又需要精简整合。基于“中文基础”课程的定位和思想，下面重点介绍该课程的学习目标、设计的思路与原则、内容与实施。

一、课程学习目标

从小学教育学科课程建设上来看：“中文基础”课程可以作为专业类课程，它的开设、发展和完善，可以进一步丰富小学教育专业、语文教师人才培养的课程结构，进一步健全课程体系，完善高等教育人才培养方案。

从小学教育专业学生角度来看，通过本课程学习需要达到以下目标。

第一，热爱小学教育和语文教育事业，有良好的道德素养、文化素养。

第二，学习并掌握最基础的、最核心的中文学科专业知识，通过理论的学习、大量的阅读积累，丰富知识系统结构，全面认识语言和文学的发展规律；形成系统化的知识谱系，运用语言和文学理论对现象和作品进行分析、鉴赏。

第三，理论联系实际，能够运用课程所学，理解小学语文课程、教材和教学的一般现象及普遍规律，不断提升教材分析能力、字词教学能力、文学鉴赏能力、写作指导能力和文化传播能力，为未来胜任小学语文学科教学工作打下坚实的基础。

二、课程设计的思路与原则

“中文基础”课程作为一门全新的课程，没有可供参考和借鉴的已有教材，课程建设的难度之大可想而知。加之其覆盖中文学科领域方方面面的内容，在中文纷繁的各二级学科中筛选、梳理、整合，又大大提升了该课程建设的工作量。

课程建设或者设计，需要遵循一定的设计编排思路、逻辑，遵循基本原则。“设计”是指建立在分析与综合基础上深思熟虑、精心规划。“设计的特点是：其一，以目标为指向，确定目标是设计中必不可少的第一步，清楚地说明目标有助于保证目标的价值和参与者的正确理解；其二，提高成功的可能，设计使一些可能的问题得到预先分析和解决；其三，节省时间和精力，一些价值不大的计划、方案在实施前就被淘汰，设计要选择的是达成目标的最佳方案或途径；其四，减少压力，精心的设计会使实施者更得心应手，充满信心。”①

(一)课程设计的思路

课程设计的思路需要符合“中文基础”课程的特点，即基础性、综合性和实践性。首先，通过广泛高校调研，了解目前所能调查到的200多所师范院校的中文或文学专业开设的专业课程的情况，包括课程名称、课程类型、课程目标、课程内容、学分要求、师资要求、考核等。例如，北京师范大学文学院就为本科生开设了文学理论、现代汉语、古代汉语、古代文学、外国文学、现代文学、当代文学、儿童文学概论、民间文学概论、语言学概论等基础课程，还开设了比较文学、东方文学、中国古代文论、音韵学、训诂学、文字学、港台文学研究、现当代文学作家作品研究等选修课程。其次，参考地方师范院校小学教育专业本科培养方案中的中文或文科方向专业课程设置，例如，开设了现代汉语、经典诵读、教师口语(中文)、儿童文学、中国古代文学、外国文学、文学名著选读、汉字文化、写作、文学概论、中国现代文学、儿童文学名著选读、审美教育学、中外文化简史、小学语言教学概论、普通逻辑学等课程。对这些课程目标和内容进行筛选分析，选择中小学语文教师必备的基础知识和基本技能，作为“中文基础”课程的核心框架。在如上基础上，借鉴其中通用教材、学者的研究成果，尽可能呈现该领域被公认的观点。

章节设计基本按照语言、文学的脉络呈现。相较而言，语言和文学属于中文的两大系统，有各自的特点、呈现方式、内容和研究法方法。本教材第一章、第二章涉及语言部分，从第三章开始属于文学部分，占有较大比重，第三章全面阐述了中西文学理论，第四章到第八章分专题展现了古今中外不同的文学发展历史、特点和有代表性的作家及作品。

在突出理论素养和基础知识的同时，本教材力图面向实践，既吸收、借鉴各领域有深入研究的学者、研究者的论著中的思想，也参考、引用众多一线优秀教师的教学实践案例，提升其可行性和实效性。结合目前“部编版”中小学语文教科书的编写要求和内容，从服务于教师实际教学的角度，遵从理论和实践相结合、宏观性和可操作性相统一的原则，从第一章到第八章都设置了一节专门介绍具体教学建议。

(二)课程设计的原则

本课程教材设计的总体原则是：遵循传统与创新并重。课程设计的原则体现在如下几个方面。

---

① 汪霞：《课程设计的几个基本问题》，载《教育理论与实践》，2001(11)。

1. 课程内容注重权威定论与时代创新兼顾

一门课程的教材，就是该课程内容的载体。《中文基础》一书的编写既要适应学科发展需要，又要在一定程度上促进学科的发展。为了保证教材的权威性、可信性，我们参考的是语言、文学研究领域最权威、使用时间最长、业内评价最高的一些语言学和文学教材，例如，王力的《中国古代文化常识》、周一民的《现代汉语》、童庆炳的《文学理论教程》、王泉根的《儿童文学教程》、袁行霈的《中国文学史》、钱理群等人的《中国现代文学三十年(修订版)》、洪子诚的《中国当代文学史》、郑克鲁的《外国文学史》，以及钟敬文的《民间文学概论》。这些语言文学领域的大家、学者编著的教材，经历了时间的检验，历久弥新，具有很大的参考价值。

随着学科发展、课程设置的不断变化，教材的编写也应适时做出调整和变化，将该领域的最新研究成果反映到教材当中来。本教材吸纳了近些年来中文以及相关学科方面的研究成果；既具有理论性，又有实践性，还有对学生综合素质培养的操作性，从而克服了以往语言和文学类教材"重理论，轻实训"的特点，突出了案例教学和实践教学，在向学生讲授基础知识的同时，着重培养学生的实践能力和创新能力。本教材在结构布局上着力于内容的编排，注重知识体系的开放性与综合性之间的平衡。既继承了传统的中文知识和研究成果，又有新的见解、新的分析，兼顾整体，承传更新。在守正创新的原则下，尽可能吸收中文学科已成定论的研究成果，关注最新动态并及时吸纳、借鉴新的研究成果。

2. 教材体例安排注重传统媒体与新媒体资源的整合

随着网络化时代的到来，高等学校的教学模式逐渐由传统的"黑板＋粉笔"的授课模式，转变为课堂讲授与网络课程相结合的授课模式，教材编写也应从单一纸质教材的编写、出版，转为与数字化相结合的课程资源建设。随着"面向 21 世纪课程教材"逐步占据高校教材的主流市场，为了使教材更能满足新形势下教学的需要，本教材也研发了相关的拓展资源，以及网站、视频、多媒体资源。这些形式的设计除了可以吸引学习者灵活参与和互动外，还可以更好地帮助他们进入这门课的学习当中，包括教材介绍、课程概述、教学重点、拓展阅读、思考题等，在对这门课程有了全面了解以后，结合教师的课堂讲授就可以很好地掌握专业知识；辅助资源也有助于教师备课。

三、课程内容与实施

(一)课程内容框架

本教材基于前面的设计思路和基本原则，除去本章绪论，一共包括八章主要内容。第一章"现代汉语基础"，分为六节。这六节分别是：现代汉语概述、语音、词汇、语法、语用、现代汉语知识在小学语文教学中的运用。第一节到第五节是关于现代汉语的基础知识，学习者学习这些内容，可以提升对于现代汉语基本理论知识的认识度和理解度；第六节主要着眼于分析小学语文教学中所包含的现代汉语知识和教学法，根据《义务教育语文课程标准(2011 年版)》的要求，对学习者提出教学建议。

第二章“古代汉语基础”，分为五节。第一节介绍了字的来源与演变，第二节介绍了词的读音与含义，第三节介绍了句子的几种特殊样式，第四节介绍了从章句到书籍的发展历程，第五节介绍了古代汉语知识在小学语文教学中的运用。第一节到第三节是有关古代汉语基础知识的内容；第四节是古代汉语与其物质载体之间的关系；第五节是利用古汉语知识，提出了对小学语文教学的几点参考建议。

第三章“文学理论基础”，分为四节。第一节介绍了文学理论的性质，第二节介绍了中国古代文论，第三节介绍了西方文论，第四节介绍了文学理论知识在小学语文教学中的运用。通过学习前三节的内容，能够让学习者对文学理论的知识有基本的了解。第四节主要着眼于运用，着重于在教学中如何运用这些理论知识，如怎样把意境、典型等理论知识运用到阅读教学中等。

第四章“中国现当代文学基础”，分为五节。第一节是中国现当代文学发展概述，第二节以时间脉络为主，梳理了中国现代文学的发展历史与特点，第三节介绍了中国当代文学的发展历史与特点，第四节介绍了中国现当代文学领域有代表性的作家作品，第五节是中国现当代文学知识在小学语文教学中的运用。第一节到第四节是关于中国现当代文学的基础知识，学习者学习这些内容，可以增强对于中国现当代文学基础知识的认识，厘清发展的脉络和重点作家作品；第五节主要对小学语文教材中所包含的现当代文学文本进行了深度分析，对教学者在语文阅读教学和写作教学方面提出了建议。

第五章“儿童文学基础”，分为三节，分别是儿童文学概述，包括儿童文学的概念、种类和基本美学特征；常见的儿童文学形式，包括诗歌、散文、童话、寓言、小说和绘本；对小学语文教材中儿童文学选文的教学建议。

第六章“中国古代文学基础”，分为四节。第一节是中国古代文学的发展脉络与整体风貌，介绍了先秦、秦汉、魏晋南北朝、隋唐五代、两宋、元明清时期文学的发展脉络与整体风貌；第二节是中国古代的韵文，介绍了中国古代韵文中诗、词、曲等重要文体的基本特点、发展演进与重要流派；第三节是中国古代的散文，介绍了中国古代散文的基本特点、发展演进，以及古典小说的杰出成就；第四节是对小学语文教材中中国古代文学选文的教学建议。

第七章“外国文学基础”，分为三节。第一节是各时期的文学特征和主要思潮，以时间脉络为主，梳理了各时期的文学特征、思潮；第二节是各时期有代表性的作家作品，简要评述了相关的作家作品；第三节是对小学语文教材中外国文学选文的教学建议。第一节和第二节是关于外国文学的基础知识，学习者学习这些内容，可以增强对于外国文学基础知识的认识，厘清外国文学发展的脉络和重点作家作品；第三节主要着眼于分析小学语文教材中所包含的外国文学文本，根据《义务教育语文课程标准(2011 年版)》的要求，在语文教学法方面提出建议。

第八章“民间文学基础”，分为三节。第一节是民间文学的基本理论，第二节是民间文学的主要体裁，第三节是对小学语文教材中民间文学选文的教学建议。第一节主要介绍民间文学的概念和基本特征，以及与作家文学的关系；第二节主要介绍了民间文学的主要体裁，包括神话、民间传说、民间故事、民间歌谣、史诗和民间叙事诗等；第三节对小学语文教材中民间文学选文提出了教学建议。

(二)课程实施

本课程共九章，需要在一个学期利用 35～40 个课时完成。

其中绪论 2 课时，第一章 4 课时，第二章 4 课时，第三章 4 课时，第四章 5～6 课时，第五章 4～6 课时，第六章 4 课时，第七章 5～6 课时，第八章 3～4 课时。

课程可以由一位对于中文专业知识了解全面、研究较为深入的教师执教，也可以由中文不同专业方向的教师组建教师团队合作完成。

【思考与练习】

1. “中文基础”课程借鉴了哪些中文学科领域的经典教材？选择一到两本阅读。

2. 你学习本课程的优势是什么，劣势是什么？你对本课程中的哪一章内容最感兴趣？你阅读过哪些文学经典？请举例说明。

3. 从本书中所涉及的八个领域的角度出发，对目前使用的“部编版”小学语文教科书的内容进行分类归纳，即哪些内容涉及古代文学，哪些内容涉及儿童文学，哪些是现代汉语内容，哪些是古代汉语常识，列表归纳统计。

本章小结

本章是学习“中文基础”课程的入门篇，全面介绍了课程设立的时代背景和大趋势，根据社会现实对准教师专业人才培养的需要，提出了课程开设的必要性和紧迫性，同时，详细阐述了课程的概念和特点，特别强调了“中文”外延的广泛性，不同于“汉语”或“语言”。本课程因其内容的特性和学习对象的特点、需求，具有基础性、综合性和实践性。本章在第二节说明了课程的学习目标、内容及实施，便于学习者全面把握、了解，方便其在学习过程中对照学习并检验学习效果。

关键术语

中文基础、课程目标、课程设计、课程内容

参考资料

1. 丛立新．课程论问题．北京：教育科学出版社，2000.

2. 刘久明．中文专业课程体系和教学内容改革刍议．高等教育研究，1999(3).

3. 倪宗武．高等师范院校中文专业课程体系的回顾与改革构想．福建师范大学学报（哲学社会科学版），2001(1).

第一章

现代汉语基础

章结构图

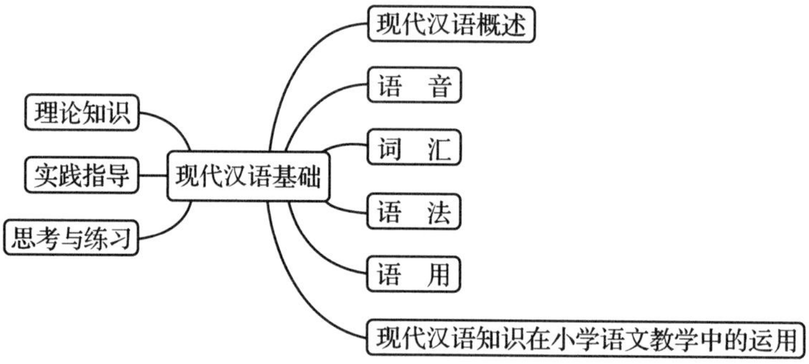

章前概述

现代汉语基础知识在小学语文教学中所起的作用是举足轻重的。拥有扎实的现代汉语基础知识，并能灵活运用到小学语文教学中去，是一名小学语文教师最基本的专业素养和职业技能。

本章主要分为六大部分，第一部分是现代汉语概述，第二部分是现代汉语语音知识，第三部分是现代汉语词汇知识，第四部分是现代汉语语法知识，第五部分是现代汉语语用知识，第六部分是现代汉语知识在小学语文教学中的运用。第一部分到第五部分是关于现代汉语的基础知识，学习者通过学习这些内容，可以增强对于现代汉语基本理论知识的认识度和理解度；第六部分主要着眼于分析小学语文教学中所包含的现代汉语知识和教学法，如语音知识中的普通话语音训练、朗读技巧，如词汇知识中的组词写作，如语法知识中的病句分析，如语用知识中的修辞写作等，同时也在语文教学法方面提出了建议。

章前导语

语言是人类最重要的交际和思维工具。汉语是中华民族通用的语言，是中华民族悠久文化的承载者。普通话是现代中华民族的共同语，是日常交际的语言基础。因此，现代汉语的语音、词汇、语法和语用等基础知识也是与小学语文教学息息相关的重要内容。

第一节
现代汉语概述

一、现代汉语的形成

汉语属于汉藏语系，是世界上最古老、最发达的语言之一。在历史上，汉语和汉字曾经对周边国家的语言和文字产生过重要的影响，对日语、朝鲜语和越南语的影响尤为深远。日本、韩国至今仍然使用汉字，在这些国家的民族语言中，至今都有许多来自汉语的借词。

“现代汉语”有广义、狭义之分。广义的“现代汉语”指的是现代中华民族使用的语言。它既包括共同语即普通话，也包括各地方言。狭义的“现代汉语”只指民族共同语——普通话。本章主要以狭义的现代汉语为教学内容。

现代汉语的形成和发展经历了一个长期而复杂的过程。现代汉语是从近代汉语的基础上发展起来的。历史上，我们长期使用文言文作为统一的书面语，到了唐宋时期，由于文言文与当时的口语严重脱节，学习起来非常困难，于是另一种与当时口语结合密切的书面语——“白话”应运而生。这种“白话”就是我们现在民族共同语书面形式的源头。唐代变文、宋代语录、宋元话本、元曲和明清小说等，都是用这种“白话”创作的。一方面，这些文学形式大大促进了“白话”在北方的推广；另一方面，北方话也渐渐成为共同语的口语形式，由于北京是元、明、清三代的都城和政治中心，因此北京话(时称“官话”)作为官府的通用语言传播到全国各地，逐渐确立了其作为全民族共同语的语音标准的地位。

到了20世纪初，五四运动时期的“白话文”运动彻底动摇了文言文的统治地位，使“白话”获得了文学语言的地位。同时，“国语”运动又使以“北京话”为中心的北方话成为民族共同语在口语方面的代表。这两个运动促使书面语和口语日趋接近，进而形成了现代民族的共同语。中华人民共和国成立之后，在1955年正式确立普通话为现代民族共同语，对其内涵做了准确的界定：以北京语音为标准音，以北方话为基础方言，以典范的现代白话文著作为语法规范。

二、现代汉语的方言

民族语言除了通用的共同语——普通话以外，还包括方言。方言是民族语言的地域变体，是局部地区的人们使用的语言。共同语与方言是相互依存的，因为有方言的存在，才有共同语存在的必要性。随着社会政治、经济、文化水平的发展，共同语将不断地从方言中吸取新鲜成分以丰富自己，方言的发展演变也会受到共同语更多的影响，二者相互交融，不断更新。

根据20世纪80年代中国社科院和澳大利亚人文科学院联合编制的《中国语言地图集》，汉语的方言大致可以分为10个方言区：官话区、晋语区、吴语区、徽语区、赣语区、湘语区、闽语区、粤语区、平话区、客家话区。

三、现代汉语规范化

(一)现代汉语规范化的意义

现代汉语作为国家通用语言，作为联合国的工作语言之一，担负着极为重要的交际任务。现代汉语规范化指的是确立普通话在语音、词汇、语法上的标准，用这一标准来指导语言交际，消除语言使用中存在的分歧和混乱现象，从而保证其交际职能的正常和高效发挥。“不以规矩，不成方圆”，语言的规范是保障社会正常、顺利交际的重要手段。

现代汉语规范化并不是要禁绝方言，也不是使表达方式单一化，而是要消除那些影响表达和交际的、不必要的分歧和混乱现象，这样既可以方便广大人民群众使用，也可以大大提高学习汉语的效率。在语言交际中，人们可以自由地选择自己喜欢的表达方式进行交流和创作。

(二)现代汉语规范化的标准

现代汉语规范化的标准包括语音、词汇、语法三个方面。

语音方面，现代汉语以北京语音为标准音。汉语各地方言的语音差异显著，因此，综合各地语音特征来制定语音标准是行不通的，只能选取一个地区的语音为标准。北京语音为标准音是历史发展的必然结果。

词汇方面，现代汉语以北方方言为基础。北方方言分布的地域最广，使用北方话的人口占大部分。北方话中的词汇随着官话和白话文学的传播，在全国范围内具有一定的普遍性。当然，普通话词汇既舍弃了北方方言中一些地方性太强、过于土俗的词语，又从方言中吸收了特定时期出现的且被大众接受的词语，如“打的”“噱头”等方言词。

语法方面，以典范的现代白话文著作为语法规范，也是以北方话为基础的。一般说来，普通话语法规范应该排除古代语法、方言语法和外国语法的影响，成为一个明确的规范，易于把握和交际。但同时我们也应该认识到，为了丰富和发展汉语，只要是适应汉语内部发展规律的语法格式，也可以吸收到我们的语言宝库中来。

(三)现代汉语规范化的挑战

语言是不断发展变化的，普通话的语音、词汇和语法在语言使用和交际中受到了方言、外来语和社会其他因素的影响，现代汉语规范化工作一刻也不能停止和懈怠。每隔一段时间，相关部门就会修订《普通话异读词审音表》，根据语音在社会的实际交际情况合理调整语音规范。《咬文嚼字》杂志会根据每一年的使用频度较高的词语，发布年度十大流行词语。这些工作对于现代汉语的规范化都起到了积极的作用。

第二节
语 音

一、语音的性质

自然界存在各种各样的声音，人类的语音也是其中的一种。但是语音与其他声音最大的区别在于它是人类的发声器官发出的具有一定意义的声音。语音是语言的物质外壳，语言要通过语音来传递信息，从而达到交际的目的。世界上的不同地域、不同民族的人持有不同的语言，不同的语言具有自己特有的语音系统和语音结构。

一切语音都具有以下三方面的性质：物理属性、生理属性、社会属性。

(一)语音的物理属性

语音和自然界的声音一样，首先是一种物理现象，因此具有物理属性。一切声音都是由物体振动产生的。发音体振动时，周围的媒介物(空气)发生震荡，因此形成了音波。

我们可以从音高、音强、音长和音色四个要素去分析语音。

1. 音高

音高指声音的高低，它取决于发音体(一般指声带)在单位时间内振动的频率。声带振动频率越高，音高值就越高；振动频率越低，音高值就越低。如我们常说的“那个人说话声音很高”或者“他压低了声音说”，都指的是音高。普通话的不同声调，主要是由音高变化决定的。

2. 音强

音强指声音的强弱，它取决于声波振动幅度的大小。振动幅度越大，音强越强，在听觉上的感受就是声音变大。振动幅度越小，音强越弱，在听觉上的感受就是声音变小。音强在普通话里有时可以区分意义。例如，“地道”中的“道”为轻声，意思是“纯正的，未掺杂的”；而“道”读作第四声的“地道”一词的意思则是“在地面下掘成的交通坑道(多用于军事)”。

3. 音长

音长指声音的长短，它取决于发音体振动时间的长短。如双音节轻声词“舒服”“哥哥”，后一个音节发生音变，发音时声音比前一个音节短且轻。

4. 音色

音色指声音的特色，是由音波的不同波形造成的，它决定了声音的异同，是最重要的物理属性，也是声音的本质特征，因此也叫“音质”。造成音色不同的条件有三种：一是发音体不同，二是发音方法不同，三是共鸣器(口腔、鼻腔和咽腔)的形状不同。

从严格意义上来说，每一个人的音色都不尽相同。我们常用“音色不错”或者“音色很美”评论一个人歌唱时带给听者的感受。

(二)语音的生理属性

语音是由发音器官所发出的。发音器官可以分为三个部分：肺部和气管是发音气流的动力器官，喉头和声带是气流振动的发声器官，口腔、鼻腔和咽腔是共鸣器官。

(三)语音的社会属性

语音所表达出的意义不是由个人决定的，而是由社会约定而成的，因此具有社会属性。这也是其与自然界其他声音产生最大区别的本质属性。

语音的社会属性主要表现在以下两方面。一是突出地表现在语音和语义的联系上。以什么语音表示什么意义，其间并没有必然的、本质的联系，不是由个人决定的，而是由一定范围内的社会成员在长期的社会生活中约定而成的。二是表现在语音的系统性上。各语种或方言都有自身独特的语音系统，即使是在物理属性和生理属性上完全一致的语音单位，在不同语种或方言中也可有不同的地位或作用，因而形成不同的语音体系。

如汉语中的声调能区别词义，而在有些语言中，声调就没有这个功能。汉语中有zh、ch、sh等卷舌音，英语中就没有。在汉语中，同样的意义可以用不同的语音形式表示，如“红薯”，汉语方言中就有“地瓜”“地薯”等叫法。相反，同一个音也可以表示不同的意义，如“huì”，可以表示“会”“慧”“汇”等多种意义。

二、语音的基本概念

(一)音素

音素是从音色角度划分出来的语音系统中的最小语音单位。例如，汉语里的qian中的4个单位各自有不同的音质，并且不能再划分为更小的单位，这就是4个音素。

按照发音方式的不同，音素可以分为元音和辅音。发音时气流不受阻碍形成的音素，即为元音(也叫母音)，如单元音a、o、e，复合元音ao、ei等。发音时气流受到阻碍形成的音素，即为辅音(也叫子音)，如b、p、m、f、s、r等。

元音和辅音的区别主要表现在以下四个方面。

1. 气流是否受阻

元音发音时，气流不受阻碍；辅音发音时，气流通过口腔等通道时受到阻碍。这是两种语素最重要的区别。

2. 紧张状态是否均衡

元音发音时，发音器官保持均衡的紧张状态；辅音发音时，构成阻碍的部位比较紧张，其他部位则比较松弛。

3. 气流强弱

元音发音时，气流较弱；辅音发音时，气流较强。

4. 声带是否颤动

元音发音时，声带颤动；辅音发音时，有的声带颤动(如m、l、r)，有的声带不颤动(如g、s、j)。

(二)音节

音节是语音结构的基本单位，是听觉上最容易分辨的最自然的语音单位。例如，“学”是1个音节，“汉语”是2个音节，“吐鲁番”是3个音节，“众志成城”是4个音节，“我热爱祖国”是5个音节。照此类推，汉语音节和汉字基本上是一对一的对应关系，1个汉字就是1个音节。儿化音的字如“门儿”“花儿”写成两个汉字，但却读成1个音节menr、huar。

普通话的音节由声母、韵母、声调三部分组成。

1. 声母

声母指音节开头的辅音，如果音节开头没有辅音，则称为零声母。如“基础”(jī chǔ)，其声母分别是“j”和“ch”；而“澳”(ào)的开头音节不是辅音，则为零声母。

对声母的语音特征描写，可以从发音部位、发音方法两个方面来说明。如 j——舌面前、不送气、清塞擦音；sh——舌尖后、清擦音。

2. 韵母

韵母指音节中声母后边的部分，可以是 1 个元音，或者是元音的组合，也可以是元音和辅音的组合。例如，“和”(hé)的韵母 e 是单元音，“桥”(qiáo)的韵母 iao 是元音的组合，“糖”(táng)的韵母 ang 是元音和辅音的组合。

韵母包括韵头、韵腹、韵尾。韵头是韵腹前的元音，普通话中只有 i、u、ü 可以充当。韵腹是主要元音。韵尾是韵腹后的元音或辅音，普通话中只有 i、u(o)和鼻辅音 n、g 可以充当。

对单元音的语音特征描写，可以从舌位前后、舌位高低、唇形圆展三个方面来说明。例如，a 是舌面前低不圆唇元音，u 是舌面后高圆唇元音。

韵母的“四呼”的分类，能够非常清晰地展示汉语普通话音节的组合规律。“四呼”的概念来自传统音韵学，包括开口呼、齐齿呼、合口呼和撮口呼。开口呼是口型完全张开发出的韵母，即 a、o、e 或者以 a、o、e 开头的韵母(ong 除外)。齐齿呼是口型扁平发出的韵母，即 i 或者以 i 开头的韵母(iong 除外)。合口呼是口型合拢发出的韵母，即 u 或以 u 开头的韵母(含 ong)。撮口呼是嘴型最圆发出的韵母，即 ü 或者以 ü 开头的韵母(含 iong)。

3. 声调

声调指整个音节的高低升降的变化，它是通过控制声带的松紧程度，以不同频率振动而形成的。声调是汉语音节必不可少的组成部分，起到区别意义的作用。如普通话中 kē(颗)、ké(壳)、kě(可)、kè(课)4 个音节的声母和韵母虽然都相同，但是声调不同，表示的意思也就不同。

声调包括阴平、阳平、上声、去声四个调类。

(三)音位

音位是一个语音系统中能够区别意义的最小语音单位，也是按语音的辨义作用归纳出来的音类。普通话的音位系统包括音质音位(元音音位、辅音音位)和非音质音位(调位)。

如普通话中 dù(度)、tù(吐)、nù(怒)、lù(路)4 个音节有共同的韵母 u 和去声调，但它们不同的意义是通过声母 d、t、n、l 来体现的。又如，fá(罚)、fó(佛)有共同的声母和声调，它们的不同意义是通过韵母 a 和 o 来体现的。因此，辅音(d、t、n、l)和元音(ɑ、o)属于不同的音位。

归纳音位的方法，通常是把一些音放在相同的语音环境中来进行替换比较(“替换法”)，看它们是否能区别意义，凡是能区别意义的音，就可被归纳成不同的音位。

三、注音方法和注音符号

中国早期的注音方法是直音法和反切法，1918—1958年用注音符号，现在常用的记音符号系统是汉语拼音方案和国际音标。

(一)汉语拼音方案

《汉语拼音方案》制定于20世纪50年代。中华人民共和国成立后，中国文字改革委员会普遍征求和广泛收集各方对拼音方案的意见，进行分析和研究后，又经全国政协和各界人士广泛讨论，经汉语拼音方案审定委员会反复审议和多次修订，最后报请国务院全体会议通过。《汉语拼音方案》于1958年2月由第一届全国人民代表大会第五次会议批准作为正式方案推行。1982年8月，国际标准化组织经过投票决定汉语拼音方案是拼写汉语的国际标准。

(二)国际音标

国际音标是国际音标学会于1888年制定的一套记音符号，用来记录各民族语言的语音。国际音标遵循“1个音素1个符号，1个符号1个音素”的原则。共有100多个记音符号，大部分是拉丁字母，也有少部分希腊字母等。国际音标用“[ ]”来表示。

国际音标还能准确记录少数民族语音和中国各地方言，对于语言教学和研究具有很大的帮助。

【思考与练习】

1. 自然界的风声、雷声和鸟叫声是不是语音？人类器官发出的咳嗽声和呼噜声是不是语音？为什么？

2. 举例说明，普通话中没有，而英语中存在的语音。

3. 从现代汉语规范化的角度，谈谈如何认识新兴的网络词的现在和未来。

第三节
词　汇

一、语素和词

(一)语素

1. 语素的定义

语素是语言中最小的音义结合体。如“我爱祖国”这个语言片段，被切分为最小的语言单位，可以得到“我”“爱”“祖”“国”4 个最小的音义结合体，共有 4 个语素。又如“葡萄美酒夜光杯”这个语言片段中，“葡萄”二字单独不能表示意义，只能被视为 1 个语素，因此这个语言片段共有“葡萄”“美”“酒”“夜”“光”“杯”6 个语素。

2. 语素的类别

语素可以按照不同角度分成以下几个类别。

(1)按照语素的音节数目分类

语素按照音节数目分类可以分成单音节语素和多音节语素。单音节语素是只有一个音节的语素。读出来是一个音节，写出来是一个汉字。汉语的语素大部分是单音节的。例如，“我、爱、上、学、好、和、啊”。两个或两个以上音节的语素叫多音节语素。读出来是多个音节，写下来是多个汉字，但是它们整体上只表示一个意义。多音节语素主要有 4 种，包括联绵语素、叠音语素、音译语素、拟声语素。

①联绵语素：这是古代汉语遗留下来的，由两个音节连缀成义。根据读音联绵语素又可分为如下三种。

双声联绵(两个音节声母相同)：如“秋千、踌躇、吩咐、缱绻”等。

叠韵联绵(两个音节韵母相同)：如“哆嗦、仓皇、叮咛、彷徨”等。

非双声叠韵联绵：如“蝙蝠、葡萄、妯娌、呻吟”等。

②叠音语素：由两个重叠音节组成，除了人的亲属称呼以外，单个音节没有意义。

③音译语素：由外来词音译而成。

④拟声语素：模拟自然界的声音或人发出的声音。

(2)按照语素的构词能力分类

语素按照构词能力分类可以分为成词语素和不成词语素。成词语素是指能独立成词的语素，它本身就是词。不成词语素不能独立成词，只能与其他语素组成词语。

(3)按照语素意义的实虚分类

语素按照意义的实虚分类可以分为实语素和虚语素。实语素具有实在的词汇意义，如“花、风、写、海、睡”。虚语素没有实在意义，它的含义比较虚泛和抽象，有的只起到语法作用。

(二)词

1. 词的定义

词是最小的能够独立运用的语言单位。要确定什么是词，必须看它是否同时符合是“能够独立运用”的语言单位和“最小”的语言单位这两个条件。“能够独立运用”是指词可以充当句子成分或单独起语法作用，排斥了比词小的语言单位，如语素。“最小”则排斥了比词大的语言单位，如短语。如这一个句子“我把他的华为手机弄丢了”，其中的“我、他、手机、弄、丢”都能单说，“把、的、了”具有句法功能，“把”是介词，“的、了”是助词。而“华为手机”是一个短语，不是最小的语言单位，它由“华为”和“手机”这两个可以独立运用的词组成。词既是基本的词汇单位，又是重要的语法单位。它的意义一般具有凝固性，词的意义不等于语素义的简单相加，而是具有一个整体的意义。

2. 词的构成

(1)单音节词和多音节词

按照词的语音形式和音节数目分，现代汉语的词可以分为单音节词和多音节词。在现代汉语词汇中，双音节词占多数。

(2)单纯词和合成词

按照词的内部结构分，现代汉语的词可以分为单纯词和合成词。单纯词是由一个语素构成的词，包括单音节单纯词和多音节单纯词。合成词是由两个或两个以上的语素构成的词。合成词可根据其构词方法分为两大类，由词根(实语素)加词根构成的是复合词，由词根加词缀(虚语素)构成的是派生词。合成词还可以分为 3 大类：复合型、重叠型、附加型。复合型是汉语词的基本结构形式，主要包括联合式、偏正式、动宾式、补充式、动补式、名量式、陈述式(主谓式)、连动式、兼语式。重叠型由两个相同的语素重叠而成，如“弟弟、星星、刚刚”。附加型是词根加词缀构成的合成词。现代汉语中有一些没有完全虚化的类词缀，有的是受印欧语等外来语的影响形成的，如“半(semi-)、反(anti-)、前(ex-)、软(soft-)、超(super-)”等。

二、词义的特性与分析

(一)词义的性质

1. 客观性

词义是客观事物或者现象在人脑中的反映。在人们的交际生活中，世界上的万事万物都能用词来表示。正是“天、地、风、云、太阳、月亮、河流、山川”这些自然物的客观存在，使得人们在交际生活中用词的形式去指称它们。这些词的词义反映的是大自然的客观事物。当出现了新事物时，人们也会用新词去表示它。如“电脑、手机、互联网、人工智能”等。还有一些在世界上并不客观存在的事物，如“龙、凤、麒麟”，这些词是人们根据现实生活中的一些素材想象出来的，也是客观事物在人脑中的曲折反映。

词义的客观性还体现在人们对词义认识的方面。“热、冷、酸、辣”这些词的词义反映的是人对事物的感受，“爱、恨、讨厌、想念”这些词的词义反映的是人对事物的情绪，“自私、崇高、大方、小气”这些词的词义则反映了人对事物的评价。

2. 概括性

世界上的事物千差万别，词义是将同一类事物或现象的共同点归纳、抽象总结出来的结果，它舍弃了具体事物的个别特征。如“鞋”的词义是“穿在脚上、走路时着地的东西”，这一词义概括了一切鞋子的形态与功能，舍弃了鞋子的颜色、样式、材质、大小等区别。又如“人”的词义是“能制造工具并使用工具进行劳动的高等动物”，这一词义也高度概括了人的特性，舍弃了人的性别、年龄等方面的区别。

3. 发展性

词义是社会生活的反映，是一个历史范畴。社会在发展，人们的认识会发生变化，词义也会相应地发生变化。这是语言发展的规律。词义的演变主要表现为词义扩大、词义缩小和词义转移这三种情况。

词义扩大主要指词的意义范围扩大或者词义增多的现象。如“江、河”，过去单指长江和黄河，后来泛指一切江水和河流。如“下海”一词，原指“到海中或(渔民)到海上(捕鱼)”，后来随着经济的发展又新添了“放弃原来的工作而经营商业”的意义。

词义缩小主要指词的意义范围缩小或者词义减少的现象。如“闻”一词，过去有“听”和“嗅”两种意义，现代常用的只有一种“嗅”的意义。如“爱人”一词，过去指相爱的人，现在只指“丈夫”或“妻子”。如“国家”一词中主要意义是“国”，“家”的意义被淡化了。

词义转移是指从一种意义转移到另一种意义，这两种意义可能存在某种联系，但彼此没有类属关系。如“书记”一词过去指“办理文书及缮写工作的人”，现在指“党、团等各级组织中的主要负责人”。

4. 模糊性

模糊性是指词义所表达的客观对象的边界、状态的不确定性。客观的物质世界千变万化，构成一个难以分解的统一体，形成一种本体模糊性，它反映在人的头脑中，形成一种思维和认识的模糊性。

词义表达概念，但人类认识活动中产生的一些概念，其外延往往不确定，反映在词义上就是词义的模糊性。如“上午、下午、晚上”，这些词义的界限到底是几点几分，没有严格的标准划分；“快、慢、冷、热”也只能模糊地表示速度和温度。

5. 民族性

词义是一个社会对客观事物认识的结果，是使用这个语言的民族在漫长的社会生活中逐渐形成的，必然具有其自身的经验和特征。在不同的语言之间，词义所指的范围、词义的聚合、词义的发展和理据方面都可能存在差异。

如汉语的“哥哥”主要表示家族成员，韩语的“哥哥”除了表示家族成员外，还可以表示比自己年长的人或者男朋友。英语的“dog(狗)”用来比喻人时常用褒义，如“as happy as a dog”“a lucky dog”；而在汉语中“狗”构成的词语常常是贬义的，如“狗腿子”“狗仗人势”“走狗”等。汉语中的“龙”是祥瑞、权威和福禄的象征，如“龙腾虎跃”“龙马精神”“龙的传人”等；而在西方语言中“龙”更多地表示凶恶可怕之义。

(二)词义的类型

词义是由多种因素构成的，其中与概念相关的意义叫理性意义，是词义的核心。附加在理性意义之上的叫色彩意义，它是人们对客观事物的主观意识、主观评价，如喜爱与憎恶、褒奖与贬斥等。这种主观意识和评价反映到词义中，就构成了词的色彩意义。

1. 理性意义

理性意义是人们对词指称的客观事物的区别性特征的概括反映。它的功能就是确定词的称名对象和称谓范围，也是词典对词条解释的主要内容。

2. 色彩意义

色彩意义表示人们的主观态度、评价或者词的使用范围、场合以及形象特点等意义。可以分为感情色彩、语体色彩和形象色彩。

(1)感情色彩

感情色彩是词在表达理性意义时体现出的对所指对象的主观评价和态度，可以分为褒义、贬义和中性三种。

褒义(对事物的褒奖、赞许、尊敬、喜爱)：如“美好、优秀、温柔、大方、亲切、人才”等。

贬义(对事物的厌恶、贬斥、轻视、憎恨)：如“低俗、丑陋、小气、顽固、破坏、恶人”等。

中性(没有褒义也没有贬义，不带感情色彩)：如“学生、性质、天气、自然、疾病、创造、力量”等。

感情色彩与词所表示人或事物的社会评价有关，随着社会情况的发展变化，词语的感情色彩也会发生变化。

(2)语体色彩

语体色彩是词经常出现在特定场合形成的风格特点。主要分为口语色彩和书面语色彩两种。口语色彩的词语主要用于日常谈话，随意自然。书面语色彩的词语主要用于书面写作，庄重文雅。在口语和书面语中通用的可以成为通用词。不同语体色彩的词语在使用时，要注意根据交际场合来选择，要适当得体。

(3)形象色彩

形象色彩是有些词除了理性意义以外，还包含生动、具体的形象，具有很强的形象感。可以分为词义表现视觉、听觉、触觉、嗅觉、味觉等方面。

(三)词义的分析

1. 义素分析法

(1)义素

义素是词义的构成要素，是词义分析的最小单位，也是词义和词义的区别性特征。人们认识事物是从多方面进行的，如形态、特点、构成、性质、功用等。通过提炼和概括，用这些内容来反映事物的本质属性，这些内容就成为词义的基本要素，也就是义素。简单来说，义素就是对词义所概括的事物根本特征的分项表达。义素前面加正负符号来表示是否具有该特征，以便与其他相关词义项进行对比分析。

表扬：对好人好事公开赞美。[+对好的方面][－对坏的方面][+肯定]

批评：指出优点和缺点，评论好坏。[－对好的方面][+对坏的方面][－肯定]

(2)义素分析

义素分析又叫语义成分分析或者语义特征分析，就是把一组意义相关的词语放在一起，把词语的义项细分为不同义素的组合，进行对比分析，从中找出共同义素和区别义素。

义素分析要遵守系统性原则、对等性原则和简明性原则。

系统性原则指义素分析必须在一定的语义系统中进行，不在一个系统中无法进行义素分析。如汉语中的“叔叔”，有两个义项，一个是亲属称谓，另一个是社交称谓，这是两个系统。分析义素时作为亲属称谓，“叔叔”要和“舅舅、伯伯、姑父”等在一个系统；而作为社交称谓，“叔叔”则要与“同志、师傅、先生”等在一个系统，否则就难以进行有效的义素分析。

对等性原则指义素分析的结果必须与义项的意义相等，所指范围不能过宽或过窄。如汉语中的“男人”，其义项为“男性成年人”。其义素分析为[人，男性，成年]，这样就与义项的意义对等。假如义素分析为[人，男性]，则范围过宽，不能与“男孩”区别开来。假如分析为[人，男性，成年，胡子长]，则范围过窄。

简明性原则，就是说义素分析在明确的前提下，用尽可能少的义素来揭示词语的区别性特征。如“男人”分析为[人，男性，成年]，就符合简明性原则。如果分析为[人，男性，成年，有思维能力，动物]，“动物”还可分析为[能运动的，生物]等，则不符合简明性原则。

鞋：[＋穿在脚上的东西][－有筒][＋着地]

靴子：[＋穿在脚上的东西][＋有筒][＋着地]

袜子：[＋穿在脚上的东西][＋有筒][－着地]

我们可以得知，“穿在脚上的东西”是“鞋、靴子、袜子”这一组词义的共同义素，“有筒”“着地”是这一组词义的区别义素。

再举一例如下。

自行车：[＋交通工具][＋陆路][－机动][－燃油][＋载人]

公共汽车：[＋交通工具][＋陆路][＋机动][＋燃油][＋载人]

卡车：[＋交通工具][＋陆路][＋机动][＋燃油][－载人]

“交通工具”“陆路”是这一组词义的共同义素，“机动”“燃油”“载人”是这一组词义的区别义素。

2. 语义场

语义场是包含共同义素的语义组成的聚合体，通过不同词之间的对比，根据它们词义的共同特点和相互联系划分出来的类。例如，“医生、护士、护工”都具有共同义素[＋医护人员]，在语义上形成一个系统，构成一个语义场；“碗、碟、盘、筷子”都具有共同义素[＋餐具]，也属于同一个语义场；“枕头、被子、床单、被套”都具有共同义素[＋床上用品]。

(1)语义场的层次

语义场存在大小不同的结构层次，在一个比较大的语义场里，往往还可以分为若干个更小的子场，整个语义场形成一个有层次的聚合。

处于上一层的词叫上位词，处于下一层的词叫下位词。上、下位词之间是种属关系。

(2)语义场的类型

①类属义场：客观事物和现象存在一定的种属或者类属关系，反映客观事物或现

象的词义也必然存在相应的类属关系。同属于一个较大语义类的一组词构成的语义场就是类属义场。

②顺序义场：顺序义场的各成员按照某种固定顺序排列，主要有表示数目、时间、顺序等类别。

③关系义场：关系义场一般由两个词组成，二者互相依存，互相对立。

(四)词义、词音、词形间的联系

1. 多义词——词的多义性

(1)多义词的性质

多义词是指具有两个或两个以上意义的词，这些意义之间必须有某种关联。多义词是语音的有限性和意义的无限性相矛盾的必然产物。语言的语音形式是有效的，词的数目也是有限的，但意义却是无限的。随着社会的发展和人类认识的深化，词义的区分越来越细，但是人们不可能根据每一个新产生的意义创造一个新词，只能借助联想，用已有的词表示相关、相近的意义。这就是多义词产生的原因。多义词也是语言经济性的表现。

(2)多义词的意义类型

多义词包含了两个或两个以上的意义，其中最初的意义叫本义，最常用、最基本的意义叫基本义。一般来说，本义和基本义都只有 1 个。在本义、基本义和其他意义基础上派生出来的意义称为派生义或引申义。

词义派生义主要包括直接派生义、比喻义、借代义等。

①直接派生义：通过扩大原词的使用范围，将其用于其他相关事物而形成的新义。如“看”的本义是“使视线接触人或物”，直接派生出“观察并加以判断”的意义。“熟”的本义是“植物的果实等完全长成”，直接派生出“(食物)烧煮到可以食用的程度”的意义。“吹”的本义是“合拢嘴唇用力出气”，直接派生出“吹气演奏”的意义。

②比喻义：在本义或基本义的基础上通过比喻形成的新义。如“尾巴”一词原指“动物身体末端突出的部分”，但在下面这两个句子中却产生了比喻义。

当天的作业要当天完成，不能留尾巴。

他甩掉了尾巴。

在第一个句子里，“尾巴”指“事物的残留部分”；在第二个句子里，“尾巴”指“跟踪或尾随在后面的人”。

③借代义：用人或事物代替某种联系的其他人或事物，由此产生的新义。如“同窗”表示同在一个学校学习的人。“红领巾”借指少年先锋队员。“红娘”本是《西厢记》中崔莺莺的侍女，后来用作媒人的代称。

2. 同音词——词的同音现象

与上面所说的多义词不同，同音词指的是语音形式相同而意义没有联系的一组词。可以分为同形同音词、异形同音词两种，如“别”的三个意义相互之间没有联系，这就属于同形同音词。①别离：别了，我的母校。②绷住或卡住：别上校徽。③不要，不用：别去了。

异形同音词是语音形式相同、书写形式不同的同音词。

3. 同义词——词的同义现象

同义词是指意义相同或相近的一组词，可分为以下两类。

(1)等义词

等义词指词汇意义、语法意义和色彩意义都相同的词，如“麦克风—扩音器”“马铃薯—土豆”。等义词由于理性意义和非理性意义都完全相同，而语言作为交际工具有经济性。因此，一般来说，等义词在语言中大多不能长期存在，它们要么逐渐分化，产生出微弱的差别，转变为近义词；要么随着时间的推移，逐渐淘汰其他的，只保留一个。

(2)近义词

近义词指词汇意义基本相同，感情色彩、语体色彩或者用法有细微差别的一组词，如“严峻—严重、表扬—表彰、审阅—检阅、完美—完好、细致—仔细、舒服—舒适”。

近义词虽然在词汇意义上基本相同，但在实际语言交际中，仍存在一定的差异。如“严峻”常与“形势、局势”搭配，“严重”常与“情况、情形”搭配；“表扬”一般用于老师对学生、上级对下级的赞赏，“表彰”一般指对重大行动和重要事项做出的嘉奖。这些差异对于人们准确、贴切地表情达意是有积极意义的。相反，如果不仔细辨别其中的差别，也容易出现误用的情况。

4. 反义词——词的反义现象

反义词是意义相反或相对的一组词，如“伟大—渺小、美丽—丑陋、敏捷—笨拙、提前—推后”。客观事物中本身存在矛盾和对立的现象，恰好能用反义词反映出来。也有的反义词所反映的客观事物并不是矛盾对立的，如“春—秋、头—足、天—地”，但在人们的意识中把它们看成同一范畴中相互矛盾对立的事物。

(1)反义词的类型

①绝对反义词，指两个词之间是绝对矛盾关系，肯定一方即为否定另一方，不存在中间状态，如“死—活、有—无、真—假、正确—错误、主观—客观”。其中“死”和“活”之间不可能存在中间的第三状态。一种事物要么是真的，要么是假的，不可能有不真不假的状态。

②相对反义词，指两个词之间是反对关系，在肯定一方的同时必定否定另一方，否定一方的同时也不能肯定另一方，可以存在中间状态，如“冷—热、高—低、美—

丑、聪明—笨拙、快速—慢速”。在“冷”和“热”之间可以有“不冷不热”的状态，在“快速”和“慢速”之间还会有“中速”的状态。

(2)反义词的作用

①运用反义词可以揭示事物矛盾对立的关系和方面，突出矛盾，形成强烈的对照给人以鲜明、深刻的印象。例如，老舍的《二马》中有如下句子，“二十世纪的‘人’是与‘国家’相对待的：强国的人是‘人’，弱国的呢？狗！”①

“强”“弱”对立关系的表现及结果，带给人的印象是鲜明深刻的。

②反义词能为言语表达营造一种对称和谐的形式美。例如，老舍的《老张的哲学》中的这一段：“两岸的枯柳一左一右地摇动着长枝，像要躲开那严酷的寒风似的。靠岸的冰块夹着割剩下的黄枯苇，不断的小麻雀捉住苇秆，一起一伏地摆动他们的小尾巴。太阳已往西去，罩着一层淡黄的雾，斜射着银灰的冰块，连成一片寒气。那小孩的疾驰，那小麻雀的飞落，好像几个梭儿，在有忧思的人们眼前织成一个愁网。”②

例子中运用了“左”“右”“起”“伏”等一系列反义词，不仅揭示了矛盾和对立的关系，而且音节整齐匀称，给人以对称的形式美感。

③反义词和反义语素可以构成大量的合成词和成语，语义丰富，表现力强。

5. 同形词——词的同形现象

同形词是书写形式相同而读音和意义不同的一组词。

同形词并不是一词多义，它是有着共同读音的若干个词。因为采用了同一种书写形式，使得它们看起来像一个词。

三、词汇系统

(一)基本词汇

基本词汇是现代汉语词汇中最主要的部分，它和语法一起构成语言的基础。基本词汇是基本词的总和，它虽然包含的词比较少，但很重要。它使用率高，生命力强，具有适用性。

1. 基本词汇的特点

基本词汇具有稳固性、能产性、全民常用性等特点。

稳固性是指有的词汇在中华文化产生的较早时期就已开始使用，经历不同社会时代与文化，现在仍在使用并将继续使用的特性。如“山、水、上、下、左、右”等，有的随时代发展变成了多音节合成词，但词汇的基本构成要素是没变的，而且沿着基本

---

① 老舍：《二马》，11 页，长沙，湖南文艺出版社，2017。

② 老舍：《老舍文集·长篇小说(二)》，164 页，哈尔滨，黑龙江科学技术出版社，2017。

词汇扩展，也是汉语词汇的基本发展规律之一。

能产性是指以基本词作为语素创造出来的新词，最便于人们理解和接受，千百年流传下来的基本词，常常成为构成新词的基础，具有创生新词的能力。如“天、人、山”等基本词的构词能力都非常强。

全民常用性是指词汇的流行地域广、使用频率高，容易为全民族共同理解。在中国文字改革委员会公布的3000个高频度汉字字表中，最常用的10个汉字依次是：“的、一、是、在、不、了、有、和、人、这”。

2. 基本词汇的类型

有关自然界事物的：“天、地、风、云、水、火”等。

有关生产生活资料的：“米、灯、菜、布、刀、笔、车、船”等。

有关人体各部分的：“心、头、手、脚、牙、血、嘴”等。

有关亲属关系的：“爷爷、奶奶、爸爸、妈妈、哥哥、弟弟、姐姐、妹妹”等。

有关人或事物的行为、变化的：“走、想、写、喜欢、发展”等。

有关人或事物的性质、状态的：“大、小、好、坏、美丽、快乐”等。

有关指称和代替的：“我、你、他、她、这、那、谁、什么、怎样”等。

有关数量的：“一、二……十、百、千、万、斤、两、尺、寸、元、角”等。

有关程度、范围、语气、关联的：“就、很、最、都、全、把、和、吗、了、因为……所以……”等。

(二)一般词汇

一般词汇是相对于基本词汇而言的，在一种语言词汇系统中，除去基本词汇以外的词汇就是一般词汇。它具有变化迅速、缺少历史稳固性的基本特点。一般词汇存在于社会当中的各行各业，因此，在某一个行业中频繁使用的词，不一定能成为基本词。如在网络行业中使用率很高的“网管”“网关”等词汇，因为不被社会大众频繁地使用，它们就只能归属于一般词汇。

在语言的不断发展变化中，有些一般词汇也会随之发生一些变化。有些刚诞生不久的一般词，如“外卖、快递”会迅速发展转变为基本词汇。有些一般词逐渐被弃之不用，蜕变为历史词语。总之，基本词汇和一般词汇的界限是不断变化的。

一般词汇可以分为以下几种。

1. 古语词

古语词是现代汉语中仍使用的由古典文献中流传下来的古代汉语词语，是现代汉语的组成部分。古语词包括一般所说的文言词和历史词。

文言词所表示的事物和现象还存在于本民族现实生活中，在语言使用中常有浓重的书面语色彩。如“若干、呜呼、诞辰、凯旋、底蕴、磅礴、如此、余、实、之、以、与、及、亦、甚、而已”等。表示历史上的事物或现象的古语词，一般叫作历史词，如“戈、矛、盾、科举、私塾、偏房、宰相、丞相、尚书”等。这些词语所表示的事物或现象已经在历史上消失，只有在叙述历史事物或现象时，才使用它们。

古语词在表达上的作用是可使语言简洁匀称；可以表达庄重严肃的感情色彩；可以表达幽默、讽刺的意义等。

2. 方言词

方言词有两种含义，一是指通行于特定地域的词语；二是指已经进入普通话词汇系统的带有方言色彩的词语。我们这里说的是第二种意义的方言词。如源于吴方言的“噱头”，北方方言的“光棍儿”，粤方言的“买单”“打的”“巴士”，四川方言的“抄手”，上海方言的“笃定”“花头”“名堂”“把戏”“别扭”“尴尬”“蹩脚”等。

3. 外来词

外来词，也称为借词，指一种语言从别的语言中借来的词汇，如“葡萄、狮子、琉璃”等。因时间久远了，人们甚至都不把它们当作外来词了。现代汉语吸收外来词一般都要进行汉化，而不是简单地照搬，要在语音、语法、语义甚至字形上进行改造，使之更适应现代汉语。外来词的形式有音译、音译加表意、音译与意译结合、直接借用与纯意译五种主要形式。如“沙发(sofa)、咖啡(coffee)、可口可乐(Coca-Cola)、芭蕾舞(ballet)、冰激凌(ice-cream)”等。

4. 新生词

新生词，是新产生的词汇，尤其是在当今网络的虚拟世界里更容易产生，是社会发展的必然产物。新生词作为一种新事物具有强大的生命力，是符合事物发展的客观规律和前进趋势的，具有极大的影响力。如“拜拜—88、亲亲你—771、汉语水平考试—HSK、人民币—RMB、粉丝—fans、稀饭—喜欢”等。新生词属于历史范畴，在某一个历史时期产生的新生词，经过了一段时间后就可能不是新词了。新词的诞生更多是约定俗成的，如果大家共同认可，它就有生命力。网络新词的发展将来也会有这样的一个趋势：一部分像“大哥大”一样自生自灭；另外一部分将从网上“走下来”，成为人们的日常生活用语。

5. 行业词

行业词是各个学科或行业运用的专门词语。它们的使用有着特定的范围。行业词比地域方言词语更容易进入大众的口语，因为它一般不受地域的局限，具有全国通用性。如医疗行业的“外科、B超、门诊”，金融行业的“熊市、开盘、涨停”，商贸行业的“爆仓、客服、快递、包邮”，语言学科的“词性、声调、语用”，化学学科的“元素、化合、溶解”。

四、熟语

熟语，指常用的固定短语，熟语用词固定、语义结合紧密、语音和谐，是语言中独立运用的词汇单位，它包括成语、谚语、歇后语和惯用语。熟语一般具有两个特点：结构上的稳定性、意义上的整体性。

（一）成语

成语是人们长期沿习使用的语义、结构定型的固定短语。大多由 4 个字组成，如“龙腾虎跃、喜忧参半、文武双全”等；也有 3 个字和多于 4 个字的，如“莫须有”“玉不琢不成器”“毛之不存、皮将焉附”。

1. 成语的来源

（1）神话寓言

精卫填海（《山海经·北山经》）、夸父追日（《山海经·海外北经》）、愚公移山（《列子·汤问》）、守株待兔（《韩非子·五蠹》）、刻舟求剑（《吕氏春秋·察今》）、狐假虎威（《战国策·楚策一》）、自相矛盾（《韩非子·难一》）。

（2）历史故事

卧薪尝胆、负荆请罪、四面楚歌、破釜沉舟、完璧归赵（《史记》），草木皆兵（《晋书·苻坚载记》），望梅止渴（《世说新语·假谲》），如虎添翼（《心书·兵机》），一箭双雕（《北史·长孙晟传》），口蜜腹剑（《资治通鉴·唐纪·玄宗天宝元年》）。

（3）古书诗文

一鼓作气，出自《左传·庄公十年》：“夫战，勇气也。一鼓作气，再而衰，三而竭。”

瓜田李下，出自古乐府《君子行》：“瓜田不纳履，李下不正冠。”

又如世外桃源（《桃花源记》）、分庭抗礼（《庄子·渔父》）、奴颜婢膝（《抱朴子·交际》）、忧心忡忡（《诗经·召南》）、萍水相逢（《滕王阁序》）。

（4）外来语言

如“大千世界、杀鸡取卵、天花乱坠、当头棒喝、不可思议、不二法门”等。

2. 成语的结构

（1）联合结构

主谓联合：天长地久、风轻云淡

动宾联合：翻江倒海、开天辟地

定中联合：冰天雪地、高风亮节

状中联合：大彻大悟、狼吞虎咽
并列联合：古今中外、起承转合
(2)非联合结构
主谓结构：风云突变、雨露均沾
动宾结构：出其不意、成人之美
定中结构：世外桃源、莘莘学子
状中结构：刮目相看、郁郁寡欢
补充结构：重于泰山、感激涕零
连谓结构：叶落归根、青出于蓝
(3)特殊结构
如“唯唯诺诺、兢兢业业、浑浑噩噩、林林总总、逃之夭夭、乱七八糟”等。
3. 成语的作用
第一，表达精练，言简意赅。成语的内涵非常丰富，能够用极其精练的文字表达十分丰富的内容。
第二，使语言生动形象，具有很强的表现力。
第三，使行文整齐，富有节奏感 。成语多为四字书面语，书卷气息浓郁。四字格式形式整齐，铿锵有力。

(二)惯用语

惯用语是口语中短小的、定型的习惯用语，多为三个字，如“走后门、穿小鞋、开绿灯、扣帽子”；也有四个字、五个字或者更多字的，如“一个鼻孔出气”“不管三七二十一”。惯用语常通过比喻等方法而获得修辞转义。

(三)歇后语

歇后语是劳动人民在生活实践中创造的一种特殊语言形式，是一种短小、风趣、形象的语句。歇后语由前后两部分组成：前一部分是“引子”，像谜面，后一部分像谜底。通常说出前半截，“歇”去后半截，就可以领会和猜想出它的本意，所以就称为歇后语。

歇后语一般寓意深刻，短短一句凝聚了很多智慧，具有独特的语言魅力。

常见的歇后语有：“大姑娘上轿——头一回”“哑巴吃黄连——有苦说不出”“小葱拌豆腐——一清二白”等。

(四)谚语

谚语是指广泛流传于民间的言简意赅的固定语句。多数谚语反映了劳动人民的生活实践经验，一般是经过口头传下来的。它多是口语形式的通俗易懂的短句或韵语。

谚语类似成语，但口语性强，通俗易懂，而且一般表达一个完整的意思，形式上差不多都是一两个短句。谚语内容包括极广，有的是农用谚语，如“清明前后，栽瓜种豆”；有的是事理谚语，如“种瓜得瓜，种豆得豆”“谦虚使人进步，骄傲使人落后”；有的属于生活上各方面的常识谚语，如“饭后百步走，活到九十九”。

【思考与练习】

1. 如何理解词义具有模糊性、民族性、发展性等特性?
2. 请分析《咬文嚼字》2018—2019 年发布的“年度十大流行语”表现出的色彩意义。
3. 利用《现代汉语词典》，举例说明词义的派生方式有哪些。
4. 成语有哪些特点? 有哪几种来源? 请举例说明。

第四节
语　法

一、现代汉语语法的特点

(一)语序和虚词为汉语最主要的语法形式

汉语的词形没有很丰富的形态变化，无论是做主语还是做谓语、宾语，都无词形变化。而英语却是有丰富词形变化的语言，如名词有单复数形式、动词有时态变化等。更多时候汉语是以语序和虚词来表达英语中靠词形变化而表达的语法意义。举例如下。

这件事他知道了。(英语：has known)

我告诉他了。他告诉我了。

在汉语里，同样的词语组合时，因为不同的语序可表达不同的语法关系，比如“发展缓慢”是主谓关系，“缓慢发展”是偏正关系，“态度端正”是主谓关系，“端正态度”是动宾关系。此外，用不用虚词或者用什么样的虚词，都可以使表达的意思不同，如“经济繁荣”是主谓关系，“经济的繁荣”则是偏正关系；再如“老师的朋友”是偏正关系，“老师和朋友”则是联合关系。

(二)汉语词、短语和句子的结构原则具有一致性

第一组：
年轻
意气风发
天气不太好。
第二组：
理财
选择逃避
请讲普通话。

以上两组例子，从词的构成到短语的构成再到句子的构成，都具有一致性，第一组的结构关系皆为主谓关系，第二组皆为动宾关系。这种词、短语和句子的结构一致性原则是汉语里的一个特点，因为汉语的双音节词大多是以词根复合法为主构成的复合式合成词。这一特点虽方便我们学习掌握汉语词语和句子的结构类型，但也为词和短语的区分带来了一定困难，有时候一些相同相近的结构可能属于不同的语法单位。如“新房—新车、黑板—黑墙、马路—近路”，这三组词语中的前一个单位“新房、黑板、马路”是词，后一个单位“新车、黑墙、近路”是短语。

(三)汉语实词和句法成分之间无严格的对应性

以英语为代表的印欧语言里，不同词类的词对应不同的句子成分，这种对应关系比较整齐，如名词做主语、宾语，动词做谓语，形容词做定语，副词做状语等。汉语则不是，在汉语中一种词可以充当多种句子成分，反过来说，一种句子成分可以由多种词类的词充当。

举例如下。

①这是好事情。

②质量特别好。

③她的身体恢复得很好。

例①中“好”是做定语；例②中“好”是做谓语；例③中“好”是做补语。在三个例句中“好”始终是形容词。而英语的大部分形容词加“-ly”可构成副词，用在状语中，“ly”是副词词缀。

(四)汉语具有丰富的量词和语气词

量词是表示人、事物或动作的数量单位的词，如“一个人、两只猫、一把茶壶”等。表示人或事物的数量单位，叫名量词，包括表计量的度量衡单位。表示动作的数量单

位叫动量词，包括时量单位。

汉语的量词极为丰富，不同的名词要配以特定的量词才能与数词组合。

举例如下。

“条”与“鱼、蛇、围巾、绳子”搭配。

“根”与“针、钢管、棍子、油条、绳子、线”搭配。

相比其他语言，汉语的语气词也很丰富，而且汉语语气词的出现频率比较高，可以表达各种语气和口气，并能表现出其细微的差异。如陈述、疑问、祈使、感叹不同的句类都相对固定的语气词。有的语气词可以表达多种语气，而一种语气也可以由多个语气词表达。口语中语气词和语调配合使用，可使句子语气更为明显；书面语中，语气词和标点符号配合使用，也会收到很好的效果。因此语气词在汉语语法和表达中占有重要的地位。

普通话里最基本的语气词是“了、呢、吧、吗、啊”等。其他有的是因为语气词连用而产生连读合音的结果，如“孩子们去哪儿啦?”中的“啦”是“了啊”的合音；有的是因为受前一字尾音的影响而发生不同的变音，如“天哪，这不是我的书吗?”中的“哪”。

二、词的分类

现代汉语的词按照语法特点标准可以分为实词和虚词。实词是可以独立充当句子成分的，虚词则不能。实词包括名词、动词、形容词、数词、量词、代词，虚词包括副词、介词、连词、助词、语气词、拟声词。

(一)实词

实词都有实在的意义，表示人和物的名称、行为动作、性质、状态、数量等。实词能独立充当句子成分。

1. *名词*

(1)名词的类别

①表示人和事物名称的实词，如“黄瓜、白菜、拖拉机、计算机”等。

②表示专用名称的叫作“专用名词”，如“云南、上海、李白、白居易”等。

③表示抽象事物的名称的叫作“抽象名词”，如“范畴、思想、质量、品德、友谊”等。

④表示方位的叫作“方位名词”，如“上、下、左、右、后、中、东、西、南、北、前面、后边、东边、南面、中间”等。

(2)名词的语法特征

①充当句子的主语或宾语。

②不能受副词修饰。

③能用数量短语修饰。

④能与介词构成介词短语。

⑤一般不能重叠。

2. 动词

(1)动词的类别

①动作动词，如“来、去、说、走、跑、学习、起飞、审查、认识”等。

②心理动词，如“想、重视、注重、尊敬、了解、相信、佩服、惦念”等，这样的动词前面往往可以加上“很、十分”。

③能愿动词，它们是“能、要、应、肯、得(děi)、能够、应该、应当、愿意、可以、可能、必须”，这些能愿动词常常用在一般的动词前面，如“得去、能够做、可以考虑、愿意学习、应该说明”。

④趋向动词，如“来、去、上、下、进、出、上来、上去、下来、下去、过来、过去、起来”。它们往往用在一般动词后面表示趋向，如“跳起来、走下去、抬上来、跑过去”。

⑤存在动词，如“在、有、发生、存在、出现、死亡、消失”。

⑥使令动词，如“让、使、叫、请、逼、要求”。

⑦判断动词，如“如是、叫、等于”。

(2)动词的语法特征

①主要做谓语或谓语中心语。

②能受副词修饰。但除了心理动词以外和部分能愿动词外，一般不受程度副词修饰。

③大多能带宾语。

④大多能带动态助词“了、着、过”。

⑤部分动词可以重叠。

3. 形容词

(1)形容词的分类

①性质形容词：能受程度副词“很”修饰的词，如“好、美、长、远、多、少、高、胖、新、可爱、遥远、死板、奢侈、胆小、丑恶”。

②状态形容词：由性质形容词加上表示附加意义的语素构成，前面不能加“很”，使用时后面一般要加“的”，如“冰冷、雪白、笔直、鲜红、滚热、黑乎乎、白花花”。

(2)形容词的语法特征

①常做谓语或谓语中心语、定语。

②大多可以重叠。

③性质形容词大多能受程度副词的修饰，状态形容词一般不受程度副词修饰。

④不能带宾语。

4. 数词

(1)数词的类别

①基数词：包括基数词和位数词。基数词如“一、二、三、四、五”。位数词如“十、百、千、万、亿”。

②序数词：在基数词前加“第、初、老”，如“第一、初三、老四”。

(2)数词的语法特征

与量词组成数量短语，充当一个句法成分。主要做定语和补语，如“一个人、听两遍”。

5. 量词

(1)量词的类别

①名量词，如“个、把、条、件、双、张”。

②动量词，如“次、趟、场、回、顿、番”。

(2)量词的语法特征

量词要和数词一起组成数量短语，主要做定语和补语。如“五个人、去一次”。也可以做主语、宾语和状语。如“一小时是六十分钟”中，“一小时”是主语，“六十分钟”是宾语；“一把拉住了他”中，“一把”是状语。

6. 代词

(1)代词的类别

①人称代词，如“我、你、他、它、咱、我们、你们、他们、她们”。

②指示代词，如“这、这儿、那、那儿、这么、这样”。

③疑问代词，如“哪儿、什么、哪、怎么、怎样”。

(2)代词的语法特征

①可代替各类实词。

②一般不受其他词类修饰。

(二)虚词

1. 副词

(1)副词的类别

①程度副词，如“很、非常、太、极、颇、稍微、略、格外、几乎、尤其”。

②范围副词，如“都、也、一共、总共、只、光、仅仅、一概”。

③时频副词，如“偶尔、经常、正在、刚刚、就、终于、马上、即将”。

④判定副词，如“必须、一定、必定、没有、不、别、勿”。

⑤语状副词，如“可、却、竟然、偏偏、倒、究竟、到底、果然、恰恰、未免”。

(2)副词的语法特征

①一般情况下，副词只能修饰动词和形容词。如“非常喜欢、尤其可爱”。

②有时也可以在名词性成分前做状语，如“口袋里就 50 块钱”。

③副词大多不能单说。个别副词如“不、没有、当然、也许”，可以用在对话中表示回答。

2. 介词

(1)介词的类别

①时间、处所、方向介词，如“在、于、从、打、往、至、趁”。

②对象介词，如“给、对、对于、把、关于、跟、除了”。

③方式介词，如“用、照、依、按、靠、按照、根据、通过、经过”。

④原因、目的介词，如“因、因为、为、为了、由于”。

(2)介词的语法特征

①不能单独作为句法成分，只能组成介词短语做修饰成分。

②介词后不能带动态助词“了、着、过”，以此区分介词和动词。

3. 连词

(1)连词的类别

①并列关系，如“和、同、跟、与、以及”。

②因果关系，如“因为、所以、因此”。

③选择关系，如“或者、还是、与其、宁可、要么”。

④递进关系，如“而且、并且、不但、不仅、况且”。

⑤转折关系，如“但是、可是、然而、而”。

⑥条件关系，如“只要、只有”。

⑦假设关系，如“假如、如果、要是、万一”。

(2)连词的语法特征

连词不单独做语法成分，只起到连接作用。

4. 助词

①结构助词，如“的、地、得”。

②动态助词，如“着、了、过”。

③比况助词，如“似的、一般、一样、般”。

④其他助词，如“们、被、给、等、所”。

5. 语气词

(1)语气词的类别

①陈述语气，如“的、了、呢、吧、啊、嘛、呗、而已、啦”。

②疑问语气，如“呢、吗、吧”。

③祈使语气，如“吧、啊、呀”。

④感叹语气，如“啊、呀、哪”。

(2)语气词的语法特征

①附在句尾，表示语气和感情，不单用。

②某些语气词出现在不同句类中，表示不同的语气。

6. 拟声词

(1)拟声词的类别

①象声词，如“叮咚、咔嚓、滴答、扑通”。

②叹词，如“哎哟、喂、哼、哦、啊、嗨、咦”。

(2)拟声词的语法特征

模拟自然界和人发出的声音，主要起修饰作用，做定语和状语。举例如下。

他哎哟哎哟地叫个不停。

一只青蛙扑通跳进水里。

哗啦啦的小雨下得特别欢快。

三、短语的分类

(一)按照内部结构分

1. 联合短语

由两个或两个以上的部分组成。各部分之间具有并列、承接、递进、选择等关系。如“北京和上海、调查与分析、继承并发扬、生存或毁灭”。

2. 偏正短语

由修饰语和中心语两部分组成，前后两部分是修饰限制与被修饰限制的关系。举例如下。

“我们的学校、天使的身影、遥远的距离”是定中短语。

“飞快地离开、能够选择、已经结束”是状中短语。

3. 动宾短语

前后部分是支配与被支配、关涉与被关涉的关系。前一个部分是动词性成分，后一部分是名词性成分。如“告诉老师、解决问题、来了朋友、追求完美”。

4. 动补短语

第一部分是动词性成分，后一部分是补语，后一部分补充前一部分。如“飞很高、走过来、学习刻苦、怕极了”。

5. 主谓短语

前一部分是主语，是被陈述的对象，后一部分是谓语，对前一部分进行陈述。如“气候宜人、朋友遍天下、颜色丰富、歌声嘹亮”。

6. 复指短语

前后两部分指同一个事物。如“科学家爱迪生、首都北京、我们大家、宝岛台湾、瞻前顾后”。

7. 连动短语

两个或两个以上的动词性词语连在一起，并隐含同一个主语。如“出国留学、站着唱歌、拿钱买花、骑车去公园看鸟展”。

8. 兼语短语

由动宾短语和主谓短语套叠而成，动宾短语的宾语兼做主谓短语的主语。如“叫孩子打扫房间、有人打来电话、称他为师傅、让亲人放心”。

9. 数量短语

由数词或代词加上量词组成。如“9 个、这本、几遍、哪个”。

10. 方位短语

由词或短语后面加上方位名词组成，表示处所、范围或时间。如“房间里、书本上、病房外、会议中、考试以后、结婚之前”。

11. 介词短语

由介词附在其他词或短语前面组成。如“在家里办公、对老师鞠躬、向榜样学习、关于升学的问题”。

12.“的”字短语

由结构助词“的”附在词或短语后面组成。如“我的、用的、买来的、分析过的、实在不可思议的”。

13.“所”字短语

由助词“所”附在词或短语前面组成。如“所见、所爱、所想、所发明、所依靠、所欣赏”。

(二)按照句法功能分

1. 名词性短语

语法功能相当于名词，充当主语、宾语和定语。如“孩子的爷爷、儿子和孙子、门外、这本书、打工的、所思所想”。

2. 动词性短语

语法功能相当于动词，充当谓语。如“赶紧去、吵了老半天、学习生活、希望结婚、走过来抱抱我”。

3. 形容词性短语

语法功能相当于形容词，充当定语和谓语。如“聪明伶俐、很美丽、贵得很、阳光般的、天气晴朗”。

四、句子成分与句子成分分析

（一）句子成分

句子的组成成分叫句子成分，也叫句法成分。在句子中，词与词之间有一定的组合关系，按照不同的关系，可以把句子分为不同的组成成分。句子成分由词或词组充当。句子成分没有外在的形式标志，主要看成分之间是否存在陈述、关涉、修饰限制和补充说明的关系。现代汉语里一般的句子成分有主语、谓语、宾语、定语、状语和补语。

1. 主语

主语是句子陈述或说明的对象，说明是谁或什么。表示句子说的是“什么人”或“什么事”。主语是执行句子的行为或动作的主体。主语经常由名词、代词、名词性短语充当。举例如下。

我是中国人。（“我”是主语。）

2. 谓语

用来说明、陈述主语，经常由形容词和动词充当。举例如下。

妈妈教育孩子。（“教育”是谓语。）

3. 宾语

表示谓语动词的涉及对象，经常由名词、代词、名词性短语充当。举例如下。

老师在打电话。（“电话”是宾语。）

4. 定语

用在主语和宾语前面，起修饰限制的作用。经常由名词、形容词或起名词和形容词作用的短语充当。举例如下。

美好的明天终将到来。（“美好”是定语。）

5. 状语

用在动词和形容词谓语前，起修饰限制的作用。经常由副词、形容词、动词、时间处所名词和方位词充当。举例如下。

他飞快地奔跑着。（“飞快”是状语。）

6. 补语

用在动词和形容词后，起修饰和补充的作用。经常由副词、短语充当。举例如下。

雨下得很大。（“很大”是补语。）

（二）句子成分分析

1. 层次分析法

层次分析法是分析句法结构的最基本的方法，即从大到小地逐层分析句法结构。层次分析法强调分析出的各个直接成分一定是一个语法单位，而语法单位与语法单位的组合有一定的关系，可以根据这些关系去确定切分。

2. 中心词分析法

中心词分析法是传统语法的析句方法，它的主要思想是把句子分成主、谓、宾、定、状、补等成分，按照这些成分搭配的情况说明句子的各种结构。在分析句子时，要求一举找出全句的中心词，让其他词分别依附于中心词上，因此叫“中心词分析法”。分析符号如下：主语══、谓语·、宾语～～～、定语（）、状语[ ]、补语〈 〉，主语部分和谓语部分之间可用‖划分。举例如下。

（小王的）哥哥‖[已经]考〈上〉了（北京）（一所）外国语学院。

这个句子的中心就是“哥哥考外国语学院”，其他的定、状、补等成分都分别依附在这几个句法成分上。

五、复句

（一）复句的概念

复句是由几个意义上密切联系，结构上互不包含的单句形式组成的句子。构成复句的小句子叫作分句。分句之间的停顿，书面上用逗号、分号表示，分句没有独立的句调，不是独立的句子，但分句之间又不互相包含。也就是说，分句与分句不能组成主谓、动宾等句法结构。举例如下。

“没有共产党，就没有新中国……”这支歌她小学一年级就会唱。

“没有共产党，就没有新中国”是假设复句形式做主语的一部分。复句的分句之间一定有某种逻辑联系，没有逻辑联系的句子不能构成复句。例如：“我们都是北京师范大学的学生”和“小动物很可爱”就不能组合成复句。

（二）复句的种类

1. 并列复句

两个或两个以上的分句分别陈述几种事物，或者几种事情，或一种事情的几个方面，分句之间是平行相对的并列关系。

主要关联词语是："既……又……，不是……而是……，是……不是……，一方面……一方面……，有时……有时……，有的……有的……"等。举例如下。

它既不需要谁来施肥，也不需要谁来灌溉。

我们不要说空话，而要行动。

从门到窗子是七步，从窗子到门也是七步。

2. 承接复句

两个或两个以上的分句，一个接着一个地叙述连续发生的动作，或者接连发生的几件事情。分句之间有先后顺序。

常用关联词语有："就、便、才、又、于是、然后、接着、从而"等。举例如下。

他们俩手拉着手，穿过树林，翻过山坡，回到草房。

3. 递进复句

后面分句的意思比前面分句的意思进了一层，分句之间是层进关系。

常用的关联词是："不但……而且……，不仅……还……，不只……也……，不光……又……，尚且……何况……"等。举例如下。

这种桥不但形式优美，而且结构坚固。

桥的设计完全合乎原理，施工技术更是巧妙绝伦。

他这样胆小的人尚且不怕，我还怕吗？

4. 选择复句

两个或两个以上的分句，分别说出两件或几件事，并且表示从中选择一件或几件。分句之间构成选择关系。

常用的表示转折的词是："与其……不如……，宁可……也不……，或者……或者……，不是……就是……，要么……要么……，或许……或许……，可能……可能……，也许……也许……"等。举例如下。

作为一个有骨气的男儿，与其跪着生，不如站着死。

我们宁可挨批评，也不能昧着良心去作假啊！

武松这一去，或者把老虎打死，或者被老虎吃掉，别无选择。

5. 转折复句

后一分句的意思不是顺着前一个分句的意思说下去，而是做了一个转折，说出同前一分句相反、相对或部分相反的意思来。分句之间构成转折关系。

常用的关联词有："但是、但、然而、只是、不过、倒、竟然"等。举例如下。

他小小年纪，胆量可不小啊。

虽然我一见便知道是闰土，但又不是我这记忆上的闰土了。

6. 假设复句

前一个分句假设存在或出现了某种情况，后一个分句说出假设情况一旦实现将会产生的结果。两个分句之间是一种假定的条件与结果的关系。

常见的关联词语是:“如果(假如、倘若、若、要是、要、若要、假若、如若)……就(那么、那、便、那就)……,即使(就是、就算、纵然、哪怕、即便、纵使)……也(还、还是)……,再……也……”等。举例如下。

如果老王不能前去,那就让我去吧。

即使天塌下来,这件事也得继续做完。

7. 因果复句

前面分句说明原因,后面分句说出结果,可分为说明因果和推论因果。说明因果一个分句说明原因,另一分句说明由这个原因产生的结果,因和果是客观事实。

常用关联词有:“因为(因)……所以(便)……,由于……因而……,因此,故此,故而,之所以……是因为……”等。推论因果一个分句提出一个依据或前提,后一分句由此推出结论,结论是主观判定的,不一定是事实。常用关联词有:“既然(既是)……就(那就、便、又何必)……”等。举例如下。

由于病魔缠身,两次体检未通过,他只好又一次踏进补习班。

8. 条件复句

前一个分句提出一个条件,后一个分句说明这个条件一旦实现将会产生的结果,分为充分、必要、完全等三种类型。

常见关联词语有:“只要……就……,只有……才……,除非……才(不)……,无论(不管,不论)……都……”等。举例如下。

衣服只要干净整齐,越朴素穿着就越称心。

9. 目的复句

一个分句表示实现某种目的或避免某种结果,一个分句表示为此而采取的行为。常用的表示目的的词语有:“为了、以便、以、用以、好、为的是、以免、免得、省得”等。举例如下。

这段时间校卫要好好检查校园设施,以免出现安全事故。

答题之前,我们应仔细思考,省得过后又来修改。

六、句子的分类

(一)句类

根据句子的语气不同可分为陈述句、祈使句、疑问句、感叹句四类。

1. 陈述句

陈述句的作用是报道一件事实。举例如下。

他们在上课。

这孩子很可爱。

陈述句表示陈述语气，句调是降调。在书面上陈述句末尾都用句号。

2. 祈使句

祈使句是用来对听话人表示某种请求、商量、命令、劝阻或警告等意思的句子。举例如下。

你把那桌子搬到外面去。

你明天走吧。

祈使句表示祈使语气，句调有的是降调，有的是急促的高降调。在书面上祈使句末尾或用句号，或用叹号。

3. 疑问句

疑问句的作用是提出问题。在书面上，疑问句末尾都用问号。疑问句内部又可细分为四小类。

(1)是非问句

形式上跟有的陈述句、祈使句没有什么区别，不同的是句调用升调。回答时可以只用“是”“不是”或点头、摇头来回答。举例如下。

他们在上课?

他并不知道?

(2)特指问句

句中一定有疑问代词，以表示疑问。回答时不能只用“是”“不是”或点头、摇头来回答，而要做出具体回答。特指问句的句调可以用升调，也可以用降调。举例如下。

刚才谁来了?

你想喝点什么?

(3)选择问句

问话人提出几种可供选择的情况，要听话人做出回答。其基本询问方式是“X 还是 Y”。选择问句的句调可以用升调，也可以用降调。举例如下。

今天是星期三还是星期四?

他想去北京还是广州?

(4)反复问句

问话人只提出肯定与否定两项，要求听话人在肯定与否定之中做出回答。其基本询问方式是“V 不 V”或“V 没(有)V”。反复问句的句调可以用升调，也可以用降调。举例如下。

你去不去?

他明天来不来?

口语中也可以只在句末用一个否定副词“不”或“没有”来表示反复问。举例如下。

你去没?

那地方远不?

4. 感叹句

感叹句用来抒发某种强烈的感情(如喜悦、愤怒、惊讶或悲哀等)。表示喜悦、愤怒、惊讶的感叹句一般用高而平的句调，表示悲哀的感叹句一般用低而趋降的句调。书面上感叹句末尾多用感叹号。

(二)句式

句式是依据句子的局部特征归纳出来的句子类型。依据句子的某一结构特征归纳出来的句式有主谓谓语句、兼语句、连谓句、双宾句等；依据句子所包含的特殊词语归纳出来的句式有“把”字句、“被”字句等。同一个句子有可能依据不同的局部特征而归为不同的句式。

1. 主谓谓语句

主谓谓语句是由主谓短语充当谓语的句子。主谓谓语中，全句主语叫大主语，全句谓语叫大谓语；句子谓语内的主语叫小主语，谓语内的谓语叫小谓语。如“中国人民志气高”中，大主语是“中国人民”，大谓语是“志气高”；“志气”是小主语，“高”是小谓语。

2. 兼语句

由兼语短语充当谓语或独立成句的句子叫兼语句。

3. 连谓句

由连谓短语充当谓语或独立成句的句子就叫连谓句。

4. 双宾句

一个动词后边带了两个宾语的句子就是双宾句。

5.“把”字句

(1)“把”字句的定义

一般指在谓语动词前用“把”引出动作的受事加以处置的一种主动句。所谓“处置”，指的是甲主动对乙施加某种影响，由于甲的某种行为，使得乙发生某种变化或处于某种状态。

(2)“把”字句的特点

①动词应当具有动作性。非动作动词(如“是、姓、有、成为”等)以及表示感觉活动的动词(如“认为、觉得、知道、感到、喜欢”等)、趋向动词(如“来、去、进来、出去”等)一般不能进入“把”字句。

②动词一般不能是单个(光杆儿)的。“把”字句中动词前后一定要有其他成分，尤

其不能出现单音节动词。

③“把”的宾语在意念上一般是已知的人或事物。

④如果有助动词或否定副词一般应放在“把”的前面。

6.“被”字句

(1)“被”字句的定义

一般指在谓语动词前用介词“被(叫、让、给)”引进施事的被动句。“被”字句是受事主语句的一种。有时候，“被”后的施事因为某种原因也可以不出现，这时“被”一般不看作介词。而是当作表示被动意味的副词。“被”字句有“被……所……”“为……所……”的格式，是古汉语用法的延续。

(2)“被”字句的特点

同“把”字句一样，“被”字句也有以下特点：动词应该是动作性的；一般也不能是单个动词(光杆儿动词)，尤其是单音节动词；助动词或否定副词也应置于“被”字的前面，而不是“被”的后面。

【思考与练习】

1. 汉语语法的突出特点是什么？举例说明。
2. 如何理解“词类和句法成分没有简单的对应关系”是现代汉语语法的特点之一？
3. 复句有哪些类型？举例说明。

第五节 语　用

一、语用的基本要素

语用是语言使用者在不同语境中话语交际的实际运用，包括表达和理解。语言不是一个个孤立的词、词组、句子，而是在生活中的叙述、讲解、请求、命令、提问等各种复杂的言语行为。恰当的语用教学，不仅能加深学生对文本的理解，还能强化学生的语言实践能力，促进学生的精神成长。在语文课堂中，开展语用教学，需要以理解为前提，以积累为关键，以运用为归宿，以情趣为灵魂，最终达到提高学生语言文字运用能力的目的。

语用的基本要素通常由以下四个基本要素构成。

第一，发话者。发话者是语言信息的发出者，包括口语说话者和书面语作者。

第二，受话者。受话者是语言信息接收者，包括听众和读者。

第三，话语内容。话语内容是指发话者用书面或口头的形式表达的具体内容。

第四，语境。语境是人们运用语言进行言语交际的具体环境。

二、语用分析的主要内容

语用分析是指对语言使用者在不同语境中话语意义准确地表达和理解的基本规律进行分析。语用分析能使我们深刻了解在特定语境下，各种语言符号和非语言音素是如何被调动起来的，说话者如何准确地传情达意，受话者如何准确地获取话语原意，从而达到交际的目的。

汉语在长期的运用过程中，一些语言手段形成了一些固定的格式，被称为“辞格”和“语体”。在它们的使用过程中，语境起到了重要的作用，因此，辞格和语体也是语用研究和分析的重要内容。

三、言语行为与会话原则

(一)言语行为

言语行为是20世纪英国哲学家奥斯丁、美国语言学家塞尔等人倡导的言语行为理论中的一个核心概念。根据言语行为理论，我们说话的同时是在实施某种行为，分为三种行为：言内行为、言外行为和言后行为。

①言内行为是说出词、短语和分句的行为，它是通过句法、词汇和音位来表达字面意义的行为。

②言外行为是表达说话者的意图的行为，它是在说某些话时所实施的行为。

③言后行为是通过某些话所实施的行为，或由讲某些话所导致的行为，它是话语所产生的结果或所引起的变化，它是通过讲某些话所完成的行为。

(二)会话原则

因为语用学研究的目的是为了解释怎么运用语言使交际更为成功，所以作为最为常见的、最自然的交际形式，会话的基本原则引起了学者的关注。

当交谈的目的或方向被接受时，就可以按要求进行回话了，具体来说，普遍存在四条准则。

1. 数量准则

数量准则要求提供足够的信息；不提供超于所需信息之外的信息。

2. 质量准则

质量准则要求不说假话；不说缺乏足够证据的话。

3. 关系准则

关系准则要求要有相关性。

4. 方式准则

方式准则要求避免表达艰涩，避免歧义，避免冗繁，要简洁，要有条理。举例如下。

①违反数量准则的例子。

问：在哪单位工作？

答 a：在外事部门。（不说具体部门，为了保密）

答 b：在北京东城。（高度保密）

答 c：在我那个单位，能见大世面……（夸耀）

②违反质量准则的例子。

问：你看小张怎么样？

答 a：名师高徒，哪会有错？（套话，表示恭维）

答 b：还不太了解。（套话，表示推托）

答 c：青年人嘛，总要看发展。（套话，表示现在还不行）

③违反关系准则的例子。

问：某部长的报告不怎么样，你说呢？

答 a：喔，你这样看。（部分关联，表示自己不表态）

答 b：天气凉了，该穿大衣了。（毫不关联，表示这个问题不谈也罢）

四、常用辞格

为了达到某种语用效果，人们在语言交际中有意识地打破语言常规组合，进行超常的搭配，以达到某种修辞效果。这种在言语行为中对语言规则或语用规则进行有效偏离的特定格式，就是辞格。

常用的辞格主要有以下几种。

（一）比喻

比喻，即表示两种不同的事物，彼此之间有相似点，使用一事物来比方另一事物的修辞方法。比喻一般由三个部分组成，即本体（被比喻的事物或情景）、喻体和比喻词(比喻关系的标志性词语)。

根据比喻结构的三个部分的异同和隐现特征，可分为三种。

1. 明喻

明喻，本体、喻体都出现，中间用比喻词“像、似、若、仿佛、犹如、宛如、像……一样、仿佛……似的、恰似”等连接。举例如下。

叶子出水很高，像亭亭的舞女的裙。

2. 暗喻

暗喻，本体、喻体都出现，中间用比喻词“是、变成、构成了”等连接。举例如下。

广场上是雪白的花圈的海洋，纪念碑已堆成雪白的山冈。

3. 借喻

借喻，不出现本体和比喻词，直接叙述喻体。举例如下。

最可恨那些毒蛇猛兽，吃尽了我们的血肉。

比喻的作用：①比喻说理浅显易懂，使人容易接受；②比喻能把一些不好想象的东西具体地说出，借其他类似事物加以说明，令人更加清楚明白；③比喻状物能使概括的东西形象化，给人以深刻的印象；④比喻使事物形象，生动，突出特点，渲染氛围，侧面烘托。

(二)夸张

为了达到某种表达效果，对事物的形象、特征、作用、程度等方面着意扩大或缩小的方法叫夸张。可以分为如下两类。一是扩大夸张，即故意把事物说的“大、多、高、深、强”等的夸张形式。如“蜀道之难，难于上青天”。二是缩小夸张，即故意把客观事实说的“小、少、低、浅、弱”等的夸张手法。如“乌蒙磅礴走泥丸”。

夸张的作用：鲜明地表达作者对事物的情感和态度，突出事物的本质特征，烘托气氛，增强感染力，增强加语言的生动性。

(三)排比

排比指把三个或以上结构和长度均类似、语气一致、意义相关或相同的句子排列起来。

排比的作用：加强语势，烘托语言气氛，使文章的节奏感加强，条理性更好，更利于表达强烈的感情，突出某事物的某种特征，表达作者某种情感。举例如下。

他们的品质是那样的纯洁和高尚，他们的意志是那样的坚韧和刚强，他们的气质是那样的淳朴和谦逊，他们的胸怀是那样的美丽和宽广。

(四)反复

为了突出某个意思，强调某种感情，有意重复某个词语或句子。反复是为了强调某个意思或突出某种情感而重复使用某些词语或句子，所要表达的侧重点在于重复的词语或句子上。

反复的作用：主要运用在诗文中，起到反复咏叹，表达强烈的情感。同时，反复还可以使诗文的格式整齐有序，而又回环起伏，充满语言美。

(五)对偶

字数相等，结构形式相同或基本相同，意义对称的一对短语或句子，表达两个相对或相近的意思。

对偶的作用：整齐匀称，节奏感强，高度概括，易于记忆，有音乐美感。举例如下。

墙上芦苇，头重脚轻根底浅；山间竹笋，嘴尖皮厚腹中空。

横眉冷对千夫指，俯首甘为孺子牛。

才饮长沙水，又食武昌鱼。

(六)反问

反问又称激问、反诘、诘问。用疑问形式表达确定的意思，用肯定形式反问表否定，用否定形式反问表肯定，只问不答，答案暗含在反问句中。

反问的作用：加强语气，发人深思，激发读者感情，加深读者印象，增强气势和说服力。举例如下。

我呢，难道没有该责备的地方吗？

人非圣贤，孰能无过。

(七)借代

不直接说出所要表达的人或事物，而是以与它密切相关的人或事物来代替。

借代的种类：特征代事物、具体代抽象、部分代全体、整体代部分。

借代的作用：突出事物的本质特征，增强语言的形象性，使文笔简洁、精练，语言富于变化、有幽默感；引人联想，使表达收到形象突出、特点鲜明、具体生动的效果。举例如下。

两岸青山相对出，孤帆一片日边来。《望天门山》(“孤帆”借代“船只”)

南国烽烟正十年。《梅岭三章》(“烽烟”借代“战争”)

你们杀死一个李公朴，会有千百万个李公朴站起来！《最后一次讲演》(“李公朴”借代“革命斗士”）

（八）反语

用与本意相反的词语或句子表达本来的意思，以说反话的方式加强表达效果。有的讽刺揭露，有的表示亲密友好的感情。

反语的作用：加强语言表达效果。举例如下。

（“清国留学生”）也有解散辫子，盘得平的，除下帽来，油光可鉴，宛如小姑娘的发髻一般，还要将脖子扭几扭。实在标致极了。（《藤野先生》）（“实在标致极了”就是反语，讽刺当时“清国留学生”的丑态。）

（九）通感

通感，是利用诸种感觉相互交通的心理现象，以一种感觉来描述表现另一种感觉的修辞方式。

通感的作用：用于行文中可以收到令人回味无穷的效果，它能化抽象为形象，让读者更好地理解；它能由此及彼，勾起人们丰富的联想；它能不拘一格，行文活泼；它能准确表达，含意深远；它能充实诗文的意境，构成特殊的艺术美。如“晨钟云外湿”（杜甫《夔州雨湿不得上岸作》）以“湿”字形容钟声，所闻之钟声，穿雨而来，穿云而去，故“湿”能使触觉与听觉相互沟通。

（十）双关

利用词的多义及同音（或音近）条件，有意使语句有双重意义，言在此而意在彼，就是双关。

双关的作用：可使语言表达得含蓄、幽默，而且能加深语意，给人以深刻印象。如“道是无晴却有晴”（刘禹锡《竹枝词》）中的“晴”，表面上是晴天的“晴”，内含感情的“情”。

（十一）顶真

用前文的末尾做下文的开头，首尾相连两次以上，使邻近接的语句或片段或章节传下接，首尾蝉联，用符号表示就是“ABC，CDE”这种修辞手法，叫作顶真，又叫顶针或联珠。

顶真的作用：不但能使句子结构整齐，语气贯通，而且能突出事物之间环环相扣的有机联系。举例如下。

知无不言，言无不尽。

人同此心，心同此理。

一传十，十传百。

一而再，再而三。

五、病句的类型与修改

(一)语法病句

1. 成分残缺

成分残缺，主要包括主语(主语中心语)、谓语(谓语中心语)、宾语(宾语中心语)残缺等。

(1)缺主语

【例句】通过开展赛龙舟、包粽子活动，可以使屈原的精神代代相传。

【解析】这个句子由于前半截使用了介词“通过”，后半截使用了介词“可以使”，导致主语残缺，去掉其中一个介词就行。

(2)缺谓语

【例句】我厂的产量从每天 30 吨，到每天 50 吨。

【解析】这个句子要增加谓语“提高”或“增长”。

(3)缺宾语

【例句】北京奥运会火炬接力的主题是“和谐之旅”，它向世界表达了中国人民对内致力于构建和谐社会，对外努力建设和平繁荣的美好世界。

【解析】这个句子缺少宾语(宾语中心语)，应在句末加上“的心愿”。

2. 句子杂糅

【例句】福州市荣获“全国卫生城市”的原因是全市人民共同努力的结果。

【解析】这个句子前半截是“……原因是……”，后半截是“……是……结果”，两种句式杂糅在一起，表意反而不明。因此，这句话要么说：“福州市荣获‘全国卫生城市’的原因是全市人民共同努力”；要么说：“福州市荣获‘全国卫生城市’是全市人民共同努力的结果”。

(二)语义病句

1. 搭配不当

搭配不当，主要包括主语和谓语、动词和宾语、修饰语和中心语搭配不当等。

(1)主语和谓语搭配不当

【例句】天渐渐转暗，墨似的乌云和倾盆大雨顿时从空中倾泻下来。

【解析】主语“乌云”与谓语“倾泻”搭配不当，应改为：“天渐渐转暗，墨似的乌云翻滚着，倾盆大雨顿时从空中倾泻下来”。

(2)动词和宾语搭配不当

【例句】国家免收义务教育阶段学生的学杂费，这一举措降低了家长的经济负担。

【解析】动宾搭配不当，应将“降低”改为“减轻”。

(3)修饰语和中心语搭配不当

【例句】人民解放军的英勇善战是世界第一流的军队。

【解析】修饰语“英勇善战”与中心语“军队”搭配不当，删去“的英勇善战”或“军队”。

2. 前后矛盾

【例句】一个人是否拥有健康的体魄，关键在于持之以恒地参加体育锻炼。

【解析】这个句子前半截使用了“是否”这个表示两面的词语，而后半截没有使用这样表示两面的词语与之匹配，造成前后矛盾。修改办法是去掉“是否”或者在“在于”后面加上“是否能”。只有二对二或一对一，不能二对一或一对二。

(三)语用病句

1. 重复累赘

【例句】在上海汽车展上，国产汽车不断层出不穷。

【解析】这句话后半句“不断”与“层出不穷”重复，去掉“不断”。

【例句】看了这篇文章，我的心长时间久久不能平静。

【解析】“长时间”和“久久”是一个意思，语义重复了。

【例句】王老师的语文课经常让同学们忍俊不禁地笑出声来。

【解析】“忍俊不禁”就是“忍不住笑了”，已经有“笑”的动作，再说“笑”就重复了。

2. 语序不当

【例句】国务院办公厅下发通知，明确要求从 2008 年 6 月 1 日起，在全国范围内禁止销售、使用、生产厚度小于 0.025 毫米的超薄购物袋。

【解析】这个句子语序不当，应把“销售、使用、生产”改为“生产、销售、使用”。

【思考与练习】

1. 语用在实际语言交流中的作用表现在哪些方面?
2. 举例说明常见病句有哪几种，并说一说如何辨析和改正。

第六节
现代汉语知识在小学语文教学中的运用

一、语音知识在小学语文教学中的运用

《义务教育语文课程标准(2011 年版)》将汉语拼音教学的主要目标定为："能读准声母、韵母、声调和整体认读音节，能准确地拼读音节，正确书写声母、韵母和音节。"①

(一)汉语拼音方案与小学拼音教学

汉语拼音是小学语文教学和语文知识的重要内容，是帮助学生学习普通话和识字的有效工具，是小学低年级语文学习的重点。小学语文汉语拼音教学应凸显"识字""正音"之功能，落实课程标准的教学要求。

汉语拼音在社会生活、工作中的用途也越来越广泛，如电脑输入、手机短信、即时通信软件、资料检索等日常生活都离不开汉语拼音。汉语具有声、韵、调，三者合一的特点，形成了独特的抑扬顿挫、优美动听的语言美感，汉语拼音的学习对于学生欣赏文学作品也大有裨益。

1. 小学拼音教材关于声母、韵母教学的处理

为了减轻小学一年级学生学习汉语拼音的负担，小学语文教材从学生实际出发，以汉语拼音方案为基础，化繁为简，使之更适合小学生的拼音教学(见表 1-1)。

表 1-1　汉语拼音方案小学教学内容

类别	《汉语拼音方案》	小学语文教材
声母	b、p、m、f、d、t、n、l、g、k、h、j、q、x、zh、ch、sh、r、z、c、s，共 21 个	增加了 y、w，共 23 个
单韵母	ɑ、o、e、ê、i、u、ü、-i(前)、-i(后)、er，共 10 个	减少了 ê、-i(前)、-i(后)、er，共 6 个
复韵母	ɑi、ei、ɑo、ou、iɑ、ie、iɑo、iou、uɑ、uo、uɑi、uei、üe，共 13 个	ɑi、ei、ɑo、ou、ie、iu、ui、üe、er，共 9 个

① 中华人民共和国教育部：《义务教育语文课程标准(2011 年版)》，8 页，北京，北京师范大学出版社，2012。

续表

类别	《汉语拼音方案》	小学语文教材
鼻韵母	an、en、in、un、ian、uan、uen、ang、eng、ing、ong、iong、iang、uang、ueng、iong，共16个	an、en、in、un、ün、ang、eng、ing、ong，共9个
整体认读音节	无	zhi、chi、shi、ri、zi、ci、si、yi、yin、ying、wu、yu、yue、yuan、ye、yun，共16个

把 y、w 作为声母教学，规定16个整体认读音节，省教15个韵母和学生难以理解的拼音规则，不教字母表和隔音符号。这些变通的处理加快了学生学习汉语拼音的速度。

2. 声母、韵母和声调发音知识的教学

(1)容易混淆的声母

在平舌音 z、c、s 和翘舌音 zh、ch、sh 的教学中，教师可以采用对比教学的方法，一边进行示范，一边让学生进行“自私—指示、自此—智齿、私自—失职、四次—试吃”的对比训练，让学生了解和逐步掌握平舌音和翘舌音的差异。

在鼻音 n 和边音 l 的教学中，可以让学生进行“泥泞—立领、男女—蓝绿”的对比训练。

在江浙等地的方言区，还可能会出现将 r 和 l 弄混的现象，学生可能会把“热”说成“le”。教师可以让学生进行“然后—懒猴、仍旧—冷酒”的对比训练。

(2)容易混淆的韵母

在前鼻音和后鼻音的教学中，in-ing 和 en-eng 这两组是最容易混淆的。教师可以让学生进行“亲近—清静、本分—绷缝”的对比训练。

eng 和 ong 也是容易混淆的一对鼻韵母，教师可以让学生进行“疼—痛”“衡山—红山”的对比训练。

(3)声调

利用游戏教学法，自编儿歌、口诀等是有效的方法。如“一声高高平又平，二声就像上山坡，三声下坡又上坡，四声就像下山坡”等。

利用拼音四声进行说话练习。如教学“ai、ei、ui”时，教师可以要求学生用四种声调组词，然后用词说话。用 ai 的一声组词：“挨着、挨挨挤挤、挨在一起”。造句：“放学了，小朋友们挨着奶奶围成一圈；小朋友你挨着我，我挨着你，多亲密呀!”“夏天来了，荷叶挨挨挤挤在一起。”用 ai 的第四声组词：“友爱、爱护、爱戴、热爱、喜爱”。造句：“同学之间要友爱”“我们要爱护小树苗”“我热爱中国”“我爱妈妈”等。

语音的学习不是一次性可以完成的，在学习过程中，人们总会不断地遗忘。因此，还必须进行“周期循环”的复习。不但在语音教学过程中要进行周期循环的复习，而且要求教师把语音知识的运用渗透在语文教学和学生交流的过程中，这是教师自身普通话水平和语音教学的效果能够迅速达到高效率转化的关键。

二、词汇知识在小学语文教学中的运用

根据《义务教育语文课程标准(2011 年版)》可知，语文教学要注意知识、能力、情感之间的联系，注意听说读写之间的联系，加强综合，突出重点，注重语言的感悟、积累和运用，注重基本技能的训练，从整体上提高学生的语文素养。其中词汇教学包括三方面的内容：一是正确地读出和写出学过的词语，二是懂得词语的意思，三是注意积累词语并能在口头和书面表达中正确运用。教师要指导学生逐步学会联系上下文理解词语，对于含义比较深刻的词语，要理解它们在课文中的意思和对于表达思想感情的作用。教师要采取多种方法，引导学生运用恰当的词语表达自己的思想感情。

(一)词义与教学

词义是词的核心，是理解句、段、篇、章的基础。

1. 复合词的构成方式与语文教学

对语文教师来说，在备课的过程中，需要全面了解课文中的词语的意义和构词方式，这不仅有利于帮助学生理解词义，也有利于设计出适合学生的教学内容和方法。复合词是由词根加词根组成的。词根是实语素，因此复合词的词义具有很强的词汇性，语文教师可以根据复合词的语义构成关系设计教学练习，引导学生对复合词的内部语义关系进行感知。在掌握词义的过程中，学生会根据自己的认识经验，凭借一定的语感，感受到某些构词规则，同时也会试图运用和创造新的词。

2. 词义解释与语文教学

《义务教育语文课程标准(2011 年版)》对各阶段学生的词义学习提出了具体要求。1～2 年级：结合上下文和生活实际了解课文中词句的意思，在阅读中积累词语。3～4 年级：能联系上下文理解词句的意思，体会课文中关键词句表达情意的作用。能借助字典、词典和生活积累理解生词的意义。5～6 年级：能联系上下文和自己的积累，推想课文中有关词句的意思，辨别词语的感情色彩，体会其表达效果。

3. 同义词和反义词与语文教学

同义词和反义词在语言中的使用中具有非常鲜明的特点，对语言表达的丰富性和生动性起到了非常重要的作用。此前，我们也谈到同义词和反义词的在语言表达中的作用，语文教师可以根据课程标准对语文阅读的要求，合理设计同义词和反义词的教学环节，让学生能从阅读材料中体会同义词和反义词给语言所带来的独特风格和效果，也让学生产生更强的语感，在潜移默化中感受到语言的魅力。

同义词和反义词在对联中的使用非常丰富，赋予对联一种简洁隽永的格式美。教师可以指导学生利用对联这种生活中的事物来进行学习。

(二)成语与教学

成语在小学中高年级课本中出现得较多。如“劳燕分飞、物以类聚、诲人不倦、聚精会神、孜孜不倦、赞不绝口、一清二白、成千上万、百发百中、大同小异、古往今来、横行霸道、飞扬跋扈、顶天立地、恍然大悟、美妙绝伦、能书善画、颇负盛名、一无所有、哄堂大笑、随心所欲、别无所求、言传身教、有气无力”等。

成语教学可以采用以下集中教学方法。

第一，指导学生理解和领会成语中蕴含的日积月累的深厚的文化底蕴。如“温故知新”“锦上添花”源于儒家、道家、佛教等，反映了民族精神文化；如“夸父追日”源于民间故事，反映了民族语言文化；如“长治久安”“绳之以法”“言传身教”从政治生活、法律生活、教育生活等方面反映了社会生活文化；如“抱布贸丝”“雕梁画栋”“轻裘缓带”从经济、建筑、服饰等方面反映了物质文化。①

第二，低年级学生在实际生活中也有一定的成语积累，教师也可以适当地做一些成语知识扩展。在成语练习方面，成语接龙是一个比较好的方法。如“人山人海—海天一色—色胆包天—天高云淡—淡泊明志—志高存远—远虑近忧—忧心忡忡”等。

第三，中高年级的成语教学中包含数字类成语，如“一清二白”；包含对称性结构类成语如“大同小异”。教师可以充分发掘符合这些有特点的成语，做扩展练习。

第四，高年级的成语教学中还出现了近义成语和反义成语的配对练习。

近义成语，如“一无所有—身无分文、别无所求——无所有、师传身授—言传身教”等。

反义成语，如“身无分文—腰缠万贯、别无所求—贪得无厌、随心所欲—循规蹈矩”等。

常见的成语游戏还有成语应对、成语分类、画图抢答、说成语猜人物和成语故事比赛等。

三、语法知识在小学语文教学中的运用

(一)词类教学

小学语文教学中对语法学习的要求包括：建立词的概念，知道句子是由词语组成的，能在简单的句子中划分出词；逐步认识名词、动词、形容词、代词、数量词等实

① 张颖：《对义务教育阶段语文教学中的成语教学的研究》，硕士学位论文，辽宁师范大学，2013。

词；逐步了解副词、连词等虚词的用法。因此，词类教学应该穿插于课文的学习当中，不必专门对学生教授词类知识，而是要慎重选择合适的阅读和练习材料，遵循“随文”原则，使学生在阅读、作文的过程中完成对有关知识的领悟和了解。

(二)句子成分教学

对小学生进行句子成分知识和句子成分划分方法教学时，可以先教学生划分句子的口诀：“句子成分要分对，纵观全局找主谓。主谓宾、定状补，主干枝叶分清楚；定语必居主宾前，谓前为状谓后补。状语有时位主前，逗号分开心有数。基本成分主谓宾，连带成分定状补。”

然后结合具体的课文例句，逐类进行分析讲解，让学生充分理解，并基本掌握句子成分划分方法。

四、语用知识在小学语文教学中的运用

(一)修辞运用与教学

《义务教育语文课程标准(2011 年版)》规定：3～4 年级的学生要“初步感受作品中生动的形象和优美的语言，关心作品中人物的命运和喜怒哀乐”“积累课文中优美词语、精彩句段”“背诵优秀诗文 50 篇”；5～6 年级的学生要“辨别词语的感情色彩，体会其表达效果”“诵读优秀诗文，注意通过语调、韵律、节奏等体味作品的内容和情感。背诵优秀诗文 60 篇(段)”。[①]

这就要求学生在阅读过程中，学习、领悟、背诵优秀诗文，深刻体会其丰富的修辞方法，从而内化成良好的阅读鉴赏能力和写作能力。教师要主动培养学生的修辞意识，进行必要的修辞训练，使学生积累富有修辞性的语言材料。

1. 结合生活中的语境，提高学生的语言品读能力

在卖水饺的店铺门上，可能会贴着这样的对联：“外脆内酥似海味，细皮嫩肉胜山珍”。在茶馆的小店门上可能会贴着这样的对联：“山好好，水好好，入亭一笑无烦恼；来匆匆，去匆匆，饮茶两杯各西东”，也可能是“山美水美，茶香温馨；人杰地灵，品茗悦心”。教师应指导学生在平时生活中注意留心多观察、多体会，久而久之会对修辞知识在写作中的运用更有体会。

2. 在课文中，深挖语言中的修辞的美感

教师应引导学生细读课文，从名家名篇中寻找运用修辞手法的好词佳句。

---

① 中华人民共和国教育部：《义务教育语文课程标准(2011 年版)》，10～13 页，北京，北京师范大学出版社，2012。

3. 注重修辞的写作训练

一般可设计如下的练习形式：

①填空练习，选择关联词语填空；

②改换句式练习，把句子换个说法，句子意思不变；

③仿造比喻句、比拟句、对偶句、排比句，或把句子补充完整等；

④积累练习，分类摘抄课文或课外阅读中的优美句子。

(二)病句分析与写作教学

1. 病句分析

修改病句是小学语文不可忽视的重点内容，也是小学阶段教学中比较常见和重要的一项内容。小学生掌握了修改病句的方法后，就可以在造句、写习作时避免出错或少出错，同时，也能及时发现并改正自己习作中出现的病句，这将对学生的写作有很大的帮助。小学语文病句中常见类型：成分残缺、用词不当、词语搭配不当、前后矛盾、词序颠倒、重复啰唆、概念不清、不合逻辑、不合事理、指代不明。

2. 修改病句的方法和技巧

一读，读通句子，弄清原句的本意。本意是指原句所要表达的主要意思。修改病句的前提是不能改变原句的本来意思，只有弄清句子的本意，才可能正确修改。

二找，确定句子的“病症”。要修改病句，先要找到句子的“病症”，确定“病因”。一般我们可以根据所学过的几种病句的常见原因，帮助查找“病症”。

三改，对症下药。根据语句的“病症”及“病因”，经过认真思考，采用增、删、调、换等方法，动手把错的地方改正。

四查，改完后重读几遍。

【思考与练习】

1. 结合语文教材，设计声调训练教学方法。
2. 结合语文教材，设计词语教学方法。
3. 结合语文教材，设计成语教学方法。
4. 结合语文教材，设计句式与辞格相结合的教学方法。

本章小结

本章内容主要分为两大部分，第一部分是现代汉语基础知识，第二部分是现代汉语知识在小学语文教学中的应用。

在第一部分中，我们梳理了现代汉语基础知识中的重点内容。包括现代汉语概述，以及现代汉语的语音、词汇、语法和语用四个方面。在概述部分，我们介绍了现代汉语的形成、方言以及规范化的问题。在语音一节中，我们介绍了语音的性质、基本概念、注音方法和注音符号。在词汇一节中，我们先介绍了语素和词的区别，然后分别说明了词义的特性和根据不同标准分类的词汇系统。在语法一节中，我们从词语、短语和句子三个层次分四方面介绍了相关知识：第一是现代汉语语法的特点，第二是词的分类，第三是短语的分类，第四是句子成分和句子成分分析。在语用一节中，我们首先介绍了语用的基本概念，包括语用的基本要素、语用分析的主要内容、言语行为与会话原则。此外，还介绍了辞格的类别与修辞作用，最后对病句的类型与修改做了说明。

在第二部分中，选取了和小学语文教学知识点密切相关的现代汉语知识，将其与小学语文课文实例相结合，探讨在小学语文教学要求和标准下，如何指导专业学生更好地将专业知识运用到实际教学当中去。我们给出了一些教学建议和方法，同时也希望能借此开拓思维，充分利用教学材料，设计出更符合教学要求和标准的教学手段和教学方法。

总之，语文教师必须具备扎实的语文知识背景，才能做到教学有章有法。语文教师还必须具备扎实的语文素养，才能对学生产生深远的影响，这就是教师心中的可深入浅出的“理”。“这‘理’是情趣盎然的，要让学生学得有兴趣，喜欢语文学习；这‘理’也是潜移默化的，以教师自身的语文修养影响学生，以润物细无声的教学方法滋润学生。”①

关键术语

现代汉民族共同语、普通话、音素、音位、义素分析、熟语、实词、虚词、句子成分、辞格

参考资料

【著作类】

1. 邵敬敏．现代汉语通论．上海：上海教育出版社，2001.
2. 胡裕树．现代汉语．上海：上海教育出版社，2011.
3. 周一民．现代汉语(第3版)．北京：北京师范大学出版社，2010.

① 张敏华：《谈小学语文教学之道——统编本教材教学方略(第一学段)》，10页，宁波，宁波出版社，2018。

4. 兰宾汉，邢向东．现代汉语．北京：中华书局，2006.

5. 张文元，陈英，莫超等．现代汉语教学参考．北京：中华书局，2016.

6. 丁玮．小学语文学科知识与拓展．上海：华东师范大学出版社，2018.

7. 唐懋龙，孙忠心．小学语文教学科学设计．上海：华东师范大学出版社，2017.

【期刊类】

1. 曹游繁．浅谈“语用”．教师，2019(12).

2. 陈冬寒．拼音教学存在的问题及对策浅探．小学教学参考，2019(13).

3. 苏培成．小学汉语拼音教学研究——兼谈统编本语文教材拼音部分的改进建议．语文建设，2019(14).

4. 宁先达．部编版教材小学语文汉语拼音教学策略．现代中小学教育，2020(1).

5. 张丽．浅谈小学成语教学．黑河教育，2019(8).

6. 胡娟．基于“过程与方法目标”的小学语文词汇教学．西部素质教育，2018(8).

7. 毕静．新课程标准下对小学语文词汇教学的思考．语文学刊(基础教育版)，2010(10).

8. 李小融．小学三年级应用“有意义言语学习”理论进行汉语语法教学的实验．教育理论与实践，1989(4).

9. 宋显常．论语法在小学语文教学中的作用．读与写(教育教学刊)，2017(12).

10. 韦治纯．浅析小学语文语用型课堂的教学策略．名师在线，2016(7).

11. 须强．“语用取向”的小学语文教学转型研究．新课程研究，2016(28).

12. 陈艳．小学语文文体与语用教学探析．福建教育学院学报，2017(8).

13. 叶聪敏．小学语文语用教学四大环节探究．当代教研论丛，2018(12).

14. 从莉莉．指导学生构建内部词典——小学词义教学策略新探．科技信息，2009(6).

【其他类】

1. 温儒敏．义务教育教科书语文(1～6 年级)．北京：人民教育出版社，2019.

2. 中华人民共和国教育部．义务教育语文课程标准(2011 年版)．北京：北京师范大学出版社，2012.

第二章

古代汉语基础

章结构图

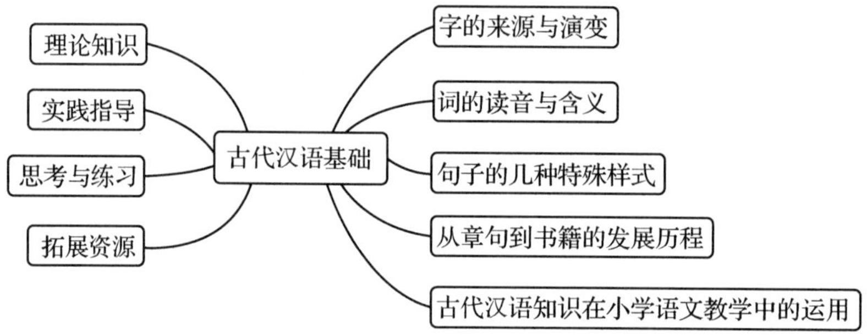

章前概述

古代汉语基础知识在小学语文的教学中起着基础性的作用，作为一名小学语文教师，拥有扎实的古代汉语基础知识，并能灵活运用到小学语文教学中去，是最基本的专业素养和职业技能。

本章共有五节，第一节介绍字的来源与演变，第二节介绍词的读音与含义，第三节介绍句子的几种特殊样式，第四节介绍从章句到书籍的发展历程，第五节介绍古代汉语知识在小学语文教学中的运用。第一节到第三节是有关古代汉语的基础知识；第四节是古代汉语与其物质载体之间的关系；第五节是学习古代汉语、阅读古籍时可以参考的几点经验。

章前导语

我国历史悠久，文化绵长。作为历史和文化的载体，汉语、汉字成为我们和先人沟通的重要媒介。因此，学好古代汉语，读懂古代典籍，继承优秀传统文化，一定要从小学语文教育做起。只有这样，我们才能在薪火相传中把优秀的传统文化发扬光大，才能从文化上真正实现中华民族的伟大复兴。

第一节
字的来源与演变

中华文明是世界范围内唯一的从诞生之日起到当代为止，从未中断过的古老文明。

促成这个奇迹的因素虽然有很多，但是作为中华文明的载体，从诞生之日起就一直被沿用至今的汉字，肯定是最重要的因素。因此，了解汉字的来源与演变就成为了解古代汉语，甚至是了解古代文化最重要的第一步。

一、汉字的来源

汉字是当今世界仍然在大规模使用的唯一表意文字，从仓颉造字的古老传说到清末发现的甲骨文，历代中外学者都对汉字的起源抱有极大的研究热情，先后提出过结绳说①、契刻说②、图画说③等猜想，历代史籍中对汉字的发明者也有仓颉④、庖牺氏⑤等记载。

然而，现代考古学告诉我们，文字肯定不是一时所生、一地所产、一人所创，肯定是千百年中生活在中华大地上的无数先民前赴后继接力完成的，它的起源虽然难以考证，但来源却是清楚明白的——它源于先民对天地万物的观察和思索，先民用观察获得它们的特征，用思索构建它们的联系。

具体来说，汉字的来源分为六种，古人称为“六书”，最早见于《周礼》⑥和《汉书》⑦，然而其具体内容则语焉不详，直到东汉文字学家许慎在其传世名作《说文解字》的序言中，才第一次进行了准确的解释和说明：

> 《周礼》：八岁入小学，保氏教国子先以六书。一曰指事。指事者，视而可识，察而可见，上下是也。二曰象形。象形者，画成其物，随体诘诎，日月是也。三曰形声。形声者，以事为名，取譬相成，江河是也。四曰会意。会意者，比类合谊，以见指㧑，武信是也。五曰转注。转注者，建类一首，同意相受，考老是也。六曰假借。假借者，本无其字，依声托事，令长是也。⑧

后世文字学家一般都采用许慎的名称和班固的顺序来讨论“六书”，即象形、指事、

---

① 见《周易·系辞下》：“上古结绳而治，后世圣人易之以书契，百官以治，万民以察。”

② 见《释名·释书契》：“契，刻也，刻识其数也。”

③ 见《周易·系辞上》：“河出图，洛出书，圣人则之。”

④ 见《吕氏春秋·君守》：“仓颉作书，后稷作稼。”

⑤ 见《周易·系辞》：“古者庖牺氏之王天下也，仰则观象于天，俯则观法于地，观鸟兽之文与地之宜，近取诸身，远取诸物，于是始作八卦，以通神明之德，以类万物之情。”

⑥ 见《周礼·地官司徒》：“保氏，掌谏王恶，而养国子以道，乃教之六艺，一曰五礼，二曰六乐，三曰五射，四曰五驭，五曰六书，六曰九数。”

⑦ 见《汉书·艺文志》：“古者八岁入小学，故《周官》保氏掌养国子，教之六书，谓象形、象事、象意、象声、转注、假借，造字之本也。”

⑧ （汉）许慎：《说文解字》，314页，北京，中华书局，1963。

会意、形声、转注、假借。“六书”作为汉字造字法，是我们每一个学习汉字的人都必须首先学习的。象形就是观察自然事物，根据它们的形状来勾画特征，用来指代这些事物，如“日、月、山、水、牛、羊”等。指事不同于象形，是一种抽象的造字法，用抽象符号来表示不方便用具体形象勾画的事物，如“上、下、本、末、刃、亦”等。会意不同于指事，是用至少两个文字而非笔画、符号组成的复杂文字，通过各组成部分之间的关系来表达含义，如“武、信、休、莫、寒、射”等。形声和会意看起来很像，都是由多个文字组合成复杂文字，但区别还是明显的：形式上，形声字一般只有两个组成部分，一个是和含义相关的“形旁”，另一个是和读音相关的“声旁”，而会意字可以根据需要拥有很多组成部分；本质上，会意字依然是一种“图画”，是用很多事物表现一个复杂场景，而形声字则基本脱离了图画的性质，其表现方式更为抽象。形声字在现代汉字中占绝大多数，如“江、河、机、桥、熊、辉”等。转注和假借严格来说已经不属于造字法的范畴，属于固定的用字法；前者完全不会产生新字，后者也只能促使新字的产生。如前所说，文字不是一时、一地、一人所造，因此，同一意义的词语，可能对应不同时代、不同地域、不同人物所创造的不同文字，这些要素相似、语义相同，但字形不同，又很难合并或取消的一组文字，就叫作转注字，如“考”和“老”(二者都是会意字，取驼背老人拄杖而行之意)、“更”和“改”(“更”为形声字，“改”为会意字，但都表示教人改过归正之意)、“爇”和“热”(二者都是形声字，都表示温度高之意)等。假借是指用音同或音近的字指代那些不易用象形、会意、形声的方式来表现的概念，如“闻、亦、莫、要、乌、我”等。

先民在对天地万物的观察过程中，通过象形、指事、会意，将事物简明、形象地勾画表现出来；在思考事物的类别和词语的发音过程中，通过形声表现更为广泛的事物；在使用既有文字的过程中，固定了转注的“一义多文”，发展了假借的“一文多义”，通过增减字形、字义表达更为丰富的概念。需要特别关注的是，“六书”均属历史概念，是从文字发明到文字系统成熟这个时间段中的概念，和后世类似的用法及概念不能混为一谈，比如转注字和异体字，又如假借字和通假字，道理虽然相似，但需要严格区分。

二、书体的演变

书体是一个比较复杂的概念，它既包含了文字本身形态的演进，也包含了字体书写特点的变化。篆书、隶书、楷书基本属于文字形态的演进，草书、行书则主要是书写特点的变化。根据出现时间的先后，我们一般按照篆书、隶书、草书、行书、楷书的顺序来讨论书体的演变。

甲骨文也称“契文”，是殷商时期占卜记事时契刻在龟甲、兽骨上的文字，是中国文字史上有实证的最古老且相对成熟的文字。钟鼎文也称“金文”，是商、周时代铸刻在钟、鼎、盘、簋等青铜器上的文字。六国古文字的代表石鼓文是先秦时期秦国的刻石文字，因刻石外形似鼓而得名，发现于唐代，共十枚，现藏于故宫博物院石鼓馆。

篆书也称“籀书”，分为大篆、小篆两类。大篆是周朝的字体；小篆专指秦统一中国后颁行的法定文字。小篆也称“秦篆”，是秦丞相李斯奏请秦始皇废除六国文字后，以秦国通用的籀文为基础，加以简化后颁行全国的文字。由于小篆直接承自大篆，所以很多文字的构造和写法并未发生本质改变，只是结构更加平衡对称，笔画更加圆劲均匀，书写更加规范统一。秦代小篆流传下来的实物有泰山刻石、琅琊台刻石、碣石山刻石，以及铸刻有文字的诏版、秦权，上面的文字据说都是李斯的手笔。

隶书是对小篆的进一步简化。东汉许慎在《说文解字序》中说：“是时秦烧灭经书，涤除旧典，大发隶卒，兴戍役，官狱职务日繁，初有隶书，以趣约易，而古文由此绝矣。”①西晋卫恒在《四体书势》中说：“秦既用篆，奏事繁多，篆字难成，即令隶人佐书，曰隶字。汉因行之，独符、印玺、幡信、题署用篆。隶书者，篆之捷也。”②所以传统说法认为，“隶书”之“隶”就是“隶卒”之“隶”；近人也有“隶书”之“隶”为“隶属”之“隶”的说法，意为篆书的辅助。隶书按照出现的时间可以分为秦隶和汉隶，也称“古隶”和“今隶”。③

隶书对小篆的简化和小篆对大篆的简化完全不同，后者更多的是在形体和结构方面进行规范和统一，而前者则是对各组成部分的删减、合并，甚至变形、重组，这个变化过程就是汉字发展史上具有里程碑意义的“隶变”。隶变主要表现为改弯曲为平直，不再追求象形；改圆转为折断，以提高书写速度；简化偏旁，不再是单独的文字；合并偏旁，将简化后相似的偏旁写成统一样式；整合结构，将多个笔画甚至偏旁组合在一起。因此，可以说小篆是象形化古文字的结束，隶书是符号化新文字的开始。

草书分为两种，从隶书演化而来的称为“章草”，从楷书演化而来的称为“今草”。④传统认为章草是书写章奏所用的比隶书更为简捷的书体，它改变了横平竖直，笔画间断的隶书写法，采用圆转牵连，粗细交替的写法，左右结构或上下字多不连写，形成不同于今草的特征。今草是一种在继承章草的基础上，为适应隶书向楷书发展，而进一步简化了的草书，相传汉朝的张芝是创制者，他也因此被称为“草圣”。

行书从起源来看，可以说其上承隶书；如果从成熟和大规模使用来看，又不得不说其上承楷书。但无论从哪个角度来说，它都是介于正规写法和草写之间的一种最为

---

① (汉)许慎：《说文解字》，315页，北京，中华书局，1963。

② (唐)房玄龄等：《晋书》，1064页，北京，中华书局，1974。

③ 这样的“古”“今”之别都是以提出区别的年代来界定的，所以汉人称“秦隶”为“古隶”，就如同唐人称汉魏六朝的诗歌为古体诗一样。

④ “章草”最初只称“草书”，《说文解字序》《四体书势》都有记载，有了“今草”之后为了区别才称为“章草”。

通用的书体。字体整饬，楷法多于草法的称为“行楷”；书写流动，草法多于楷法的称为“行草”。行书比楷书便于书写，比草书容易辨识，因此应用极为广泛。东晋王羲之的行书最为著名，他的代表作《兰亭序》被后人奉为“天下第一行书”；唐代颜真卿的《祭侄文稿》为“天下第二行书”；北宋苏轼的《寒食帖》为“天下第三行书”。

楷书也称“真书”或“正书”，是从隶书演变而来的书体，改隶书的“蚕头燕尾”“一波三折”为横平竖直、字体方正。汉魏时楷书逐渐成熟，但还有许多章草笔法，现存最早的楷书作品即三国钟繇的《贺捷表》《宣示表》等；魏晋、北朝时期的“魏碑”，也是一种从隶书到楷书的重要过渡书体，代表作有“龙门二十品”；东晋、隋唐后楷书盛行至今，出现了王羲之和“楷书四大家”颜真卿、柳公权、欧阳询、赵孟頫，代表作有王羲之的《曹娥碑》、颜真卿的《多宝塔碑》、柳公权的《玄秘塔碑》、欧阳询的《九成宫醴泉铭》、赵孟頫的《洛神赋》等。

需要特别关注的是，书体演变的本身就是一个相互作用的复杂过程，每一种书体的产生、发展、成熟都经历了漫长的时间、多样的变化，甚至常常是“你中有我，我中有你”，难分彼此。作为基础知识，一方面必须清楚书体演变的大势，但另一方面又不需要过分执着于对细枝末节的考辨。

三、字形的差异

即便是在文字体系成熟，甚至各种书体固定之后，在实际运用过程中依然会出现同一个词语却有不同文字与之对应，或者同一个文字却有不同写法的情况。1964 年和 1986 年，国务院先后两次发布《简化字总表》，汉字出现了繁体和简体两大阵营。2000 年，最终以法律的形式确立了简化字作为规范汉字的法律地位。这些看似属于表面问题的字形差异，其实背后都各自具有深刻的历史、文化原因。

古今字是文字发展过程中产生的古今异字现象，是一种历时性的文字分化和更替。用来记录原来多义词或同形词①的字就是古字，用来记录分化后形成的新词的字就是今字，这样一组字就可以合称为“古今字”。如“莫”(茻)是会意字，用太阳落在草丛中表示日已晚，后来却被假借为否定代词或否定副词，为了在书写时避免混淆，后人就在其下加“日”成“暮”用来表示其本义，因此，“莫”和“暮”就成了一对古今字。同理，还有“责”和“债”，“大”和“太”，“共”和“供”，“弟”和“悌”，“说”和“悦”，“孰”和“熟”，“属”和“嘱”，“县”和“悬”，“辟”和“避”，“知”和“智”，“昏”和“婚”，“反”和“返”等。古今字虽然也是经由假借产生的，但和假借字有着明显的不同：古今字中，古字的本

① 多义词是一字具有多义，如“辟”；同形词是多义共用一字，如“莫”。二者的区别是，前者的多重含义之间存在引申关系，本质上还是一个词；后者是不相干的词义共用一个字，本质上其实是多个词。当然，有些时候也会因为时代的变迁和文献的缺失很难判断。

义会被后造的今字承担；而假借字中，本字的含义不会另行再造对应的新字，实质上等于本义消失。

通假字中的“通”指通用，“假”指借代，指的是因为和本字读音相同或相近，而被用来代替本字的借代字，是古人在书写过程中因为种种原因①临时采用的方法，比如，用“蚤”代“早”，用“亡”代“无”，用“倍”代“背”，用“惠”代“慧”，用“罢”代“疲”，用“趣”代“促”等。通假字和假借字都是“依声托事”，但不同点是非常明确的：通假字是有本字而不用，假借字是无本字可用；通假字既不产生新字也不产生新义，假借字却产生新义并促成新字的产生。通假字和古今字都可通用，但和古今字有着明显的不同：通假字中的两个字是同时使用的，没有古今之分；通假字之间只是读音相同或相似，在含义上并不相干；因为在含义上并不相干，所以通假字在字形上也无相似之处。

异体字是和正体字(规范汉字)读音、含义完全相同，只是写法不同的文字，如“哲”和“喆”，“线”和“綫”，“坑”和“阬”，“群”和“羣”，“高”和“髙”，“奇”和“竒”等。这种现象产生的原因可能是造字方法不同(字形完全不同，如“哲”和“喆”)，造字素材不同(声旁或形旁不同，如“线”和“綫”，“坑”和“阬”)，书写习惯不同(偏旁位置不同，如“群”和“羣”；细部特征不同，如“高”和“髙”)，简化方式不同(不同时期对汉字的简化方式不统一，如“奇”和“竒”)。异体字和古今字的不同在于，前者是一字多形，同时使用，同音同义；后者是两字两形，古今相继，同音异义。当然，也存在个别异体字最初意义相同，但在后来的使用中逐渐分化的情况，如“喻”和“谕”。值得注意的是，所谓“正体字”是人为规定的产物，并不符合逻辑，正确的说法应该是“某字和某字互为异体字”②。

一般情况下，在书籍的注释中，用“某字后来写作某字”注释古今字，用“某字通某字”注释通假字，用“某字同某字”注释异体字。但也存在不规范或者判断失误的情况，比如把古今字当作通假字注释，或者把通假字当作异体字注释等。

简体字也称“简化字”，作为一种现象古已有之，作为一个概念则特指官方公布的在字形上进行了简化或合并的文字，与之相对的则称为“繁体字”。法律意义上最早的简体字③是在1935年公布的《第一批简体字表》中的324个俗字、古字、草书字，但因为争议极大于次年收回。中华人民共和国成立后，在1954年组建“中国文字改革研究委员会”④，分别于1956年和1977年由国务院颁布该委员制定的《汉字简化方案》和《第

---

① 研究者有以简代繁说、传抄讹误说、风雅好古说、偶写别字说等。

② 关于“规范汉字”的文件从20世纪50年代到现在一直处在调整中，这也符合语言文字本身的发展规律，以及时代变迁对语言文字运用的要求。

③ 太平天国政权曾经使用过一百多个简体字，且大多数沿用至今，但因为太平天国政权存在时间较短且战火连绵，并未以政令形式进行公布和固化。

④ 国家语言文字工作委员会(简称“国家语委”)的前身，属于国务院直属单位。

二次汉字简化方案》[1]，并于1964年和1986年先后两次发布根据前者制定的《简化字总表》[2]。根据2000年通过的《中华人民共和国国家通用语言文字法》[3]，简体字和未经简化的正体字(传承字)获得了“规范汉字”的法定地位。

简体字有如下几种来源：有的来自古今字中的古字(如“舍”和“捨”)，有的来自多个异体字中较常用的字(如“峰”和“峯”)，有的本身就是长期流行于民间的俗字(如“阴”和“陰”)，有的是在印刷刻印时更加便捷的字(如“粤”和“粵”)，有的是行书或草书中的字(如“农”和“農”)，有的是根据会意和形声原则简化复杂偏旁的字(如“国”和“國”，“鳖”和“鼈”)，有的是只保留部分重要特征的字(如“飞”和“飛”)，有的是通过合并偏旁得以简化的字(如“狗”和“豿”)，只有部分是根据会意和形声原则新造的字(如“尘”和“塵”，“惊”和“驚”)，还有部分是通过合并词义得以简化的字(如“后”和“後”)。

值得特别关注的是最后这一类合并词义的简体字，稍有不慎就会在繁简转化的过程中出错。因为绝大多数简体字和繁体字都是一一对应的关系，但这类简体字却是一对多的关系。有的只是把笔画繁多的字并入读音相同但笔画简单的字中，比如“后”和“後”(前者是“王后”的“后”，后者是“前后”的“後”)，“征”和“徵”(前者是“征伐”的“征”，后者是“征求”的“徵”)，“余”和“餘”(前者是第一人称代词“余”，后者是“剩余”的“餘”)，“干”“乾”“幹”(前者是“干扰”的“干”，中者是“干湿”的“乾”，后者为“躯干”的“幹”和“干活”的“幹”)等。有的是把笔画繁多的字并入字形相近但笔画简单的字中，比如“适”和“適”(前者读作 kuò，多用于人名；后者读作 shì，是与其他含义所对应的字)等。有的是把多个字并入一组古今字中的古字，比如“系”“繫”“係”(“系”和“繫”是一组古今字，意义相同，但“係”是“干系”“确系”的“係”)，“台”“臺”“檯”“颱”(“台”和“臺”是一组古今字，意义相同，但“檯”是“台案”的“檯”，“颱”是“台风”的“颱”)等。有的是把多个字合并后再另行简化，比如“发”“髮”“發”(“发”是全新的简体字，“髮”是头发的“髮”及其引申义，“發”是其余含义所对应的字)等。

从发展大势上看，文字是不断趋于简化的，无论是从篆书到隶书，还是从隶书到楷书，这个趋势都很明显。从文化普及的角度，简化文字的必要性和实效性也比较突出。所以，无论是从内部还是外部来看，推行简体字都是大势所趋，也是世界汉字文化圈[4]的共识。当然，汉字简化带来的负面影响也是不容忽视的，尤其是经济发展、教育普及、科技进步所带来的巨大变化，更是大大弱化了简体字曾经拥有的重要价值。

---

① 因为各种原因，《第二次汉字简化方案》在1986年废止。

② 1986年第二次发布时做了个别调整。

③ 随后于2013年公布《通用规范汉字表》，共收录汉字8105个。

④ 世界汉字文化圈主要包括中国以及朝鲜、韩国、越南、日本、新加坡、马来西亚等国。目前朝鲜和越南已经完成了文字的完全拼音化；韩国在20世纪60年代曾经尝试简化汉字，但在韩文拼音化的大潮中丧失了必要性，所以只保留了数量极其有限的简体字，韩国在重要场合仍使用繁体汉字；日本在20世纪40年代就开始简化汉字；新加坡和马来西亚则直接采用了我国的简体字。

所以，未来是否继续调整《汉字简化方案》，是一个可以继续探讨的重要学术问题、文化问题和社会问题。

【思考与练习】

1.“六书”分别指哪六种造字或用字法？请各举一个代表汉字并进行分析。
2. 请简述古今字和通假字的异同。

第二节
词的读音与含义

汉字能够自诞生之日起一直沿用至今，没有从表意文字发展为拼音文字，其中一个非常重要的原因就是汉语词汇绝大多数是单音节词和双音节词。古代汉语多为单音节词，发展成现代汉语多为双音节词。然而无论怎样变化，读音和含义却都一脉相承。汉字非常契合汉语的这种特点，从而能够相辅相成地携手走过数千年。因此，了解汉字的读音与含义就成为我们了解古代汉语，甚至古代文化的第二步。

一、单音词与复音词

古代汉语中单音词是绝大多数，一个词语一个音节，用一个文字来记录(比如“食肉目犬科犬属的野兽”，对应的音节是 láng，文字是“狼”)；这样一来同音词会有很多，所以文字不仅表音而且表意，以此来区分词义(如“狼、郎、廊、榔”等)；这反过来又使词义和文字紧密结合，所以无论读音怎样变化，二者的关系都是相对稳定的。

古代汉语中的复音词多为双音词①，且多为叠音词和联绵词。叠音词指重复同一个音节构成的词，如“关关雎鸠”中的“关关”，“逃之夭夭”中的“夭夭”，多为象声、绘形的词语。联绵词②指两个音节连缀成义而且不能拆开的词，如“参差”“踟蹰”“窈窕”“崔嵬”“滂沱”“囫囵”等。

而联绵词中的绝大多数又是双声词和叠韵词。简单来说，双声词就是声母相同的

① 数量有限的多音节词大都来自外国或少数民族的人名、地名等。
② 用现代语言学的术语来说，联绵词是一个语素(最小的音、形、义的结合体)，只不过拥有两个音节，因此需要用两个文字来记录。

联绵词，如“参差”“踟蹰”“栗烈”等；叠韵词就是韵母相同的联绵词，如“窈窕”“崔嵬”“觳觫”等。当然，有些词既是双声又是叠韵[1]，如“辗转”。绝大多数的双声词、叠韵词都是描绘事物声色形状的，因此古书注文常用“……貌”来解释。值得注意的有三点：一是判断双声、叠韵的标准并不是现代汉语的发音，而是上古声母和韵部，而学界对此又有争论，所以判断标准一般比较宽；二是双声词、叠韵词必须是联绵词，后世的双音节词并不在此范围，如“饥馑”“亲戚”“涕泗”“经营”等；三是联绵词并不一定都是双声词或叠韵词，如“滂沱”“囫囵”等。

汉语词汇在发展的过程中，逐渐由以单音节词为主变为以双音节词为主，不仅快速扩大了词汇量，还大大降低了同音词的比例。从单音节词到双音节词的变化大概可以分为三种类型：一是以原来的单音节词为基础加上词头、词尾，比如“鼠”变为“老鼠”，“石”变为“石头”等，这种类型的变化一般不会影响词义；二是将两个近义或反义的单音节词结合在一起，组成一个新的双音节词，比如“牙齿”“大小”等，这种类型的变化比较复杂，放在后面单讲；三是某些单音节词或者其某个义项被全新的双音节词所取代，比如“间”变为“参与”，“师”变为“军队”等，这种类型的变化几乎没有规律可循，需要识记。[2]

第二类变化比较复杂，从单音节词的独立性上可以分为三类：一是不仅分开后还可以独立使用，在一起时也需要区分词义，如“牙齿”(“牙”是槽牙，“齿”是通称，“牙”仍可独立使用)、“饥馑”(“饥”是谷不熟，“馑”是菜不熟，“饥”仍可独立使用)、“疾病”(“病”是大病，“疾”是小病，“病”仍可独立使用)等；二是分开后不能独立使用，在一起时也不大需要区分词义，如“思虑”“阻碍”等；三是特殊情况，有些单音节词在组成双音节词后会失去自己的词义，只作为陪衬，如“深浅”(“浅”字失去了词义)、“国家”(“家”字失去了词义)、“缓急”(“缓”字失去了词义)等。

需要注意的是，一些用现代汉语的眼光来看属于双音节的词，在古代汉语的语境中只是两个单音节词连用。比如《史记·陈涉世家》中的“天下云集而响应”，这里的“云集”和“响应”都是名词做状语后再修饰动词，分别为“像云那样集合”和“像回声那样呼应”的意思；再如《汉书·霍光传》中的“光与左将军桀结婚相亲”，这里的结婚是“结为儿女亲家”的意思，而不是现代汉语中的男女结合组成家庭；还有《桃花源记》中的“村中闻有此人，咸来问讯”，这里的“问讯”是“打听消息”的意思，而不是现在汉语中的“讯问、审问”。

---

① 叠韵要求韵尾必须相同，韵头不论，比如“峥嵘”“玲珑”等；但只有阴平和阳平可以构成叠韵，其他声调不行。

② 当然，还有很多双音节词是在时代发展的过程中，伴随新事物和新概念产生的，没有古老的单音节词与之对应，如“西瓜”“慈悲”等。

二、字音的变化

汉语的字音分为声母、韵母和声调三个要素。声母的变化不仅复杂而且争论较多，但所幸对我们学习、欣赏古诗文影响不大。

古代没有拼音，古人使用汉字作为声母的代表，传统意义上所说的声母，其实就是唐宋时代的三十六个声母，它们是："见溪群疑，端透定泥，知彻澄娘，帮滂并明，非敷奉微，精清从心邪，照穿床审禅，影晓匣喻，来日"。发展到今天，只有方言中的湘方言和吴方言较好地继承了这三十六个声母，普通话中只剩下二十一个声母。

韵母分为韵头（介音）、韵腹（主要元音）和韵尾三个部分，而声调则分为平、上、去、入四声①，上、去、入三声又合称为仄声。传统诗歌中所说的"韵"不包括韵头，却包括声调。但是，在不同诗体的押韵规则中，有些是要求声调一致的，比如律诗只能押平声韵；有些则不考虑声调，比如词和曲。所以，又把最重要的韵腹和韵尾合称韵基。自从诗歌中有了押韵的现象，韵的事实就产生了，但这个概念的提出却晚至魏晋六朝。为了辨明字音和查询使用，人们把文字分韵编排成书，就是韵书②，而韵书中归纳同韵之字所形成的类别就是韵部。

魏晋六朝编订的韵书大多依据方言，隋代统一全国后隋文帝命陆法言等人折中南北音系（洛阳和南京两地士族所使用的语音）编订《切韵》，将所收万余字分为 193 个韵部，其中平声 54 韵、上声 51 韵、去声 56 韵、入声 32 韵。唐代将《切韵》定为官韵并不断增订。《切韵》成为科举考试中写诗撰文用韵的标准。唐玄宗时，孙愐增订的版本又称为《唐韵》，虽是私人著作，但因进献于朝廷而获得了官书性质。到了北宋，宋真宗命陈彭年等人在《唐韵》基础上编订了《广韵》，除增字（收两万五千余字）加注外，将韵部调整为 206 韵，其中平声 57 韵、上声 55 韵、去声 60 韵、入声 34 韵。宋仁宗又命丁度等人在《广韵》基础上编订《集韵》，收五万三千余字，调整了韵目次序和用字③，并放宽了用韵的规则④。

之后历朝历代都有官方编订、颁布的韵书。但随着语言的发展，韵书部分地、逐渐地脱离了口语，其中最典型的一点就是"入声"的去留问题。四声作为一种语言现象，在上古汉语中可能就已经存在，但作为一个概念的提出则始于南朝梁的沈约。据《梁书》记载，沈约所著的《四声谱》就是专门探讨这个问题的。到陆法言编订《切韵》时，将

---

① 大体来说，古代四声和普通话四声的对应关系为：平声分为阴平和阳平，对应一声和二声；上声对应三声；去声对应四声；入声在普通话中已经消失。

② 韵书虽然按韵分类，但也解释字形和字义，所以兼具词典的性质。

③ 代表本韵部的字，如平声第十部即为"虞"字。

④ 将一些原本规定"独用"的韵部改为"通用"，比如《广韵》吻韵下注"独用"，《集韵》则注"与隐通"。

四声标为平、上、去、入，后世沿用至今。但后来在北方语系中，入声逐渐消失，派入平、上、去三个声调，这就是音韵学中所说的“入派三声”。第一部反映了这种变化的文献，是元代周德清所著的曲韵专著《中原音韵》。这部著作对韵部的划分是根据当时河南、河北一带的语音，将五千余个常用字分为19个韵部，每个韵部之下再分为平声(分为阴平和阳平)、上声、去声三类。但到了明代，朱元璋命乐韶凤、宋濂等人编订《洪武正韵》时，虽然“以中原雅音为定”①，但考虑到南方依然普遍存在入声，就在划分韵部时恢复了入声韵。于清代康熙年间颁布，并用于科举考试的官方韵书《佩文韵府》，延续这个传统保留了入声韵，并成为传统诗歌创作时用韵的金科玉律。

现在创作传统诗歌时所用的“平水韵”，就是从宋代起科举考试用韵的一种延续。北宋仁宗年间便有供读书人应试使用的《礼部韵略》，但所谓“略”只是缩减了字数，韵部还是206个。南宋理宗年间，江北平水(现山西临汾)人刘渊著《壬子新刊礼部韵略》，把原来的206韵合为107韵，被人们称为“平水韵”。也有说法认为是金国平水官员王文郁著《平水新刊韵略》将原来的200韵合并为106韵，故此称为“平水韵”。两种说法相差虽然很大，但核心内容是相同的，即从南宋开始人们便把传统韵部中可以通用的进行了整合，并被后世尤其是清代所继承，诸如《佩文诗韵》《佩文韵府》《诗韵合璧》等都是106韵。

平水韵的106韵分别为，平声30韵(上平、下平各15韵)，上声29韵，去声30韵，入声17韵。作为传统诗歌创作中认可度最高、运用最广的用韵标准，需要我们在教学、学习中有所了解，这样才不至于在分析诗歌时出现偏差甚至错误。

三、词义的演变

从古代汉语到现代汉语的整个发展过程中，词义的演变从未停止。有些是因为时代的变化而古有今无，比如“驸马”“宰相”等历史词语；有些则正好相反，即今有古无，比如战国之前没有楼，宋代之前没有椅等新事物。有些是随着时代的变化而扩大，比如“寺”，东汉之前主要是“官署”义，佛教传入后又增加了“庙宇”义；有些则正好相反，即不断缩小，比如“士”，古代具有的未婚男子义、社会阶层义都已经消失了；有些甚至词性都发生了变化，比如“履”，先秦是动词“踩”的意思，秦汉以后增加了名词“鞋”的意思。有些古今词义差别细微，比如“购”，古代指换取难得的物品，现在只是对象扩大为所有东西；有些则差别巨大，比如“绸”，先秦是“缠绕”的意思，后来变为一种丝织品；有些甚至完全相反，比如“百姓”，先秦指“百官”，后来指“平民”。更有些是成串变化，比如现在的“跑”在古代是“走”，现在的“走”在古代是“行”；现在的“画”在

---

① 如分平、上、去三声各22部，这就和《中原音韵》的分法颇为类似，说明考虑了当时北方的口语实际。

古代是“写”，现在的“写”在古代是“书”，等等。在学习和教学的过程中，必须透过现象寻找规律，而词义演变规律的起点就是词的本义。

如果一个词拥有多个义项，那么其中最原始的义项就叫作本义，由本义引申出来的义项就叫作引申义。由于汉字是表意文字，且古代汉语多为单音节词，因此一个词的本义往往就是字形所表示的含义。

然而，汉字经过几千年的发展，其义项体系是非常复杂的。因此掌握六书，尤其是掌握象形、指事、会意和形声四种造字法，就显得非常重要。了解繁体字和小篆字形的必要性也就凸显了出来。值得注意的是，由于多数词语的本义都和文字的部首有关，因此在学习和教学的过程中虽然不能完全掌握小篆的字形，但弄清楚常用部首在隶变前的形态和含义则是可以实现的。

关于词义的引申有三种特殊情况。一是引申义离本义太远，于是就新造一个字来承担这个引申义，比如“解”和“懈”。“解”是会意字，是用刀把牛角剖开的场景，所以本义是“分开”的意思，引申为“散开”后可以再引申为“松散”，然后就可以引申出“松懈”的义项；但因为引申得太远了，后人就重新造一个“懈”字来承担这个引申义。二是引申义取代了本义，比如“脚”，“脚”的本义是“胫”，即小腿，引申为“足”之后本义却消失了。三是引申不能和假借混淆，无论是六书中的假借，还是通假字中的假借，都是基于读音相同或相似而强行改变或赋予的词义，是无法引申的，比如上文提到的“莫—暮”和“蚤—早”等。

四、词语的活用

一般来讲，词语的词性归类，以及词性和词语语法功能的对应关系，都是比较固定的。但在上古汉语①里，词语的活用现象比较常见，而且有些活用的方法甚至已经固定成习惯。词语的活用主要分为以下四种情况，一是名词做动词，二是名词、动词做状语，三是名词、动词、形容词的使动用法，四是名词、形容词的意动用法。

(一)名词做动词

古代汉语中，名词做动词的现象非常普遍。比如《冯谖客孟尝君》中的“孟尝君怪其疾也，衣冠而见之”，“衣冠”在句中就是“穿衣戴冠”的意思；再如《劝学》中的“假舟楫者，非能水也，而绝江河”，“水”在句中就是“游泳”的意思。除了一般名词可以做动词之外，方位名词也可以做动词，比如《蹇叔哭师》中的“秦师遂东”，“东”在句中就是“东进”的意思。

① 一般指从先秦一直到晋代的古代汉语。

（二）名词、动词做状语

名词、动词做状语的现象也很普遍。普通名词[①]做状语大概可以分为三种情况，一是表比喻，比如《史记·陈涉世家》中的“狐鸣呼曰：‘大楚兴，陈胜王’”，“狐”在句中就是“像狐狸一样”的意思；二是表态度，比如《史记·项羽本纪》中的“君为我呼入，我得兄事之”，“兄”在句中就是“像对待兄长一样”的意思；三是表方式或处所，比如《阿房宫赋》中的“辞楼下殿，辇来于秦”，“辇”在句中就是“乘坐车子”的意思，《史记·廉颇蔺相如列传》中的“夫以秦王之威，而相如廷叱之”，“廷”在句中就是“在朝廷之上”的意思。

时间名词、方位名词本身就可以做状语，只是有些词义变化的情况需要特别关注。有些时间名词做状语的时候，表示行为发生的频率，比如《庖丁解牛》中的“良庖岁更刀，割也；族庖月更刀，折也”，“岁”和“月”在句中的就是“每年”和“每月”的意思；有些时间名词做状语的时候，表示行为发展的趋势，比如《六国论》中的“日削月割，以趋于亡”，“日”和“月”在句中的意思就是“一天天地”和“一月月地”。

动词做状语的情况有很多。比如《烛之武退秦师》中的“夜缒而出，见秦伯”，“缒”在句中就是“用系着绳子放下去这种方式”的意思；再如成语“坐以待毙”中的“坐”，在这里就是“用坐着这种方式”的意思。在这种方式中，动词以动宾短语的形式做状语的情况更为普遍。比如《齐桓晋文之事》中的“保民而王，莫之能御也”，“保民”在句中的就是“用保民这种方式”的意思；同篇中的“挟泰山以超北海”，“挟泰山”同样是“用挟泰山这种方式”的意思。动词单独做状语的情况比较罕见，比如《过秦论》中的“于是从散约败，争割地而赂秦”，“争”在句中的意思就是“争先恐后地”。

（三）使动用法

名词、动词、形容词的使动用法，指的是名词代表的属性、动词代表的行为、形容词代表的特点，不是主语所具有或者发出的，而是宾语所具有或者发出的，因为在翻译时常加“使”字而得名。名词的例子有《毛遂自荐》中的“文王以百里之壤而臣诸侯”，“臣”在句中就是“使诸侯称臣”的意思；动词的例子有《陋室铭》中的“无丝竹之乱耳，无案牍之劳形”，“乱”和“劳”在句中是“使耳朵受扰乱”和“使身体受苦”的意思；形容词的例子有《小石潭记》中的“凄神寒骨，悄怆幽邃”，“凄”和“寒”在句中就是“使心神凄凉”和“使身体寒冷”的意思。

在动词的使动用法中有一种情况比较特殊，就是及物动词的使动用法。及物动词本来就可以带有宾语，所以它代表的行为到底是主语发出的还是宾语发出，就完全无法从语法上进行判断了，必须结合语境从语义上判断。比如《齐桓晋文之事》中的“欲辟

① 普通名词是表示人、事、物、地点或抽象概念的统一名称的词。

土地，朝秦楚，莅中国而抚四夷也”，“朝”字作“朝见”讲，但到底是齐宣王朝见秦楚，还是秦楚朝见齐宣王，就只能从语境中理解为“使秦楚来朝见”的意思，进而判断这里“朝”字为使动用法。

(四)意动用法

名词、形容词的意动用法，指的是名词代表的属性、形容词代表的特点，不是宾语所具有的，而是主语主观上认为它具有的。名词的例子有《赤壁赋》中的“侣鱼虾而友麋鹿”，“侣”和“友”在句中就是“把鱼虾当作伴侣”和“把麋鹿当作朋友”的意思；形容词的例子有《冯谖客孟尝君》中的“左右以君贱之也，食以草具”，“贱”在句中就是“孟尝君认为他低贱”的意思。一个名词或形容词在句子中到底是使动用法还是意动用法，是不能从语法层面辨别的，只能结合语境从语义上来判断。

五、读音与词义的互动

字音的变化和词义的演变虽然各有自己的路径，但二者的互动其实从未停止过。比如前面讲过的假借字和通假字，就是基于读音相同或相似而产生的词义关联；而前面讲过的古今字，则是基于词义的演变而产生的读音分化。还有一种特殊的字音和词义互动现象值得注意，就是在阅读古籍中常常遇到的“破读”。破读指的是用改变文字的读音来区别词性，进而区别词义的一种方法。比如《寡人之于国也》中的“黎民不饥不寒，然而不王者，未之有也”，“王”为平声、名词，但在句中破读为去声，是动词“称王”的意思；再如《项羽本纪》中的“富贵不归故乡，如衣锦夜行”，“衣”为平声、名词，但在句中破读为去声，是动词“穿着”的意思。

破读作为一种现象可能在汉语发展的初期就已经出现了，比如很多汉字的名词和动词词性、动词和形容词词性，都是根据声调来区分的；而作为一种注书的形式和读书的规则，却并不十分古老。但是当这种规则深入人心之后，反而促成了一些字音的真正分化，比如上述“王”和“衣”等词语，去声就不再是为了区分词义才存在，而是正式成为它们的一个读音。这和前面所讲的假借字、古今字、通假字、词语活用等一样，都经由了从“临时手段”到“固定规则”的变化，这也许可以作为一个规律来帮助我们学习和认知汉语。

【思考与练习】

1. 简述汉语由单音节词为主发展到以双音节词为主的主要原因。
2. 请对“词义扩大”和“词义缩小”的表述进行解释，并各举出三个例子。

第三节 句子的几种特殊样式

将词语按照一定的规则组合、搭配起来，用来表达一个完整的意思，就变成了句子。[①] 古代汉语和现代汉语在语法层面上的差别其实并不算太大，在阅读中遇到的障碍往往来自词义变化和文化差异。因此，只要掌握古代汉语中几种比较特殊的句式、非特殊句式中几种比较特殊的情况，就能够在很大程度上解决学习和教学中的困难。这里所指的“特殊句式”或“特殊情况”都是针对现代汉语语法而言的，尤其是针对“(定语)主语＋(状语)谓语(补语)＋(定语)宾语”的基本句子结构而言的。

一、省略句

虽然现代汉语的句子有很多省略现象，但在古代汉语中更为普遍。具体有如下几种情况。

(一)省略主语

承前省略，比如“疾在腠里，汤熨之所及也；(疾)在肌肤，针石之所及也”(《扁鹊见蔡桓公》)；蒙后省略，比如“(公)度我至军中，公乃入”(《鸿门宴》)；对话省略，比如“公曰：‘牺牲玉帛，弗敢加也……’(曹刿)对曰：‘小信未孚，神弗福也’”(《曹刿论战》)。

(二)省略谓语

承前省略，比如“陈胜自立为将军，(封)吴广为都尉”(《陈涉世家》)；蒙后省略，比如“杀人如(恐)不能举，刑人如恐不胜”(《鸿门宴》)。

(三)省略宾语

动词的宾语省略一般都是承前省略，比如“权起更衣，肃追(权)于宇下”(《赤壁之战》)；介词的宾语省略一般发生在“以”“与”等词后，而“于”后一般不省略，比如“医之好治不病以(之)为功”(《扁鹊见蔡桓公》)；“忠之属也，可以(之)一战”(《曹刿论战》)。

---

① 因此语言学上将句子称为“语言运用的基本单位”。

(四)省略兼语

在使令兼语句[①]中，作为兼语的名词或代词常常被省略，比如“便要(渔人)还家，设酒杀鸡作食”(《桃花源记》)；“扶苏以数谏故，上使(之)外将兵”(《史记·陈涉世家》)。

(五)省略介词

“以”“于”等介词在构成介宾短语做补语时常常省略，比如“收天下之兵，聚之(于)咸阳”(《过秦论》)；“余立侍(于)左右，援疑质理，俯身倾耳以请”(《送东阳马生序》)。

值得注意的是，其实无论句子中省略的是什么成分，都要依靠上下文进行推测，不可能通过语法规则找到省略部分，也就是说理解句意依然是建立在理解上下句，甚至理解整段话基础上的，多数情况下不能就单句理解句意。

二、倒装句

古代汉语中的倒装句有些是出于强调、突出的目的，比如“主谓倒装”和“定语后置”；有些其实就是一种固定的规则，只是相较于现代汉语的语序才被称为“倒装”，比如“宾语前置”和“状语后置”。

(一)主谓倒装

古代汉语中，谓语的位置也和现代汉语一样，一般都是放在主语之后，但有时为了强调和突出谓语，在一些疑问句和感叹句中，就把谓语放置在主语的前面。比如“甚矣，汝之不惠”(《愚公移山》)，正常语序应为“汝之不惠甚矣”，强调“不惠”的程度之深；再如“贤哉，回也”(《论语·雍也》)，正常语序应为“回也，贤哉”，强调颜回的贤德。

(二)宾语前置

古代汉语的疑问句中，作为宾语的疑问代词往往提前，比如“吾孰与徐公美”(《邹忌讽齐王纳谏》)，正常语序应为“吾与徐公孰美”；再如“沛公安在”(《鸿门宴》)，正常语序应为“沛公在安”。古代汉语的否定句中，做宾语的代词往往提前，比如“然而不王者，未之有也”(《寡人之于国也》)，正常语序应为“然而不王者，未有之也”；再如“古

---

① 指在兼语(既充当前一个动词的宾语，又充当后一个动词的主语的词)前一般有“使”“令”之意的动词充当谓语，兼语后的谓语及其宾语常表示主语对兼语的要求这样一类句子。

之人不余欺也”(《石钟山记》),正常语序应为“古之人不欺余也”。还有用“之”和“唯/惟……是……”作为标志的固定倒装,“之”常用于疑问句,比如“何陋之有”(《陋室铭》),正常语序应为“有何陋”;“唯/惟……是……”常用于陈述句,比如“惟兄嫂是依”(《祭十二郎文》),正常语序应为“惟依兄嫂”。还有一些固定搭配,比如“是以”就是“以是”,也就是“因为这样”或“因此”的意思。在诗歌中有时为了对仗,也会出现宾语前置,比如“万里赴戎机,关山度若飞”(《木兰诗》),正常语序应为“万里赴戎机,度关山若飞”。

(三)定语后置

在古代汉语中,为了突出和强调定语,有时会把定语放在中心词之后,比如“从弟子女十人所”(《西门豹治邺》),正常语序应为“从女弟子十人所”。不过这种没有任何标志的定语后置非常罕见,更多的是依靠“中心词+(之/而)+定语+(者)”[①]的结构来完成,比如“马之千里者”(《马说》),正常语序应为“(日行)千里之马”;再如“缙绅而能不易其志者”(《五人墓碑记》),正常语序应为“能不易其志(的)缙绅”;再如“蚓无爪牙之利,筋骨之强”(《劝学》),正常语序应为“蚓无利爪牙,强筋骨”;再如“盖简桃核修狭者为之”(《核舟记》),正常语序应为“盖简修狭桃核为之”。还有一种固定用法,量词做定语时常常后置,比如“尝贻余核舟一”(《核舟记》),正常语序应为“尝贻余一核舟”。

(四)状语后置

在古代汉语中,状语不但会出现在谓语之后,而且还可能出现在宾语之后,比如“将军战河北,臣战河南”(《鸿门宴》),正常语序应为“将军(在)河北战,臣(在)河南战”。不过这种直接由名词、代词做状语的后置情况,并没有介宾短语做状语的后置情况更普遍,尤其是“于/乎+处所、对象”和“以+方式、对象”构成的介宾短语。前者比如“战于长勺”(《曹刿论战》),正常语序应为“于长勺战”;再如“何有于我哉”(《论语·述而》),正常语序应为“于我有何哉”;“风乎舞雩,浴乎沂”(《论语·先进》),正常语序应为“(在)舞雩风,(在)沂浴”;再如“其闻道也固先乎吾”(《师说》),正常语序应为“其闻道也固(比)吾先”。后者比如“醒能述以文者”(《醉翁亭记》),正常语序应为“醒能以文述者”;再如“具告以事”(《鸿门宴》),正常语序应为“具以事告”。还有一种固定用法,比况短语“若/如/似+名词”做状语时,也常常后置,比如“细若蚊足”(《核舟记》),正常语序应为“若蚊足细”;再如“薄如钱唇”(《活板》),正常语序应为“如钱唇薄”;再如“布衾多年冷似铁”(《茅屋为秋风所破歌》),正常语序应为“布衾多年似铁冷”。

---

① 细分起来,有“中心词+之/而+定语+者”“中心词+之+定语”“中心词+定语+者”三种。

三、判断句

现代汉语中的判断句一般都用“是”或者“不是”等判断词做谓语，这种形式在古代汉语中也有，比如“我是鬼”(《宋定伯捉鬼》)，“子非鱼”(《庄子·秋水》)等。① 但有的判断句没有判断词，直接用名词或名词性短语做谓语，比如“秦，虎狼之国”(《史记·屈原贾生列传》)；又如“然陈涉瓮牖绳枢之子”(《过秦论》)。

更普遍的则是以“者”和“也”作为标志的判断句。这类判断句的第一种结构是“……，……也”，比如“仲尼，日月也”(《论语·子张》)；“鱼，我所欲也”(《孟子·告子上》)。第二种结构是“……者，……”，比如“四人者，庐陵萧君圭君玉，长乐王回深父，余弟安国平父，安上纯父”(《游褒禅山记》)；“兵者，凶器”(《将苑·将志》)。第三种结构是“……者，……也”，比如“陈胜者，阳城人也”(《史记·陈涉世家》)；“廉颇者，赵之良将也”(《史记·廉颇蔺相如列传》)。第四种结构是“……，……者也”，比如“沛公之参乘，樊哙者也”(《鸿门宴》)。

有些判断句中的“者”并非判断句的标志，在翻译时需要译出。比如“族秦者，秦也”(《阿房宫赋》)，这里的“族秦者”是“消灭秦国的人”；再如“牡丹，花之富贵者也”(《爱莲说》)，这里的“富贵者”是“代表富贵的花”。

四、被动句

现代汉语中的被动句一般都用介词“被”来表示被动关系，因此也叫“‘被’字句”。这种形式在古代汉语中也有，比如“风流总被雨打风吹去”(《永遇乐·京口北固亭怀古》)；又如“予犹记周公之被逮”(《五人墓碑记》)。但也有一些完全没有标志的被动句：有的是动词本身含有被动成分，比如“帝感其诚”(《愚公移山》)中的“感”，意思就是“被感动”；有的则要根据上下文来判断被动关系，比如“日削月割”(苏洵《六国论》)中的“削”和“割”就是被削、被割的意思。

更普遍的则是用“为”“见”“于”“所”等词语构成的被动句。这类被动句的第一种结构就是将“被”换成“为”或“见”，其余没有变化，比如“及其衰也，数十伶人困之，而身死国灭，为天下笑”(《伶官传序》)；“秦城恐不可得，徒见欺”(《史记·廉颇蔺相如列传》)。第二种结构是在“为”后面用“所”引出动词，比如“有如此之势，而为秦人积威之所劫”(苏洵《六国论》)；又如“若属皆且为所虏”(《鸿门宴》)。第三种结构是在“见”后面

① 其他可以充当判断词的还有“唯/惟”“为”“乃”“则”“即”“诚”等，但也有学者认为这些只能算作加强判断语气的词，不能看作谓语。

用“于”引出施动者[1]，比如“吾长见笑于大方之家”（《庄子·秋水》）；又如“臣恐见欺于王而负赵”（《史记·廉颇蔺相如列传》）。第四种结构是直接用“于”引出施动者，比如“不能容于远近”（《五人墓碑记》）；“吾不能举全吴之地，十万之众，受制于人”（《赤壁之战》）。

【思考与练习】

1. 请说出倒装句的种类并各举一例进行分析。
2. 请说出判断句的种类并各举一例进行分析。

第四节 从章句到书籍的发展历程

书籍是用文字、图画或者其他符号，在一定材料上记录知识，表达思想，并且装订成册的著作，是积累人类文化的重要物质载体之一，也是语言、文字最重要的物质表现形式。

一、书籍的由来

刘勰在《文心雕龙·章句》中说：“夫人之立言，因字而生句，积句而成章，积章而成篇，篇之彪炳，章无疵也；章之明靡，句无玷也；句之清英，字不妄也；振本而末从，知一而万毕矣。”[2]这段话虽然说的是创作，但也清晰地告诉我们古人秉持的“积句而成章，积章而成篇”的文本层级观念。这里的“句”并不是语言学中所说的“语言运用的基本单位”，而是“句读”之“句”，是一种具有断句功能的结构单位，正如同篇文章中所言：“句者，局也。局言者，联字以分疆”。

“章”则是一个意义单位，可以凭借自身的主题将其前和其后的文字区分开来，而自己本身却不能再行被分割。《论语》的篇章比较明晰，每一则就是一“章”，无论长短都相对独立；主题相关的很多章连缀在一起就是一“篇”。句、章、篇的区别只是文本层级上的高低差异，并非篇幅体量上的长短差异，有时一章只有一句话，有时此文本

---

① 动作的发出者叫作“施动者”，动作的承受者叫作“受事者”。
② （南朝宋）刘勰：《文心雕龙》，353页，北京，作家出版社，2017。

的一章比彼文本的一篇还要长，这都是正常的。

王充在《论衡·量知》中说："截竹为筒，破以为牒，加笔墨之迹，乃成文字，大者为经，小者为传记。断木为椠，析之为板，力加刮削，乃成奏牍。"①这两句话详细地描述了古人用竹、木制作牒、牍的过程，而牒、牍正是纸张发明之前，我国最为普及的书写材料竹简和木简。《说文解字》对这几个字的解释分别为"简，牒也""牒，札也""牍，书版也"，可见都是用于书写的竹条、木牍。虽然不同朝代，不同地域，不同用途的简牍规格不一，但受到材料本身和方便使用两个因素的限制，每片简牍上可以书写的文字的数量都是非常有限的。

因此，如果需要书写更多的内容就需要更多的简牍，为了方便阅读和收藏就需要把这些简牍连缀起来。连缀就是"编"或"辑"，编、辑起来的简牍就是"册"或"策"。《说文解字》对"编"的解释为"次，简也"，段玉裁对"册"的解释为"一简容字无多，故必比次编之，乃容多字"。然而，同样受到材料本身和方便使用两个因素的限制，每"册"的简牍数也是有限的，由多个章节组成的完整文本编为一册就是一"篇"。《说文解字》对"篇"的解释是"书也"，可见，"篇"不但指首尾完整的文本，更是"书籍"最古老、最基本的形式和单位。

以简册为形式的书籍因其物理特性而具有一些和后世书籍迥然不同的特点。首先，"章"这个单位比较自由，无论是出于编辑者的主动调整，还是因为散乱损坏而进行的被动编排，"章"自身都会被最大限度地保持完整，但章与章之间的顺序，以及某些章的增删则比较自由，这也是上古书籍版本不同的一大原因。其次，书籍大多都是单篇流传，又因为简册都是卷起来存放的，所以一"篇"文章就是一"卷"书籍，因此会出现大量篇目相同但章节各异的书籍。比如著名的国别体史书《战国策》，就是西汉著名学者刘向根据战国时代纵横家们所写的六种书籍，按照国别整理编辑而成的。

对于"卷"的由来尚有争论。传统的说法认为"篇"这个概念来自简册，"卷"这个概念来自缣帛，理由是作为丝织品的缣帛便于舒卷。比如《校雠广义·目录编》中说："文字的载体先是竹简，所以称篇；然后用帛，所以称卷。"②然而近几十年的考古发现对这种传统说法却颇为不利，不但出土简册大都成卷存放，反而一些缣帛却是折叠存放的。因此，"卷"这个概念可能依然来自简册，只是被后起的缣帛承袭并发扬了。因为缣帛虽然价格昂贵，但容量却远远超出同单位的简册，故而一"卷"便可容纳多"篇"，所以"篇"原本具有的书籍单位性质被"卷"所取代，只保留了文本单位的性质。

纸张发明之后虽然迅速成为最普及的书写材料，但其装订形式却也几经变化，这就决定了纸质书籍的形态也有一个演化过程。最初的纸质书籍也和缣帛一样，采取卷

① 黄晖：《论衡校释》，551页，北京，中华书局，1990。

② 程千帆、徐有富：《校雠广义·目录编》，65页，济南，齐鲁书社，1988。

轴装，即将纸张粘贴为长幅，再将两端粘贴在两个木轴上，收藏时卷起，阅读时展开。随后是经折装，即将粘贴好的长幅纸张，按照相同宽度正反折叠成一叠，并在首尾两端粘上书面，便可随意翻看。但是随着雕版印刷的普及，上述两种装订方式已经无法满足飞速发展的印刷业，于是又产生了蝴蝶装和线装。蝴蝶装是将印有文字的纸张向内对折，再以中缝为准将书页码齐，然后用糨糊粘贴在包背纸上，最后裁齐成书。而线装正好相反，是将印有文字的纸张向外对折，再以中缝为准码齐，在另一边用纸捻或线串牢固定，最后裁齐成书。

虽然从简册、缣帛、卷轴的“卷”，到经折、蝴蝶、线装的“本”①，书籍形态发生了巨大的变化，但是依托于旧形态的简、牍、牒、札、编、篇、册、卷等概念，依然被后世的语言中保留了下来，甚至活跃在现代汉语中。由于使用新装订方式的纸质书籍可以一张一张地翻看，因此书籍单位就新添了“页”“叶”字；又因为纸张容易破损，人们用木板、纸板等为纸质书籍制作封套，于是又添了一个“函”字，其余没有太多变化。

二、经典的形成

《说文解字》对“典”的解释为：“五帝之书也。从册在丌上，尊阁之也。”②可见“典”的本义就是“重要文献”的意思。《尔雅·释言》中又解释：“典，经也。”③可见“经”的本义虽然是织物的纵线，但也很早就拥有了“重要文献”的意思。《尚书·周书·多士》载：“惟尔知，惟殷先人，有册有典，殷革夏命。”④可见商代就有“典册”的概念，用于记录重要历史。《左传·昭公十二年》载：“是良史也，子善视之。是能读《三坟》《五典》《八索》《九丘》。”杜预注曰：“皆古书名。”孔颖达在《尚书序》进一步解释说：“伏牺、神农、黄帝之书，谓之《三坟》，言大道也。少昊、颛顼、高辛、唐、虞之书，谓之《五典》，言常道也。……八卦之说，谓之《八索》，求其义也。九州之志，谓之《九丘》。丘，聚也。言九州所有，土地所生，风气所宜，皆聚此书也。”⑤可见这四部（或四类）古书虽然早已散佚，但仍被后人尊为经典。

《庄子·外篇·天运》记载了孔子对老子说的一段话：“丘治《诗》《书》《礼》《乐》《易》《春秋》六经，自以为久矣，孰知其故矣；以奸者七十二君，论先王之道而明周召之迹，一君无所钩用。甚矣夫！人之难说也！道之难明邪？”⑥可见孔子曾经研究过《诗》《书》

---

① “本”字拥有书籍的含义，以及书籍单位的含义，最早出现在六朝，普及则晚至宋元。

② （汉）许慎：《说文解字》，99页，北京，中华书局，1963。

③ 《尔雅》，管锡华译注，269页，北京，中华书局，2014。

④ 《十三经注疏》整理委员会：《十三经注疏·尚书正义》，426页，北京，北京大学出版社，1999。

⑤ 《十三经注疏》整理委员会：《十三经注疏·春秋左传正义》，1306页，北京，北京大学出版社，1999。

⑥ 陈鼓应：《庄子今注今译》，389页，北京，中华书局，1983。

《礼》《乐》《易》《春秋》六部书籍，并将其合称为“六经”。因为孔子的重视和整理，“六经”被汉代儒士进一步神圣化、经典化，并据为儒家所有。[①] 后因《乐》失传，就又有了“五经”之说。汉代“五经”中的《礼》指《仪礼》，宋代则指《礼记》，其余各书也逐渐被称为《诗经》《尚书》(或《书经》)《周易》(或《易经》)，甚至《春秋经》。

唐代分《春秋》为“三传”，即《左传》《公羊传》和《穀梁传》；分《礼》为“三礼”，即《周礼》《仪礼》和《礼记》。这六部经典再加上《诗经》《尚书》和《周易》，便合称“九经”。晚唐又加入《论语》《尔雅》和《孝经》合称“十二经”。五代十国时又加入《孟子》，但排除了《尔雅》《孝经》，合称“十一经”。南宋时确定了《孟子》，恢复了《尔雅》《孝经》，最终合称“十三经”，即《诗经》《尚书》《周礼》《仪礼》《礼记》《周易》《左传》《公羊传》《穀梁传》《论语》《孟子》《尔雅》《孝经》。

南宋大儒朱熹从《礼记》中提出《大学》和《中庸》两篇单独成书，与《论语》《孟子》合称“四书”，并与“五经”合称“四书五经”，即《大学》《中庸》《论语》《孟子》《诗经》《尚书》《礼记》《周易》《春秋》。朱熹注解的“四书”成为官方指定的教科书和科举考试的必读书后，对后世产生了巨大的文化和教育影响。值得注意的是，不仅儒家对古代书籍进行了大规模的经典化，道家(或道教)也有过类似的举动。比如把《老子》称为《道德真经》，把《庄子》称为《南华真经》，把《列子》称为《冲虚真经》，把《文子》称为《通玄真经》等。

三、书籍的分类

了解古书的分类，能够帮助我们有效地查找需要的资料。关于书籍的分类，有文献可查的最早记录，来自东汉史学家班固所作的《汉书・艺文志》，其言：“(汉成帝)诏光禄大夫刘向校经传诸子诗赋，步兵校尉任宏校兵书，太史令尹咸校数术，侍医李柱国校方技。每一书已，向辄条其篇目，撮其指意，录而奏之。会向卒，哀帝复使向子侍中奉车都尉歆卒父业。歆于是总群书而奏其《七略》，故有《辑略》，有《六艺略》，有《诸子略》，有《诗赋略》，有《兵书略》，有《术数略》，有《方技略》。”[②]

从这条记录可以得知，在西汉成帝年间，以刘向、刘歆父子为首的一批学者，奉命整理图书文献，最终由刘歆完成我国第一部目录学著作《七略》[③]，其中的《辑略》[④]为概括性的文字，其下分为六艺、诸子、诗赋、兵书、术数和方技六类。班固在写作《汉书・艺文志》的时候沿用了这种分类法，共收录了当时可以看到的六类，三十八种，五

---

① “六经”作为古代典籍，以及当时贵族教育子弟的“教材”，原是共有的，并非儒家独有。

② (汉)班固：《汉书》，1701页，北京，中华书局，1962。

③ 刘歆的《七略》是在其父刘向《别录》的基础上删繁就简完成的，比《别录》的学术价值更高，影响更大。

④ 《辑略》并非一类书籍，而是用来说明其他六略的意义与学术源流的，阐述六略的相互关系和六略书籍的用途的文字，相当于《七略》全书的概要。

百九十六家，一万三千二百六十九卷书籍。《汉书·艺文志》的分类情况如下。

“六艺”收录易、诗、书、礼、乐、春秋、论语、孝经、小学九类书籍，都是儒家经典或与儒家经典有关的著作。它们作为单独的一类被安排在最突出的位置，体现了汉武帝“罢黜百家、独尊儒术”的思想。儒家典籍被经典化之后，在政治上和学术上获得了崇高地位。

“诸子”收录儒、道、阴阳、法、名、墨、纵横、杂、农、小说十家著作。汉武帝之后两汉虽然独尊儒术，但对诸子学说基本上还是兼收并蓄的，不像后世那样极端，所以“诸子”被列为第二大类。

“诗赋”收录屈原赋之属、陆贾赋之属、孙卿赋之属、杂赋、歌诗五类文学作品。

“兵书”收录兵权谋、兵形势、阴阳、兵技巧四类军事文献，包括了战略思想、战术技巧的各个方面。

“术数”收录天文、历谱、五行、蓍龟、杂占、形法六类图书，大体上是天文、历法和星象、占卜之类。

“方技”收录医经、经方、房中、神仙四类著作，大体上是医学、科学和方术、巫术之类。

但是，随着后世文学、历史、佛经、阴阳、五行等文献逐渐增多，这种分类方法已无法满足实际的需要。晋武帝时，秘书监荀勖与中书令张华整理书籍，在前辈郑默所著《魏中经簿》的基础上编成《中经新簿》，将当时的书籍分为甲、乙、丙、丁四部，成为四部分类法的雏形。唐初修订《隋书·经籍志》时，首次以经、史、子、集四部命名分类，正式确立了“四部分类法”。清朝乾隆年间在编辑我国古代体量最大的丛书《四库全书》时，以纪晓岚为首的学者将编辑过程中撰写的古籍提要①，按照经、史、子、集四部分类，汇编成《四库全书总目提要》，四部分类法的作用和价值达到了顶点。《四库全书总目》的分类情况如下。

“经部”包括易类、书类、诗类、礼类、春秋类、孝经类、五经总义类、四书类、乐类、小学类十个大类。其中礼类又分周礼、仪礼、礼记、三礼总义、通礼、杂礼书六属，小学类又分训诂、字书、韵书三属。

“史部”包括正史类、编年类、纪事本末类、杂史类、别史类、诏令奏议类、传记类、史钞类、载记类、时令类、地理类、职官类、政书类、目录类、史评类十五个大类。其中诏令奏议类又分诏令、奏议两属，传记类又分圣贤、名人、总录、杂录、别录五属，地理类又分宫殿疏、总志、都会郡县、河渠、边防、山川、古迹、杂记、游记、外记十属，职官类又分官制、官箴两属，政书类又分通制、典礼、邦计、军政、法令、考工六属，目录类又分经籍、金石两属。

---

① 这里的提要主要包括作者简介、历代书目著录情况、成书过程、内容评述、价值评判、常见版本等内容。

"子部"包括儒家类、兵家类、法家类、农家类、医家类、天文算法类、术数类、艺术类、谱录类、杂家类、类书类、小说家类、释家类、道家类十四个大类。其中天文算法类又分推步、算书两属，术数类又分数学、占侯、相宅相墓、占卜、命书相书、阴阳五行、杂技术七属，艺术类又分书画、琴谱、篆刻、杂技四属，谱录类又分器物、食谱、草木鸟兽虫鱼三属，杂家类又分杂学、杂考、杂说、杂品、杂纂、杂编六属，小说家类又分杂事、异闻、琐语三属。

"集部"包括楚辞类、别集类、总集类、诗文评类、词曲类五个大类。其中词曲类又分词集、词选、词话、词谱词韵、南北曲五属。需要说明的是，除了当时被认为"不入流"的章回小说[①]和戏剧著作之外，集部基本上囊括了社会上流布的各种图书；就著者而言，包括妇女、僧人、道家、宦官、军人、帝王、外国人等在内的各类人物的著作。

四、古书的注解

先秦典籍到汉代时，普通人已经很难阅读，一方面因为语言发展了，另一方面也因为在流传中出现了不少错误，于是就需要专门的学者进行注解，比较著名的学者有毛亨、孔安国、马融、郑玄等。这些帮助人们理解古籍的注解到了唐代也变得很难阅读了，于是又需要当时的学者对汉代的注解再作注。我们把前一种对正文的注解称为"注""传"或"笺"，把后一种主要针对前人注解的注解称为"疏"或"正义"。比如《诗经》就有汉代毛亨的注、郑玄的笺，唐代孔颖达的正义。后世又把这些所有的注解统称为"注疏"，比如清代学者阮元就主持校刻了著名的《十三经注疏》，至今还是我们学习这些经典的重要参考文献。

宋代之前，注和疏一般都是分别印行的，是相互独立的两本书；宋代之后，为了方便对照阅读，往往把二者合为一本。注一般放在被注解词句的后面；疏一般放在一段正文的后面，且列于注之后。疏的一般格式为先疏正文，后疏注解；先略引几个被疏文段的首尾文字，然后再疏，中间用圆圈隔开；疏前人之注时首先说明注的来源，然后再考证名物。后来又因为一部著作有很多注疏，所以就有学者把前人的注疏选集在一起，再加上自己的注解和见解形成"集注""集释"或"集解"。其中提到各家注疏时，一般只在序言中或首次出现时用全名，后面就用其姓氏加"某"作为区分。

常见的注解大体有三种，第一种是解释词语，第二种是串讲一句或几句的整体含义，第三种是解释篇章大意。解释词语时又有释义和释音之分，释义时常常用"某曰某""某为某""某谓某""某犹某""某某貌"[②]等形式解词，或区分近义词；释音时常常用"某之言某"

① 在当时人看来，以章回小说为代表的白话小说并不属于"小说家类"，所以没有被收录的资格。
② "某某貌"就是现代注释中常出现的"……的样子"。

“某之言为某”来解释两个词语不仅读音相同且有同源关系，用“某读为某”“某读曰某”来解释两个词语不仅读音相同且有假借关系，用“某读若某”“某读如某”来注音。①

除了对字词音义、篇章内涵的注解外，汉代之后的学者还在考证人名、地名，考核、增补史料，注明典故出处，诠释大义、阐明哲理等方面进行注解；以朱熹为代表的宋代学者还跳出了前人的窠臼，写了很多平易、合理的注解；清代学者则集前人之大成，不但对每种经典都写了新的注解，还对前人的注解进行了评判，通过细致的考证解答了很多久悬的疑难问题。值得注意的是，我们在学习和教学中，一方面要重视、研究这些古注；另一方面也要敢于、善于怀疑，要有自己的判断和见解，不能一味地迷信古人。

五、重要的类书

我国历朝历代、官方民间，都非常重视文献的收集和整理，因此随着时间的推移积累了浩如烟海的书籍。无论是出于点缀升平、宣扬文治的政治目的，还是出于方便寻检、保存文献的学术目的，从三国一直到清代，涌现了一批具有百科全书和资料汇编双重属性的特殊书籍，被后世称为“类书”。从本质上说，类书是一种工具书，它把古代书籍中的史实典故、名物制度、诗词文章、俪词骈语等资料，按句或按段有选择地摘录下来，然后分门别类编辑在一起，以便寻检和征引。根据取材范围的大小，类书可以分为综合性类书的和专科性类书两种。历代编纂的类书共计六百多种，但大多已经散佚，保存至今的约有二百种左右，最具有代表性的包括《艺文类聚》《太平御览》《太平广记》《册府元龟》《永乐大典》《古今图书集成》等。

【思考与练习】

1. 请完整地列举出“十三经”。
2. 经、史、子、集分别指哪类书籍？请简述并各举两例。

第五节
古代汉语知识在小学语文教学中的运用

从字词到章句，再从章句到篇籍，由一个个汉字组成的一本本书籍，背后隐藏着

① “读若”“读如”有时也和“读为”“读曰”通用。

中华民族绵延五千年的古老文明。用先民语言写成的典籍解读起来却并不容易，好在一代又一代的先哲们留下了路标和遗存，只要努力寻找就可以利用它们和祖先对话，聆听教诲，感受智慧。

一、正本清源，抓住字、词、句

学习古代汉语必须从文字学起，学习文字必须从字形、字音和字义学起。研究字形、字音和字义的学问，就是古人所说的文字学、音韵学和训诂学，合称“小学”。小学是我们学习古代典籍的起点和根基，必须学对、学会。我们虽然不能也不需要像专家学者那样，皓首穷经地去研究这些高深的学问，但也需要利用这些研究成果来读书和教学。正如韩愈在《师说》中所说：“句读之不知，惑之不解，或师焉，或不焉，小学而大遗，吾未见其明也。”只有夯实字、词基础，明确句子含义，才能够迈出有效阅读的第一步。

二、循序渐进，在阅读中完成积累

学习古代汉语没有捷径，最忌急躁，要在阅读一篇又一篇文章，一本又一本典籍的过程中逐渐积累。汉语是一种重语境的语言，所以希望通过学习语法得到万能钥匙是不切实际的。同样一个字，在不同的语境中，不同的时代里，不同的作者笔下，总会有或多或少、或大或小，但又非常微妙的差别。这种微妙的差别的由来虽然有迹可循，但却难以被概括为规律；或者即便被勉强概括为规律，也存在很多令人尴尬的例子。因此，我们要多读书，用书中的语境来弥补在古代汉语语境中缺失的这块无法改变的短板，放弃一劳永逸的想法，坚持循序渐进的正途。

三、提纲挈领，在梳理中提升积累

学习不是死记硬背，教学不是强行灌输，所以积累要讲究从量到质的飞跃，正如孔子所说的“学而不思则罔”。在读书、积累的过程中，应该以字带句，以句带篇，不能盲目，不能混乱。先在阅读中积累重要的字，再弄明白这个字在各句、各篇中的意思，接着研究这些意思之间的关联，然后按照从本义到引申义的顺序进行梳理，最后把来自各句、各篇中的例证附在每个义项之后。这个过程就像为自己编写一本专属的小字典，是在积累的基础上进行的更高层次的整合。只有这样，才能最终实现从量到质的飞跃。

四、博览群书，用阅读支持阅读

我们经历了第一个层次的阅读、积累和提升之后，就能够获得丰富而有效的阅读经验，但我们不能止步于此，要进一步将这些经验投入更高层次的阅读中去。由易到难，我们可以在阅读中尽量看原文猜含义，然后拿注释去验证；还可以尝试阅读没有注释的白文，只用字典作为辅助；甚至可以阅读未加标点的影印本古籍，尝试自己句读。总之，只有投入阅读的经验才是有价值的经验，只有带着经验的阅读才是深入的阅读，只有用阅读本身才能支持更持久、更深入的阅读，这一点非常重要。

五、回归本心，从书籍走向现实

学习古代汉语，阅读古代典籍的目的是求知明理，切不可泥古不化，再伟大的古代智慧也不能代替自己立足当下的思考。与近代以来持续几十年的盲目排古毫无二致，近些年来兴起的盲目崇古同样也是令人费解的。如果以古人为本位，那么我们的学习不过是了解先人的经历和思想；如果以我们为本位，那么我们的学习不过是从先人的经历和思想中，去发现能够指导自己更好生活的经验和教训。因此，古人既不是令我们畏惧的敌人，更不是令我们遵从的主人，而是令我们尊敬的先人，彻底排斥或全盘接受都是不可取的。我们应该既能从现实走进书籍，也能从书本走向现实。

本章小结

本章包括字的来源与演变、词的读音与含义、句子的几种特殊样式、从章句到书籍的发展历程，以及古代汉语知识在小学语文教学中的运用五方面的内容。介绍了古代汉语的基础知识、古代汉语与其物质载体之间的关系、阅读古籍所需的文化常识，以及学习古代汉语、阅读古籍时可以参考的几点经验。在理论的学习和大量古代汉语文献的阅读过程中，不断丰富古代汉语语感，积累教学实践经验，才是获取真知的唯一途径。

关键术语

六书、书体、韵部、小学、类书

拓展资源

【书籍】

王力．中国古代文化常识(插图修订第 4 版)．北京：世界图书出版公司北京公司，2008.

【网络资源】

1. 汉典
2. 诗词吾爱
3. 古诗文网
4. 中国哲学书电子化计划

参考资料

【著作类】

1. 王力．古代汉语．北京：中华书局，1999.
2. 杨伯峻．文言语法．北京：中华书局，2016.
3. 钱穆．国学概论．北京：商务印书馆，1997.
4.《文史知识》编辑部．经书浅谈．北京：中华书局，2003.
5. 胡道静．中国古代的类书．北京：中华书局，2005.
6. 朱筱新．中国古代的礼仪制度．北京：商务印书馆，1997.

【期刊类】

1. 吕叔湘．汉字和拼音字的比较——汉字改革一夕谈．语文建设，1984(3).
2. 吴白匋．从出土秦简帛书看秦汉早期隶书．文物，1978(2).
3. 盛旷．汉语多音节词语的历史演进研究．黑龙江教育学院学报，2015(4).
4. 杨顺福．小议通假字、假借字和古今字．文学教育(下半月)，2010(7).
5. 魏晓艳．论简帛隶书的字体演变．山东大学学报(哲学社会科学版)，2014(3).
6. 郭绍虞．草体在字体演变上的关系(上)(下)．学术月刊，1961(11—12).
7. 赵志峰，秦永龙．由隶到楷的字体演变浅探．兰州学刊，2006(7).
8. 查启森．书籍的册、篇、卷的由来和划分．图书馆工作与研究，1981(1).
9. 廖延唐．试论古书分类．武汉大学学报(哲学社会科学版)，1979(2).

第三章

文学理论基础

章结构图

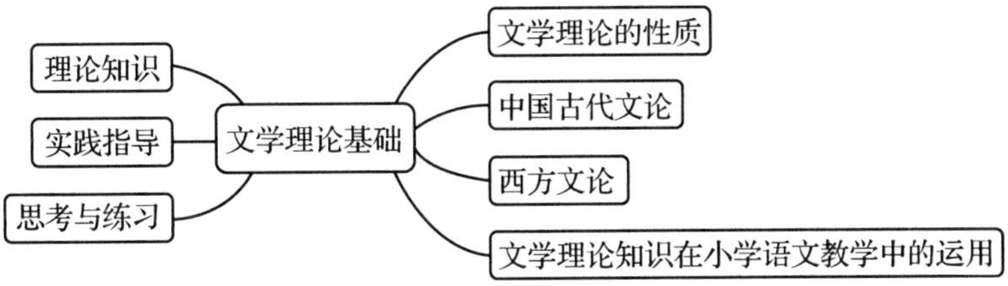

章前概述

文学理论是中文课程中的基础课程，是研究文学普遍规律的学科，有其独特的研究对象，具有鲜明的实践性。熟练掌握文学理论，不仅能够提高自身的文学鉴赏水平，还能提升思想、开阔视野，对于小学语文教学很有帮助。

本章共分四大部分，第一部分是文学理论的性质，第二部分是中国古代文论，第三部分是西方文论，第四部分是文学理论知识在小学语文教学中的运用。前三部分的内容，能够让学习者对文学理论的知识有基本的了解；第四部分主要着眼于应用，着重于在教学中如何应用这些理论知识，如怎样把意境、典型等理论知识应用到阅读教学中等。

章前导语

文学理论研究的是文学的普遍规律。中西方由于不同的社会背景、文化传统、思维方式等形成了不同的文论。不同的文论代表着观照文学的不同角度，掌握多种文学理论，就能从不同角度去分析作品，从而拓展对文学作品的理解程度，更有利于教学工作的展开。

第一节
文学理论的性质

文学理论的性质，包括文学理论的学科归属和文学理论的研究对象两个问题。学习者需要认识到文学理论与文学批评、文学史同属于文艺学这一学科，还需要掌握文学理论研究的四个要素和围绕四个要素而形成的不同的文学理论。

一、文学理论的学科归属

无论是在中国还是在西方，最早研究文学的学问往往被称为“诗学”或“诗论”，现在则将研究文学及其规律的学科统称为“文艺学”。这一名称是1949年后从俄语翻译过来的，意为“文学学”，因为这种名称不太符合汉语的构词习惯，所以在中国一般称为“文艺学”。20世纪以来，由于科学的发展，分工的精细，文艺学形成了若干既各自独立又相互联系的分支。文学理论就是其中的一个重要分支，另外还有两个分支——文学批评、文学史。在这三大分支中，文学理论侧重于研究文学中带有一般性的规律，它虽然也涉及具体的作家作品、文学现象，但一般作为例证出现；而文学批评侧重于分析和评论具体的作家作品、文学思潮等；文学史则侧重于文学发展历史的研究。三者彼此渗透，互相作用。文学理论要以文学史和文学批评提供的材料为基础，文学史、文学批评要以文学理论所阐明的原理、概念、方法等为指导。

二、文学理论的研究对象

马克思主义的文学理论的前提是把文学理解为一种活动，即人类的一种高级的、特殊的精神活动。美国当代文艺理论家M. H. 艾布拉姆斯提出文学包括四要素的著名观点，他认为文学是人类的一种高级的特殊的精神活动，这种活动由作品、作家、世界、读者四个要素组成。①

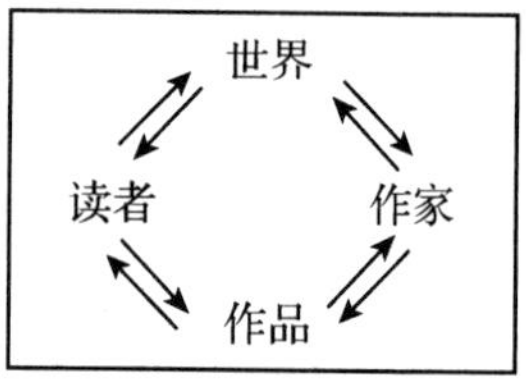

图 3-1　文学四要素

如图3-1所示，文学理论所要研究的是四个要素构成的文学的整体活动及其流动过程和反馈过程。对于不同要素的偏重，形成了以下几种不同的文学理论。

(一)文学活动发展论

文学活动发展论是关于文学活动发生、发展的理论。文学活动有一个发展过程，它随着时代的发展而发展，有自己的发展原因和规律。关于文学活动的发生，有巫术发生说、宗教发生说、游戏发生说、劳动说等。马克思主义认为文学起源于人的生产劳动，因为劳动提供了文学活动的前提条件，产生了文学活动的需要，是文学描写的

① [美]M. H. 艾布拉姆斯：《镜与灯——浪漫主义文论及批评传统》，郦稚牛、张照进、童庆生译，5～6页，北京，北京大学出版社，2004。

主要内容，也制约了早期文学的形式。文学发展的根本理论也是生产劳动，但文学发展同经济发展并不总是同步的，会出现马克思所说的物质发展与艺术生产发展的不平衡。这种不平衡有两种典型表现：一种情况是某些文艺类型只能兴盛在生产发展相对低级的阶段，随着生产力的发展，它的繁荣阶段就过去了，如古希腊神话和史诗；另一种情况是艺术生产和物质生产的发展水平并不是成正比例的，经济落后的国家和地区可能反而在文学艺术上领先，如 18 世纪的德国和 19 世纪的俄国。不过，不平衡只是文学发展与经济发展的一个方面，另一方面是二者发展上的平衡关系，即经济的、物质生产的发展水平最终会制约文学发展水平。

(二)文学活动本质论

文学活动本质论是研究什么是文学、文学活动具有什么特点等的理论。文学作为一种特殊的精神活动，它与人类的其他活动不同，有自己的特殊性。文学的含义有广义和狭义两种。广义的文学指一切口头的或书面的语言行为和作品，包括今天的文学以及政治、哲学、历史、宗教等一般文化形态，这是文学的文化含义。狭义的文学指具有审美属性的语言行为以及作品，包括诗歌、小说、散文、剧本等，这是文学的审美含义。现在通行的是文学的审美含义。文学本质上是一种意识形态，不过是一种特殊的意识形态，即审美的意识形态。文学的这种意识形态属性从目的、方式和态度三方面来看，表现为：文学不带有直接功利目的，但这种无功利本身也隐含有某种功利意图；文学处处以形象感人，但也含有某种理性；文学富有情感性，但也带有某种认识性。按照福柯的理论，文学是一种话语，是与社会权力关系相互缠绕的具体言语方式。

(三)文学创作论

文学创作论是研究作家如何根据“世界”即社会生活进行艺术创作的过程和规律的理论。文学创作是一种特殊的精神生产，其客体是社会生活，其主体是作家、诗人，是美的体验者、评价者、创造者。文学创造的过程分为发生、构思、物化三个阶段。在发生阶段主体需要有材料储备、艺术发现和创作动机；在构思阶段有回忆与沉思、想象与联想、灵感与直觉，构思方式有综合、变形、陌生化等；物化阶段是从“形之于心”到“形之于手”的阶段，要推敲、锤炼词语，要运用各种写作手法等。

(四)作品构成论

作家创作出来的文学文本是一个复杂的结构，作品构成论主要研究作品的构成因素，如题材、形象、语言、结构等及其相互关系。文学作品是整个文学活动的焦点，它有不同的体裁、不同的理想形态，因而分析作品时的角度也不同。文学主要分为小说、戏剧、散文、诗歌四种体裁。文学形象的理想形态主要有意境、典型两种。典型是西方文论独创的概念，也叫典型人物或典型性格。意境是我国古典文论独创的概念，是抒情文学和抒情理论高度发达的产物。文学作品也可分为叙事性作品和抒情性作品。叙事性作品一般从叙述内容、叙述话语、叙述动作等方面进行分析，抒情性作品一般从结构、修辞方式、抒情角色等方面进行分析。

（五）文学接受论

文学接受论是从读者的角度研究读者接受作品的过程和规律的理论。作品如果不与读者见面，就不是“活的”审美对象，只有经过了读者的阅读、鉴赏、评论，一部作品才能真正成为审美对象。

【思考与练习】

1. 什么叫文学理论?
2. 文学理论的研究对象有哪些?
3. 举例说明文学史、文学批评与文学理论之间的联系与区别。

第二节
中国古代文论

本节主要介绍中国古代文学理论的特点和一些有代表性的范畴，由于中国古代文论的历史悠久，概念范畴、名词术语很多，在这里只选取有代表性的几种进行介绍。其中“诗言志”是中国最早的诗歌理论，关乎古人对于文学本质的认识；“兴观群怨说”是关于文学的社会作用的理论；“文气说”基本上等同于风格论；“意境”是中国古文论最有代表性的理论，它与“韵味”“滋味”“神韵”等范畴有相通之处，是赏析古典诗词的主要理论范畴；“童心说”是中国最早的启蒙主义思潮的产物，在文学思想史上具有重要意义；“性灵说”是在“童心说”基础上发挥出的，是针对明清时期的复古主义思潮而形成的理论。

一、中国古代文论的特点

中国古代文学理论历史悠久，内容丰富，有中华民族的传统特色，是与中国传统文化相适应的理论体系，是中国古人对文学创作的发展规律和艺术创作经验的总结。它在发展的过程中形成了以下特点。

(一)文本的文学化

中国古代文论从先秦的子书，到汉代的序跋、书信等都具有文学化倾向，魏晋南北朝更是批评文本彻底文学化的时代。

(二)思维方式的诗性化

古人进行理论观照时运用与思维对象相同的审美——艺术思维方式来审视、领悟、体验对象，从而使这种理论观照的结果本身亦具有一定的美感意蕴，具有一定的情感性、意象性、虚涵性，耐人咀嚼、寻味。

(三)文体的泛体化

文论文本各种各样，没有定体，如先秦的序跋、汉代的书信、唐的论诗诗、宋的诗话、明清的点评等，可以说“无所不体”。

(四)概念范畴的衍生性

一个元范畴或核心范畴往往可以派生出一系列子范畴，子范畴再导引出下一级范畴，范畴衍生概念，概念派生命题，如此“生生不已”。如“气”衍生出了“文气”“体气”“气韵”“气势”“气骨”“逸气”等理论范畴、概念。

二、中国古代文论的基本范畴

(一)诗言志

“诗言志”是中国古代最早的诗歌理论，朱自清称之为中国诗学的“开山的纲领”①(《诗言志辨》序)。“诗言志”语出《尚书·尧典》：“诗言志，歌永言，声依永，律和声。”②这是先秦时代对于文学本质的一个基本认识，其实质就是把文学看作人的心灵的表现。但在先秦时期人们对于“志”的理解比较狭隘，它并不专指个人的心灵、情感，而是更侧重于符合社会要求的、经过一定伦理道德规范过滤后的人的思想、抱负、志向，主要是指政治上的理想抱负，属于理性的范畴，如《论语》中孔子与子路、颜渊等弟子各言其志，他们的“志”都与齐家、治国、平天下有关。因此最初的“诗言志”是指

---

① 朱自清：《〈诗言志辨〉序》，见《诗言志辨》，4页，上海，华东师范大学出版社，1996。
② 郭绍虞：《中国历代文论选》第一册，1页，上海，上海古籍出版社，1979。

诗歌所表现的与政治教化相联系的人生态度与理想抱负。到战国中期之后，“志”作为人的思想、意愿、情感的意义开始受到重视，如《离骚》中所说“屈心而抑志”，这个“志”虽然仍以屈原政治理想抱负为主，但显然也包含了因为政治抱负得不到实现而产生的愤激之情。到了汉代，《毛诗序》开始将“志”与“情”联系起来，既肯定“诗者，志之所之也，在心为志，发言为诗”，又强调诗歌是“吟咏情性”的。“情动于中而形于言，言之不足故嗟叹之，嗟叹之不足故永歌之，永歌之不足，不知手之舞之，足之蹈之也。”①这里的“情”主要指人的感情、情绪，是个人的喜怒哀乐，属于感性的范畴。但实际上，这时的“诗言志”虽然肯定了“情”在诗歌创作中的作用，有了抒情的含义，但仍然是有局限性的，“志”比“情”更重要，二者冲突的时候，要“发乎情，止乎礼义”。随着魏晋时期文学的自觉时代来临，对诗歌的本质的认识开始突破儒家“礼义”的束缚，由“言志”向“缘情”转变，更侧重于自由地抒情的方面。晋朝陆机提出“诗缘情而绮靡”，只强调抒情，将“止乎礼义”放到一边。南朝钟嵘提出诗歌是“情性摇荡”的产物。刘勰则在提出“诗者，持也，持人情性”的同时，又提出“为情造文”，即“盖风雅之兴，志思蓄愤，而吟咏情性，以讽其上，此为情而造文也”②。从中我们可以看出，“为情造文”的“情”不仅仅是简单的个人情感，而且包含了先秦的“志”。到了唐朝，孔颖达则直接将“情”与“志”并提。他在《春秋左传正义》里说：“在已为情，情动为志，情志一也。”③既强调了诗歌的抒情性，也强调了诗歌思想内容的深刻性，这标志着中国传统诗学对诗歌本质特征的体认已经趋于成熟。

（二）兴观群怨说

兴观群怨说出自《论语·阳货》。孔子说：“小子何莫学夫诗？诗可以兴，可以观，可以群，可以怨。迩之事父，远之事君，多识于草木鸟兽之名。”④孔子从“诗教”观点出发，对文学的美学作用、认识作用、教育作用以及知识学习等方面，都做了的充分肯定，是对文学的社会作用的全面分析，对后来的诗学理论产生了极为深远的影响。

“兴”说的是文学作品的审美作用，朱熹解释为“感发意志”，指诗歌的生动具体的艺术形象可以让人精神兴奋、感情波动，从吟赏诗歌中可以获得美的享受。朱熹还解释为“托物兴辞”，这是从文学的创作特征角度，对“诗可以兴”的美学作用做的说明。这种作用，可以使读者产生丰富的艺术联想。“观”说的是文学作品的认识作用，孔子的“观”比较侧重诗歌所反映的社会政治与道德风尚状况，以及作者的思想倾向与感情心态，体现了孔子文艺思想中的现实主义特征。郑玄注为“观风俗之盛衰”，朱熹注为

---

① 郭绍虞：《中国历代文论选》第一册，63页，上海，上海古籍出版社，1979。
② 郭绍虞：《中国历代文论选》第一册，273页，上海，上海古籍出版社，1979。
③ 《十三经注疏》整理委员会：《十三经注疏·春秋左传正义》，1455页，北京，北京大学出版社，1999。
④ 郭绍虞：《中国历代文论选》第一册，17页，上海，上海古籍出版社，1979。

“考见得失”，这个“观”实际上是对统治者的要求，即要求他们通过诗歌来了解民情，从而在施政中有所依据，也就是要求统治者充分尊重人们的意愿和利益。“群”说的是文学作品的交往作用，孔安国注为“群居相切磋”，朱熹注为“和而不流”，指文学作品能使人们交流感情，统一思想，提高认识，加强团结。“怨”指文学作品干预现实、批评社会的作用，孔安国注为“怨刺上政”，主要指对现实不良政治的批判，是对人民表达意愿的权利的肯定，这是孔子思想中民主与进步因素的表现，并成为中国文学理论发展史的重要传统。

孔子生活在春秋末期，这是一个从经济、政治到思想、文化都发生着重大变革的时代，是旧的价值秩序开始崩坏、新的秩序尚未建立的时期。在这样的历史情境中，作为士人阶层的代表，孔子把文学作品的各种功能熔于一炉，其目的是想重新整合人们的思想、沟通上下关系，建构一体化的社会意识形态，因而将社会实际问题的解决寄托在《诗》《书》《礼》《乐》等文化文本的重新获得的有效性上，这是以孔子为代表的儒家思想家的精神的体现。

(三)文气说

魏晋时期是中国古代文学创作和文学思想发生重大变化的时期。因社会动乱，儒家学说丧失了其统治地位，人们逐渐意识到自己作为独立的个人的存在价值，不再把自己当作礼教的工具而存在，而是要求能充分表现自己的个性。文学中对创作个性的高度重视，正是这种社会思潮的反映，再加上当时兴起的玄学重自然、轻名教，魏晋名士放浪形骸，率性而为，实际上起着强调个性自由发展的作用，极大地促进了当时文学创作和文学思想的新变化。文气说就是在这样的背景下提出的。

曹丕在我国文论史上最早提出文气说。他在《典论·论文》中说：“文以气为主，气之清浊有体，不可力强而致。譬诸音乐，曲度虽均，节奏同检，至于引气不齐，巧拙有素，虽在父兄，不能以移子弟。”①这里的“气”是由作家不同的个性所形成的，是作家在禀性、气度、感情等方面的特点所构成的一种特殊的精神状态在文章中的体现。首先，“气”指作家创作的个人特点和独创性，即风格。这个命题的提出，意味着从理论上对作家创作个性的一种确认。对作家来说，个人成就可能有大小之分，艺术可能有高下之别，但只要形成了自己独特的风格，卓然自立，就不会被湮没在历史长河之中，这表现了和经学时代完全不同的文学批评标准。其次，“气”又指个性。曹丕把作品风格与作家个性联系起来，以为风格导源于个性。每一个作家独特的创作个性，是构成其文学风格的独创性的基础，即“气”之于作家就是指个性，之于作品就表现为风格。曹丕提倡的“气”，与孟子所说的“浩然之气”不同。孟子的“气”是指道德品质修养达到

① 郭绍虞：《中国历代文论选》第一册，158～159页，上海，上海古籍出版社，1979。

崇高境界时的一种精神状态，是通过长期学习“礼义”而具有的“配义与道”的“浩然之气”，曹丕的“气”是先天赋予的、没有伦理道德色彩的自然禀性，是属于生理和心理方面的气。曹丕还从大的方面把文章的“气”分为清气与浊气两类，即阳刚之美、阴柔之美，这是广义的划分。曹丕本人在论具体作家时，也没有用清、浊的概念，而是具体而论，如“徐幹时有齐气”“孔融体气高妙”等。曹丕在论“气”时清楚地反映了建安时代文学创作的基本倾向与美学要求，他的理论是对建安文学创作特征的概括与总结。

(四)意境

意境是我国古典文论最有代表性的一个概念，是指诗歌作品中呈现的那种情景交融、虚实相生的形象系统，及其所诱发和开拓的那个韵味无穷的审美想象空间。南朝刘勰在《文心雕龙·隐秀》中开始将“境”的概念用于诗歌理论。唐代时文学意境理论开始成熟。相传王昌龄在《诗格》中最早提到“意境”一词。他认为“诗有三境”：“一曰物境”“二曰情境”“三曰意境”，认为作家要发自肺腑，意境才能真切感人。禅僧皎然的《诗式》对它做了进一步阐发，他首次强调了诗歌创作中“境”与“情”的关系：“缘境不尽曰情”，指出诗人在诗中所抒之情是通过他所创造的诗境来体现的，还提出“文外之旨”“取境”等重要命题。刘禹锡对诗歌意境的美学特征做了非常确切的理论概括。他提出“境生于象外”，即诗歌的意境比诗歌中具体描写的实际景象要广阔得多，它能通过暗示和象征的手法，激起读者的丰富联想，使读者能在实际的景象描写之外构成一个虚的、更加广阔的艺术境界。这一观点直接启发了晚唐司空图关于意境的看法。司空图在《与李生论诗书》中说：“近而不浮，远而不尽，然后可以言韵外之致耳。”①这里的“近而不浮，远而不尽”说的就是诗歌艺术意境的特征，前者指对构成意境的具体景象的描写要真实自然，如在目前而不空泛；后者指由这些具体景象构成的意境应当含蓄深远，有无穷之余味。他在《与极浦书》中对诗歌意境的美学特征做了非常有名的理论概括，提出“象外之象，景外之景”论。“戴容州云：‘诗家之景，如蓝田日暖，良玉生烟，可望而不可置于眉睫之前也。’象外之象，景外之景，岂容易可谭哉？”②前一个有形的具体的景象是实境，后一个无形的想象的景象是虚境。这个虚境不是平面的，而是立体的，它可以让读者把自己的想象和创造纳入其中，使它更充实、更丰富。这既是对前人理论的进一步发展，也是对唐代诗歌意境论的一个总结。

意境的特征是情景交融、虚实相生、韵味无穷。其中情景交融是意境创造的表现特征。情和景是诗歌的两个要素，意境创造就是把二者结合起来的艺术。清朝的王夫之在《姜斋诗话》中说：“情景名为二，而实不可离。神于诗者，妙合无垠。巧者则有情

---

① 郭绍虞：《中国历代文论选》第二册，196页，上海，上海古籍出版社，1979。

② 郭绍虞：《中国历代文论选》第二册，201页，上海，上海古籍出版社，1979。

中景，景中情。"[1]虚实相生是意境创造的结构特征。欧阳修在《六一诗话》中记载了梅尧臣的说法："必能状难写之景，如在目前，含不尽之意，见于言外，然后为至矣。"[2]"如在目前"指的是诗歌中的实境，"见于言外"指的由实境诱发和开拓的审美想象的空间，二者的结合形成意境。其中虚境是意境结构的灵魂和统帅，制约着实境的创造和描写，体现着整个意境的艺术品位和审美效果。韵味无穷是意境的审美特征。司空图在"气韵""滋味"等基础上创立"韵味"，还提出"韵外之致""味外之味"，认为意境是多层次的，不仅有韵内之韵、味内之味，还有"韵外韵""味外味"，所以韵味指意境中所蕴含的那种"咀嚼不尽"的美的因素和效果，有"韵""滋味""兴味"等别名。

（五）童心说

明代中期以后，随着商品经济的发展和市民阶层的壮大，一股强劲的启蒙思潮从旧的社会文化机体中壮大起来，它冲决了理学思想的桎梏，第一次抛开"文以载道"的创作条律，把人的自然情性作为文学的表现对象，从而在文学思想上开辟了全新的境界。李贽是这股体现了人性觉醒、思想解放浪潮的主要代表人物。他在接受阳明心学，特别是泰州学派思想的基础上，对封建礼教和传统观念进行了批评，提出了著名的"童心说"。

李贽的"童心说"认为，人自降生就有一种朴素单纯的心地，这就是"童心"，它是人的先验的真心、本心。他说："夫童心者，真心也。……绝假纯真，最初一念之本心也。"[3]这种童心，大多会随着年龄的增长而日渐丧失，而丧失的原因在于它被所习"闻见"、所学"道理"所取代。丧失本真后，人逐渐变成虚伪矫饰之徒，说假话、做假事，写虚假不实的文章。而只有发自童心的文章，才是天下最好的文章："天下之至文，未有不出于童心焉者也。苟童心常存，则道理不行，闻见不立，无时不文，无人不文，无一样创制体格文学而非文者。"[4]李贽不仅攻击当时的道学，还把矛头对准了孔孟，在封建社会，这是些惊世骇俗之论。在他看来，这种"童心""本心"，指的是人的本性，是人们被封建礼教压抑的真情实感。这种真情实感也包括人们正当的物质要求和情欲，所谓"穿衣吃饭，即是人伦物理"。李贽甚至还公开鼓吹"好色"，肯定情欲的正当性。由此可见，"童心"是世俗的自然情感、正当的生活欲求，它不是抽象的。从"童心说"出发，李贽在创作上力主作家对情性的自由倾吐，反对一起来自外部的桎梏；主张自然抒发，反对一切来自内部的虚饰矫情。认为发自童心的作品，是"童心自文"，是胸中所蓄，满而后溢，不得不发，是"夺他人之酒杯，浇自己之块垒"。针对明朝前后七

---

① 戴洪森：《姜斋诗话笺注》，72 页，北京，人民文学出版社，1981。

② 郭绍虞：《中国历代文论选》第二册，244 页，上海，上海古籍出版社，1979。

③ 郭绍虞：《中国历代文论选》第三册，117 页，上海，上海古籍出版社，1980。

④ 郭绍虞：《中国历代文论选》第三册，118 页，上海，上海古籍出版社，1980。

子的复古主张，李贽认为文学的表现对象是童心，只要是出于童心的，任何时代、任何人、任何形式的文章就都应该予以推重。

“童心说”启发人们意识到自己的自然本性，认识到自己在精神上、物质上的一切自然要求的合理性，鼓励人们大胆追求个性的解放和人生的幸福，并呼吁文学应该表现人的这种自然本性。它突破了“文以载道”的传统藩篱，闪烁着启蒙主义的光辉，在文学思想史上具有划时代的意义。

（六）性灵说

南朝刘勰在《文心雕龙》中最早提出“性灵”，颜之推在《颜氏家训》中说文学是“标举兴会，发引性灵”的产物。不过在文学理论史上“性灵说”一般指的明代“公安三袁”提出的“性灵说”。公安“三袁”分别是袁宗道、袁宏道、袁中道。因为他们三人都是湖北公安县人，所以人们习惯称之为“公安派”。他们都是李贽的学生，其中以袁宏道的成就和影响最大。公安派的文学思想的核心是提倡性灵，表现内心真情，反对模拟剽窃，蹈袭古人，后人均以袁宏道的“独抒性灵，不拘格套”来概括其基本特点。“性灵说”主要包括以下四个方面。一是“真”，提倡诗文创作必须抒写作家的性灵，表现内心的真实感情，反对因袭模拟、剽窃仿作。只有出自性灵之作，才是“真诗”“真声”，这显然是对李贽童心说的进一步发挥。二是“变”，强调“变”是公安派批评复古思潮的理论基础。袁宏道认为时变物变，因而要通变，不能因袭传统，只有革新才能真正地继承。三是“趣”，要求作家有自己的个性，其作品要有特殊的“趣”。不同的人有不同的“趣”，最上乘的“趣”是天真无邪的童子之趣。越是不受理学污染越有“趣”，越是率性而为越有“趣”。四是“奇”，文章符合人之真性情、不模仿前人而极其自然者为“奇”。

清朝的袁枚在“公安三袁”的基础上也提倡“性灵”，认为“凡诗之传者，都是性灵，不关堆垛”。他的性灵说在如下三个方面发展了三袁的理论。第一，袁枚主张师心与师古的结合。公安派从反对前后七子出发，只强调师心，反对师古。袁枚主张在书写性灵的前提下，也十分重视广泛地向古人学习。第二，袁枚主张诗歌创作要以天工、自然为主，但不否定人工修饰的必要，认为应当由人工修饰而达到天工自然之美。公安派强调天工、蔑视人工，袁枚认识到天工与人工之间的辩证关系，要求以人工补足天工。第三，在诗人修养上，他认为应当把先天禀赋与后天学习结合起来，和公安派只重才不重学的思想是不同的。袁枚的理论修正了公安派的一些不足，但在诗学理论上的重大创造并不多。

【思考与练习】

1. 中国古代文论的特点是什么？

2. 中国古代文论有哪些基本的范畴?

3. 联系具体作品分析言志的诗有没有意境，如于谦的《石灰吟》、李贺的《马诗》。

第三节
西方文论

20 世纪之前的西方古典文论的重点是摹仿说、以摹仿说为基础的浪漫主义理论和现实主义理论，以及包含在现实主义中的典型理论。其理论家以作家为主，理论和创作的关系比较密切，如浪漫主义和现实主义理论，这些也是比较传统的西方理论。

20 世纪被称为“批评的世纪”，西方文论的发展十分惊人，这种发展大致分为人本主义和科学主义两条路线。人本主义文论把人作为文论研究的核心，主要有表现主义文论、精神分析学文论、原型说、现象学文论、存在主义文论、解释学文论、法兰克福学派等。人文主义文论多强调文学活动中的主体性作用，追求文学的超越与自由，往往用非理性因素来解释文学的本质。科学主义文论有俄国形式主义文论、英美新批评文论、结构主义文论、符号学文论等，多强调文学中形式的作用，宣扬形式对内容的超越，往往用现代语言学来解释文学的本质。

在 20 世纪后半期科学主义文论比人本主义文论占有更大的优势。20 世纪文论的研究者多是研究文学批评的专业人士，其理论系统性比较强，但相对也比较艰深、晦涩难懂。本节中主要介绍传统的西方理论。

一、西方文论的特点

由于中西方的社会经济背景、民族文化心理、文艺实践活动、思维方式不同等，中西方的文论也表现出明显的差异。

西方是商业性社会，具有开放性的特点，人们喜爱冒险、创新，因而在文学和文学理论方面，表现出勇于创新的特点，文学作品注重描写个人，以叙事文学为主，虽主张反映现实，却又提倡情感的宣泄和酒神般的狂欢。古代的中国由于是农业型宗法制社会，具有封闭性和保守性，因而，中国古代的文学理论要保守得多，文学上的复古运动也层出不穷。文学作品注重描写自然，以抒情文学为主，虽主张诗歌抒情言志，却又提倡节制，要求“乐而不淫，哀而不伤”，提倡素淡、蕴藉的风格。简单地说，就是西方文论重再现，因而产生了典型理论；中国文论重表现，因而产生了意境理论。

西方由于人与自然的尖锐对立，人们一方面产生了浓厚的宗教意识，另一方面又千方百计地去认识自然，产生了发达的自然科学，形成了注重逻辑关系的分析性思维方式。中国由于提倡人与自然和谐相处，产生了天人合一说，注重内在反省，形成了直觉式、感悟式的思维方式。简言之，西方文论追求逻辑性，理论色彩浓厚，相对比较抽象；中国文论审美化，要求文学的温柔敦厚，文以载道。

二、西方文论的基本范畴及派别

(一)摹仿说

古希腊哲学家赫拉克利特从他对立和谐的理论基础上最早提出“艺术摹仿自然”的论点。他说：“自然是由联合对立物造成的最初的和谐，而不是由联合同类的东西。艺术也是这样造成和谐的，显然是由于摹仿自然。”德谟克利特的“摹仿说”接受了赫拉克利特的观点：“从蜘蛛我们学会了织布和缝补；从燕子学会了造房子；从天鹅和黄莺等歌唱的鸟学会了歌唱。”但他做了进一步发挥，把“自然”引向人生，认为文艺摹仿自然，不只摹仿人的身体，而且摹仿人的才智、行为和心灵，还从道德观念出发，认为应仿效好人好事，摹仿坏人是一种恶劣的行为。

柏拉图丰富和发展了古希腊早期的摹仿说，提出了著名的理式论摹仿说。“理式”(Idea)是柏拉图哲学理论的基石，它不依赖于物质存在，也不是人的意识，而是一种超时空、非物质、永恒不灭的“本体”：“不仅有本领造出一切器具，而且造出一切从大地生长出来的，造出一切有生命的，连他自己在内；他还不以此为满足，还造出地和天，各种神，以及天上和地下阴间所存在的一切。”①由此可见，这里的理式就是创世主，是神。柏拉图认为文艺是自然的摹仿，这个“自然”是以“理式”为蓝本的，其中，“理式”是第一性的，“自然”是第二性的，“自然”是“理式”的“摹本”和“影子”。文艺摹仿自然，只能摹仿事物的“外形”和“影像”，不能表现事物的“本质”。他以床为例来说明这种理论。他认为有三种床：第一种是“理式”的床；第二种是木匠依据理式的床造出来的个别的具体的床；第三种是画家依据木匠的床绘画出来的床。在这三种床中，木匠的床是“理式”床的“摹本”和“影子”，画家的床是木匠的床的“摹本”和“影子”，那画家的床对“理式”来说，是“摹本的摹本”“影子的影子”“和真理隔了三层”(其实是两层，柏拉图把“理式”本身也算一层)。也就是说世界有三种：理式的、现实的、艺术的，艺术世界依存于现实世界，现实世界依存于理式世界。柏拉图把艺术反映自然贬低为照镜子，对诗人、艺术家极为反感。虽然柏拉图的摹仿说是唯心主义的，否定了文艺的真实性，但从认识论来说，它也属于反映论。

---

① [古希腊]柏拉图：《柏拉图文艺对话集》，朱光潜译，59页，北京，人民文学出版社，1959。

亚里士多德是古希腊现实主义文艺理论的奠基者，他继承了赫拉克利特、德谟克利特和柏拉图关于文艺是摹仿的说法，但对其含义进行了新的开掘。他认为根本不存在离开具体事物的所谓“理式”，艺术摹仿的对象本身是真实的存在，是“行动中的人”，是人的性格、感受和行动，即人的生活。他不仅肯定了艺术的真实性，也肯定了艺术比现实中存在的个别的事更真实。艺术摹仿的绝不只是现实的外形，而是事物本身的必然性和普遍性，也就是事物的内在本质和规律。在《诗学》第九章中，亚里士多德说：

> 诗人的职责不在于描述已发生的事，而在于描述可能发生的事，即按照可然律或必然律可能发生的事。历史家与诗人的差别不在于一用散文，一用“韵文”；希罗多德(编者注：古希腊历史学家)的著作可以改写为“韵文”，但仍是一种历史，有没有韵律都是一样；两者的差别在于一叙述已发生的事，一描述可能发生的事。因此，写诗这种活动比写历史更富于哲学意味，更受到严肃的对待；因为诗所描述的事带有普遍性，历史则叙述个别的事。所谓“有普遍性的事”，指某一种人，按照可然律或必然律，会说的话，会行的事，诗要首先追求这目的，然后才给人物起名字；至于“个别的事”则是指亚尔西巴德(编者注：雅典政治家和军事家)所作的事或所遭遇的事。①

亚里士多德拿诗与历史相比较，说明诗要揭示事物的本质和规律，以特殊表现普遍。这是他对文艺本质的重要发现，是关于典型论的第一次阐述。他同时又提出“艺术家应该对原物范本有所改进”“艺术必然是创造”，强调艺术的创造，反对消极的摹写，并提出自己的天才理论。他的摹仿说是唯物主义的，为现实主义的典型论的发展奠定了基础。

(二) 浪漫主义

一般意义上的浪漫主义是与现实主义并列的一种创作手法，侧重于从主观内心世界出发，用热烈奔放的语言、瑰丽的想象和夸张的手法抒发对理想世界的追求。在西方文论史上，浪漫主义专指 18 世界末到 19 世纪三四十年代在欧洲出现的文学思潮。它的出现有其特定的社会政治背景。1789 年的法国资产阶级大革命，沉重地打击了欧洲的封建秩序，开始了资本主义发展的新时期。但革命之后，“理性王国”并没有实现，一些具有资产阶级人道主义思想的作家对资本主义的现实十分失望。于是这些作家寄希望于理想世界，企图通过对理想世界和理想人物的创造，引导人们寻求解决社会矛盾的途径，这促使了浪漫主义的出现。

---

① 伍蠡甫、蒋孔阳：《西方文论选》上卷，64～65 页，上海，上海译文出版社，1979。

在中世纪，欧洲传奇文学中那些情节离奇、富于幻想的英雄美人故事便富有浪漫主义倾向，这种倾向发展为盛极一时的浪漫主义思潮，是意识形态变化的结果，也是文学自身发展的要求。18世纪的法国启蒙思想家提倡思想自由、个性解放和返回自然，要求打破封建王权的束缚。在文学上表现为反对与王权相适应的新古典主义的清规戒律，反对新古典主义摹仿古希腊罗马文学，强调"返回自然"或者"摹仿未经雕琢的自然"。它在欧洲各国以及不同的作家、理论家那里，表现形态和理论主张都不太相同。

德国的浪漫主义在理论上源于康德、费希特等人的美学观点。康德认为美是超功利而无利害、美是天才的艺术、崇高是人的崇高等，为浪漫主义摆脱传统的"艺术的目的是教育"的束缚、歌颂人的崇高提供了依据。费希特认为"自我高于一切"，"自我"是世界的创作者，这为浪漫主义解放了主观世界。此后，在文学上就出现了歌德的《少年维特之烦恼》、席勒的《阴谋与爱情》等作品。青年歌德和席勒把感伤主义和反封建的热情结合起来，形成了文学上的"狂飙突进"运动。

英国的浪漫主义是在本国的产业革命和法国的资产阶级革命的影响下产生的。产业革命使英国的宗法制农村遭到重大破坏，所以英国的浪漫主义主要表现为对农村破产的痛惋、对城市腐化堕落的诅咒和对大自然的歌颂。其代表人物有华兹华斯和柯勒律治，二人共同出版的《抒情歌谣集》是英国浪漫主义的代表作。华兹华斯为诗集第二版写的序言，被认为是英国浪漫主义的宣言和提纲。他提倡诗歌应该写"美丽而永恒的大自然生活"或"朴素的乡村生活"，以农村的质朴对照宫廷的虚伪；重视诗歌抒发情感，认为"一切好诗都是强烈情感的自然流露"；强调想象的作用。柯勒律治扩展了诗的含义，认为广义的诗泛指全部艺术乃至整个人类的活动，而狭义的诗专指以语言为媒介的创作；诗歌整体是由不协调的对立而相互作用的事物组成的，而使诗歌内部对立的事物统一起来的根本动力是诗人的想象活动。他还认为诗是天才的产物，天才的独特能力在于能把人司空见惯的事物表达出新意，天才有音乐感、有激情，有思想的深度和活力等。

法国的浪漫主义思潮产生的直接社会原因是1789年大革命后的不同经历：封建贵族因失势而发出人生虚幻的感慨，资产阶级因感到社会理想的破灭而失望苦闷，双方都有"情"可抒，因此浪漫主义文学的兴起便是自然而然的事。但不同的阶级的浪漫主义理论也不同。出身贵族的夏多布里昂是基督教浪漫主义的代表，直接赞美基督教是诗的源泉，"最富有诗意，最富有人性，最有利于自由、艺术和文学"，艺术只有体现了神秘才是美的。同样出身贵族家庭的史达尔夫人批评夏多布里昂的基督教浪漫主义，认为地理、气候影响民族性格、社会制度和文化艺术，她在《从文学与社会制度的关系论文学》中根据地理、气候条件把文学分为以法国为代表的南方文学和以德国为代表的北方文学。南方文学的特点是崇尚古典，情调欢快，充满民族精神和时代精神，荷马史诗是这种文学的鼻祖；北方文学的特点是感情强烈，富有哲理，崇尚想象，气质阴郁。她把南方文学和北方文学当作古典诗和浪漫诗的同义词，并且态度鲜明地褒扬浪漫诗而贬低古典诗，把古典诗看作古人的诗，把浪漫诗看作现代的诗。她的理论为19世纪法国浪漫主义文学开辟了道路。维克多·雨果是法国浪漫主义运动的领袖人物，他的《〈克伦威尔〉序言》是公认的浪漫主义文学运动的宣言书，在西方文论史上占有重要的地位。在该序言中，雨果提出一个重要的文艺思想，那就是浪漫主义文学的美丑对照原则。他认为，成熟的浪漫主义文学，不应为了描写丑而描写丑，而应为了表现美而描写丑，美与丑不能相互割裂，要相互对照，相反相成。雨果提到五种美丑对照的方式：角色安排的对照、人物性格内部美与丑的对照、不同情境的对照、情节的对照、外在形象与内心品质的对照。这些原则在当时具有进步意义，因为它反对古典主义只表现崇高伟大而排斥生活中平凡粗俗的形象。雨果还进一步阐述了基督教人道主义和浪漫主义真实的关系。他认为，艺术的真实不是绝对的真实，艺术不可能提供原物，要"通过真实充分地写出伟大，通过伟大充分地写出真实"①，而这种伟大在雨果这里主要是指基督教精神。雨果的基督教精神其实是基督教新教思想和启蒙思想家提倡的平等、自由、博爱的人道主义精神的结合。雨果还针对新古典主义的教条主义，提出了文学的自由主义原则，即文学创作要摆脱三一律，要根据艺术的内在规律去创作。

浪漫主义虽然在不同国家、不同理论家那里有不同的倾向，但共同点都是资产阶级反对封建制度的产物，反对新古典主义，反对墨守成规，主张标新立异，强调表现自我，高扬人的神性和天才，认为文学的根本要素是诗人的情感。从纵向来看，它继承了文艺复兴和启蒙主义时期的人文主义，但因为否定了强调理性的新古典主义，所以与柏拉图的客观唯心主义神秘论和中世纪的基督教神学美学，也具有某种内在的联系。

(三) 现实主义

一般意义上的现实主义是指一种创作手法，它要求文学真实地反映客观生活，力求塑造典型环境中的典型人物。作为一种文学思潮的现实主义，一般是指19世纪30年代后的批判现实主义。批判现实主义的产生有其社会背景，也有文学自身发展的原因。工业革命和法国大革命后，资本主义的发展造成了社会贫富的两极分化，资产阶级的价值观念使得人与人之间渗透着赤裸裸的利害关系。实证主义、进化论等科学主义思潮的流行，为批判现实主义文学奠定了思想基础。浪漫主义文学思潮的主观创作倾向与客观现实越来越远，一些作家越来越不满意于浪漫主义，于是转而发扬现实主义文学传统。

法国的批判现实主义文学的主要内容是描写日益上升的资产阶级与没落的封建贵

---

① [法]雨果：《雨果论文学》，柳鸣九译，111页，上海，上海译文出版社，1980。

族残余之间的矛盾和斗争，以及资产阶级之间的钩心斗角，并通过这些描写反映了法国的社会风貌，展示整个时代的生活。司汤达、巴尔扎克等人不但是卓越的现实主义作家，也是深刻的理论家。司汤达的《红与黑》是法国批判现实主义第一部成熟的作品，他的《拉辛与莎士比亚》被视为批判现实主义的第一部纲领性论著。司汤达步入文坛时，新古典主义还占据小说和戏剧领域，走拉辛道路和莎士比亚道路的争论其实是创新与守旧之争。司汤达贬斥新古典主义而肯定浪漫主义。他在宣扬浪漫主义的同时，实际上阐述的是现实主义理论主张。他说："浪漫主义是为人民提供文学作品的艺术……人民的习惯和信仰的现实状况……给予人民以最大的愉快。"①在这个意义上，司汤达宣称一切时代的伟大作家都曾是浪漫主义者。巴尔扎克的《人间喜剧》被称为"社会百科全书"，是法国文学史上规模空前的批判现实主义杰作。他的《人间喜剧》的前言是现实主义文艺理论的重要文献。巴克扎克认为小说应该成为社会风俗的历史："法国社会将要作历史家，我只能当它的书记，编制恶习和德行的清单，搜集情欲的主要事实、刻画性格、选择社会上主要事件、结合几个性质相同的性格的特点揉成典型人物，这样我也许可以写出许多历史家忘记了写的那部历史，就是说风俗史。"②他十分重视文学的细节真实，认为细节真实是构成艺术真实的基础，同时要写出社会现象背后的原因，以便揭示现象的内在的本质真实。他还在《一桩无头公案》的初版序言中提出了著名的典型理论，所谓"典型"指的是人物，"在这个人物身上包括着所有那些在某种程度跟它相似的人们的最鲜明的性格特征；典型是类的样本。因此，在这种或那种典型和他的许许多多同时代人之间随时随地都可以找出一些共同点。但是，如果把他们弄得一模一样，则又会成为作家的毁灭性的判决，因为他作品中的人物不会是艺术虚构的产物了"③。不仅人物有典型问题，环境也有典型问题："不仅仅是人物，就是生活上的主要事件，也用典型表达出来。有在形形式式的生活中表现出来的处境，有典型的阶段，而这就是我刻意追求的一种准确。"④恩格斯把巴尔扎克的典型理论精辟地概括为："现实主义的意思是，除细节的真实外，还要真实地再现典型环境中的典型人物。"⑤另一位现实主义大家福楼拜对现实主义做了进一步补充，他强调作品的客观性，认为作品的倾向应该从形象的描述中自然流露出来，艺术家"不该暴露自己，艺术家不该在他的作品里露面"，就像"上帝不该在自然里面露面一样"。⑥ 他认为主观的东西越少，描写就越真实，但这个真实，并不拘泥于生活真实，在他看来现实不过是一个跳板，艺术家

---

① 伍蠡甫：《欧洲文论简史》，242页，北京，人民文学出版社，1985。

② 伍蠡甫、蒋孔阳、秘燕生：《西方文论选》下卷，168页，上海，上海译文出版社，1979。

③ 伍蠡甫、蒋孔阳、翁义钦等：《西方文论选(第二版)》下卷，161页，上海，上海译文出版社，1988。

④ 伍蠡甫、蒋孔阳：《西方文论选》下卷，176页，上海，上海译文出版社，1979。

⑤ [德]恩格斯：《恩格斯致玛·哈克奈斯》，见《马克思恩格斯选集》第四卷，683页，北京，人民出版社，1995。

⑥ 伍蠡甫、蒋孔阳、秘燕生：《西方文论选》下卷，210页，上海，上海译文出版社，1979。

要通过对现实的真实描绘，使读者去认识生活的内在真实。同时福楼拜还特别强调作品的形式美，注意锤炼语言和细节描写。这些主张对后来的自然主义和唯美主义的兴起产生了一定的影响。

俄国的现实主义源于俄国落后的封建农奴制和刚刚兴起的资本主义经济之间的尖锐矛盾。自19世纪30年代兴起的俄国批判现实主义的整个发展过程始终与解放运动紧密联系，其批判锋芒也主要是针对封建农奴制及其残余。列夫·托尔斯泰后期的创作表现出最清醒的现实主义，被列宁称为“俄国革命的一面镜子”。俄国的现实主义理论主要是由俄国革命民主主义者所倡导的，他们主张把文学事业与解放运动紧密联系起来，号召作家描绘最广阔的、体现社会发展规律的历史画卷，强调文学的人民性，重视艺术规律和典型塑造。别林斯基是俄国批判现实主义理论的奠基人。他认为：“文学是社会生活的表现”，文学必须根植于现实的土壤之中。要反映现实，典型化是必经之路。他还提出艺术应该在不违背艺术规律的基础上为社会利益服务。车尔尼雪夫斯基进一步发展了别林斯基的观点。他认为：“美是生活。”他还认为：“任何事物，我们在那里面看得见依照我们的理解应当如此的生活，那就是美的；任何东西，凡是显示出生活或使我们想起生活的，那就是美的。”①现实才是艺术美的源泉，现实美是艺术美所不能企及的，艺术所表现的只是不完全的、片面的现实生活。人们需要美是因为现实中的美并不总是显现在我们面前的，所以需要艺术来代替。这种代替品并不是可有可无的，它非常重要，因为艺术是“生活的教科书”，它在再现现实的同时，有说明和判断生活的功能，能提出或解决生活的问题。艺术低于生活和艺术是生活教科书之间的矛盾，是车氏作为重视文艺的教育作用的民主主义者和哲学上的机械唯物主义者之间的矛盾。杜勃罗留波夫继承了别林斯基的人民性思想，并发展和完善了这种理论。他认为文学要表现人民的生活、人民的愿望，要站在人民的立场，在思想感情上与人民一致。人民性与现实主义是相统一的，俄国文学发展的过程就是文学和人民与现实逐渐接近的过程。作品的人民性的渗透程度和现实主义的深广程度有着内在的联系。文学要发挥改造社会、为社会服务的作用，文学创作就一定要为群众所接受。杜勃罗留波夫的理论标志着革命民主主义和农民革命运动结合得更加紧密，俄国的批判现实主义文学也进一步走向深化。

虽然各国的批判现实主义文学各有特点，但作为一种文学思潮，它们仍有一些共同特征：第一，强调文学创作从现实出发，真实地描绘现实生活；第二，在深入细致的观察生活的基础上，做到细节真实与本质真实的统一；第三，塑造典型环境中的典型性格，从人物与环境的关系中揭示社会生活的本质；第四，主张广阔地反映生活，正视和揭露社会的黑暗现象，具有强烈的批判性；第五，强调文学服务于社会，促进

① ［俄］车尔尼雪夫斯基：《生活与美学》，周扬译，6～7页，北京，人民文学出版社，1957。

社会的变革。其中，真实地、典型地反映现实、服务于社会进步是现实主义理论的核心。

（四）现代心理学文艺理论

西方心理学史上有众多的心理学派别，如行为主义心理学、精神分析学、分析心理学、格式塔心理学、发生认识论心理学等，在此主要介绍弗洛伊德的精神分析学和荣格的分析心理学，他们的理论对文艺研究和文艺创作影响比较大。

1. 弗洛伊德的精神分析学

西格蒙德·弗洛伊德，奥地利精神病医生、心理学家、文艺批评家，精神分析心理学的创始人。他在《梦的解析》《作家与白日梦》《自我与本我》等著作中提出了自己潜意识理论、泛性欲理论和梦的理论。他把人的心理结构分为意识、前意识和潜意识（也叫下意识或无意识）三个层面。意识是人能察觉到的心理活动，它属于人的心理结构的表层，能感知外界现实环境的刺激，能用语言反映事物的理性内容。前意识是一种可以回忆起来的、能被召唤到意识中的无意识，它联系着意识和无意识，使潜意识转变为意识成为可能。不过它主要是控制充满本能冲动的潜意识进入意识。潜意识是人类一切活动的内驱力，是人的各种原始冲动和本能，是人类被压抑的没有被意识到的心理活动，代表着人类最原始、最根本、最深层的心理能量。它不容于社会理性，所以被压抑在意识深处。后来，弗洛伊德进一步完善了他的潜意识理论。他把早期提出的心理结构表述为本我、自我、超我组成的人格结构。本我是最基本的层次，相当于潜意识，它处于人格结构的底层，是人的各种冲动和本能，特别是性冲动，它是非理性的，只知道按快乐原则行事。最上面的一层是超我，代表着社会道德对人的规范作用，它压抑本我，按至善原则行事。处于二者之间的是自我，是本我与外部世界的联系，调节着本我与超我的矛盾，按照现实原则行事。三者之中，本我诱使自我满足自己的快乐欲望，超我以道德原则警告自我，自我在两方面压力下根据现实环境做出调和二者的决定。弗洛伊德把潜意识主要归结为性本能。他认为性本能是决定人的行为的巨大的心理能量，即"力比多"是人类一切活动的内驱力。他认为人格的发展就是性心理发展的过程，孩子从出生起就有性的冲动和行为，社会的压力使得这种力比多的冲动被压抑，在无意识中形成"情结"，这是一种带有情感力量的潜意识集结。男孩可能有弑父娶母的心理倾向，即"恋母情结"，也叫"俄狄浦斯情结"；女孩可能有弑母嫁父的心理倾向，即"恋父情结"，也叫"埃勒克特情结"。这些被压抑在潜意识中的欲望，会以曲折的、化装的形式出现在梦中。他认为文学是性欲的升华，艺术创作的动力是艺术家被压抑的种种的本能欲望，艺术家的创作如白日梦，在幻想中实现种种被压抑被禁忌的欲望，而文艺作品就像一个经过改装的梦，和真正的梦有很多相似之处，都源于儿童被压抑的欲望，都有表层和深层两个层面，都经过变形和改装。它们的不同之处在于梦是潜意识的，而文学作品虽然也是由潜意识、欲望所决定的，但是作家在进行创作时都自觉地、有意识地进行过加工。文学作品比梦经过了更为严格的“检查”，因而需要对其进行更精细的阅读，才能破译其深层的含义。弗洛伊德的精神分析学影响非常大，但其缺陷也很明显，他过分夸大了潜意识和性本能在文艺创作中的作用，忽视了社会生活对于文艺的决定性作用。

2. 荣格的分析心理学

卡・古斯塔夫・荣格，瑞士心理学家，早期属于弗洛伊德学派，后来因为观点分歧而与弗洛伊德分道扬镳。二人的分歧一是关于“力比多”，弗洛伊德认为“力比多”是人的性欲，荣格把它看作普遍的生命力，性欲是其中的一部分；二是无意识结构，弗洛伊德认为无意识是个人童年时期受压抑的性本能，主要由各种情结构成，荣格认为无意识是先天或者遗传的“集体无意识”(又称种族无意识)，它的内容主要是“原型”或“原始意象”。荣格认为，原型对于所有时代和民族来说都是相通的，它们是人类早期社会生活的遗迹，普遍存在于原始人的生活经验之中，保存在他们的神话、巫术和传说中。现在虽然变得难以让人认出，但仍然在发挥其作用和影响。荣格认为，文艺创作的根源就在于这种超个人的集体无意识，艺术在不由自主地传达这种集体无意识，艺术家本人则是这种集体无意识的工具、代言人，因此“不是歌德创造了《浮士德》，而是《浮士德》创造了歌德”。在荣格看来，只有表现出原型的作品才是伟大的艺术品，因为“一旦原型的情境发生，我们会突然获得一种不寻常的轻松感，仿佛被一种强大的力量运载或超度。在这一瞬间，我们不再是个人，而是整个族类，全人类的声音一齐在我们心中回响”①。

(五) 形式主义文艺理论

在文艺学中，形式主义文论泛指注重文学作品形式的一种文学理论派别，主要包括俄国形式主义、英美新批评和法国结构主义。在此主要介绍俄国形式主义和英美新批评。

1. 俄国形式主义

俄国形式主义是 1915—1930 年在俄国出现的一种文学批评潮流。它是 20 世纪一个重要的批评流派，是西方现代形式主义批评流派的源头。它出现在十月革命之前，由两个研究小组组成：一个是 1915 年成立的莫斯科语言小组，代表人物是雅可布森；另一个是 1916 年成立的诗歌语言研究会，代表人物是什克洛夫斯基。雅可布森后来流亡美国，在某种程度上影响了英美新批评的发展。雅可布森把传统诗学与语言学结合

① [瑞士]荣格：《论分析心理学与诗歌的关系》，见《心理学与文学》，冯川、苏克译，121 页，北京，生活・读书・新知三联书店，1987。

起来，建立起影响深远的语言学诗学理论。他反对肤浅的印象主义批评，力使文学研究科学化。雅可布森认为文学研究作为一门独立的学科，它的研究对象不是个别的文学文本，而是“文学性”，即“那个使某一作品成为文学作品的东西”，也就是文学的形式，或者说文学的语言及其构造原则。什克洛夫斯基也把文学作品的自足性看成文学研究的前提，强调文学艺术是独立的世界，他认为诗歌的特点不是形象性，而是词语的安排和加工的技巧，只有“陌生化”的语言才能产生文学性。他说：“那种被称为艺术的东西的存在，正是为了唤回人对生活的感受，使人感受到事物，使石头更成其为石头。艺术的目的是使你对事物的感觉如同你所见的视象那样，而不是如同你所认知的那样；艺术的手法是事物的‘反常化’手法，是复杂化形式的手法，它增加了感受的难度和时延。”①在他看来，陌生化是对付机械化、自动化的武器，艺术之所以是艺术，是因为它让我们从习以为常的状态中跳出来，使我们重新体验和感受这个熟悉的世界。俄国形式主义确立了新的文学观念，更新了许多文学范畴，但它的“泛形式主义”倾向严重，而且缺少对文学作品的价值判断，这一点在英美新批评那里得到改进。

2. 英美新批评

英美新批评是20世纪文学批评中最有影响的流派之一，它于20世纪20年代在英国形成，20世纪30至50年代在美国达到鼎盛，20世纪60年代以后趋于衰落。它认为文学的本体就是文学作品本身，它是一个独立自主的系统，反对根据作家的生平经历、思想感情来解释作品，认为那样陷入了“意图迷误”；也反对根据读者的阅读感受来理解和判断作品的意义和价值，认为那样就陷入了“感受迷误”；还反对站在社会、历史、文化等的立场上来解释作品，否认文学是对现实生活的模仿。新批评认为优秀的作品都是充满了“含混”“悖论”“反讽”“张力”，其复杂含义常常隐蔽地深藏于作品的形式和结构之中，需要用“细读法”才能将其揭示出来。这个意义不是一般所说的内容或者主旨，而是要从诗歌的整体内在结构上阅读和理解诗歌，通过阅读，发现文学作品的语言是否成功地形成了一个富有张力的、和谐的整体，组成这个整体的各个部分之间又具有怎样的关系。其代表人物有艾略特、兰瑟姆、瑞恰兹、燕卜荪等。

艾略特提出了“非个人化理论”，他在《传统与个人才能》中说“诚实的批评和敏感的鉴赏，并不注意诗人，而注意诗”，降低了作者的地位，而强调了“诗”在批评中的本体地位。瑞恰兹非常关注语言的意义问题，而对于任何语言符号来说，对其意义的理解都要置入某种“语境”(context)中。“语境”最单纯意义是指“上下文”。瑞恰兹对其进行了拓展：其一是从共时性的角度将语境扩大到与所要诠释对象有关的某时期中的一切事情，如对文本中某个语汇的诠释要涉及作者写出它们时所处的环境、当时的用法甚

① [俄]什克洛夫斯基：《作为手法的艺术》，见《俄国形式主义文论选》，方珊等译，6页，北京，生活·读书·新知三联书店，1989。

至与其有关的一切事情；其二是从历时性的角度将语境扩展成一组同时再现的事件。[①]即文本中任何一个词都具有双重语境，一个是在现场的共时性语境，另一个是出现在其他文本中的不在现场的历时性语境。兰瑟姆则提出“构架—肌质”理论，把诗的构成分为“构架”和“肌质”两部分：“构架”指的是诗的内容的逻辑陈述，即诗歌中可以用散文转述的主题意义或思想内容，它的作用是在作品中负载肌质材料；而“肌质”是作品中的个别细节，是作品中不能用散文转述的部分。其中肌质的重要性超过构架，只有肌质才是诗的精华部分。这种理论和通常人们所做的内容与形式的区分不完全等同，但大体类似。燕卜荪认为诗歌语言具有丰富的多义性，正是这种多义性使诗歌具有巨大的表现力和内在的张力，他把这种情况称为“朦胧”(ambiguity，又译为“含混”“模糊”“晦涩”“复义”)。在燕卜荪看来，朦胧意味着诗歌中的一个词语是多义的，而这多重意义之间的关系也是多样的，朦胧既意味着作者思想的不肯定性，又意味着一项陈述同时具有多种意义。维姆萨特和比尔兹利则提出了著名的“意图迷误”和“感受迷误”。

新批评理论认为诗歌文本是由悖论、反讽、张力、隐喻、象征等形成的语言的张力结构。“悖论”就是表面荒谬而实际真实的陈述。“反讽”和语境有关，指的是词语的实际意义和语言的字面意义相对立。“张力”(tension)是英文词语“内涵”(intention)和“外延”(extention)去掉前缀后的核心词，指诗歌的内涵和外延有机结合所能达到的最完整的整体，是诗歌内部各种矛盾因素对立统一的现象的总称。新批评特别重视语言技巧，特别是隐喻。维姆萨特认为令隐喻得以存在的基础是喻旨与喻体之间的相异性，隐喻的两种事物距离越远越有力量，如“大海像野兽般吼叫”。隐喻要强调的东西时复杂，“在理解想象的隐喻的时候，常要求我们考虑的不是 B(喻体，Vehicle)如何说明 A(喻旨，Tenor)，而是当两者被放在一起并相互对照、相互说明时能产生什么意义。强调之点，可能在相似之处，也可能在相反之处，在于某种对比或矛盾”[②]。即隐喻不仅依靠异中之同起作用，也依靠相反之处起作用。

新批评强化了人们的文学本体意识，提高了文学批评活动的客观性，避免了文学批评的主观性，但过分强调文学形式方面的“内在”因素，忽略了文学与社会生活各方面的联系，因而产生了许多偏狭性和局限性。

(六)叙事学

一般认为，作为学科的叙事学诞生于 1969 年，法国叙事学家托多洛夫第一次提出了叙事学这一术语，标志着这一学科正式形成。叙事学一般分为故事、叙事话语和叙

---

① 朱立元：《当代西方文艺理论》，96～97 页，上海，华东师范大学出版社，1997。

② [美]威廉·K. 维姆萨特：《象征与隐喻》，见赵毅衡：《“新批评”文集》，357 页，北京，中国社会科学出版社，1988。

事者三个组成部分，分别对应叙事作品的叙述内容、叙述话语、叙述者三个方面。

1. 叙述内容

(1)故事

叙述内容是叙事作品的主体，主要研究故事的组织、形态和组成故事的要素，包括事件、情节、人物、环境等因素。

事件由所叙述的人物行为及其后果构成。一个事件就是一个叙述单位。如孙悟空大闹天宫、黛玉葬花都是一个事件。事件由若干层次构成，可以再细分为更细小的事件。任何事件在作品中都起到一定的作用，但每个事件在故事中的关系和作用不完全相同。一类事件的作用是推动故事发展，另一类事件的作用是塑造人物形象。这两类事件的作用是相辅相成的：缺少了推动情节的事件，故事的连续性就无法保证；缺少了塑造形象的事件，故事的生动性和意义就会受到损失。

情节是按照因果逻辑组织起来的一系列事件。如"'国王死了，不久王后也死去'便是故事；而'国王死了，不久王后也因伤心而死'则是情节"①，即情节是把在表面上看来偶然沿着时间顺序出现的事件用因果关系加以解释和重组，但并不是任何按因果逻辑组织起来的事件都会成为叙事作品中的情节，情节还必须有行为之间的冲突。

人物是事件、情节发生的动因。亚里士多德认为情节是最重要的，而黑格尔认为人物性格最重要，这两种观点的分歧在于叙事作品中人物自身的二重性特点：行动元与角色。② 行动元是指人物是推动故事情节发展的行动要素，许多叙事作品中人物给人相似或雷同的感觉，就是因为他们是同一类型的行动元。如才子佳人故事由几个主要行动元构成：追求者(才子，如张生)，追求对象(佳人，如崔莺莺)，促进者(朋友、侠客或仆婢等，如红娘)，反对者(有权势的人物，如老夫人)，竞争与破坏者(小人，如郑恒)。角色是指具有生动具体的形象和性格特征的人物(即典型人物)。人物同时具有"行动元"和"角色"两重特性，但这两重特性并不总是相互吻合的。有时一个行动元可以由几个角色担任，如《西游记》中的妖魔，虽是不同角色，但对情节发展而言都属同一行动元，即唐僧取经的阻碍者；反过来，一个角色也可能包括几个行动元，如猪八戒、沙僧、白龙马，都是由阻碍者变成取经者的。在分析叙事作品的人物时，要注意这两重特性的作用和区别：行动元是情节的动因，表现为人物"做什么"；而角色是形象的基础，表现为人物"怎样做"。

环境是故事的另一个重要构成部分，是人物生存的空间。有自然环境和社会环境之分。自然环境指整个自然界，它是人物活动的时空依据，社会环境主要指人与人之

---

① [英]爱·摩·福斯特：《小说面面观》，苏炳文译，75页，广州，花城出版社，1984。

② [立陶宛]A. J. 格雷马斯：《行动元、角色和形象》，见张寅德：《叙述学研究》，王国卿译，119页，北京，中国社会科学出版社，1989。

间的社会关系、文化氛围以及风俗习惯等。不过，环境主要不是一个形式的问题，从形式的问题分析环境存在不少困难。

(2)结构

叙述内容的基本成分是故事，内容的存在形态则是结构。叙事作品的结构是指作品中各个成分或单元之间关系的整体形态。

叙事作品是一种话语系统，它的内部结构可以从两个向度进行分析，首先，是历时性向度，即根据叙述的前后顺序研究句子与句子、事件与事件之间的关系，一般所说的结构主要是指这种历时性的结构关系，也称表层结构；其次，是共时性向度，研究内容各个要素与故事之外的文化背景之间的关系，也称深层结构。

从叙述层面来分析作品的结构，先应当确定最小叙述单位。从句法分析的角度可以把叙述内容简化为一系列基本句型，最小单位叫叙述句。把人物当作主语，把行为化简为谓语动词，或者把状态化简为表语。如《驿站长》可以化简为如下几个叙述句。

驿站长有个漂亮女儿都妮亚。

骠骑兵来到驿站装病。

骠骑兵劫走都妮亚。

驿站长寻找都妮亚失败。

驿站长在孤独中酗酒而死。

一般情况下，对故事结构化简、提炼的结果是形成若干叙述句，这些句子之间是不可任意错乱的结构关系，即序列。《驿站长》五个叙述句构成一个基本的单线序列：第一句是初始的平衡状态，第二句、第三句是平衡被破坏，第四句是为恢复平衡做的努力，第五句是由不平衡翻转到否定性的平衡。这个序列和次序和环节(即平衡—平衡被破坏—新的积极或否定性平衡)是经典叙事作品结构的基本条件。

深层结构是相信具体的叙述话语同产生这些话语的整个文化背景之间存在着超出话语字面的深层意义关系。法国人类学家列维-斯特劳斯在以俄狄浦斯王的故事为例研究神话叙事的意义时，打乱叙述顺序，将各个神话要素按照某种相似的特征重新组合，从中寻找支配话语的深层文化关系。深层结构是作品潜含的文化意义，根植于一定文化中的深层社会心理，因而呈现为多义的状态，对同一部作品的分析常常会得出不同的结果。

(3)行动

行动是推动事件进展的直接原因，对于叙事内容的分析有重要意义。一般行动逻辑的基本形式是三段式序列。第一，具备可能性。一个行动将要发生，或具备了发生的条件。如《西厢记》中张生见到莺莺后神魂颠倒，找住持要求借宿。第二，变为现实。即行动开始进行，这是故事内容的主要部分。这一阶段也可能以否定的形式进行，行动由于某种原因被阻止或取消，没有变为现实。第三，取得结果。这可以是行动成功，达到目的，也可以是行动失败，没有达到目的。

一个故事中的行动常常可能是几个行动序列的复合，最典型的形式如下。第一种，首尾接续式。一个行动的结果成为另一个行动发生的可能性，形成一环接一环的情节链，使故事一直延续下去。如传统的章回小说和当代的武侠小说等。第二种，中间包含式，也叫镶嵌式。一个行动的展开过程中又包含着作为手段的次一级行动序列，在这次一级序列的展开中还可以再包含更次一级行动序列。即大故事里套小故事、在总的情节线索里再细分出更具体的行动细节的复合方式。第三种，左右并连式，也叫两面式。同一事件序列中的行动可能通过变换角度而形成平行对应的两个序列。如“007”系列电影和小说中，一方面是詹姆斯·邦德追踪调查罪犯，另一方面是犯罪集团在寻找追杀邦德。

2. 叙述话语

叙事话语主要研究叙事作品中的结构要素及其相互之间的关系。叙事话语内容很多，这里只讨论叙事时间。文学是一种在时间中展开和完成的艺术，一部叙事作品必然要涉及两种时间：故事时间和文本时间。这两者并不是一致的。故事越复杂，两者之间的不一致性就越严重。

一般来说，故事内容发展的过程称为“故事时间”，是指故事发生的自然时间状态；叙述故事的过程被称为“文本时间”，又叫“叙事时间”，是故事内容在叙事文本中具体呈现出来的时间状态。故事时间是故事内容中虚构的时间之间的前后关系，文本时间是作者读故事内容进行创作加工后提供给读者的文本秩序。文本时间和故事时间之间的关系主要涉及三个方面：时序、时距和频率。

叙事作品中的时序是文本时间顺序与故事时间顺序相互对照形成的关系。文本时间顺序是文本中展开叙述的前后顺序，即叙述者讲述故事时从开头到结尾的次序。故事时间顺序是故事内容从开始发生到结束的自然发展顺序。这两种时间顺序并不一致。叙事顺序有三种类型：顺叙，即按照故事发展的自然顺序依次叙述所发生的事件，如《三国演义》；倒叙，即将过去发生的事件放到现在来讲述，如《俄狄浦斯王》；插叙，即在顺时叙述的过程中插入一段或几段与上下文的时间、因果关系不连贯的故事内容，如《水浒传》在两打祝家庄后插入解珍、解宝兄弟的故事。

时距也叫叙事速度，是故事时间长度与文本时间长度相互比较对照形成的时间关系。假如故事情节中的人物语言被完全叙述出来，或者人物的动作大体按照动作进行的时间过程进行描述，这样就可以认为叙述所用的时间和故事发生的时间长度是大体一致的，是一种匀速的关系。以此为基准，时距就有快慢之分。如《三国演义》开头一章，用了十几页的篇幅讲了上百年的事情，这就是快叙；乔伊斯的《尤利西斯》光写三个人在十八个小时中发生的事情，就写了一千多页，其中很多是慢叙；叙事作品中经常有大量的环境描写，这时故事时间没有动，篇幅却过去了很多，这叫停叙。

3. 叙事者

故事总要通过一定的人讲述出来，这个讲故事的人就是叙事者。这个讲故事的人并不是故事的创造者即现实生活中的作者，而是作者在作品中设置的专门讲述故事的人。叙事者是虚构的，他并不等于真实作者。除了叙事者、真实作者，还有隐含作者。隐含作者是通过叙事文本所构建的作者的形象。他在叙事中的位置介于作者与叙事者之间，他不是叙事者，叙事者是作品的一个要素，故事的直接参与者与组织者，而隐含作者一般不直接参与故事，他只是通过各种叙事手段所建构起来的一个虚幻的作者形象。隐含作者也不同于真实作者。他分享了真实作者的某些品质，但他不具有真实作者的所有品质，因为他是一个虚幻的形象。

与叙事者、隐含读者、作者相对应，在叙事接受方面有叙事接受者、读者、隐含读者、理想读者等概念。叙事接受者是与叙事者相对应的一个概念，指作者设定的接受叙事者所讲故事的人物，他可以是作品中的人物，也可以是作品外虚设的接受者。读者指现实生活中可能阅读叙事作品的个体，在未阅读作品之前只是潜在的读者，只有阅读了作品之后才是真正的读者。隐含读者是一个虚构的概念，是作者在创作时为自己设定的可能阅读他的作品的读者，在叙事中，他处于真实读者和叙事接受者之间。接受美学认为作品的意义是读者赋予的，但读者多种多样，哪些读者能赋予作品意义呢？接受美学提出了理想读者的概念。理想读者应该有一定文化，有一定的阐释文学作品的方法，有比较丰富的生活经验等。但谁来当理想读者，谁有资格划定理想读者，这些问题很难解决。

在叙事作品中，叙事者与故事的关系是最重要的关系。这种关系可以从五个方面进行考察：①叙事者以什么身份来讲述故事，是作为故事中的人物还是旁观者，这是“人称”问题；②叙事者站在什么角度、处于什么位置来观察故事，这是“视角”问题；③叙事者在故事中的参与程度，是经常参与故事，还是客观讲述，这是“叙事声音”问题；④叙事者用什么方式讲述故事，是自己讲述，还是让故事直接呈现，这是“叙事方式”的问题；⑤叙事者如何将自己观察到的东西表达出来，这是“表述”问题。

人称有第一人称、第二人称、第三人称三种。不同的人称在作品中有不同的叙事功能。第一人称的叙事者处于故事的虚构世界之中，以作品中人物的身份出现，向故事接受者讲述自己与他人的故事。根据叙事者在作品中的地位，第一人称叙事者可以分两种，一种是作品的主人公，如马克·吐温的《哈克贝利·费恩历险记》里的叙事者哈克贝利；另一种是作品中的次要人物，如福尔摩斯小说中的叙事者华生。二者的不同是，主人公叙事者经历了所有应当叙述出来的故事，他的感知范围实际上没有受多大的限制；次要人物叙事者的感知范围受限，很多与故事有关的事情他或者没有经历，或者不知道。第三人称叙事者在故事的虚构世界之外，以第三者的身份讲述小说中的故事。第三人称自由客观，便于广泛地反映社会生活。第二人称的叙事者也处于故事虚构的世界之外，以故事中的某一个或某些人物为自己的叙事接受者或对话者，叙事接受者可以是读者，也可以是作品中的人物。第二人称受到的限制比较大，在创作实践中用得比较少。

视角可以从两个角度划分。一个角度是根据视角承担者与故事的关系将视角分为人物视角与叙事者视角。人物视角中的视角承担者是作品中的人物，叙事者交际中的承担者是叙事者。人物视角受人物活动范围的影响，受到的限制比较大，不能深入其他人物的内心世界。而叙事者视角因为置身于故事之外，讲述的是别人的事，因而这种视角十分灵活，不受限制。另一个角度是根据视角的运用情况，把视角分为不定视角和固定视角。不定视角中观察点不固定，可以在任何位置，没有限制。固定视角中的观察点固定在某一个或某些位置，不能任意移动，可以分为一点式、多点式、多重式。一点式固定视角只有一个视点，叙事者只能叙述从这一点看到的东西，如阿兰罗伯-格里耶的《嫉妒》就是从丈夫的视点写的。多点式有几个视点，可以通过这几个视点叙述几个不同的对象，也可以叙述同一对象的几件不同的事情，如福克纳的《喧哗与骚动》就是通过班吉、昆丁、杰生、迪尔西四人的视点表达出来的。多重式叙述的是同一对象，如日本电影《罗生门》从旁观者、死者妻子、凶手等视点叙述同一桩凶杀案。

叙事声音是指叙事者在叙事过程中的介入程度，可分为三种：第一种是缺失的叙事声音，叙事者不介入叙事，只是纯客观地表现事件、人物的言行和人物的思想，不表露自己的思想与情感；第二种是隐蔽的叙事声音，叙事者介入叙事，但不是公开地介入，而是通过间接的方式表达自己的思想、感情与看法；第三种是公开的叙事声音，叙事者介入叙事，明确表达自己的思想与感情。

叙事方式指的是叙事者用什么方式将故事表达出来，是通过自己的话把故事讲出来，还是让人物与事件按照自己的面貌呈现出来。叙事方式有两种，一种是讲述，另一种是显示，不过从绝对意义上来说，无论是讲述还是显示都有叙事者存在。

叙事者与故事关系的五个要素合起来构成叙事情境。具体叙事中，五个要素存在搭配的问题，如莫言的《红高粱》中的人称与视角。不同的搭配构成不同的叙事情境，形成不同的叙事模式，产生着不同的叙事效果。

（七）结构主义

结构主义是一种哲学和文化思潮，盛行于20世纪60年代的法国。它是20世纪西方社会文化发展的产物。两次世界大战给欧洲带来重创，引起人们对文明和理性的普遍怀疑，而经济的高速发展造成的社会矛盾和精神危机，形成了关于世界不可知的悲观理论。在20年代索绪尔结构语言学的影响下，结构主义应运而生，它本质上是一种关于世界的思维方式。结构主义者认为客观世界是真实的，是可以被科学地认识的，客观世界的本质在于事物与事物之间的联系，因此结构主义者特别关注对于结构的描绘，试图通过建立结构模型来达到对客体的认识。从这个方面看，结构主义具有方法论的性质。

结构主义文论指的是20世纪50年代到70年代初的法国结构主义文论。在法国，结构主义“五巨头”列维-斯特劳斯(结构人类学)、罗兰·巴特(结构主义文论)、雅克·拉康(结构主义精神分析学)、福柯(结构主义历史学)以及阿尔都塞(结构主义马克思主义)对于西方人文科学研究产生了深刻影响。其中罗兰·巴特、雅克·拉康、福柯还是从结构主义向解构主义过渡的重要代表人物。这些文论家形成了一整套以文本的结构分析为核心的理论和方法体系，使结构主义文论成为继英美“新批评”后又一占统治地位的批评模式。

1. 索绪尔的早期结构主义文论

结构主义的长处和局限都与索绪尔的结构语言学有关，它是结构主义者的思想源头。由索绪尔的学生整理的《普通语言学教程》记录了索绪尔的理论思想，其中最重要的是几组术语：语言和言语、历时语言学和共时语言学、所指和能指、横组合关系和纵聚合关系。

索绪尔将人类的语言活动区分为言语和语言两个层次。其中言语是人们在具体的日常生活中的个体语言活动，是一种个人行为；语言是整个的语法系统，它有一套完整的规则和惯例，使得个人的言语活动成为可能，是言语活动的社会性部分。二者之间相互关联，互为前提：言语要在一个语言系统中才能被人理解，语言超越和支配着言语，但只有在具体的言语实践中才能建立起来。言语是历时性发展的，以言语为对象的研究称为历时语言学；从语言的现时用法的角度，把语言视为一个系统，对这一系统的各个要素和要素间的关系进行研究的，称为共时语言学。索绪尔更强调共时语言学的重要性，他认为只有排除历时的干扰，集中于语言的某一状态，才能深入它的系统内部去了解和描述它。言语和语言的这种区分突出了语言系统的作用，没有这个系统，任何具体言语都不具有独立的意义，这一思想直接启发了结构主义文论对文学系统和内部结构的重视，是结构主义文论的基本理论依据和出发点。

索绪尔对语言符号的性质进行研究后，认为语言符号“连结的不是事物和名称，而是概念和音响形象”①。他把概念命名为语言符号的“所指”，将音响形象命名为“能指”，语言符号不是能指与它命名的现实生活中的事物的结合，而是能指与所指的结合，二者同时存在。符号的能指和所指之间的联系是任意的，用某个音响形象指称某个概念，是文化上的约定俗成，并不是某个概念本身决定着它一定具有某个音响形象。索绪尔的这一思想进一步确立了语言系统的结构性质，因为任何一个符号的意义，从本质上看都是由它所归属的那个系统锁定的。

---

① [瑞士]费尔迪南·德·索绪尔：《普通语言学教程》，高明凯译，101页，北京，商务印书馆，1980。

索绪尔认为在语言状态中，一切都是以关系为基础的。这种关系表现为两个维度：语言的横组合关系和纵聚合关系。横组合关系是指句子的每个语词按照顺序先后展现所形成的相互间的联系。语言的存在和表达总是时间性的，总是依水平方向按一个字一个字的顺序完成的。一个句子只有在每一个字读完后才能明白它的含义。即在一个句子中，一个词的意义也是由它在句子里的位置以及和别的词之间的语法关系决定的。纵聚合关系，是指特定句子里的词与"现在"没有出现的许多有共同点的词构成的一种集合关系。这是一种垂直的、共时的关系。如"春风又绿江南岸"中的"绿"与作者曾考虑过的"到""吹"等，构成一种纵聚合关系。这些词虽然没有出现，但它存在着并决定着现时话语中出现的词的意义。可以说"绿"的意义，既是由它在横组合中的位置决定的，也是由与它不同的"到""吹"等决定的。由此可见，语言符号的意义并不是由它们自身所决定的，而是在一个纵横交织的关系网中被语言的结构决定的。索绪尔的这一思想，直接启发了结构主义者从二元对立的角度研究对象结构的方法。

和早期的结构主义文论一样，法国结构主义文论也是将文学作品视为一个由相互联系的各种要素组成的一个封闭的结构整体，其中起作用的不是各个结构要素，而是整个结构中各要素之间的联系。可以说，结构主义文学批评的目的，就在于揭示文学结构与语言结构的相似性，从而对文学作品的语言特性及语言功能做出研究。

2. 列维-斯特劳斯的神话模式研究

列维-斯特劳斯是著名人类学家，也是公认的结构主义运动的代表人物。他著作等身，《结构人类学》标志着他倡导的结构主义人类学的成熟，《野性的思维》奠定了他作为结构主义思潮领袖人物的地位。他接受了美国人类学家和语言学家萨丕尔关于语言决定了人类生活方式和文化形态的思想，认为社会生活的各个方面，以至整个文化形态都可以被看成一种巨型语言而具有和语言相同的本质。所以他致力于用语言学方法研究分析非语言学材料，使研究从结构主义语言学走向其他人文学科。他的研究主要集中在人类亲属关系、古代神话以及原始人类的思维本质三个方面，其中，语言和神话的关系占据中心地位。在对神话的研究中，列维-斯特劳斯发现，单个神话既没有逻辑，也没有连贯性，但与从世界各地搜集而来的神话又有着惊人的相似性。他认为这是因为神话同人类的言语活动一样，都来自一个共同的人类思维系统。因此，神话也有"语言"和"言语"的区分：神话各自单独的具体表述，是神话的"言语"，而整个神话的基本结构系统则是神话的"语言"。神话的每一次(种)具体表述都是从神话的结构系统中获得自己的规定性。因而，也只有通过研究神话的整体结构，才能把握具体神话的意义。他以俄狄浦斯神话系统为例，把神话分割成一个个小的关系单位，并仿照语言学中的音素概念，把这些小的关系单位合成一束束关系，称为"神话素"。对于神话的分析，不仅要考察同一神话的历时性叙述，还要考察共时存在的各种神话的变体，因为通过"神话素"的作用，它们互相关联成为一个完整自足的结构系统。通过研究，列维-斯特劳斯认为，神话也是一种有逻辑的思维，这种思维总是从对立的意识出发，朝着对立的解决而前进，即神话思维总是运用类比的方式，把自然物放在二项对立的结构框架中，由此达到对于世界的理解。他的神话模式研究启发了结构主义文论，因为神话本身是文学的雏形，对神话模式的分析必然可以扩展到对整个人类的文学活动的考察中。他在研究中运用的“二项对立”的方法，被结构主义者认为是人类思维及构造结构的最基本的方式，因而被发展成为结构主义最基本的结构观念。

法国结构主义文论的成就主要集中在叙事理论研究方面。叙事文学是法国结构主义者主要研究的对象。法国结构主义文论力图通过对各类作品的简化、归纳，找到隐藏在故事文本之中的那些基本的叙述结构，以达到对不同叙事作品的普遍性解释。

结构主义叙事学源头，要追溯到20世纪20年代俄国学者弗拉基米尔·普罗普对民间故事的叙事结构功能的研究。在《民间故事形态学》中，普罗普通过对一百个俄国民间童话的研究，发现在民间故事中，人物是多变的，但人物在故事中的功能却是不变的，因而基本的故事结构也是不变的。普罗普因此总结出三十一种功能，他发现每个民间故事总包括这三十一种功能中的某一些，且排列顺序是相同的。他还归纳出这些功能的七种行动范围和相应的七种角色，即反角、施主、帮助者、公主(被寻找的人)或她的父亲、发送人、英雄(主人公)、假英雄(假主人公)。在所有故事中，每个人物可以承担一种以上的角色，一个角色也可以由多个人物承担，但他们的功能和行动范围是不变的。由此，普罗普建立起民间故事的基本结构模式：人物功能是故事的基本要素，无论这些功能由谁、以何种方式完成；民间故事使用的功能数量有限；功能的排列顺序是一样的；所有民间故事在结构上都属于同一类型。结构主义叙事学正是在普罗普的这种研究的基础上发展的。

3. 格雷马斯的结构语义学

法国结构主义文论家格雷马斯认为，意义问题是人文科学研究的核心问题，因而他的研究是以寻找意义的结构为目标。和普罗普一样，格雷马斯也认为叙事作品的结构有共同性，或者说有共同的“语法”。他借鉴索绪尔的语言学理论，着力分析故事的叙述的“句法”和“词法”，以求寻找到叙事过程中语义形成的基本结构。他把普罗普的功能和角色进行了改造，把七个行动范围和七种角色进行了重新组合，划分为三种相互对立的角色：“主语”和“宾语”，相当于普罗普的“英雄”和“被寻找的人”；“发信人”和“收信人”相当于普罗普的“发送人”和“被寻者的父亲”；“帮手”和“敌手”，相当于“施主”“帮助者”和“反角”“假英雄”。其中，前两组的对立是最基本的语义结构，它们之间的相互对立和联系，形成故事的基本结构模式，第三组对立关系则在叙事中期帮助或阻挠目的实现的作用。据此，格雷马斯提出了三种叙事结构模式：契约性结构，即叙述契约的建立和中止，遵守禁令和违背禁令等；表演性结构，即叙述历险，考验、斗争和完成某项任务；分离性结构，即叙述往返、离别等。

在具体的批评实践中，格雷马斯的“符号矩阵”（也叫“语义方阵”）很具有操作性。他把列维-斯特劳斯的二项对立，扩充为四元，使得叙事分析的实现更为完善。这种分析方法类似于亚里士多德的“命题与反命题”，故事元素为X，它的对立面一方是反X，与X矛盾但并不一定对立的是非X，反X的矛盾方即非反X，如图3-2所示。

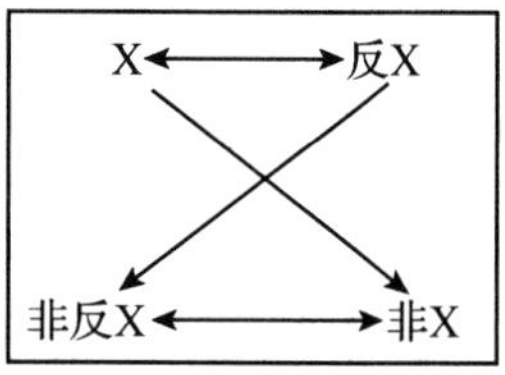

图3-2　符号矩阵

文学作品中的故事一般是起源于X与反X之间的对立，在叙事进程中又引入了新的因素，出现了非X和非反X，当这些因素都得以展开，故事也就完成。在实际操作中，首先确立X，需要注意的是方阵的四角点是抽象的项目，它们用不同的实项如价值判断、意识形态等代入，从而构成一种意义关系。这个符号矩阵有助于对叙事作品内部要素之间的关系进行分析。

4．托多洛夫的“叙事语法”研究

法国批评家托多洛夫是最早对“叙事学”进行命名和定义的人。他在1969年发表了《叙事的结构分析》，提出“叙事学”这一术语，将“叙事学”确定为对“叙述的本质和叙述分析的几条原则，提出几点一般性的结论”。他20世纪60年代末的著作《〈十日谈〉的语法》是普罗普以后叙事学领域的最重要的代表作。

托多洛夫认为在文学的深层存在着一种普遍的“叙事语法”，所有的故事都可以用这种“语法”来解释。所以，他认为可以借助语言学的“语法”模式来分析故事的叙事。他在研究中发现，小说的基本结构与陈述句的句法类似，一个标准的陈述句由“主语＋谓语＋宾语”组成，而小说的基本结构是由“人物（主语）＋人物的行动（谓语）＋行动的对象或结果（宾语）”构成。在这个叙事句法中，变量是人物的行动。做谓语的动词有很多种，小说中的人物行动也有很多种，如爱情小说中的“追求”“接受”，侦探小说中的“犯罪”“侦破”等。小说叙事是做谓语的人物行动通过连接和转化完成；连接是指小说叙事中的前一个行动引发后一个行动，行动前后相连构成一个完整的事件；转化是指小说叙事中的平衡状态由于某种原因被打破，由平衡转为不平衡，再转为新的平衡。

在具体的古诗文本的分析中，托多洛夫将故事的叙事结构分为两个基本单位：陈述与序列。陈述是故事的基本单位，相当于语言中的“词类”，如“X违反戒律”，它无须进一步描述和简化，序列是构成一个完整故事的各种陈述的汇集和排列，相当于语言中的句段，如“X违反戒律→Y必须惩罚X→X设法免除惩罚→Y相信X没有违反戒律”就是一个序列。序列是故事的最小的完整形式，一个故事可以有多个序列，但至少必须有一个序列。这样，每个故事的叙述就相当于一个放大的句子结构，通过对句子结构的分析，可以找到支配陈述（词类）和序列（句段）的组合规则（语法）。托多洛夫按照这种方法，对《十日谈》的语法进行了细致的分析。

5. 罗兰·巴尔特的文学"代码"研究

20 世纪 60 年代末后，西方进入后工业社会，欧洲学生的造反运动、美国越战的失败，使西方社会发生深刻的信仰危机，人们对之前的理性追求产生了怀疑。反映在文学理论上，就是出现了从现代主义向后现代主义的过渡的现象。巴尔特、拉康、福柯、巴赫金的文论很有代表性。现代主义对于总体性、本质、真理、中心、深度等的追求，遭到了后现代主义的批判。它们否定现代主义理论的权威性、反对二元对立的模式、消解对于总体性的追求等。其中，解构主义在这一方面十分突出，它是对结构主义的颠覆和否定在结构主义文论向解构主义文论的过渡中，罗兰·巴尔特是关键人物。从某种意义上说，他的文论观念代表了 20 世纪 60 年代到 80 年代西方现代文论的发展走向。他对于结构主义文论的贡献，主要体现在他的文学符号学和叙事理论中，他对解构主义的贡献，主要体现在他对作者权威的否定和对读者阅读过程的重视上。

在《写作的零度》中，巴尔特通过辨析政治性写作与文学性写作等不同写作方式，认为不存在某种"纯粹的写作"。这一结论包含两层意思，一是写作对于主体的遮蔽，即写作过程中总有一个超越写作者个体的结构；二是现存的各种写作风格和秩序，也并不像人们认为的那样具有纯粹性，即使是像海明威那样的所谓"零度写作"，也体现着某种倾向，没有倾向的风格是不存在的。巴尔特由此出发，进一步提出文学不是一种单纯的对于"客观"的反映，它是我们用以加工世界、创造世界的一种"代码"，即符号。这种符号与语言符号不同，它当然也是由所指和能指在一定关系中联结起来构成的，但它还包含两个相关的层次：第一个层次是表层的语言系统，也叫外延系统，通常由与所指有关的能指符号组成，它借助语言的运用来说明语言本身说明了什么(如玫瑰指花朵)；第二个层次是深层符号系统，也叫内涵系统，它在表层系统的能指与所指的关系中生成，而形成新的所指，指向语言之外的某种东西(如玫瑰象征爱情)，它是文本意义的生产者，也是文本意义的表达层。正是这两个层次的相互转化创造出一个艺术世界。

巴尔特在对两种作家的两种不同写作方式区分后，他把文学作品分为"可读的"和"可写的"两种。写实为主的作家把一切都描绘得很清楚，这种写作是"及物"的，使读者产生一种真实的假象，由此把读者引向文本以外的世界。以这种方式写成的作品就是"可读的"作品，因为它把一切都写得非常清楚，无形中剥夺了读者参与文本创造的权力，读者只能被动去阅读。另一类作家只是在创造文本，他们的兴趣只在于"写作"本身，而不是要把读者通过文本引向另一个世界，因而是"不及物"的，以这种方式创造的文本就是"可写的"，它要求读者以主动参与的态度去阅读，不再被动地消费文本。从符号学的角度来说，在"可读的"作品中，符号的所指是清晰的，而在"可写的"作品中，只有能指，没有所指，它的所指存在于读者主动参与的解读中。巴尔特的这种观点，意味着他已经突破了结构主义以文本结构为中心的局限性，开始注意到文学的形式作用与读者的关系，开始在文学研究中引入读者活动的研究。

罗兰·巴尔特被称为20世纪60年代有影响力的叙事理论家之一，他认为叙事作品是一种具有普遍性的文学模式，他尝试建立一个能描述所有叙事作品的某种普遍性的共同模式。他的《叙事作品结构分析导论》就是这种尝试的结果。他借用语言学的概念，把叙事作品划分为“功能”“行动”“叙述”三个层次。其中“功能”是叙述最小的单位，是叙事的最基本的层次。功能作为一种陈述，总在表达某种意思，它超出所指层，因此也是一个内容单位。如《金手指》中写到庞德在值班时电话铃响了，“他拿起四只听筒中的一只”。其中“四”就可以成为一个功能，因为它表达了一种意思，让读者联想到技术官僚的概念。作为基本单位的功能在一定逻辑关系的作用下连到一起，形成一个个“序列”，最终完成一个接一个相互联系的叙事过程。但如果序列不结合人物的行动，序列的意义也无法显示，所以这就涉及第二层“行动层”。“行动层”其实也就是“人物层”，因为行动决定了人物，所以巴尔特把这一层命名为“行动层”。“叙述层”观察的是叙述人、作者和读者的关系。叙述符号把“功能”和“行动”纳入作为叙述交际的作品，同时把读者带入作品的世界。“这三层是按逐步结合的方式相互连接起来的：一种功能只有当它在一个行动者的全部行动中占有地位才具有意义，行动者的全部行动也由于被叙述并成为话语的一部分才获得最后的意义，而话语则有自己的代码。”①这种为所有叙事作品建立结构模式的努力取得了一些成果，但也具有明显的简单化、机械化的弊病。

巴尔特在1970年出版的《S/Z》中，就已经注意到读者在文本阅读过程中的作用，显示出他对结构主义文论的突破。他看到结构主义要在单一结构中发现普遍性结构模式的简单化，因而在之后的《作者之死》《从作品到文本》等论著中，都对结构主义进行了批评。由于结构主义和之前的文学批评一样，仍然是肯定文本中心意义的存在，只不过传统的文学批评肯定作者的权威，结构主义肯定文本结构的重要性。在由结构主义向解构主义过渡中，巴尔特从两个方面展开对作品中心意义的否定。首先，否定作者的权威。巴尔特认为在现代写作中，“作者已经死去”，在文本中真正在说话的是语言而不是作者，因为主体在借助语言写作时，文字的意义由于符号之间的联系、混杂、碰撞而使作者无法对它加以控制，最终他的文本只有在与别的文本的相互关联和对立比较中现实自己的价值。其次，否定作品中心和终极意义。他认为没有所谓“原初”或原创的文本，每个文本都是由“他文本”的碎片编织成的。任何一个文本都不是单纯孤立的存在，在它的周围有一个无形的“文本”的海洋，一个特定文本总是在这个海洋中提取那些已经被写过、读过的片段和语词，并把它们编织到自己的文本中。它总是和其他文本相互指涉，这造成了文本意义的不断游移、播撒、扩散和增殖。他将文本比作

① [法]罗兰·巴尔特：《叙事作品结构分析导论》，见《符号学原理》，董学文、王葵译，109页，沈阳，辽宁人民出版社，1987。

洋葱头，由许多层构成，里面却没有核心。因而所谓“文本”的终极意义，只是一个神话。

对于文本意义认识的变化必然导致文本阅读观念的根本转变。巴尔特指出了文本的多元性和扩散性，描述了文本是怎样在符号游戏中不断“颠覆”自己而形成多重意义的。这种阅读实际上是从结构主义的“作品”转向“文本”阅读：阅读“作品”是将作品视为具有确定意义的封闭的实体，阅读“文本”则是将文本视为不可还原的复合物和一个永远不能被最终固定到单一中心、本质或意义上的无限的能指的游戏；“作品”阅读是按读者兴趣进行文化消费的意义享受过程，“文本”阅读是一个参与创造的过程，即参与到能指符号的游戏中，进行文本意义的再生产。可以说阅读就是一种写作或批评。巴尔特的阅读理论肯定了读者的作用，揭示了文本意义的丰富性、多重性，也否定了文本意义的稳定性和读者阅读文本时的共通性，从一个极端走向另一个极端。

【思考与练习】

1. 西方文论与中国古代文论的不同之处有哪些？

2. 西方文论有哪些基本的范畴和理论？

3. 联系具体的诗歌作品，如《村晚》（“部编版”小学语文教材五年级下册），用新批评的理论进行分析。

4. 联系具体的小说作品，如《草船借箭》（“部编版”小学语文教材五年级下册），用典型理论和叙事学理论进行分析。

第四节
文学理论知识在小学语文教学中的运用

本节的内容主要是文学理论知识在小学语文教学中的运用，由于篇幅的关系，又因小学生理解能力的有限，课文内容讲解程度不宜太深，因此选择了较为常见的几种理论、并结合“部编版”小学语文教材中的案例，简单探讨其运用。

一、中国古代文论在小学语文教学中的运用

（一）“诗言志”与诗歌教学

“诗言志”，如前文所说，产生之初主要是表达与儒家的政治教化相联系的抱负与

志向，后来才有“情志合一”之说。不过由于它的影响比较大，也由于中国古代文学中诗歌占了绝对的篇幅，所以在漫长的封建社会中，中国士大夫阶层的知识分子留下了很多以诗明志、以诗言志的诗歌。如明朝于谦的《石灰吟》(“部编版”六年级下册)，就是其中的代表作：

千锤万凿出深山，烈火焚烧若等闲。
粉骨碎身浑不怕，要留清白在人间。

这首诗表面上是在歌吟石灰石，实际上是采用了象征手法，借物喻人，托物寄怀，表达出自己不畏艰险也要保持清白人格的凛然正气。第一句中的“千”“万”“深”等字表达出开采石灰石的艰难，“烈火焚烧若等闲”写烧炼石灰石的过程，就像很平常的样子，视若等闲，让人感觉到不只在写石灰石，其实也在写仁人志士在面临危险考验时的从容沉着。“烈火焚烧”的结果是“粉骨碎身”，石灰石被烧成石灰粉，既然将“烈火焚烧”都视若等闲，那“粉骨碎身”就更没什么可怕的了，所以直抒胸臆“要留清白在人间”就水到渠成了。这首诗抓住了石灰石锤炼成石灰粉的过程以及石灰洁白的特点，把石灰的性格和人的性格熔铸成一体，表面在咏物而实际上在喻人，虽然整篇诗歌都在歌吟石灰石，但诗人的追求、诗人的品质却暗含其中，呼之欲出。这首诗语言质朴，不事雕琢，是于谦的自勉、自喻之语，也是于谦一生廉洁清白的写照。

这样的言志诗还有清代郑板桥的《竹石》(“部编版”六年级下册)：

咬定青山不放松，立根原在破岩中。
千磨万击还坚劲，任尔东西南北风。

这首诗是一首题画诗，题于诗人郑板桥自己画的《竹石图》上，表面上在歌颂竹子那顽强而坚韧的生命力，实际上在托物喻人，表达自己刚正不阿、正直不屈的人格。第一句一上来就是一个“咬”字，特别奇崛，既写出了翠竹紧紧附着青山的情景，也表现出了竹子那种不畏艰辛，与大自然抗争、顽强生存的精神。第二句解释了第一句竹子“咬定青山”的原因：它扎根在“破岩中”，“破岩”即裂开的岩石，也就是说竹子扎根在岩石的缝隙中。生活环境的恶劣更衬托出竹子顽强的生命力。不仅环境艰难，竹子还经受着“东西南北风”常年的“千磨万击”，但它仍然岿然不动，坚韧刚劲，由此我们感受到竹子那种顽强的生命力、坚韧的意志力。竹子的坚韧无畏、从容自信、不随波逐流的品质，无疑是诗人的人格的反映。

言志的诗歌一般都借由某种事物展开，用象征的手法抓住吟咏的事物的特点来表达情感或者揭示作品的主旨，在讲解这类作品时，要把握好“物”与“志”、“物”与“情”

的内在联系：首先是看事物的特点与诗人自己的志向和意愿的相似点在哪里；其次是看诗人的志向是否以事物的特点为核心，事物能否表达作者的意愿。

(二)意境与诗歌教学

在古典诗歌的教学中，分析诗歌的意境几乎是必不可少的。在分析诗歌时，要注意把握诗歌情景交融、虚实相生、韵味无穷等这几个特征。其中情景交融又可分为三种不同的类型：景中藏情式、情中见景式、情景并茂式。景中藏情式的诗如唐代诗人李白的《黄鹤楼送孟浩然之广陵》(“部编版”五年级下册)：

故人西辞黄鹤楼，烟花三月下扬州。
孤帆远影碧空尽，唯见长江天际流。

这首诗全篇写景，字面上没有流露出一点对于朋友的眷恋和不舍。但是，在烟花三月这么美丽的季节不能与朋友同游，在黄鹤楼上不能与朋友把酒言欢却要话别，遗憾之情已然透露出来；再加上孤舟已消失在诗人视线之外，极目远眺也只能看到悠悠江水，诗人久伫江边若有所失的形象跃然纸上，而那依依不舍之情也通过逼真的画面表现出来。这首诗表面上句句写景，实际上是句句抒情，所有景语都是情语，情藏景中，更显得情真意切。

第二种是情中见景式。这种诗歌往往直抒胸臆，不用写景，但景却如在眼前。如宋朝诗人陆游的《示儿》(“部编版”五年级上册)：

死去元知万事空，但悲不见九州同。
王师北定中原日，家祭无忘告乃翁。

这首诗是诗人临终时的绝笔之作，相当于遗嘱，诗歌开头直接表明自己不久于人世，万事皆空，自己毫无牵挂，对于死亡并不畏惧，语气虽然凄凉但还算平静。第二句“但悲”转折，感叹自己没有亲眼看到祖国统一的遗憾、悲哀以及不甘，虽然沉痛，但诗人仍未绝望，他坚信总有一天宋朝的军队必定能平定中原，收复失地，诗的情调由悲痛转化为激昂。但诗人毕竟已经到了生命的最后一刻，不可能看到祖国统一的那天了，于是满怀深情地谆谆嘱咐儿子们，以后祭祀时千万别忘记把“北定中原”的喜讯告诉自己。读完整首诗，读者面前会有一幅画面：气息衰弱的诗人已处于弥留之际，断断续续地吟着最后一首诗，儿子们屏息围在床前，侧耳倾听，生怕错过一个字。整首诗用笔曲折，行文多变，表达出诗人忧国忧民的爱国情怀，既有对统一大业未成的无限遗恨，也有对神圣事业必胜的坚定信念。

第三种是情景并茂式，即写景与抒情浑然一体，如唐代杜甫的《闻官军收河南河北》（“部编版”五年级下册）：

剑外忽传收蓟北，初闻涕泪满衣裳。
却看妻子愁何在，漫卷诗书喜欲狂。
白日放歌须纵酒，青春作伴好还乡。
即从巴峡穿巫峡，便下襄阳向洛阳。

这首诗被称为杜甫的“生平第一快诗”，写出了诗人听到官军收复蓟北的消息后的意外惊喜，如“骏马注坡，直是一往奔腾，不可收拾”。首联中的“忽”字表现出收到捷报的突然，蓟北收复意味着战乱将平，诗人颠沛流离的日子，国家动荡、黎民失所的日子就要结束了，因而他悲喜交加、喜极而泣。颔联落脚在“喜欲狂”，用“却看妻子”“漫卷诗书”两个连续性的动作表现自己无心诗书、与家人同享胜利的喜悦的欢快。颈联对“喜欲狂”进一步抒写，写了放歌纵酒的狂态，写了在大好春光中与妻子儿女一起还乡的狂想。尾联中“巴峡”“巫峡”“襄阳”“洛阳”这四个地方之间都相距很远，而一用“即从”“穿”“便下”“向”贯串起来，就出现了疾速飞驰的感觉，表现出诗人身未动而心先行、迫不及待要返回故乡的激动之情。全诗情态毕现，用“涕泪满衣裳”“却看妻子”“漫卷诗书”等动作性强的画面传达出“喜欲狂”的感情，使得兴奋之情溢于言表，情景并茂，浑然不可分。

体会虚境与实境的关系也是在分析诗歌意境的教学中常见的。虚境是实境的升华，也是意境创造的意向和目的，但虚境不能凭空而生，一切必须落实到对实境的描写上。“实者逼肖，虚者自出”，实境描写得越逼真，虚境越会自然地形成。如南宋诗人叶绍翁的《游园不值》（“部编版”六年级下册）：

应怜屐齿印苍苔，小扣柴扉久不开。
春色满园关不住，一枝红杏出墙来。

这首诗写的是诗人去游园，但园中无人，久扣柴门而不开，不由得十分失望的情景。这样美丽的园子，门前的小路上都长满了青绿色的苔藓，说明园子幽僻冷清，游人很少，更添一层惋惜。但就在诗人失望惋惜之时，他忽然看到一枝怒放的红杏从墙里探出墙外，它那盎然的生机让诗人联想到满园烂漫的春色，诗人的感情也由扫兴变为高兴。诗人具体描写的园外之景是实境，而由怒放的红杏引起的怦然心动以及对园内春色的推测与联想，是由实境开拓的第一层审美想象空间；满园春色在“关”“出”之间，冲破围墙，溢出园外，显示出一种蓬勃向上、关锁不住的生命力量，让人意识到美好的东西总是关闭不住的，新生事物终究会脱颖而出，蓬蓬勃勃地发展起来，无形中把人引向哲理的思考，这是由实境开拓的第二层审美想象的空间，这第二层审美想象的空间便是虚境。

好的诗歌贵在有韵味，让人回味无穷。韵味是由诗歌的情感、景物、风格、语言等因素共同构成的美感效果，从属于整个文体的层面。如唐朝王建的《十五夜望月》（“部编版”六年级下册）：

中庭地白树栖鸦，冷露无声湿桂花。
今夜月明人尽望，不知秋思落谁家。

这首诗开头两句写景，写月亮照在庭院中，地如积水般空明，也像落了一层霜，树上的乌鸦不再聒噪，进入了梦乡，由于夜深，寒露落了下来打湿了桂花，营造出冷清、寂寥、沉静的氛围。后两句抒情，由写景忽然宕开，作者由自己的望月联想到天下人的望月，又由赏月的活动升华到思人怀远，最后一句中的“落”字最是不同凡响，它让无形的相思有了质感，好像随着银月的清辉，一齐洒落人间似的。明明是“人尽望”，大家都在望月思亲，却问“秋思落谁家”，好像望月的人都仅仅是在望月，而没有思念亲人的，这句似乎无理，实际上是想表达自己怀人之深、秋思之重。明明是自己在怀人，却不从正面直接抒情，更显出诗人的多情。这样的结尾别致悠然，将别离思聚的情意，表现得蕴藉深沉、委婉动人。

二、西方文论在小学语文教学中的运用

（一）现实主义与教学

现实主义文学理论的核心是反映社会现实和创造典型环境中的典型人物，主要用来分析叙事性作品。所谓典型人物，也叫典型性格，它必须要有一个贯穿其全部活动、统摄其整个生命的“总特征”，比如阿 Q 的“精神胜利法”、林黛玉的“多愁善感”等。作品中的言语、细节、场景等都是为反映和形成“总特征”服务的。在分析典型人物时，要注意抓住其总特征，同时还要注意这个典型人物也得是立体的、丰富复杂的。另外，还要注意典型人物和典型环境的辩证关系。典型环境是形成人物性格并促使他们行动的客观条件，分社会环境和自然环境。典型环境是典型人物赖以生存发展的现实基础，典型人物离不开典型环境。同样，典型环境是以典型人物为中心的社会关系系统，没有典型人物，这个系统便失去了意义，环境便成了一盘散沙。

元末明初的施耐庵的《水浒传》在反映宋末乱自上起、官逼民反的社会现实的同时，

塑造了一系列性格鲜明的典型人物，打虎英雄武松便是其中的一位。《景阳冈》(“部编版”五年级下册)写的就是武松打虎的过程。小说中的典型环境主要体现在喝酒时店家不让武松多喝酒，上冈前店家好心留宿，大树上的告示及山神庙里的榜文等方面。这些人文环境的铺垫，一步步坐实了山上真的有虎。武松虽然有些后悔，但是因要面子不愿返回酒店，只有冒险前行，这才有了后面精彩的打虎环节。自然环境着墨不多，因为武松在景阳冈“也走过了一二十遭”，对于冈上的自然环境非常熟悉，因而小说只有对于时间的提示：“回头看这日色时，渐渐地坠下去了”。表面上是写时间的流逝，却也暗写天色已晚，老虎即将出没，所以字虽然不多，却莫名地营造出一种恐怖的氛围，甚至让人毛骨悚然。金圣叹读到这里时不由得写道：“我当此时，便没虎来也要大哭。”武松的总特征是勇敢，特别是课文节选的打虎这一段，小说中的语言、细节、动作等描写都是为了塑造武松有勇有谋的形象。但小说开始却不写打虎，而是先写武松喝酒，普通人是“三碗不过冈”，武松却喝了十八碗，异于常人之处初见端倪。上冈前店家留宿他，他取笑店家是想谋财，刚看到大树上的告示时还在怀疑店家，直到在冈上山神庙看到官府榜文才相信有虎，这些心理描写表现出武松是个有江湖经验的人，不肯轻易相信别人。在打虎时武松开始只是躲闪：“一闪”“又闪在一边”等，看到老虎“气性先自没了一半”之后，才是“劈将下来”“打将下来”“只顾乱踢”等，可见武松并不是鲁莽之人，他的勇气是和他的谋略联系在一起的。在这一部分我们可以看出武松的性格是立体、多面的：喝酒时的豪放，上冈时的倔强、固执和无畏，打虎时的机智灵敏、有勇有谋，下冈时的机敏等，所以武松才称得上是一个典型人物。

(二)浪漫主义与教学

浪漫主义文学理论的要点是强烈的主观态度、无拘无束的想象、虚幻的神话色彩等，特别是比较推崇想象和幻想。在古代文学史上，浪漫主义诗人主要有屈原、李白和李贺等，浪漫主义小说主要有《西游记》《封神榜》等神魔小说。在教学中，可以着重分析想象的来历、想象对于作品的作用等。

选入“部编版”小学语文教材中的诗歌，有不少出自李白之手，有《静夜思》(“部编版”一年级下册)、《古朗月行》(“部编版”一年级上册)、《望庐山瀑布》(“部编版”二年级上册)、《赠汪伦》(“部编版”一年级下册)、《黄鹤楼送孟浩然之广陵》(“部编版”五年级下册)、《早发白帝城》(“部编版”三年级上册)、《望天门山》(“部编版”三年级上册)等，其中浪漫主义色彩比较浓厚的是《望庐山瀑布》和《古朗月行》。先来看《望庐山瀑布》：

日照香炉生紫烟，遥看瀑布挂前川。
飞流直下三千尺，疑是银河落九天。

这首七言绝句运用了比喻、夸张的修辞手法，同时又运用想象，写出了庐山瀑布的气势。第一句写香炉峰上冉冉地升起的团团白烟，在太阳的照射下化成一片紫色的云雾。香炉峰的美为瀑布的壮丽创造了不同寻常的背景。第二句写瀑布像是一条巨大的白练高挂于山间。“挂”字很妙，一方面它化动为静，表现出瀑布在“遥看”角度的形象；另一方面将大自然拟人化——这个人不是普通人，而是巨人或神人，因为只有大自然的神奇伟力才能将这巨大的瀑布“挂”起来。第三句写瀑布的动态，“直”字写出山之高峻陡峭，又可以见出水流急湍，势不可当。第四句写瀑布临空而落，像是一条银河从天而降。“疑是”最妙，明明知道不是真的，却让人感觉只有这样写才能表现出瀑布的气势。这首诗想象奇特，特别是最后一句中的“银河”，既写出了瀑布水量之大、之多，以及从天而降的气势，又使得视点上升，跟第一句中的“日照”呼应，还因为它的神话色彩而跟第二句“挂前川”中自然的神力相呼应。由此可见，李白诗歌中的浪漫主义色彩不是突如其来的，也是遵循着诗歌创作规则展现的。

李白的诗歌充满神奇瑰丽的想象，部分源于他的诗歌巧妙地运用的大量的神话传说。正是这些神话传说使得诗歌有“仙气”。这一点在《古朗月行》中表现得比较明显：

小时不识月，呼作白玉盘。
又疑瑶台镜，飞在青云端。
仙人垂两足，桂树何团团。
白兔捣药成，问言与谁餐？
蟾蜍蚀圆影，大明夜已残。
羿昔落九乌，天人清且安。
阴精此沦惑，去去不足观。
忧来其如何？凄怆摧心肝。

“部编版”小学语文教材中节选了这首诗的开头四句。开头四句写儿时对月亮的稚气认识，“白玉盘”“瑶台镜”，既写出了月亮的形状、颜色及月光的皎洁，也符合儿童认识事物的特点。后面四句写月亮逐渐升起的过程，先看见仙人的两只脚，而后逐渐看见仙人和桂树的全形，看见一轮圆月，看见月中白兔在捣药，“仙人”“桂树”“白兔捣药”等神话传说把月亮的美好、灵动、生机勃勃展现了出来，使得诗歌描绘的世界如仙境一般。由于一年级的小学生以识字、写字为主，因此在讲解时除了讲这些神话传说的来龙去脉之外，还可以让学生们发挥想象力，看看还能把月亮比喻为什么，让学生了解想象是怎么回事，同时开发学生的想象力。

明朝吴承恩的《西游记》是我国第一部浪漫主义长篇小说。小说通过大胆丰富的艺术想象，引人入胜的故事情节，栩栩如生的人物形象，创造出一个神奇绚丽的神话世界。“部编版”小学语文教材中节选了其中的《猴王出世》(“部编版”五年级下册)。孙悟空这个神奇的英雄形象是想象的产物，他的身上既有神性，也有人性，还有动物性。他的七十二变、翻筋斗云等神通代表了神性，他的机智勇敢、喜怒哀乐、喜欢听人奉承等表现了人的性格，他的蹦蹦跳跳、抓耳挠腮、喜欢吃桃等是猴子的天性。不过这个想象出来的英雄也不是凭空出现的，据学者考证，孙悟空这一形象的形成有可能受到印度史诗《罗摩衍那》中神猴哈奴曼的影响，这只神猴也是非常聪明的，还能腾云驾雾，变换形象。由此可见，想象是在已有经验的基础上，在某种新的刺激下形成的新结构。孙悟空可以说是在神猴哈奴曼的影响下，结合中国明朝时期的社会生活特点形成的。当然，在教学中，也可以说他是作者发挥想象把神、人、猴的特点黏合在一起形成的。《猴王出世》这段选文是整部小说的开头。在现实生活中，动物的出生只有卵生和胎生两种方式，但孙悟空不一样，他是从遥远海外的傲来国的花果山上多年感受日月精华的巨石中蹦出的。他的出生地与人隔绝，很神秘，他的出生也如此神奇，预示着他以后的神通广大、不同凡响，写出了孙悟空有神性的一面。接着写石猴出生后的生活，表现他动物性的一面：野性、机灵、顽皮。在发现水帘洞、被拜为美猴王的段落又表现出他机警、聪明、勇敢、为他人着想，具有人的思想感情等。至此，一个具有神性、人性和动物性的奇妙的形象就塑造出来了，并且成为中国古典小说中的典型人物。

(三)叙事学理论与教学

叙事学理论比较庞杂，在这部分主要结合萧红的《祖父的园子》(“部编版”五年级下册)及整部《呼兰河传》来谈一谈叙事者和视角的问题。

《祖父的园子》节选自萧红的小说《呼兰河传》的第三章。《呼兰河传》共七章，第一章、第二章描绘呼兰河城的风情和空间格局等；第三章、第四章写“我”童年的回忆，“我”家的后花园和“我”家；第五章至第七章由写景到写人，写了小团圆媳妇、冯歪嘴子、有二伯等人的悲惨故事。小说以萧红自己的童年生活为线索，把各个故事串连起来，形象地反映出呼兰这座小城当年的社会风貌，以及民众的生存状态和精神状态，批判了封建主义思想造成的民众精神的麻木、愚昧、冷漠，提出了改造国民性的问题。

视角是关于本体论的问题，作为叙述者或人物观察故事的角度，决定着一部作品以何种方式存在，决定着作品的语言表达、情节的组织、意蕴的揭示乃至整个作品的成败。《呼兰河传》的经典化跟其视角有关，特别是儿童视角有很大的关系。整部小说有三重视角，第一重是童年的“我”的视角，第二重是成年叙事者的视角，第三重是萧红的视角。这三重视角像一个叙事套盒，一层包含一层，一层高于一层，其中儿童视角是最有限的，只写自己看到的、参与的事情，处于叙事套盒的里层，常常出现在更高层面的叙事者的视野中；成年叙事者超然于儿童视角之上，能看到儿童看不到的事物；萧红的视角又高于成年叙事者视角，多在发议论或者在抒情。在教材的阅读链接中，展现了萧红的视角："以上我所写的并没有什么优美的故事，只因它们充满我幼年的记忆，忘却不了，难以忘却，就记在这里了。"在这里，萧红的视角是具有回忆性的，是跳出叙事之外的，也是充满感情的。

教材所选的《祖父的园子》部分的叙事视角是儿童视角，其中的"我"既是叙述者，也是事件中的主人公。所谓"儿童视角"就是用童眼观看世界，用童言言说世界，用童心感受世界。如小说对于祖父的描写没有形态，没有具象，只写了祖父的个子是高高的，还写了祖父的笑，这很符合儿童认识和观察事物的特点。从艺术的角度来说，儿童视角可以达到"陌生化效果"，让人对熟视无睹的事物重新产生印象。在"我"的眼里，祖父的园子像天堂一样，我们平常最常见的事物都放出诗意的光芒，人和动植物也都表现出最自然、最自由的一面："凡是在太阳下的，都是健康的、漂亮的""一切都活了，要做什么，就做什么。要怎么样，就怎么样，都是自由的"。而这恰恰是自由自在的儿童所认为的，是成年的萧红在经受人生的磨难时所怀想的。儿童的视角是一种遭遇型视角，因为儿童的生活就是遭遇性的、无计划的，是事物闯入视野，而非视野捕捉事物，所以"我""一抬头，看见一个黄瓜长大了，我跑过去摘下来，吃黄瓜去了。黄瓜还没有吃完，我又看见了一只大蜻蜓从旁边飞过，于是丢下黄瓜又去追蜻蜓了。蜻蜓飞得那么快，哪里会追得上？好在一开始我也没有存心一定要追上，跟着蜻蜓跑了几步就又去做别的了"。而正是这种"散"，形成了萧红小说特有的韵味。

【思考与练习】

1. 结合语文教材，用意境理论分析诗歌作品。
2. 结合语文教材，用典型理论分析叙事作品。
3. 结合语文教材，用叙事学理论分析叙事作品。

本章小结

本章内容主要分两大部分，第一部分是文学理论的基本知识、基本范畴，第二部分是文学理论知识在小学语文教学中的运用。在第一部分中，介绍了文学理论，即文艺学的定义，辨析了文学理论、文学史与文学批评之间的区别与联系，还介绍了文学理论的研究对象，介绍了文学理论主要研究哪些理论。之后分别介绍了中国古代文论、西方文论的特点和基本的范畴。由于西方文论派别众多，因此篇幅较多。在第二部分中，选取了和“部编版”小学语文教材关系比较密切的几种理论，把它们与教材中的课文相结合，并提出了可供参考的教学建议。

关键术语

文艺学、诗言志、意境、典型、童心说、摹仿说、现实主义、浪漫主义、所指能指、视角

参考资料

1. 童庆炳．文学理论教程(第五版)．北京：高等教育出版社，2015.
2. 李壮鹰，李春青．中国古代文论教程．北京：高等教育出版社，2005.
3. 张少康，刘三富．中国文学理论批评发展史．北京：北京大学出版社，1995.
4. 马新国．西方文论史(修订版)．北京：高等教育出版社，2002.
5. 赵炎秋．文学批评实践教程(修订版)．长沙：中南大学出版社，2015.
6. 伍蠡甫，胡经之．西方文艺理论名著选编．北京：北京大学出版社，1985.
7. 郭绍虞．中国历代文论选(第 1～4 册)．上海：上海古籍出版社，2001.
8. 郭绍虞．中国文学批评史．北京：商务印书馆，2010.
9. 李春青．在审美与意识形态之间——中国当代文学理论研究反思．北京：北京大学出版社，2006.
10. 董学文．西方文学理论史．北京：北京大学出版社，2005.
11. 曹顺庆．中西比较诗学．北京：中国人民大学出版社，2010.
12. 姚文放．从形式主义到历史主义：晚近文学理论“向外转”的深层机理探究．北京：北京大学出版社，2017.
13. 陶东风．文学理论基本问题(第 3 版)．北京：北京大学出版社，2007.
14. 杨冬．文学理论：从柏拉图到德里达．北京：北京大学出版社，2009.

15.[瑞士]费尔迪南·德·索绪尔．普通语言学教程．高名凯译．北京：商务印书馆，1980.

16.[俄]维克托·什克洛夫斯基等．俄国形式主义文论选．方珊等译．北京：生活·读书·新知三联书店，1989.

17.[法]罗兰·巴尔特．符号学原理．董文学、王葵译．沈阳：辽宁人民出版社，1987.

18.[美]M. H. 艾布拉姆斯．镜与灯——浪漫主义文论及批评传统．郦稚牛，张照进，童庆生译．北京：北京大学出版社，2004.

第四章

中国现当代文学基础

章结构图

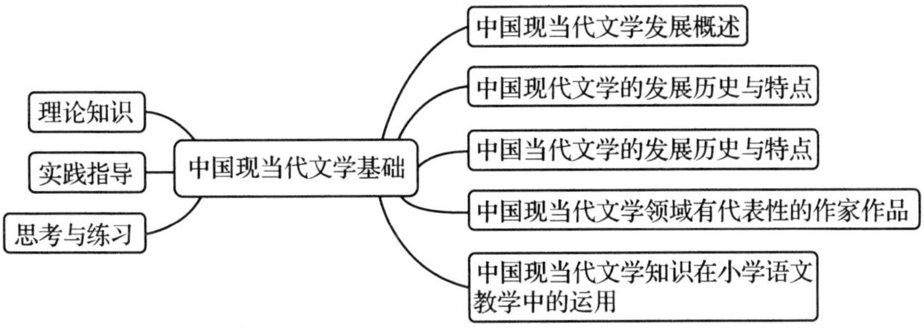

章前概述

一般认为，中国现当代文学以 1917 年“新文化运动”的兴起为起点，并以 1949 年中华人民共和国成立为界，划分为现代文学和当代文学，一直绵延至今。中国现当代文学伴随着 20 世纪的曲折历史前进，这一时期的政治、经济和文化都在发生着翻天覆地的变化，从而影响到文学的发展。同时，国内外思潮也在这一时期深刻影响着文学运动、文艺争论和文学创作，从而在多方面塑造了丰富多彩的中国现当代文学史。现当代文学史中的文学大家至今都对整个文学界乃至语文学科产生着深远影响，其创作的文学作品无论是在表达方法方面还是在思想感情方面都堪称典范，这些作品自然就成为教材内容的主要来源之一。对于未来的小学语文教师来说，了解中国现当代文学的来龙去脉，不仅能够更好地解读教材内容，辅助教学，而且有助于加深对现当代文学史的理解，提升自身的语文素养。

本章主要分为五大部分：第一部分是中国现当代文学发展概述；第二、第三部分以时间脉络为主，梳理了各时期主流文学的发展历史与特点；第四部分具体介绍了中国现当代文学领域有代表性的作家作品；第五部分是中国现当代文学知识在小学语文教学中的运用。第一部分到第四部分是关于中国现当代文学的基础知识的，学习者通过学习这些内容，可以增强对于中国现当代文学基础知识的认识，厘清发展的脉络，了解重点作家作品；第五部分主要着眼于分析小学语文教材中所包含的现当代文学文本并提出教学参考建议。

章前导语

中国现当代文学是我国文学史上的瑰宝，其历程虽短，却几经变化，见证了这一百多年来的风风雨雨。以史鉴今，方能更好地发展。让我们一起走进现当代文学这方天地，阅读名家作品，了解变化激烈的文学思潮，不断提高自身的文化修养吧！

第一节 中国现当代文学发展概述

自19世纪末到1917年的文学革命兴起前的近二十年，是中国文学现代化的起始阶段，自五四运动到1949年的三十年是文学现代化迅速发展时期。20世纪上半叶，中国社会发生巨变，文学界也随之动荡。这一时期，清王朝瓦解覆灭，各党派纷争不断，内忧外患，与此同时也孕育着新机。大量受启蒙思潮影响的新型知识分子开始以文学为武器，开展白话文运动，创立各式文学流派，试图启迪民众，解放思想，中国的现代文学领域酝酿着剧烈的变革与创新。

自1949年中华人民共和国成立以来，中国社会进入了一个崭新的历史时期。在政治领域，中华人民共和国建立初期在曲折中发展，经历了社会主义改造、抗美援朝和改革开放等一系列重大事件；在经济领域，从中华人民共和国成立初期的计划经济到改革开放以来的社会主义市场经济，我国的经济发展取得巨大成就；在文化领域，自中华人民共和国成立以来，文学从对“人”的探索逐渐过渡到对社会主义文学的探索，在经历过“文化大革命”时期的短暂沉寂之后，进入新时期的文学，百花齐放，百家争鸣，复苏并不断反思、日渐繁荣。

一、中国现当代时期小说的发展脉络

晚清的“小说界革命”使得小说的正统地位逐渐得到承认；五四时期以鲁迅的《狂人日记》为代表的短篇小说发展成熟；20世纪三四十年代以茅盾、巴金、老舍等人为代表创作的长篇小说日益走向成熟与繁荣；20世纪五六十年代掀起了社会主义现实主义小说创作的热潮；20世纪80年代以来，小说又重新进入一个繁荣的创作时期。其中包括1985年之前的伤痕小说、反思小说、改革小说等；1985年后的寻根小说、先锋小说等。这一时期诞生了以莫言、贾平凹、王安忆为代表的作家群体；20世纪90年代以来，新写实主义小说、新历史主义小说、女性主义小说创作进入活跃期；到21世纪初出现了叙事与“非虚构”写作，网络小说成为一种新介质形式，拥有广泛的网络读者群体。

二、中国现当代时期诗歌的发展脉络

晚清的“诗界革命”，作为一场自觉的诗歌革新运动，从内容、形式和价值取向上发生了新变；自 1917 年起的新文化运动，催生了现代白话新诗创作；20 世纪 20 年代自由体诗派、象征诗派、新格律诗派三足鼎立；20 世纪 30 年代现代派诗歌得到空前发展；20 世纪 40 年代抗战时期西南联大诗人群体做出独特贡献；20 世纪 50 年代到 20 世纪 70 年代诗歌的发展以政治抒情诗为主，以白洋淀诗群为代表的民间诗歌文学活动兴起；20 世纪 80 年代由朦胧诗运动发端的现代主义诗潮大热；20 世纪 90 年代后诗歌创作进入多元期；21 世纪以来新写实诗歌和多种诗歌长期并存。

三、中国现当代时期散文的发展脉络

20 世纪散文大家辈出。20 世纪 20 年代到 20 世纪 30 年代的散文主要以鲁迅、朱自清、冰心、梁实秋、林语堂等作家创作的为代表；20 世纪 40 年代纪出现了实议论散文和性灵小品文；20 世纪 50 年代到 70 年代涌现出了刘白羽、秦牧、杨朔等作家的散文；20 世纪 80 年代重新重视个体价值的散文出现；20 世纪 90 年代出现了文化散文热潮，出现了新媒体散文。

四、中国现当代时期戏剧的发展脉络

与晚清“诗界革命”“小说界革命”相对应的是戏曲改良运动。20 世纪一二十年代，以陈独秀、钱玄同、刘半农、胡适为代表的文人群体，纷纷批判传统戏曲，全面批判这些传统“旧剧”中的乐曲、脸谱等内容，同时提倡建设新戏，为新戏的诞生营造空间，引进新的模式。同时，在五四新文化运动中，将西方的戏剧理论和古典主义、浪漫主义等各派戏剧作品翻译、传播至国内，充分推动了我国 20 世纪 20 年代新戏的融合、诞生。其中，田汉是 20 世纪 20 年代中国戏剧创作剧目最为丰富、影响力最大的剧作家，其代表作品有《名优之死》《南归》和《获虎之夜》等，其中《获虎之夜》标志着我国独幕话剧创作走向成熟。写实主义和“为人生”的戏剧思想成为 20 世纪 30 年代戏剧的主流思想，这其中诞生了一位大师级剧作家曹禺。(在第四节“中国现当代文学领域有代表性的作家作品”专题中会进一步做详细介绍，这里不做赘述。)20 世纪 30 年代末到 40 年代戏剧创作逐渐规范化，相继出现了中国剧作者协会和中华全国文艺界抗敌协会，大规模戏剧演出开始出现，戏剧创作多以爱国题材为主，激发人民统一抗战的决心和勇气。20 世纪 50 年代至 70 年代，戏曲、戏剧、话剧均出现了新的变革，这一时期最广为人知的作品是老舍的《茶馆》，当数中国当代戏剧的经典之作。20 世纪 80 年代，戏剧自废墟之上而生，剧作家试图探索将戏剧与传统现实主义戏剧融合起来，戏剧理论和实践双方面都有新的发展。戏剧经过了 20 世纪 80 年代的探索期与 20 世纪 90 年代的调整期后，迈入新世纪。戏剧作品创作量激增，戏剧演出频繁，中西戏剧文化交流日益增多。这时期的戏剧呈现两个方面的发展：一是立足当下关注现实；二是回归本土，从历史文化中挖掘新的创作元素。

第二节
中国现代文学的发展历史与特点

一、中国现代文学的先导期

中国现代文学自戊戌变法前后进入先导期，这一时期，西方文化大量涌入，晚清白话文运动轰轰烈烈地展开，倡导文学文化贴近民众生活、普及化，这一切为梁启超、严复等人倡导的文学改良运动奠定了基础。这场文学改良运动持续时间长、范围广，包括“诗界革命”“小说界革命”“文界革命”等，从文学理论到实践创作均有发展。现代小说、诗歌、散文等诸文体已经见之发端。

(一)“诗界革命”

目前普遍认为“诗界革命”的起点和界标应是 1895 年，以夏曾佑、谭嗣同等为代表，诗中出现了较多外语音译词，概念新颖，但是诗歌语言晦涩难懂。1899 年 12 月梁启超正式提出了“诗界革命”的三个标准：“第一要新意境，第二要新语句，而又须以古人之风格入之，然后成其为诗。”①

(二)“小说界革命”

小说界革命的正式发起以 1902 年梁启超创办《新小说》杂志，并发表《论小说与群治之关系》一文为标志。在此期间，小说创作主体与小说革新之间的关系一直是梁启超思考的主要问题之一。② 除此之外，晚清时期又出现了许多专门刊登小说的杂志。其

① 梁启超：《饮冰室文集点校》，1826 页，昆明，云南教育出版社，2001。
② 邹晓霞：《论梁启超的个性人格与小说界革命之关系》，载《明清小说研究》，2014(3)。

中，《绣像小说》《月月小说》《小说林》《新小说》一起被称为“晚清四大小说杂志”。

小说逐渐获得正统地位，这一时期的小说种类丰富，反映了社会的方方面面，主要包括六类。一是谴责小说，这类小说主要抨击晚清腐朽的官吏制度、批判世风日下现象、描写明治维新和西方文化。其中，刘鹗的《老残游记》、李宝嘉的《官场现形记》、吴趼人的《二十年目睹之怪现状》、曾朴的《孽海花》被称为“清末四大谴责小说”。二是狭邪小说，主要描写了风俗场上的种种怪象，如韩邦庆的《海上花列传》。三是侠义公案小说，这类小说由古代侠义小说和公案小说两种小说合流而来，如石玉昆的《三侠五义》。四是政治小说，以政治宣传为主要目的，如黄世的宣传资产阶级民主革命的《洪秀全演义》。五是科幻小说，这些小说受翻译西方科幻小说影响，如碧荷馆主人的《新纪元》。六是言情小说，以讲述当时社会男女情爱故事为主，如吴趼人的《恨海》。

(三)“文界革命”

梁启超提倡的“文界革命”除了以俗语、白话反对晦涩难懂的古文，还需要输入新的思想观念。输入新思想能够将“文界革命”与“诗界革命”“小说界革命”连接起来。梁启超认为应著书为文，“以流畅锐达之笔行之”方能“播文明思想予国民”。因而他倡导“新文体”应当具有以下几个标准：一是语言通俗易懂，便于传播；二是能够打破固有的文体界限，尽情抒情或议论；三是逻辑清晰，带有很强的感染力，能够广为宣传。梁启超所倡导的“新文体”仍然是文言文的一种变体，带有文言特性。

除此之外，更多革命者和学者开始尝试白话文创作，为日后白话文的普及奠定了基础。

二、中国现代文学的形成期

1912 年清政府被推翻，中华民国建立，此后，在文化方面兴起了五四新文化运动。这场运动兴起于 1917 年《新青年》杂志的创办，这段时间内新思潮风起云涌，各种文体开始形成，文学社团和文学流派不断出现。

(一)中国现代文学文体形成

现代文学形成期文坛兴起了“文学革命”，就理论批判和创作实践两个方面不断探索。1917—1921 年，小说、诗歌、散文等文体逐渐走向成熟。“文学革命”在文学方面的最大贡献是白话文学的成功；在思想方面的贡献则在于“个人的发现”。郁达夫在《中国新文学大系・散文二集》导言中说：“五四运动的最大的成功，第一个要算‘个人’的发见。从前的人，是为君而存在，为道而存在，为父母而存在的，现在的人才晓得为自我而存在了。”①

如果说梁启超倡导的文学改良运动，试图让文学通俗化，那么“文学革命”就尝试向民众宣传人道主义，解放人性，这些可以从这一时期的文体中显示出来。这一时期热度最高的散文是以鲁迅的“随感录”为代表的一系列杂文，同时，鲁迅在五四新文化运动之后，思想逐渐成熟，完成“立人、强国”的建构；初期白话诗歌创作的代表人物有胡适、郭沫若等，1920 年 3 月胡适出版了现代文学史上第一部新诗集《尝试集》，此后用白话文创作诗歌逐步普及，初期的白话文诗歌带有明显的个人主义和人道主义精神，表现对“五四”新思潮的歌颂和对封建势力的反抗；1918 年 5 月鲁迅在《新青年》杂志发表的《狂人日记》标志着现代白话小说的成熟；相比于其他体裁，话剧则相对发展落后，民众审美的保守性、从创作到表演的复杂性和不确定性等都使得话剧发展受阻。

（二）文学社团和文学流派的兴起

1921 年后，文学社团迅速增加，文学研究会和创造社是两大支柱社团，除此之外，还有新潮社、新月社、语丝社、现代评论派等大大小小一百多个社团，这其中诞生了中国现代文学史众多文学流派，孕育了创作风格迥异的作家群体，为现代文学朝着现实主义、浪漫主义、象征主义等多个方向发展创造了空间。

文学研究会主要主张是“为人生”，即回答文学与人生之间的关系，在创作风格上提倡现实主义，代表作家有叶绍钧、沈雁冰、王统照等人。创造社 1921 年 7 月于日本创立，代表人物有郭沫若、郁达夫、成仿吾等人。前期创造社以浪漫主义为主要创作风格，后期创造社与太阳社一起倡导无产阶级革命文学。20 世纪 20 年代初，创造社的郁达夫、郭沫若等人就文学研究会垄断文坛问题提出了批评，双方随即展开争论：文学研究会认为文学应当反映社会现实、探讨人生，具有社会功利性；而创造社则认为文学应当抒发个人情绪，反对功利论说法。

（三）形成期的小说创作

这一时期的小说大多已经使用白话文进行创作，鲁迅的《狂人日记》的发表，标志着形成期的现代小说走向成熟，小说逐渐褪去了初成时的狂热色彩，众多作家参与到创作中来，主流风格分为文学研究会的现实主义小说和创造社的主观抒情小说。（关于这一时期主要作家鲁迅，在第四节“中国现当代文学领域有代表性作家作品”部分会有详细介绍，这里不做赘述。）

1. 叶绍钧现实主义小说特色

叶绍钧又名叶圣陶，是我国著名的教育家、作家。他的创作经过了从问题小说到

① 郁达夫：《中国新文学大系·散文二集》，5 页，上海，上海良友图书印刷公司，1935。

教育小说再到革命小说的历程。他的小说最显著的是朴实、自然、客观的风格，其小说为后人评价最高的是长篇小说《倪焕之》。早在1931年，沈从文就指出："叶绍钧的创作，在当时是较之一切人作品为完全的。……是比一切作品还适宜于取法的。……认识一个创作应当在何种意义下成立。叶绍钧的作品，在过去，以至于现在，还是比一切其他作品为好。"①叶绍钧的小说独特之处在于不去刻意追求小说本身故事的曲折离奇，而是展现生活本身的样子，在冷静中真实刻画。叶绍钧小说的第二个特点是结构丰富变化，结局耐人寻味，如《这也是一个人》采用单线结构，《夜》采用双线结构，《多收了三五斗》具有散文风格等。

2. 郁达夫"零余者"形象与小说集《沉沦》

郁达夫小说中最为后人熟知的他塑造的"零余者"形象，这类形象是他在《艺术与国家》中就明确提到的，将国家、民族视为"个人"的对立项，"国家主义与艺术理想，取两极端的地位"②。"零余者"正是在国家和个人之间徘徊不得出路的知识分子，他们"袋里无钱，心头多恨""自卑颓唐"，这是独属于五四时期青年人的苦闷，他们报国无门，希望获得新生却不得出路。他塑造的"零余者"形象与鲁迅笔下的"狂人"形象一样，都是对当时社会一类人的描写，突出了深深的启蒙和忏悔意识。

小说集《沉沦》讲述了郁达夫留学日本期间所遭受的冷遇和不公，他将自己个人的苦闷和哀伤与对祖国的爱意联系起来，这份期盼祖国早日富强的强烈愿望不仅仅是个人情绪的表达，更是当时一代青年在新旧中国交替之际共同的情绪表达。

3. 乡土文学

乡土文学是文学研究会的重要创作组成部分，由鲁迅开创并由其命名。③ 乡土文学作家大多为从乡下到北京求学的大学生，他们的作品多呈现出四个特点：一是以描写乡土生活为主，一方面讲述北京与家乡的差异，另一方面带着对童年的回忆怀念故乡；二是具有明显的乡愁情绪，乡土文学作家在思念故乡同时又深感故乡的不足与落后，这种既怀念又忧愁的心情使他们的作品流露出一种失落感；三是突出了一方民风民俗，乡土小说在描写故乡过程中不可避免地带有对故乡的风俗的纪实刻画，带有鲜明的地域色彩；四是强调写实，乡土小说通过刻画故乡的环境和人物关系，去探寻更深层次的人性，具有明显的现实主义风格，代表作家有王鲁彦、台静农、彭家煌等。

(四)形成期的诗歌创作

早在晚清时期，梁启超等人已经开始提倡"诗界革命"，尝试突破古诗词传统的诗

---

① 沈从文：《论中国创作小说》，载《文艺月刊》，1931年，第2卷，第4号。

② 郁达夫：《郁达夫文集》第五卷，150页，广州，花城出版社，1982。

③ 参见赵家璧：《中国新文学大系·小说二集》，9页，上海，上海良友图书印刷公司，1935。

歌创作模式，但是却一直未能真正寻找到创作的方向和形式。直到新文化运动期间，胡适与郭沫若等人展开了白话文诗歌革命，为诗歌营造了创作空间。20 世纪 20 年代诗歌风格众多，在借鉴西方诗歌背景下，主要形成了自由体诗、新格律诗、象征诗三大诗歌形式。

1. 自由体诗

自由体诗也叫自由式诗，是指在诗歌语言形式上不收格律限制的较为自由的诗体，每一行诗的字数和韵律等都没有固定要求，一般根据诗人的情感起伏变化来确定诗歌的意象和语言的节奏、韵律变化，在产生和发展过程中明显受到外国诗歌的影响。形成时期的自由体诗主要在四个方面展开，即自由诗、小诗、爱情诗、政治抒情诗。代表诗人有胡适、郭沫若、冰心等。

2. 新格律诗

1923 年，胡适、徐志摩、闻一多、梁实秋、陈源等人发起成立新月社，因提倡现代格律诗而成为在诗坛上有影响的社团，新格律诗派也因此逐步形成，由于新格律诗派源自新月社，所以也称为“新月派”。新格律诗讲究三美：建筑美、绘画美、音乐美。闻一多在他的《诗的格律》中对新格律诗的基本理论做出总结：强调“建筑美”即“节的匀称与句的均齐”，每节诗要错落有致，变化要有规律；“绘画美”即注重通过用词营造诗歌的意象，突出色彩美；“音乐美”即每行要有固定或变化有规律的“音尺”(读音单位)，有流畅的节奏和韵脚。代表诗人有徐志摩和闻一多等。

3. 象征诗

1925 年李金发的《微雨》出版，标志着象征诗派的诞生。其他象征派诗人有创造社的王独清、穆木天、冯乃超、石民等，他们或直接吸取法国象征诗派艺术手法，或接受李金发诗风影响而从事创作。象征诗派没有统一的社团组织，也没有共同刊物作为阵地，而是以近似的艺术审美观点，共同汇成一股象征诗的创作潮流。代表诗人李金发擅长运用比喻、象征、借代、同感等修辞手法，含蓄地表达情感。

(五)形成期的散文与戏剧创作

形成期的散文在鲁迅与周作人引领下“喷涌而出”。朱自清在《背影·序》中说道：

> 但就散文论散文，这三四年的发展，确是绚烂极了：有种种的样式，种种的流派，表现着，批评着，解释着人生的各面……有中国名士风，有外国绅士风，有隐士，有叛徒，在思想上是如此。或描写，或讽刺，或委曲，或缜密，或劲健，或绮丽，或洗涤，或含蓄，在表现上是如此。①

---

① 蔡清富：《朱自清散文选集》，129 页，天津，百花文艺出版社，1986。

文学研究会、创造社、语丝社的作家成为形成期的散文创作主力军，各种风格的散文不断交融并日益发展。

相比较而言，话剧创作仍发展缓慢，但是不同风格的喜剧、悲剧作品已经出现，不仅形成不同的话剧社团，也有专门的学校进行戏剧教育。这一时期的代表话剧家是田汉，他是中国现代话剧的奠基人，创作主流是浪漫主义，同时也交织着其他风格。作品有《苏州夜话》《湖上的悲剧》等。

三、中国现代文学的成熟期

现代文学的成熟期多指20世纪20年代末到1949年中华人民共和国成立。其中，成熟期又被分为两个阶段：第一个阶段为20世纪20年代末到1937年“七七事变”，第二个阶段为1937—1949年。前一阶段的文学运动由“文学革命”向革命文学运动转变，革命文学主流与坚持人道主义思潮的新月社、现代评论派进行了文学论争；后一阶段，文学分成了国统区文学、解放区文学两部分，其间还有沦陷区文学。同时，成熟期也是文学作品“喷涌”阶段，产生了巴金的《寒夜》、老舍的《四世同堂》、曹禺的《北京人》等佳作，充分体现了人文性和审美性的高度统一。

(一)文学运动与思潮

成熟期的文学运动和思潮主要有三次，20世纪30年代的左翼、自由主义文学运动与思潮；20世纪40年代的国统区、解放区文学思潮。在第一次运动与思潮中，不仅无产阶级革命文学内部进行了论争，左翼作家们也与其他流派的作家群体展开了论争。一些无产阶级革命作家认为文学应当为革命服务，其重要作用在于宣传，并批判了鲁迅、茅盾、叶绍钧等人，但其忽视了文学自身的人文审美价值；与其他流派的论争也主要聚集在文学与外部其他内容的联系，诸如探讨文学与革命、文学与群众等。

在左翼、右翼文学论争不休之际，人道主义文学思潮主要理论家们，如新月派的梁实秋、论语派的林语堂、京派的朱光潜等人，他们对西方文化相对更为了解、有着更为宽容的民族文化观念。坚守文学的伦理原则、人文精神和文学自身的独立性，是人道主义文学思潮的一个主要的出发点。他们都公开反对“为艺术而艺术”①。这些文学大家虽然对于人道主义的具体理论的理解有不同之处，但是都坚持了文学自身的独立性，倡导文学自身的审美性和人文性。

抗战爆发之后，因为政治地域原因，文学也在其影响下被分裂为共产党领导下的

① 曹万生：《中国现当代文学史(1898—2015)(第三版)》上册，155页，北京，中国人民大学出版社，2016。

解放区文学，国民党统治下的国统区和日军占领的沦陷区文学等。这一时期不同文学论争主要围绕着政治展开。

(二)成熟期的小说创作

在这一时期，茅盾、巴金、老舍、沈从文等作家的小说创作更为成熟，鲁迅的小说创作后期以历史小说为主；除此之外，先后产生了左联作家小说、京派与海派小说、解放区小说等不同派别。

1. 左联作家的小说

20 世纪 30 年代左联作家创作了大量的小说，这些作家既包括新文化运动以来的鲁迅、茅盾等人，也包括丁玲、艾芜、沙汀、张天翼等新作家和一些未完全融入左联但创作风格相近的以萧红、端木蕻良等为代表的“东北作家群”。形成了“革命＋恋爱”、批判讽刺、乡村与流浪等多个主题。代表作品有茅盾的《子夜》、张天翼的《华威先生》等。

2. 京派与海派小说

20 世纪 30 年代文学流派众多，其中小说创作中不可忽视的两个对立流派就是京派与海派小说。顾名思义，京派小说主要活跃阵地在北平、天津一代，以北方作家为主，代表人物有沈从文、杨振声、何其芳、林徽因等，其创作风格向往乡土人情、超脱世俗，语言恬淡朴实，小说创作远离政治和商业上的喧嚣，对于人情世故的描述带有一丝同情色彩，叙事结构更偏向散文化，有代表性的作家作品有沈从文的《边城》、萧乾的《篱下》、废名的《桥》等；海派小说主要流派包括新感觉小说，其中新感觉派作家借鉴了西方现代派和日本的新感觉派小说，对小说的体裁、体式、结构以及描写手法都做了一定程度的革新。[①] 小说主要描写光怪陆离的繁华都市，作家们喜欢用新鲜手法描绘都市生活中人物的行为举止，将听觉、嗅觉、视觉等五感结合起来，运用通感等手法营造出一种奇幻的感觉。同时一改传统小说的单线叙事结构，采用多线并进、场景切换等多种方式建构小说。有代表性的作家作品有刘呐鸥的《都市风景线》、穆时英的《夜总会里的五个人》等。

3. 解放区小说

20 世纪 40 年代，在毛泽东的《在延安文艺座谈会上的讲话》发表后，诞生了新的文学分支，解放区小说主要走工农兵路线，主角多为农民和军人，艺术形式以叙事文学为主，代表作家作品是赵树理的《小二黑结婚》《李有才板话》等，生动地反映了农民阶级的抗争精神，刻画了战争时期农民不畏艰辛和压迫的形象，其作品从结构、叙事方式、语言等多方面迎合了广大农民的审美，因此是真正的农村题材小说，对整个解放

---

① 曹万生：《中国现当代文学史(1898—2015)(第三版)》上册，264 页，北京，中国人民大学出版社，2016。

区乃至中华人民共和国成立后的20世纪五六十年代的小说创作主流产生了深远影响。

(三)成熟期的诗歌创作

1.20世纪30年代的诗歌

现代诗歌到了20世纪30年代进入“黄金时期”，主要分为三大派别：现代派、左翼诗派和乡土诗派。其中最为人知的是戴望舒、卞之琳和何其芳三位诗人。戴望舒，作为20世纪30年代的主要诗人，其贡献在于将浪漫主义、象征主义等诗歌做了总结并在此基础上升华。他广泛借鉴西方诗歌流派，并融入晚唐之风，素有“雨巷诗人”之称。其创作可以分为三个阶段：前期代表作《雨巷》讲究“三美”，风格感伤幽婉；中期代表作《望舒草》，开始追求诗歌韵律、散文口语化的自由诗体；后期代表作《灾难的岁月》，诗歌逐渐走向超现实主义，现实性迅速消失，象征和朦胧等色彩不断弱化。

2.20世纪40年代的诗歌

20世纪40年代，不同的政治区域催生了不同的诗歌形态，七月诗派诗歌、西南联大诗人群诗歌、国统区政治讽刺诗歌与解放区诗歌在同一时间不同时空内并存。这一时期的主要诗人及其代表作品有现代主义诗派艾青的《我爱这土地》，西南联大诗人群冯至的《十四行集》、穆旦的《玫瑰之歌》，解放区诗人李季的《王贵与李香香》等。

(四)成熟期的散文创作

20世纪三四十年代的散文创作主要向着两个方向发展，一是纪实议论散文，如杂文、报告文学等；二是性灵精致的小品文。到20世纪40年代，受解放区文艺思潮的影响，后者越来越行至末路，代表作家作品有何其芳的《画梦录》。何其芳的作品从追求文风的精致和纯粹的美感、在精雕细琢之中到达极致的特点，转为质朴沉重的现实风格。林语堂的代表作有《大荒集》《我的话》等，他擅长创作幽默、现实的小品文，对于中西方文化都比较了解，因而不断思考和反思传统文化，为东方文化如何走向世界提出了自己的看法。除此之外，沈从文、李广田等人也创作了大量的散文作品。值得注意的是，20世纪三四十年代社会急剧变化，需要新闻性、纪实性的文体进行表达，这催生了报告文学，并使其不断繁荣发展。最为代表性的是夏衍的《包身工》，被誉为“在中国的报告文学史上开创了新纪录”①。作者深入调查了资本主义工厂对于底层工人的压榨，运用比喻等手法，集中描写了“包身工”一天的生活，让读者感到愤慨，全文充满了激情和讽刺。

(五)成熟期的戏剧创作

20世纪三四十年代是我国戏剧成熟发展的时期，除了曹禺这一戏剧家在文坛大放

① 夏衍：《社语》，载《光明》，创刊号，1936。

光彩外，还分别呈现出不同的发展面貌，诞生了一大批优秀的剧作家。20 世纪 30 年代左翼戏剧运动，20 世纪 40 年代的讽刺喜剧和历史剧创作大量涌现；解放区出现了新秧歌、新歌剧等多种形式。代表剧作家及其作品主要有：田汉的《名优之死》《关汉卿》，陈白尘的《升官图》，吴祖光的《风雪夜归人》等。

【思考与练习】

1. 中国现代文学发展经历了几个阶段？分别说出每个阶段的时间。

2. 中国现代小说、诗歌、散文和戏剧发展的脉络分别是怎样的？尝试画出思维导图梳理说明。

3. 中国现代小说、诗歌、散文和戏剧发展过程中，代表作家作品有哪些？请举例说明。

4. 挑选一位感兴趣的作家，阅读其作品，撰写读书笔记。

第三节 中国当代文学的发展历史与特点

一、中国当代文学的形成期

1949 年中华人民共和国成立，标志着中国进入一个新的历史阶段，社会发生了翻天覆地的变化。中国当代文学的形成期从 1949 年开始，到 1976 年结束，包括十七年文学（1949—1966 年）和“文化大革命”文学（1966—1976 年）两个阶段，两个阶段都把文艺服务于现实政治、配合国家意识形态作为文学的基本目的，文学创作也都逐步确立了一系列规范，随之呈现出大致相同的表现形式与美学风貌。[①]

（一）红色经典的创作高潮

20 世纪五六十年代，革命历史小说、英雄传奇小说和颂歌成为文学创作的主流。“十七年”间，以革命历史为主要题材的长篇小说创作颇多，主要有“三红一创”和“青山保林”（《红岩》《红日》《红旗谱》《创业史》《青春之歌》《山乡巨变》《保卫延安》《林海雪原》

---

① 朱栋霖、朱晓进、吴义勤：《中国现代文学史（1917—2012）》，1～2 页，北京，北京大学出版社，2014。

等），这些红色经典小说塑造了江姐、杨子荣、朱老忠、林道静等大批不畏艰难险阻的英雄形象。创作这些作品的作家也多为革命的亲历者，他们带有复兴的崇高使命感，带着他们的革命理想激情地投身到文学创作中来。然而随着这一范式日益固定、僵化，作家越来越陷入定式的创作空间里。

这一时期，颂歌成为诗歌的创作主流，其中最为著名的是郭小川与贺敬之两位诗人。代表作品有《投入火热的斗争》《乡村之夜》等，他们的作品主题宏大，多歌颂和进行革命政治抒情，具有极强的政治宣传色彩。

（二）转型期的散文、戏剧与电影

"十七年"与"文化大革命"时期，散文、戏剧创作日渐枯竭和萎缩。以性灵为主的小品文逐渐模式化，而报告文学则因其纪实性和新闻性等特性继续发展起来，包括"歌颂英雄""赞扬奋斗生活"等几个方面，也有一批年轻的作家大胆揭露现实生活中的问题，这一时期报告文学代表作品有巴金的《生活在英雄们的中间》，刘宾雁的《在桥梁工地上》，穆青、冯健、周原的《县委书记的好榜样——焦裕禄》等。同时，戏剧逐渐成为阶级斗争的产物，尤其是"文化大革命"期间的样板戏成为唯一的戏剧形式；这一时期的电影艺术以历史和名著改编为主，编剧各显才能，通过银幕讲述了一个个动人的故事。

（三）"文化大革命"时期的地下文学

"文化大革命"期间，一些"异端"文学也在暗中产生，这些文学创作成品多不公开发表，以手抄的形式在小群体内传看，地下文学也被称为"潜在写作""潜流文学"等，其创作主要集中在诗歌和小说两方面，尤其是诗歌，分为了几个群体，包括"白洋淀诗人群""贵州诗人群""上海诗人群""野草诗人群"和四川成都的"地下文学沙龙"等。① 创作的主要内容有"直接对'文革'激进的政治风潮、激烈的社会振荡作出较明显和直接反映的"和"以极隐晦的形式曲折地反映'文革'社会现实投射到内心的深层感受"或是"干脆对'文革'的政治风潮和社会振荡予以回避和悬置"几类。② 无论何种形式都是对主流文学的极大疏离。

二、中国当代文学的繁荣期

十一届三中全会的召开，标志着新的历史阶段开始，政治上的转变也带动了文学

---

① 杨健：《中国知青文学史》，232～238页，北京，中国工人出版社，2002。

② 董建、丁帆、王彬彬：《中国当代文学史新稿》，311～312页，北京，人民文学出版社，2005。

的全面繁荣复兴，到1989年是我国的当代文学的繁荣期。这一时期，伤痕文学、反思文学、寻根文学、现代派文学、先锋文学等文学流派层出不穷，掀起人道主义复兴浪潮；随着改革开放的到来，中西方文学理论观念也在不断碰撞中产生新变革的火花。

（一）繁荣期的小说创作

20世纪七八十年代，随着“文化大革命”的结束以及改革开放的到来，文学也进入繁荣复苏的时期，这其中很多小说作家重新返回文坛，创作了大量的作品，诞生了伤痕小说、反思小说、改革小说、知青小说等多个派别。文学史多以1985年为界将小说划分为两个阶段：“文化大革命”结束到1985年为一个阶段，小说创作从政治教化转型为人道主义的诉说，一改之前的固定模式，在艺术审美方面显现出多元化，但尚未完全摆脱政治色彩。这其中主要包括的小说类别如下。①伤痕小说。直接暴露“文化大革命”对个人乃至家庭的创伤，代表作家作品有刘心武的《班主任》、卢新华的《伤痕》等。②反思小说。小说中融入作者对历史和社会的深刻思考，代表作家作品有张贤亮的《邢老汉和狗》《灵与肉》等。③改革小说。党的十一届三中全会结束后，部分作家关注到改革，并带着理性去思考这一进程，代表作家作品有蒋子龙的《开拓者》《乔厂长上任记》等。④都市小说。主要是居住在一线城市的作家揭露城市中的种种问题，代表作家作品有张洁的《爱，是不能忘记的》，王蒙的《蝴蝶》《杂色》等。⑤乡土小说。代表作家汪曾祺，他自己将20世纪80年代创作的小说概括为“一部分作品的感情是忧伤，比如《职业》《幽冥钟》；一部分作品则有一种内在的欢乐，比如《受戒》《大淖记事》；一部分作品则由于对命运的无可奈何转化出一种苦味的嘲谑，比如《云致秋行状》《异秉》等”①，其小说中融入了中国传统的儒道哲学精神和民间文化，平淡宁和。除此之外，还有历史与军旅小说、知青小说。

如果说1985年之前的小说以人道主义为主流，那么1985年之后的小说就转向了文化文学、存在主义的方向。用“大写的人”来反映社会现实，并不断朝着新的方向探索。这一时期的主要小说类别如下。①寻根小说。作家转向寻找本民族文化中的“根”，是对鲁迅文学中“国民批判性”的继承，代表作家作品有阿城的“三王”系列——《棋王》《孩子王》《树王》。②现代派小说。充分借鉴西方多种小说流派，将本土现代派与西方的意识流、魔幻现实主义、超现实主义、黑色幽默等派别结合生成，代表作家作品有刘索拉的《你别无选择》、徐星的《无主题变奏》等。③先锋小说。从语言、写作手法和观念等多方面全部颠覆传统的小说创作，代表作家作品有马原的“青藏系列”、格非的“江南三部曲”等，几位重要的作家在文坛影响力不断壮大，主要有莫言、贾平凹、王安忆等人。

---

① 汪曾祺：《汪曾祺自选集·序》，3页，桂林，漓江出版社，1987。

(二)朦胧诗的发展

"文化大革命"时期的地下文学创作为朦胧诗的出现奠定了基础，到20世纪80年代，国内主流报刊开始刊登朦胧诗派的诗歌作品，这一流派是20世纪80年代的诗歌体裁的主流，诗中的人道主义和朦胧美感将其创作推至高潮，代表诗人有顾城、舒婷等。朦胧诗也引发了诗歌界的争论。朦胧诗以象征为主要创作手法，探讨如何确立自我的主体意识，并追求个人价值的显现，充分为诗歌体裁营造了话语权。女诗人舒婷擅长创作爱情诗，其诗内容主要分为三个方面：一是表达热恋中女性的甜蜜与"爱的忧伤"，如《四月的黄昏》《雨别》等；二是展现社会生活、同龄人的思考，如《也许?》《岛的梦》；三是倡导女性独立，意识觉醒，如《致橡树》《神女峰》《双桅船》等。20世纪90年代朦胧诗走向分化，出现了"后朦胧诗""后新诗潮"等，诞生了韩东、翟永明等几位诗人。

(三)繁荣期的散文和报告文学

20世纪80年代开始，散文体裁也开始出现了多种文体的探索，性灵散文也逐渐回归复兴。这一阶段的散文首先主要聚焦于对"文革"伤痛的回忆，女作家杨绛的《干校六记》记录了"文化大革命"中的真实发生的，或荒诞、或苦涩、或平淡的生活；孙犁、汪曾祺的散文都纷纷抒发个性，作品中自我意识逐渐强烈，文章体现出饱经沧桑的时代感和感悟。报告文学在繁荣期焕发了新的生机，最具代表性的作家作品是徐迟的《哥德巴赫猜想》《生命之树常青》《刑天舞干戚》等，将诗人般洋洋洒洒的笔调融入报告文学这一纪实性文体之中，显得大气磅礴，引人入胜。尤其在《哥德巴赫猜想》中，徐迟运用象征手法，将数学家陈景润攻克数学难关，不畏科研道路艰辛的形象表现出来，极富感染力，使伟大的数学家的形象跃然纸上。

(四)话剧与影视文学的复兴

话剧作为向民众传播主流文化的重要途径，在20世纪80年代也逐渐重获生机。现实主义话剧创作不断涌现，出现了很多揭露丑恶，反映现实社会，讴歌不屈奋斗人民的作品。话剧从一开始的反思和抚平伤痛到反省和大胆揭露，在文坛掀起了诸多讨论的热潮，但是直面社会的问题剧并没有存在很长时间，在影视的出现和社会压力之下，剧作家们开始探讨新的创作方向。从对社会现象的关注转向对"人"的命运和整个民族的文化心理的探寻，这一时期的剧作家以苏叔阳为代表。

新时期电影文学空前繁荣，电视和电影逐渐在国内流传开来，成为一部分作家的选择。导演和编剧们不断突破原有的现实主义风格，不断探索浪漫主义、反思等不同的风格，并开始关注个体的生命意识，《红高粱》《黄土地》等大批人民喜闻乐见的作品诞生。

三、中国当代文学的多元期

进入20世纪90年代后，文学在社会主义市场经济的潮流影响下焕发出新的生机。同时，消费主义至上，电子产品的冲击、后现代主义文化的引进与碰撞，种种都令文学格局发生改变，不断多元化。这一时期的文学从集中叙述社会现实生活中的丑化现象到描述后现代主义、消费主义中物欲横流的"人"，这一新的轮回让底层叙事与"非虚构写作"渐渐成为潮流。除此之外，我国香港、澳门、台湾等地的作家和身在海外的华人华侨群体也为当代文学创作添砖加瓦。进入21世纪，网络成为文学创作的一个崭新的渠道，因此一些网络作家也成为文学创作不可忽视的一个组成部分，文学在创作形式上得到了拓宽。

(一)多元期的文学论争和创作思潮

20世纪90年代之后，出现了新的争论和创作思潮，除了借鉴西方的后现代主义创作引发了讨论和创作热潮，女性作家群体的崛起也同样值得注意。1995年联合国第四次世界妇女大会在北京召开，1995年更是成为女性主义文学创作的"丰年"，作品中也开始出现新的要素：以陈染、林白、海男等女性作家为代表，她们在创作中深受西方女性作家和女性主义理论影响，回归女性自身，展现女性的话语权和欲望。她们渴望表现被男权社会扭曲和遮蔽的女性世界，试图表现出"女性的觉醒"，然而到20世纪90年代中期，这些女性文学逐渐被商业化、都市化，失去了其原有的意味。

随着20世纪90年代市场经济开始兴起，与经济全球化时代同时到来的也有消费主义价值观。这种消费主义从20世纪90年代起一直影响至今。此外，以网络为代表的电子传媒也开始兴盛，新媒体不断涌现，读者不再仅限于书本阅读，文学刊物和出版社也不再完全依靠国家资助，文学创作、文学热点更多通过市场营销和广告宣传等方式进行商业包装，然后面向读者大众。这些方式从很大程度上瓦解了传统的文学创作生存方式。以消费为主的大众通俗文学不断壮大，开始与主流文学成对立之势。作家群体如何在多元期维持文学的人文性，同时如何适应商业化趋势成为20世纪90年代至今主要讨论的话题。

(二)多元期的小说创作潮流

从20世纪90年代开始，小说创作再次向着多元方向发展，新写实小说、新历史小说、女性主义小说、通俗小说等不同流派日益兴起，王朔、余华等颇具影响力的作家成为20世纪90年代小说的代表。首先，新写实小说代表作家池莉的《烦恼人生》被认为是该类别的"开山之作"，其作品在创作上更为包容和开放，吸收和借鉴了现实主义各流派的长处。新写实小说注重不掺杂感情地还原生活；在题材上聚焦普通人的生活，在人物塑造方面强调“非典型化”；认为创作主体应消除个人情感色彩。

“新历史小说”是相对于“旧历史小说”而言的，即对传统历史小说观念和写作手法有所创新，主要分为两类：一是由先锋派作家转型，依据历史创作具有先锋观念的小说，代表作家作品有苏童的《1934年的逃亡》、叶兆言的“夜泊秦淮”系列小说等；二是新历史小说创作的作家群，代表作家作品有莫言的《红高粱》、王安忆的《长恨歌》、陈忠实的《白鹿原》等。新历史小说突破了传统历史小说的正史角度，转而从民间视角去还原历史真相，去挖掘一些深层次的人性，具有“反历史”“虚构历史”的鲜明特征。

值得一提的是，20世纪90年代文坛出现了两位影响力极大的作家：王朔与余华。对于两位作家，争议与夸赞同时存在。“顽主”是王朔小说中的典型人物形象，其语言上无处不透露着“侃”的戏剧效果。王朔有意打破不同话语系统，将不同层次人物的话语进行随意拼接和粘贴，其代表作品有《顽主》《轮回》《阳光灿烂的日子》等。赞成他的人认为这是一种后现代主义的结构，代表着市民文化；反对他的人认为这一切都是一场商业化包装，是“人文精神的缺失”。余华则被认为沉迷于暴力美学之中，其代表作品有《许三观卖血记》《活着》等。

《白鹿原》被认为是20世纪90年代文坛较具影响的作品之一，小说以渭河平原上一个小村落白鹿村为支点，以白、鹿两家的宗法族权斗争为线索，从民间视角叙述了半个世纪以来中国农村社会的变迁以及人物命运的曲折变化。“《白鹿原》终究是一部重新发现人、重新发掘民族灵魂的书。在逆历史潮流而行的白嘉轩身上展现出人格魅力和文化光环，这是发现；但更多的发现是，在白嘉轩们代表的宗法文化的威压下呻吟着、反抗着的年轻一代。”①从推翻清王朝统治到国共几度合作与争斗，再到抗战和中华人民共和国成立后的政治运动，小说始终围绕着中国传统农村社会不变的宗族斗争和政治变迁这两条主线，展现了宏大的中国农村生活全貌。

相比20世纪90年代小说，21世纪初的小说延续了底层叙事风格，并逐渐演变为三种创作流向：一是具有“新左翼”倾向的小说创作，用理性的口吻去叙述底层人民所遭受的种种挫折；二是基于消费主义而创作的底层小说，这些小说多突出主人公对金钱欲望的渴望从而招致的苦难；三是泛道德化的底层书写，作者企图站在道德制高点去描绘这些底层的苦难。与此同时，网络小说作为电子时代的产物，21世纪以来拥有为广泛读者群体，成为一支不可忽视的力量。

（三）多元期的诗歌创作

20世纪90年代的诗坛演变出多个流派，有20世纪80年代延续下来的“新乡土”诗

---

① 雷达：《废墟上的精魂——〈白鹿原〉论》，载《文学评论》，1993(6)。

歌；先锋诗坛分化，形成知识分子创作与民间写作的对立之态；“个人写作”真正得以确立，不同的创作群体积极为自己发声，包括“身体写作”“知识分子写作”“民间写作”“女性写作”等；流行歌词大量创作，诗歌开始走下神坛与大众建立联系。总之，20 世纪 90 年代的诗歌更加注重个人立场，诗歌中的日常成分增多，但是又过度沉迷于语言上的技巧，从而忽视了其他的方面。

21 世纪以来，随着互联网的发展，诗歌从写作方式、发表方式和阅读形态等多个方面都产生了翻天覆地的变化，诗歌成为国民普遍需要的力量，作者不再执着于诗歌能否成为经典，心态相对平和，将其融入自己的生活。但值得思考的是，诗歌不断走向大众的过程中，也出现了低俗化、空洞化等一系列问题。

(四)多元期的散文、戏剧、影视

从 20 世纪 90 年代开始，散文和戏剧与小说、诗歌一样也进入多元期。这一时期的散文有以张中行为代表的“学者散文”、以余秋雨为代表的“文化散文”、以史铁生为代表的“哲理散文”等，充分显示出知识分子群体对现实问题的关注和文人情怀。报告文学不再像 20 世纪 80 年代那样盛极一时，而是更为深沉地去挖掘深层次的生存问题，新闻性也更强。

戏剧方面，小剧场成为这一时期重要的演出方式和新时期我国戏剧发展的重要标志之一。在内容方面有代表国家意识形态的主旋律戏剧，也有以商业收益为目的通俗戏剧、实验戏剧和改编剧等多个方面。到了 21 世纪，中西方戏剧文化交流逐渐深入，我国的戏剧艺术正在朝着更为多元方向发展。

20 世纪 90 年代后，我国的影视剧开始大规模创作，在种类、风格多方面都更为丰富，产生了名著改编剧《水浒传》《红楼梦》等，以及反映现实的《渴望》《我爱我家》等。我国的影视事业不断走向成熟，主旋律电影、商业电影、文艺电影等多类型影片活跃在大众的视线之中。

【思考与练习】

1. 中国当代文学发展经历了几个阶段？分别说出每个阶段经历的时间。

2. 中国当代小说、诗歌、散文和戏剧发展的脉络分别是什么？尝试画出思维导图做梳理说明。

3. 中国当代小说、诗歌、散文和戏剧发展过程中，代表作家作品有哪些？请举例说明。

4. 比较现代文学和当代文学发展的大致走向，前后有怎样的变化和特点？

第四节
中国现当代文学领域有代表性的作家作品

一、鲁迅及其小说、散文、散文诗创作

(一)鲁迅

鲁迅(1881—1936年)，浙江绍兴人，原名周樟寿，字豫山，后改为豫才，1898年到南京求学时改名为周树人。“鲁迅”这一笔名第一次出现在1918年《新青年》杂志上发表的《狂人日记》一篇中。鲁迅是现代文学的奠基人，在中国文学史上占有极为重要的地位。代表作品有短篇小说集《呐喊》(1923)、《彷徨》(1926)、《故事新编》(1936)，散文集《朝花夕拾》(1928)，散文诗集《野草》(1927)，杂文集《热风》(1925)、《华盖集》(1926)、《华盖集续编》(1927)、《坟》(1927)、《而已集》(1928)、《三闲集》(1932)、《二心集》(1932)、《南腔北调集》(1934)、《伪自由书》(1933)、《准风月谈》(1934)、《集外集》(1935)、《花边文学》(1936)、《且介亭杂文》(1937)、《且介亭杂文二集》(1937)、《且介亭杂文末编》(1937)、《集外集拾遗》(1938)等。除此之外，还有书信集《两地书》(1933)和《中国小说史略》(1925)，以及《汉文学史纲要》(1938)等学术著作，与周作人合译的《域外小说集》等大量译著。

(二)短篇小说集《呐喊》《彷徨》

《呐喊》《彷徨》分别为鲁迅的第一、第二部短篇小说集，收录了他从1918年到1925年共7年的时间里创作的26篇小说。它们标志着中国现代小说成熟，既形象反映了新文化运动时期的“启蒙”的主题，又突出了鲁迅个人的所见所感。鲁迅的小说存在两大叙事模式，其一为“看与被看”二项对立的“镜像”模式，其二为“离去—归来—离去”隐含着分裂的“回乡”模式。

1. 思想内容

(1)深刻地揭露“吃人”主题

《狂人日记》以象征手法，描写了一个被迫害的“狂人”自述经历，揭穿封建礼教的“吃人”本性，“我翻开历史一查，这历史没有年代，歪歪斜斜的每页上都写着‘仁义道德’几个字。我横竖睡不着，仔细看了半夜，才从字缝里看出字来，满本都写着两个字

是‘吃人’!”又如《孔乙己》中被封建科举制度吃掉的孔乙己，《祝福》中被男尊女卑礼教制度“吃掉”的祥林嫂，《故乡》中生活在底层农村日益麻木的中年闰土……都是作者刻画“吃人”主题的有力写照。

(2)对国民劣根性的深刻批判

鲁迅在小说中对国民劣根性进行了深刻探讨，批判包含两个方面：一是国民千百年来固有的奴性；二是国民“事不关己”的看客心态。例如，在《阿Q正传》中，阿Q面对赵太爷、假洋鬼子的欺凌时仍旧卑躬屈膝，不反抗，事后用“精神胜利法”安慰自己；《故乡》中饱受摧残的中年闰土看到“我”时那一声毕恭毕敬的“老爷”；《示众》中一群不知何事却争相看热闹的观众等。在鲁迅的笔下，当时的国民是丝毫看不到希望的，麻木、冷漠，他擅长从当事人和围观者两个视角来立体刻画这种“劣根性”，使其小说带有很强的启蒙色彩。

(3)对启蒙者和启蒙主题的思考

鲁迅不仅批判愚昧的国民，也以“中间人”身份，反省启蒙者群体和启蒙本身的意义。在他看来，当时的启蒙运动并没有深入民众之中，启蒙成了一件与大众无关痛痒的事情，既不能为世人所理解，更不能警醒世人。例如，在小说《药》中，老栓夫妇让小栓吃蘸了革命者“一腔热血”的馒头，表现了启蒙思想不能被理解的悲哀；《在酒楼上》经历重重挫折后失去信仰的吕纬甫，“像个蜂子蝇子一样在空中兜了个圈子又飞回原处”。除了批判国民性，鲁迅对启蒙者群体也有着深深的忧患和清醒的认识。

2. 艺术成就

(1)现实主义的创作手法

鲁迅笔下的小说，从现实出发，通过对细节、环境和人物刻画去揭露各式丰富的主题；同时，鲁迅意在打破“大团圆式”“美满”的传统小说结尾，例如，在小说《祝福》中，通过描写“克夫”之身的祥林嫂在除夕夜大团圆之际悲惨地死去，戏剧性的突出其麻木而凄惨的一生。鲁迅小说中这种现实主义创作手法，为日后很多刻画现实的小说提供了新思路和创作源头。

(2)题材上的变化

鲁迅的小说一改晚清小说中描写奇人、官员的传统题材内容，转而描写底层普通人的生活，从平凡的事和人中深入挖掘主题。从宏观上看，《阿Q正传》虽描写的是一个乡村流浪汉的日常生活，却揭露了中国人当时普遍的麻木状态；《孔乙己》虽只是刻画了一个穷苦落榜书生的形象，却深挖出科举制度行至末路带给读书人的伤害。题材上的转变带来的是更深刻的醒悟。

(3)语言的变幻和丰富运用

鲁迅的小说主体语言是警醒、含蓄、凝练的。他善于巧妙地运用动词和副词，也会根据小说的具体内容做出调整，例如，在抒发情感和自我感悟过程中，语言也会随之或增或减。

(4)叙事结构的创新

传统小说结构通常采用环环相扣的线性叙事结构，但是鲁迅的小说在这一方面做了创新，他的短篇小说有顺叙、倒叙、插叙、双线并进等多种结构。例如，在小说《故乡》中，就在“我”回故乡过程中插入了少年时期与闰土的玩乐片段，对立的叙事方式更突出了封建礼教对人的戕害；《药》中，采取双线叙事方式，革命者抛头颅洒热血的背景与老栓一家的愚昧形成鲜明对比，相比单一线性叙事方式更具震慑力。

(三)散文集《朝花夕拾》

1.《朝花夕拾》简介

《朝花夕拾》收录了鲁迅于1926年陆续发表的10篇回忆早年生命历程的散文，在1928年出版，以“闲谈体”体式而著称。从内容上看，一方面，包括鲁迅以自己儿时的视角呈现充满童真童趣的回忆散文。例如，在《阿长与山海经》中，通过儿童般朴实的语言，描写了自己与“长妈妈”相处的情景，表达对劳动妇女的关切和童年时光的深刻怀念；在《从百草园到三味书屋》中，采用白描手法，将状物与写意联系起来，描写了自己儿时在百草园的快乐生活和在三味书屋中读书的经历。另一方面，借用儿童的口吻，表达对传统封建礼教的批判，如在《二十四孝图》中，通过回忆孩童时期“我”对传统的二十四孝图的反感，揭露了这些残害儿童幼小心灵的“传统孝心故事”，表现了封建孝道故事对人的误导和戕害。

2. 艺术风格

文体结构、叙述方式和表现手法的不拘一格，由于其“闲谈体”文体的特点，在文体结构、叙述方式和表现手法上，《朝花夕拾》中十篇散文各不相同。既有侧重描写亲人好友的散文，如《藤野先生》《阿长与山海经》《范爱农》；也有以叙事为主的散文，如《从百草园到三味书屋》《父亲的病》《琐记》；也包括一些夹叙夹议的散文，如《二十四孝图》《五猖会》等。表达内容不同，但都为回忆童年的散文，不拘一格。

(四)散文诗集《野草》

1.《野草》简介

鲁迅的散文诗集《野草》开启了“独语体”散文的创作风格，所谓“独语体”即“自言自语”，作者有意识地将读者隔离在文章之外，写作仿佛是一个自我叩问的过程，去挖掘灵魂深处的思考和人生的哲理。这部散文诗集的诞生，代表着鲁迅对自己“中间人”身份的发现，对生命更深层的认识。鲁迅塑造了大量具体和抽象的对立意象，包括“冰与火”“天堂与地狱”“希望与绝望”等。如果说鲁迅的小说作品主要集中于批判外在社会的人和物，那在《野草》中，鲁迅则侧重对内在心灵世界的追寻。

2. 艺术成就

(1)象征主义手法的运用

《野草》中大篇幅运用了象征主义手法，创造了各种不同的意象，包括人物象征形象和各种自然景观。如《这样的战士》塑造了刚毅的战士形象；《好的故事》描写了山阴道路上潺潺流淌的河水等。

(2)借助奇幻的想象进行象征性描写

鲁迅不仅创造了大量的意象，还通过幻想和幻境来描写生命之不屈抗争。如在《死火》中，鲁迅幻想出了在“冰山与死火”冷热交替之中，突出生命在极端环境之中的反抗与不屈。

(3)幽默辛辣的寓言故事蕴含深刻哲理

除了象征手法的运用，鲁迅也继承了通过寓言故事揭示背后的深刻哲理的方法，以幽默嘲讽的寓言讲述一个故事。如《聪明人和傻子和奴才》《立论》等故事，刻画了不同人物形象的行为，来揭示和思考人性。

二、周作人及其散文创作

(一)周作人

周作人(1885—1967 年)，浙江绍兴人，初名櫆寿，号星杓，1901 年改名周作人，1909 年又改号为启明，常用笔名诸多。他曾与鲁迅一起筹办《新生》杂志，五四前后加入《新青年》杂志，20 世纪 20 年代加入新潮社，并参与筹办文学研究会，高举“为人生”的文学旗帜。20 世纪 20 年代中期之后，其思想逐渐萎靡。周作人是现代文学史上有重大影响力的作家，也是饱受争议的作家。

(二)散文创作

周作人的散文作品颇丰，尤其在五四前后，创作散文集有《自己的园地》《雨天的书》《泽泻集》《谈龙集》等。其散文风格主要有浮躁凌厉与平和冲淡两类风格，五四时期谈论时事的杂文多为浮躁凌厉的风格，而一些杂感和读书随笔以及一些艺术性散文则多以平和冲淡的风格为主。虽然两种风格都贯穿于其在整个五四时期以及 20 世纪 20 年代的散文创作之中，但是周作人与后一种风格更为相符。《吃茶》《谈酒》《乌篷船》《故乡的野菜》等名篇与日常生活息息相关，平和冲淡不仅仅是周作人写作上的特点，更是其对待生活的态度。他总能从这些日常生活中的小事中寻找一些雅趣，这种艺术性的态度和风格，将其整个人提升到一种完美的艺术境界。

随着时代和时局的变换，周作人的个人思想矛盾逐渐加深，加之与其他作家间的关于文学思想和理论方面的不合，在极度的悲观情绪和个人主义驱使下，周作人逐渐放弃对国家和人民的责任感，逐渐颓废，迷失了自我。周作人晚年定居北京后，翻译了大量外文作品，出版了《鲁迅的故家》等书。

三、郭沫若及其诗集、历史剧创作

(一)郭沫若

郭沫若(1892—1978年)，原名郭开贞，号尚武，出生于四川乐山，是我国成就斐然的诗人和历史剧作家，在小说、诗歌、戏剧、散文等多个方面均有涉猎。代表作诗集《女神》奠定了他在中国新诗史上的显赫地位。除此之外，20世纪20年代，郭沫若还创作了诗文集《星空》《瓶》等。除诗歌创作之外，郭沫若在历史剧创作方面也有一定的贡献，代表作有《屈原》《王昭君》《卓文君》等。

(二)诗集《女神》

《女神》是郭沫若的第一本诗集，其发表标志着自由体新诗时代的到来，诗中蕴含着强烈的五四时代精神，“泛神论”的哲学思想成为郭沫若《女神》创作时期浪漫主义价值核心。郭沫若式的“泛神论”否定“神”的存在，认为“我即是神”，强调自我的中心位置，人与自然和谐统一于一“神”，物我合一。

诗歌主要突出三个方面的主题。一是渴望和歌颂祖国的新生。在诗歌《凤凰涅槃》中，诗人借凤凰浴火重生的神话传说，象征旧中国必将以崭新的面貌再生，表现出诗人强烈的爱国主义精神。二是对自我的歌颂。诗人与祖国同呼吸共命运，诗篇中跳动着奇幻的想象以及犹如火山喷发般激昂的感情。在《天狗》中，诗人以极度夸张的方式展示了追求个性解放的叛逆者形象。三是对自然的歌颂。在诗集《女神》中，诗人歌颂太阳的诗篇最多，体现了诗人憎恶黑暗、追求光明的强烈愿望。在《太阳礼赞》中，诗人以全部的热情去迎接“光芒万丈”的新生的太阳，除了歌颂自然，诗歌中还洋溢着革命乐观主义精神。在《光海》中，诗人笔下的自然到处都是生命的“光波”，“到处都是新鲜的情调，到处都是笑”。这些诞生于五四时期的诗歌，风格瑰丽，充满了积极向上的爱国情怀，体现诗人对自由和光明、对美好事物的不懈追求。

(三)历史剧创作

郭沫若的历史剧创作主要分为三个时期：第一时期是五四时期，以《三个叛逆的女性》为代表，这些叛逆的主人公形象，突出体现了反封建反压迫精神；第二时期是抗战时期，这也是郭沫若的历史剧创作高峰时期，共创作了《棠棣之华》《屈原》《虎符》《高渐离》《孔雀胆》《南冠草》六部历史剧作品。其中《屈原》是这一时期的代表作品，借用战国时代楚国诗人屈原的生平遭遇，将人物形象理想化，反映了抗战到底、反对分裂的决心，同时突出诗人光明磊落、坚贞不屈的高尚情操。在塑造屈原形象的过程中，郭沫若还借助正反两大阵营，在正义与邪恶对立中，更为突出诗人的高洁形象。

四、冰心及其诗歌、散文创作

(一)冰心

冰心(1900—1999 年)，福建福州长乐人，原名谢婉莹，笔名为冰心。现代著名女诗人。作家、翻译家和社会活动家。1919 年，冰心在《晨报》杂志发表了第一篇散文《二十一日听审的感想》和第一篇小说《两个家庭》。1923 年，陆续发表总名为《寄小读者》的通讯类散文，成为中国儿童文学的奠基之作。“冰心体”体现了冰心作品中独特的思想内涵和唯美的语言魅力。

(二)诗集《繁星》《春水》

《繁星》《春水》是冰心受印度诗人泰戈尔《飞鸟集》的影响，于 1923 年先后创作的两部诗集。这两部诗集收录的多数诗歌篇幅短小，被称为“小诗体”。“小诗体”的特点是形式短小，或缘事抒情，或因物起兴，或寄情于景，以捕捉刹那间的自我感受与哲思，充分体现了人觉醒之后的内在困惑，“小诗”成为当时“新诗坛上的宠儿”。[①] “小诗体”的主要代表作家有冰心和宗白华。冰心的小诗以“母爱、童心、自然”三位一体的“爱的哲学”著称，用三五句简短的格言形式，加之以清丽娟秀的语言，去挖掘深刻哲理，抒发自己的感悟。除此之外，冰心的诗集也被茅盾称为“繁星格、春水体”。

1. 思想内容

诗集《繁星》《春水》包括三部分内容：一是对母爱、童真的歌颂；二是对大自然的赞美；三是对人生的思考和抒发个人的苦闷。其中，《繁星》由 164 首小诗组成，冰心在《繁星》中，不断地表达她对母爱、童真和自然的歌颂；而在诗集《春水》中，除了包含对以上三个主题的歌颂之外，还表达了以她本人为代表的一代知识分子内容的苦闷，她擅长用忧愁又温柔的笔调来表达自己的感受和对生命的思考。如在《春水・一零五》中，作者写道：“造物者——倘若在永久的生命中/只容许有一次极乐的应许/我要至诚地求着/我在母亲怀里/母亲在小舟里/小舟在月明的大海里。”形象地将三个主题囊括其

① 任钧：《新诗话》，56 页，上海，上海两间书屋，1948。

中，来表达自己对真善美的“爱的哲学”的向往。

2. 艺术成就

(1)哲理性较强

《繁星》《春水》中往往蕴含着深刻的哲理，而这些哲理往往又是跟诗人的思想感情联系起来的，读起来有一种深邃的美感。如《繁星·一二》中，作者用“人类呵/相爱罢/我们都是长行的旅客/向着同一的归宿”，既鲜明地表达了自己的“爱的哲学”主题，又抒发了自己内心最真实的想法。

(2)纤柔的女诗人风格，意境优美

冰心的小诗，语言清丽优美，既带有一定的警醒作用，又将自己独特的纤柔语言风格杂糅其中，她带着丝丝忧愁，用温柔的笔调抒发自己的感悟，表达对母爱童真和自然的赞美，同时也谴责了社会的一些丑恶现象。

(三)通讯散文集《寄小读者》

《寄小读者》是冰心在1923—1926年写给小读者的通讯散文集，共包括29篇，其中有21篇内容是她赴美国留学期间写成的，主要叙述了国外的风光和所见奇闻，抒发了对祖国的热爱和思念之情。除此之外，冰心在20世纪六七十年代又分别发表了《再寄小读者》和《三寄小读者》。虽然三部散文集发表的时间不同，但主题大都相同，都表达对自然、童真、母爱的歌颂。《寄小读者》是中国现代较早的儿童文学作品，为中国儿童文学的奠基之作。

1. 艺术特色

(1)白话文和文言文杂糅，具有独特的典雅风格

冰心在散文创作过程中，虽然基本词汇和语法都是白话文，但是借用了文言文句式，使散文整齐、精练，读起来朴实、典雅。如《通讯·十二》中，作者写道：“谁无父母，谁非人子？母亲的爱，都是一般，而你们天真中的经验，却千百倍的清晰浓挚于我!”明显可以看到使用了文言文句式，将白话文与文言文结合，更能增强表现力，表达了对朴实母爱的赞颂之情。

(2)自然凝练的“冰心体”语言

冰心的散文篇幅短小，内容却深刻，读起来令人意味深长，她的文体独成一派“冰心体”。例如，《通讯·十四》中的“如今呢？过的是花的生活，生长于光天化日之下，微风细雨之中……过的是云的生活，随意的舒舒卷舒”一段，通过“花”“云”“微风细雨”这样自然意象，抒发自己脱离世俗的烦扰后内心的舒畅。

五、朱自清及其散文创作

(一)朱自清

朱自清(1898—1948年),原名自华,字佩弦,号秋实。祖籍浙江绍兴,生于江苏东海县。20世纪20年代开始创作文学作品,是我国现代著名的诗人、散文家。20世纪30年代留学英国,在欧洲多国游历,曾任清华大学、西南联合大学教授。早期的散文集主要收录在《踪迹》和《背影》中,之后又出版了散文集《欧游杂记》《你我》《伦敦杂记》等。

(二)散文创作

朱自清的散文集众多,其中主要包括了四个方面的内容。一是写景抒情。朱自清的散文带着国人独有的清新脱俗的笔调,如在《荷塘月色》中,朱自清借月色和荷塘等美景,追求内心刹那间的安宁,只为忘却世间的种种烦恼。他酷爱古典诗词,他的散文带着浓浓的典雅味道,充满了意境之美。二是游记散文。朱自清留学英国,又游览过欧洲多个国家,感受到异国风情的他,也记录了一路上的所见所感,这些散文多收录于《踪迹》《欧游杂记》《伦敦杂记》几部散文集中。三是抒发情感的散文。这类散文既有表达生活情趣的,也有抒发对亲人好友的思念的。例如,《背影》中作者回忆给自己买橘子的父亲;《我所见的叶圣陶》中通过“我”的视角刻画叶圣陶先生;亦有《谈抽烟》《看花》这样的描写日常的文章。四是针砭时弊的散文。朱自清虽然是性情平和之人,但是其所处的时代背景使其不得不卷入其中,所以他也写了怒斥时政的《执政府大屠杀记》、批判社会之落后的《生命的价格——七毛钱》等。

朱自清散文的艺术成就如下。

第一,口语入词,真而不俗。

朱自清擅长在散文中运用叠词和口语化语言,使文章读起来真实而又生动形象。他在《春》中写道:“桃树、杏树、梨树,你不让我,我不让你,都开满了花赶趟儿。红的像火,粉的像霞,白的像雪。花里带着甜味儿闭了眼,树上仿佛已经满是桃儿、杏儿、梨儿。”这段文字形象地将春天满树鲜花的场景表现出来,仿佛读了这篇文章春天就在眼前,春意在肆意弥漫。他在《荷塘月色》中运用了多达26个叠词,如“层层”“薄薄”等词,都刻画出月下荷塘的朦胧之美。

第二,拟人手法的运用。

朱自清在散文中也常常使用拟人的修辞手法,把“静”的景物写活了。如《春》中,“小草偷偷地从土里钻出来了”,一个“钻”字,就表现出了春草冲破土层的挤劲儿,再加上用“偷偷地”修饰，描写其小知小觉地出现之态，生动地表现了春草的活力。他在《松堂游记》中写道：“好了，月亮上来了，却又让云遮去了一半，老远的躲在树缝里，像个乡下姑娘，羞答答的。”采用拟人化的手法描写姗姗来迟而又被云半遮的月亮，将月亮喻为害羞的乡下姑娘，让人感觉情趣盎然。

第三，情景交融的创作手法。

朱自清从古典诗词中借鉴，能够将古代诗词中的意境信手拈来地使用到自己的散文创作中，如《桨声灯影里的秦淮河》中对秦淮河月景的描绘：“那晚月儿已瘦却了两三分。她晚妆才罢，盈盈地上了柳梢头。天是蓝得可爱，仿佛一汪水似的；月儿便更出落得精神了。”既有远景也有近景，将秦淮河上空的月亮描写得清丽而富有生气。

六、茅盾及其小说创作

(一)茅盾

茅盾(1896—1981 年)，原名沈德鸿，字雁冰，出生于浙江桐乡乌镇。早年父亲去世，茅盾从小在母亲的教育下长大。他是中国现代著名作家、文学评论家、文化活动家以及社会活动家，新文化运动先驱之一。代表作品有《蚀》(包括《幻灭》《动摇》《追求》三篇)，还有“农村三部曲”(包括《春蚕》《秋收》《残冬》三篇)，以及《子夜》《林家铺子》《霜叶红似二月花》等。茅盾是现当代文学史上最先成熟的长篇小说家。

(二)《蚀》

《蚀》作为茅盾的第一部长篇小说，由《幻灭》《动摇》《追求》三个中篇组成，小说主要描述了小资产阶级女性章静在现实革命中不断抗争，又不断幻灭的生存状态，表现现代青年在革命浪潮中所经历的三个时期，包括革命前夕的亢奋、革命斗争时的动摇和幻灭后不甘心地追求。小说中将革命中的知识者内心的关于环境、革命和自我之间的矛盾展开来表现，同时描述了一系列小资产阶级知识女性形象。《蚀》中涉及广阔的历史画面、纷繁的社会事件、众多的人物形象等，真正拉开了现代长篇小说创作的帷幕。

(三)《子夜》

《子夜》是中国现代长篇小说里程碑式作品之一，茅盾于 1931 年开始创作，历经一年时间完成，部分章节先后在《小说月报》和《文学月报》杂志上发表过。小说以 20 世纪 30 年代夏季的旧上海为背景，全文采用多线交叉、网状结构，描写了当时中国社会各阶层之间的种种矛盾和斗争。

《子夜》的艺术成就如下。

第一，叙事宏大，“史诗级”描写。

叙事结构复杂，描写了不同阶级之间的固有矛盾和争斗，以当时最为繁华的上海为背景，涉及众多场面，包括企业、商会、公馆、舞厅等，并在其中展开不同阶级之间的较量。除此之外，小说也注重刻画当时半殖民地半封建社会的复杂特性，揭露了胜利必将属于工人阶级的道理。

第二，“三条矛盾线索”贯穿全文。

全书中吴荪甫和赵伯韬之间的斗争是主线，中间又穿插着主人公吴荪甫和工人、农民之间的斗争。小说主人公吴荪甫所代表的民族资产阶级是半殖民地半封建社会的畸形产物，受到上层买办和底层工人与农民的双层压迫。茅盾通过现实主义的笔法，将当时社会剖析得淋漓尽致。

第三，塑造典型人物和典型性格，升华主题。

茅盾深挖社会本质，将人物刻画与当时的大时代背景和环境结合起来，不仅关注他们自身的性格特征，而且与时代环境交织起来，强调时代、阶级和政治思想斗争给人物刻下的深刻烙印，体现了鲜明的社会意识形态。

七、巴金及其小说创作

（一）巴金

巴金（1904—2005年），原名李晓棠，字芾甘，“巴金”是从1929年发表小说《灭亡》时开始使用的笔名。巴金祖籍浙江嘉兴，生于四川成都。他是作家、社会活动家、爱国民主人士。代表作品有长篇小说《家》《寒夜》《憩园》等。

（二）《家》

长篇小说《家》于1933年出版，是“激流三部曲”中的第一部，其他两部分别为《春》《秋》。小说主要揭露了20世纪20年代初期生活于四川成都一个封建大家庭的种种腐朽，批判封建制度对于人性的摧残，同时歌颂了年轻一辈努力摆脱封建势力，进行反封建斗争的觉悟。小说三位主人公觉慧、觉民、觉新性格、遭遇各不相同，而他们所抗争的这个封建大家庭中的权力中心就是封建大家长高老太爷。

1. 人物形象

(1)大哥觉新——多余人身份

觉新自小受到良好教育，成绩优异，孝顺听话，因而他的思想被封建礼教严重束缚，虽然他有着对美好理想的追求，但是自小的教养让他不得不逆来顺受，成为受封建宗法礼教观念压迫的牺牲者，带有与生而来的双重扭曲性。

(2)二弟觉民——局限的反抗者

觉民和觉慧都不满于封建礼教束缚。但是觉民更为犹豫，他的反抗仅仅停留在爱情和婚姻自由上，为了与琴能够自由恋爱，逃婚离家出走，最后获得理解。但是他的反抗不够彻底，只停留在个人层面，具有一定局限性。

(3)三弟觉慧——彻底的反抗者

觉慧是高家思想觉悟最高的人，他在学习过程中接受了新思潮和民主主义思想的影响，大胆而坚决，是一个不折不扣的“人道主义战士”。在经历和目睹了身边的种种悲剧后，包括喜爱的丫头鸣凤的自尽、瑞珏等人的死，他毅然离家，跟一群志同道合的朋友开报社宣传新思想。

(4)高老太爷——封建末路的捍卫者

正如这一时期的很多其他小说、戏剧作品，家中男性长辈象征着大家庭的封建权威，有着冷酷、专横的性格特征。高老太爷拒绝让孙子们参加任何社会活动，强制安排婚姻，一切只为维护封建大家族的兴旺，同时高老太爷也表现出了人性未泯的一面，例如，临终时终于有所忏悔，成全了觉民的婚姻。

2. 艺术手法

浓郁的抒情色彩和精当心理剖析是《家》的特点。巴金笔下的《家》中的情节和人物都是他经历或者目睹的，带有很强的真实性，在这个过程中，巴金也将心中的所想所感抒发出来，融入人物描写当中。作品的抒情方式主要有第三人称内心剖析、对话式倾诉和渲染悲剧场景等，如丫头鸣凤在自尽投湖前内心的挣扎和绝望、觉慧知道鸣凤投湖的自责等，将封建大家庭中的所有罪恶和不堪暴露在读者面前。

八、老舍及其小说创作

(一)老舍

老舍(1899—1966年)，原名舒庆春，字舍予，满族，中国现代小说家。老舍从小家境贫寒，出生于北京胡同的大杂院，因此对北京的生活环境和人情世故有着更为透彻的理解。代表作品有短篇小说《月牙儿》《我这一辈子》《黑立白》等，长篇小说《骆驼祥子》《四世同堂》等，话剧《茶馆》等。

(二)《骆驼祥子》

长篇小说《骆驼祥子》是老舍的代表作品之一，主要讲述了底层人民代表形象——北京人力车夫祥子，由朴实勤劳向自私麻木的负面转变过程，批判了旧社会的“吃人”

现象。旧社会不断对劳动人民进行剥削和压迫，把他们变成了“行尸走肉”。其中小说又刻画了一系列人物形象，揭示了旧社会大环境背景下，个人很难凭借自己的奋斗改变当前悲惨命运的现实，展现了人性丑陋的一面。老舍将自己的生活背景融入其中，对北京市民文化的准确把握，让他的小说充满了地道的“京味儿”。

1. 人物形象

祥子，经历了人生的“三起三落”，此后一蹶不振，彻底屈服于黑暗的旧社会。从农民到车夫，祥子并没有改变小生产者的生活态度，他有一个小小的梦想——买车、拉自己的车，其他的事情概不关心。他把阶级的压迫看成一次次偶然的劫难，把不可避免的社会冲突看成个人之间的较量。他把自己所有的希望寄托在一辆车上，以为有了车就可以不受别人的气，可他却不知道在这个黑暗的社会中是没有出头之日的，最终他在这条自己想象的完美的路上碰得头破血流，变成了行尸走肉般的麻木人群中的一员。

虎妞的性格具有“双重性”。她对祥子有自己真诚的一面，同时又好占便宜。小说中，虎妞的父亲剥夺了她的青春和自由，而她同时也在步步诱导祥子走向深渊。

2. 艺术成就

(1)“串珠式”的独特结构

老舍在创作小说《骆驼祥子》过程中，用“串珠”的形式，以祥子的“三起三落”为主线，从而辐射到他生活的场景和环境，刻画出老北京市民阶层的艰难生活。同时兼顾人物刻画、情节叙述、环境描写，共同构成了一幅北京社会生活画卷。

(2)独特的“京味儿”语言艺术

小说以北京白话方言为主，带着浓浓京韵京味儿，洋溢着北京人独特的生活气息，带领读者领略北京当地小市民的个性特征。例如，祥子第一次丢车时喊了一句“凭什么?”虎妞知道自己怀孕之后，只说了三个字“我有了!”简短却鲜明地突出了人物的性格特征。

九、曹禺及其话剧创作

(一)曹禺

曹禺(1910—1996 年)，原名万家宝，字小石，祖籍湖北潜江，出生于天津，中国现代文学史上大师级的剧作家。曹禺从小就酷爱听戏，也读了很多文学作品。大学期间，喜爱欧美文学作品和中国传统戏剧艺术，涉猎广泛，这一切都为他日后的戏剧创作奠定了良好的基础。在大学毕业之际，他创作了第一部剧作《雷雨》，标志着中国现代话剧的成熟。在教书之后，曹禺又相继创作了《日出》《原野》《北京人》等剧作。曹禺第一阶段剧作的影响更为广泛，其中《雷雨》《日出》《原野》一起被称为“生命三部曲”。

(二)话剧《雷雨》

《雷雨》是曹禺的第一部戏剧作品，于 1934 年发表在《文学季刊》上。此剧以 1925 年前后的中国社会为背景，描写了一个带有浓厚封建色彩的资产阶级家庭的悲剧。该剧以两个家庭、八个人物、三十年的恩怨为主线，刻画了伪善的资本家大家长周朴园，受新思想影响的单纯少年周冲，被冷漠的家庭和爱情逼疯的女人蘩漪，对过去所作所为充满了罪恶感、企图逃离的周萍，还有意外归来的鲁妈，单纯的四凤，受压迫的工人鲁大海，贪得无厌的管家等，家庭秘密和身世秘密，所有的矛盾都在雷雨之夜爆发。在叙述家庭矛盾纠葛、怒斥封建家庭腐朽、顽固的同时，反映更为深层的人类命运问题。该剧情节扣人心弦、语言精练、含蓄，人物各具特色，是中国现代话剧成熟的里程碑。

这部剧在两个场景、二十四小时内集中展开了周鲁两家长达三十年的恩怨情仇，讲述了两个不同的阶级之间纠结复杂的悲剧故事，一边是以周朴园为代表新兴资产阶级，另一边是以鲁妈为代表的城市平民阶层。两个不同阶层之间的固有矛盾是这场悲剧的根源，同时揭露了旧社会资产阶级大家族内的种种黑暗。

《雷雨》的艺术成就如下。

第一，脸谱化的鲜明的性格特征。

曹禺在刻画两个阶层不同人物特征时，采用了个性化语言和外貌描写，将一个个人物形象呈现在观众面前。例如，在描述蘩漪时，着重刻画了她的内心世界，烦琐沉闷的生活让她觉得无比烦闷，精神的重重枷锁压得她喘不过气来：“这只好问她的命运，为什么她会落在周朴园这样的家庭中。”[①]又如对鲁贵的描写：“他的身体较胖，面上的肌肉宽弛地不肯动，但是总能很卑贱地谄笑着，和许多大家的仆人一样。”[②]

第二，语言凝练、丰富，具有张力。

戏剧与其他体裁的文学作品不同，戏剧由于受到时间和空间的双重制约，其语言必须精简又富有张力。《雷雨》中的语言通俗易懂，台词充满了巧妙的停顿和省略设计，给观众留下思考空间的同时，又将观众完全带入作者营造的世界中去。

第三，具有感染性的动作刻画。

《雷雨》在情节推动过程中，也巧妙运用了动作描写，使故事矛盾更加激化。例如，

---

① 曹禺：《雷雨》，184 页，北京，人民文学出版社，1994。

② 曹禺：《雷雨》，14 页，北京，人民文学出版社，1994。

在第二幕中，鲁大海在揭露周朴园罪恶的发家史时，侍萍看到自己二十多年未见的儿子周萍殴打另一个儿子鲁大海时，她先是震惊，接着猛醒，继而愤怒，最后怒斥，经历了一系列强烈的感情变化。

十、赵树理及其小说创作

（一）赵树理

赵树理（1906—1970年），山西沁水县人，原名赵树礼。儿时深受民间文化的熏陶，加之求学经历，赵树理的小说多源于他熟悉的农村和农民生活，对农村的了解使他更多地意识到旧中国农民的痛苦。他们不仅受到政治、经济上的压迫，更受到精神上的折磨，在这种文化环境影响下，赵树理的小说多以反映中国农民全面翻身的过程，通过描写这一过程，突出表现了农民改造的长期艰巨性。作为现代文学史上第三代乡土文学作家之一，赵树理创作了大量反映农村生活的小说，代表作有《小二黑结婚》《李有才板话》《福贵》等。

（二）问题小说

赵树理曾说过自己创作的小说“都是我下乡工作时在工作中所碰到的问题，感到不解决会妨碍我们工作的进展，应该把它提出来”①。赵树理能够抓住现实斗争中发现的一些重要问题：如在《小二黑结婚》中，描述了边区青年小二黑和小芹争取自由婚姻的故事，表现主人公在新政权支持下，与封建迷信思想和反动势力斗争的胜利。作为中国现代文学史中短篇小说代表作品之一，小说成功刻画了代表新时代农民的“小二黑”“小芹”的形象和代表旧时代迂腐落后的“二诸葛”“三仙姑”的形象，将双方的斗争淋漓尽致地书写于纸上；又如在《李有才板话》中，他塑造了不同类型的农民形象，将封建地主与农民的斗争详细描述开来，李有才是小说中塑造最成功的人物形象，他生活阅历丰富，颇有心智，懂得保护自己，又讲究策略团结民众，最终获得了斗争的胜利。

（三）小说中的民族化方向

赵树理的小说不仅有现实主义的创作风格，其叙事结构和语言等诸多方面也有一定的创新性。在叙事结构上，赵树理的小说借鉴了中国传统小说中章回体小说连贯的故事情节创作的方法，故事开篇介绍人物，结局清晰明了，加之叙事风格朴实，符合大众的阅读习惯，易于接近读者。在语言上，赵树理的小说真正做到了创造民族化、

---

① 赵树理：《赵树理文集》第四卷，25页，北京，人民文学出版社，2005。

大众化的语言风格，无论是叙述语言还是人物对话，赵树理都做了彻底的口语化处理，同时这种口语化的语言并不低俗，用词准确，表达充满生机与活力。在描写与叙事上，赵树理注意将人物放在斗争矛盾的动态变化之中，通过语言和动作等描写来加强对人物自身的刻画，这一过程使小说内容更加丰盈，创作出了大批使人民群众喜闻乐见的作品。

十一、莫言及其小说创作

(一)莫言

莫言，1955年出生，原名管谟业，山东高密人。莫言毕业于北京师范大学，现为中国作家协会副主席。其写作风格以“大胆新奇”著称，受到以马尔克斯等人创作的魔幻现实主义文学影响。他擅以幻觉现实主义融合民间故事、历史与当代现实，创作出了一批带有先锋色彩的独特作品，一部《红高粱家族》引起了文坛的轰动。他凭借作品《蛙》获得茅盾文学奖，2012年摘得诺贝尔文学奖。

(二)创作特点

1. 题材丰富，主要以奇人奇事、孩童为主

莫言擅长将魔幻现实主义与中国乡土文化结合，通过叙述奇人奇事或是刻画孩童世界，来表达对“高密乡”的复杂情感。例如，在《透明的红萝卜》里，从黑孩的视角出发，描写了对小铁匠进行变态般的惩罚的老铁匠、怀着感恩之心的菊子姑娘等。黑孩的外冷内热，具有正义感，与老铁匠、后娘等人形成鲜明对比，突出了孩童内心的纯真以及成人的黑暗。

2. 受西方魔幻现实主义的影响

在莫言的小说中，可以很容易发现西方现代主义文学的影响。这种影响是多方面的，有意识流小说的内心独白、心理分析、感觉印象、幻觉梦境、时空颠倒等；有魔幻现实主义的隐喻、象征、预言、神秘、魔幻；也有荒诞派戏剧的夸张、变形、荒诞；还有结构主义、感觉主义、象征主义等。莫言的小说结构的最大特点就是不断地进行场景切换和时空颠倒，具有明显的空间形式小说的特征，意识流是莫言作品的重要表现手法。

3. 融合、借鉴中国传统文化

莫言在借鉴西方现代主义的同时，也没有全盘西化，而是努力从民间故事、民间艺术、小说等优秀传统文化资源库中汲取营养。尤其是与莫言是同乡的清末小说家蒲松龄的《聊斋志异》，对莫言影响极大，这一点尤其体现在他的小说《生死疲劳》中。莫

言在继承卡夫卡、福克纳、马尔克斯等现代派大师的基础上，又扎根于本土文化和文学艺术的大地，成功实现了“西方文学中国化”。

4. 暴力美学的呈现

莫言的小说中充斥着对暴力的极致刻画，《檀香刑》是最能代表莫言暴力美学的巅峰之作。他在小说的第九章中用了一万四千多字描写了对钱雄飞的凌迟过程，莫言以他深厚的语言功底和惊人的想象力向读者呈现了一个鲜活生动、惊心动魄的酷刑场面。

(三)《红高粱》

中篇小说《红高粱》以独特的第一、第三人称混合的方式，讲述了“爷爷”余占鳌在山东高密东北乡轰轰烈烈、英勇悲壮的人生故事，以及他与“奶奶”戴凤莲之间的爱情故事。小说以两条线展开情节，主线即“爷爷”余占鳌反抗日本军，复线即他与“奶奶”之间的爱情故事。全文通过讲述一个土匪的传奇故事，突出了对野性生命力的赞颂。莫言有意颠覆传统上王侯将相这样的英雄形象，转而讲述另类的土匪英雄故事，开“新历史小说”之先河。

十二、贾平凹及其小说创作

(一)贾平凹

贾平凹，1952年出生，陕西省南部丹凤县人，毕业于西北大学中文系。贾平凹创作了大量优秀的小说、散文作品，代表作品有短篇小说《满月儿》《倒流河》等，中篇小说《腊月·正月》等，长篇小说《废都》《秦腔》《白夜》《土门》《高老庄》等，其散文作品主要收录在《贾平凹长篇散文精选》中。

(二)小说创作的三个时期

贾平凹小说的创作经历了三个时期的变化，1978年发表的《满月儿》以刻画西北理想化的乡土人生为主，通过对比描写两个农村长大的亲姐妹满儿、月儿不同的人物性格，反映了新一代西北女青年对爱情和生活的美好追求。这一时期贾平凹的小说叙事风格略显稚嫩，但是充满了清新的乡土气息，同时将城市和乡村、文明和落后两组对比结果详细刻画出来，搭建了一个完整的叙述框架，为其日后的创作奠定基础。1983年后，贾平凹凭借“商州系列”小说奠定其文坛地位，主要包括《鸡窝洼人家》《小月前本》《腊月·正月》《黑氏》《远山野情》《天狗》《古堡》《火纸》和长篇小说《商州》《浮躁》等。这一时期，贾平凹在创作过程中充分结合中国农村的历史发展和变迁，将人物的情感、心理变化刻画得淋漓尽致。尤其是在长篇小说《浮躁》中，贾平凹一改以往的聚焦于思考中国农民的心态变化，而是更为宏观地立足于城乡改革所带来的政治、经济、文化上的多重冲突。贾平凹的“商州系列”小说作为地域乡土小说、寻根文学，将农民的命运与时代、风土人情联系起来，对新时期民族文化的出路进行了不懈的探索和思考。

20 世纪 90 年代之后，贾平凹继续创作了大量的小说作品，其中长篇小说《废都》就是其这一时期最著名也是最具争议的代表作品。“废都”不仅仅取其字面之意，更是代表着旧文明的坍塌，新与旧的趋势之间的斗争和变化。小说中通过刻画著名作家庄之蝶的生活状况和社会中的变化，旨在反映 20 世纪 90 年代整个社会在新旧文化的冲击之下，物欲横流似“废都”般的状况：人们抛却了曾经的信念，在名利物欲场上沉浮不定。《废都》一经发表，便在文坛引发文化、道德等多角度的讨论。人们对《废都》众说纷纭，有的人认为《废都》代表着同时代人们的沉痛的记忆；也有女性主义批判者认为“女性主义批评在《废都》中读出的是男性文化，看到的是对于女性的露骨玩弄”①。之后，贾平凹的创作又回到了商州世界，继续创作了《高老庄》《怀念狼》等一系列作品，贾平凹擅长汲取古代杂说和西方现代派等技巧、经验，并将散文创作笔法运用到小说创作中，形成了其独具一格的古朴、含蓄、沉郁的创作风格。

十三、王安忆及其小说创作

(一)王安忆

王安忆，1954 年出生于南京，1987 年成为上海作协专业作家，现为上海作协主席。作为当代代表性女性作家，王安忆的创作成果颇丰，1980 年发表了成名作《雨，沙沙沙》，除此之外，还有长篇小说《长恨歌》《69 届初中生》《黄河故道人》《流水三十章》《父系和母系的神话》等。

(二)王安忆的小说创作

王安忆的小说随着其创作经历和时代变化不断丰富。20 世纪 80 年代，她创作了《雨，沙沙沙》等作品，塑造了“知青雯雯”的形象，侧重对个人的刻画寻求内心的倾诉；20 世纪 80 年代中后期转向对人性、民族文化的思考，这时王安忆的创作大致分为以《大刘庄》《小鲍庄》等为主的寻根文学，以“三恋”(《荒山之恋》《小城之恋》《锦绣谷之恋》)等为代表的性爱文化与女性小说，以《长恨歌》《好婆和李同志》等为代表海派都市文化小说等几个类别。

王安忆在整个 20 世纪 90 年代最著名的作品是《长恨歌》，作品的成功之处在于塑

① 旷新年：《从〈废都〉到〈白夜〉》，载《小说评论》，1996(1)。

造了小说的主人公王琦瑶。小说的三卷分别刻画了王琦瑶三个不同的人生阶段，通过这三个人生阶段的描写，将上海的人情世故写入其中。主人公王琦瑶不仅仅代表着一个女性群体，更是象征着变迁中的上海和一个时代，文中透露出苍凉沉痛之感。王安忆在创作过程中，将上海四十年变迁的历史揉碎，细腻地融进人物的命运里。

作为当代女性作家群体的代表，王安忆创作了大量的以女性视角为中心的作品，这类作品包括“三恋”和《米尼》《我爱比尔》等。通过刻画不同女性的爱情经历，探讨了人性与社会的复杂性。王安忆立足于女性群体，却并非偏激的女权主义者，而是以冷静、平和的心态关注着女性命运，其笔下的女性不具有性别歧视的过激行为，她们首先是作为一个有缺点的“人”而被塑造出来的。王安忆通过笔下的女性角色视角，来反映女性的命运，其独特的女性叙述方式提升了女性文学的影响力和地位。

十四、王蒙及其小说创作

（一）王蒙

王蒙，1934 年生于北京，青年时期加入中国共产党，1953 年创作了长篇小说《青春万岁》。20 世纪七八十年代后重返文坛，中华人民共和国成立初期的工作经历和边疆 16 年的生活经历成为王蒙 20 世纪 80 年代创作的重要来源。他于 1978 年先后发表了《向春晖》《最宝贵的》等小说，逐渐成为新时期文坛较为活跃的作家之一，代表作品有中短篇小说《深的湖》《相见时难》《最坚硬的稀粥》等，长篇小说《活动变人形》和“季节”系列长篇小说（包括《恋爱的季节》《失态的季节》《踌躇的季节》《狂欢的季节》）等。

（二）王蒙的小说创作

20 世纪 50 年代至 80 年代，王蒙的小说创作无疑在伤痕文学余波未断的年代里，呈现了不一样的色彩，王蒙的《夜的眼》《蝴蝶》等小说，基本遵循了“蒙冤—受屈—昭雪”的故事模式，主人公虽经历万般迷茫和挫折，仍然坚持对理想信念的不懈追求，这种忠诚不会因为内心的矛盾和挣扎而产生丝毫的动摇；到了 1986 年，王蒙发表了长篇小说《活动变人形》，标志着王蒙的小说创作发生了改变，作品中对信念的不懈追求和忠诚被文化和人性的思考替代。王蒙通过塑造倪吾诚及其家庭纷争来展现东西方文化的剧烈冲突。主人公倪吾诚从不屈于命运、挣扎抗争到绝望中沦为历史的牺牲品，这种震撼人心的悲剧力量彰显出王蒙对人性、社会和文化历史的思考。20 世纪 80 年代末至 90 年代初，王蒙又创作了“季节”系列长篇小说，这些小说旨在审视和批判知识分子群体，充满了直击灵魂的力量。王蒙善于思考和批判，他思维敏锐、文笔犀利，是中国当代小说艺术的“探险家”。在《夜的眼》创作过程中，王蒙试图将西方意识流创作技巧引入小说创作之中，随后在《春之声》《风筝飘带》等系列小说中吸纳这种创作技巧，形成了独特的东方意识流小说，为当代小说创作探索提供了实践的方向，并产生了巨大的影响。

【思考与练习】

1. 举例说明鲁迅在小说、散文、杂文等体裁上的代表作品，结合作品阐述其艺术成就和对中国现当代文学的贡献。

2. 老舍的长篇小说《骆驼祥子》中刻画的祥子和虎妞有怎样的性格特征？其艺术成就是什么？

3. 话剧《雷雨》为什么在现当代话剧史上有如此重要影响力？请从艺术成就角度详细说明。

4. 冰心的诗集《繁星》《春水》的思想内容和艺术成就有哪些？

第五节
中国现当代文学知识在小学语文教学中的运用

现当代文学作品在小学语文教科书中占据重要比例，以最新“部编版”小学语文教科书为例，其中现当代文学选文在第二、第三学段所有课文中所占的比例更大，同时涉及鲁迅、老舍、巴金、冰心、叶圣陶等众多文学名家的作品。小学语文作为语文学科体系的基础，一直以来主要以选文作为教材主体。学生学习现当代文学大家作品的选篇，能够促进自身阅读能力、习作能力、口语表达能力等的发展。

一、现当代散文与小学语文教学

王泉根在论述儿童阅读散文的价值时曾强调：“一种着力观照内心世界、抒发主体情思，融叙事、抒情和议论为一体，以真实、自由为核心，适合少年儿童阅读欣赏的一种文学样式。”①进入“部编版”小学语文教材的现当代散文有意略去了一些生涩难懂的部分，更易于学龄期儿童接受，学生在学习过程中可以获得很好的范本，教师借助这些散文的语言风格、写作手法等，可以提高学生的阅读和习作能力。“部编版”小学语

① 王泉根：《儿童文学教程》，232 页，北京，北京师范大学出版社，2009。

文教材中选编的散文主要有叙事散文、写景散文、状物散文、抒情散文等。这几类散文主要侧重通过文本学习，培养学生观察、阅读鉴赏、模仿习作的能力，在教学时应注意如下几点。

(一)语言积累，模仿习作

散文的行文风格既不同于诗歌亦不同于小说，有着规范的表达方式和准确的用词，形散而体式犹在，因此教师在教学过程中结合语境，引导学生积累大量的好词好句是十分有必要的。《义务教育语文课程标准(2011 年版)》强调："写作能力是语文素养的综合体现。写作教学应贴近学生实际，让学生易于动笔，乐于表达，应引导学生关注现实，热爱生活，积极向上，表达真情实感。"①所以教师要指导学生学会摘抄并运用收集到的好词好句，为学生创建不同的情景，不断练习提高习作能力。

(二)突出散文之美，指导阅读鉴赏

散文是一种短小自由的文体，需要作者在有限的篇幅内表情达意，因此优秀的散文作品大多优美，充满了对日常生活的精心描写，表现出独有的美学特质。选篇中的散文，无论是叙事散文、写景散文还是抒情散文，都具有诗意的语言风格，幽默朴实而又意蕴无穷，为小学生阅读鉴赏提供了完美的范篇。授课教师需要在肥沃的土地上辛勤播种，在教学过程中抓住散文体类的独特性，在理解美、感受美基础上带领学生去感悟作者的思想感情，将自己与学生投入当时的情景中进行感受。除此之外，要在理解课文基础上，尝试采用多角度、有创意的阅读方式，提高学生的阅读鉴赏能力。

(三)细心观察，培养思维能力

生活中不是缺少美，而是缺少一双观察美的眼睛。文学名家之所以能够创作出优秀的现当代散文作品，一双善于观察的眼睛是必不可少的。小学生的思维发展正处于形象思维到抽象思维发展过程中，教师引导学生结合教材观察身边的日常生活，不仅有助于学生将学习到的写作手法、鉴赏方法运用于实践，还有助于学生的思维发展。

二、现当代诗歌与小学语文教学

在翻阅、统计的过程中，值得注意的是，在第二学段"部编版"小学语文教材选入了较多的现代诗歌。这些诗歌虽以抒发情感、歌颂祖国为主，但篇幅适中，便于小学

---

① 中华人民共和国教育部：《义务教育语文课程标准(2011 年版)》，23 页，北京，北京师范大学出版社，2012。

阶段的学生诵读，体会其中的思想感情。这时候，教师如何将诗歌的趣味、表达的情感传递给学生呢？无论是古代诗歌还是现代诗，品味其中的情感应多从诵读开始。

(一)反复诵读，感受韵律美

学习一篇新的现代诗时，教师要运用“联结”的方式，将学生自身的生活经验和情感体验与诗歌结合起来，让学生反复诵读感受韵律美，全面理解诗歌蕴含的情感。“诵读这种读书方法，是一种目视其文，口发其声，耳闻其音，心通其情，意会其理的综合阅读活动，是从字、词、句到段、篇，从文字到语音、语义，从表层意思到深层含义、潜在情味的全面感知。”[①]教师可以结合具体的诗歌内容，组织学生用不同方式的诵读，从而带领学生感受韵律之美，体会诗人用词之精妙。

(二)激发想象力，体会意境美

小学生具有优于成人的天马行空般的想象力，如何将在诗歌教学过程中激发这些想象力则需要教师费一番脑筋。在反复诵读的基础上，教师可以运用“联结”的方式，将学生的日常生活经验和情感体验与具体的诗歌结合起来。这一过程中，教师可以从具体的意象入手，抓住其中的表达意象的词语，在提问中让学生不断发挥自己的想象力，将抽象的诗歌立体化，在脑海中体悟诗歌的意境之美，进而体会诗人的思想感情。

(三)品味语言运用，提高诗歌鉴赏能力

现当代著名诗人的作品很多都是经典之作，“部编版”小学语文教材更是在此基础上精挑细选。这些示范性的诗歌需要不断打磨、鉴赏。现代诗歌中往往有一些富有新鲜感的语言或独特的表达形式，教师将这些“语用”讲解教授给学生，能够提高他们对于诗歌的鉴赏能力。儿童都是天生的诗人，他们的内心世界有着成人无法探寻的想象能量。教师将现代诗中的创作手法教授给学生，也能够规范学生的创作格式，让学生放飞理想，释放他们的诗意天性。

三、现当代小说与小学语文教学

“部编版”小学语文教材中小说的总体占比低于散文，与现代诗选篇数量基本持平。小说的三要素是人物、情节、环境，其中情节一般包括开端、发展、高潮、结局四部分。小说中的环境包括自然环境和社会环境。“部编版”小学语文教材中的小说选篇大多源于小说原文中的一节或是一部分，并做了适当改动。尽管与原文有一定差异，但

---

① 张永昊、周均平：《感应与塑造——语文审美教育论》，244页，青岛，青岛海洋大学出版社，1998。

是也包含了完整的故事情节和鲜明的人物特点，有着生动的主题趣味，因此在教学策略上就更需要结合生动形象的教学情境。

(一)活用多媒体教学资源，了解文学常识

“部编版”小学语文教材中选用的现当代小说都是现当代著名作家作品，在教学过程中，了解这些作家所处的时代和创作背景对于体会小说主旨十分有帮助。由于作家们所处的时代与学生有一定的距离，单凭讲解很难让学生理解文本，因此教师也应当积极、合理地使用多媒体等先进教学资源，增强学习氛围，让学生不知不觉地走进作家的内心世界。

(二)结合生活情境，适当拓展阅读

创作源于生活，虽然所处时代背景有差异，但是教师仍然可以利用学生现有的生活经验，将小说故事情节与学生自己的认知联结起来。此外，让学生融入文本内容，教师还可以视具体小说情节，展开角色扮演、小组讨论等多种方式，让学生化身为小说主人公，激发他们的学习热情和蓬勃活力。“部编版”小学语文教材中的小说选篇大多还是不完整的，这时教师也有必要阅读原篇，筛选出适合学生阅读的小说原文、原著，既增加了学生们的阅读量，又有助于学生跳出课文理解作家精神世界。

(三)通过续写文本，提高表达能力

《义务教育语文课程标准(2011 年版)》提出：“能主动进行探究性学习，激发想象力和创造潜能，在实践中学习和运用语文。”①续写文本正是在践行这一理念和要求。学生们不仅要读好经典，也要会模仿经典。教师可以在引导学生深度阅读课文后，指导学生们充分发挥想象力，锻炼他们的思维，在原文结尾基础上进行合理的预测和大胆的续编。

四、现当代戏剧与小学语文教学

“部编版”小学语文教材中与戏剧有关的选篇不多，只有四篇，分别是四年级上册的《梅兰芳蓄须》、六年级上册的《京剧趣谈》中的《马鞭》《亮相》两篇、六年级下册的《藏戏》，都与传统戏剧艺术或戏剧家有关。传承优秀传统文化经典，是中华儿女不可推卸的责任，因此，教师在教学中需要带着学生感受国粹之美与传统文化的意蕴深长。

---

① 中华人民共和国教育部：《义务教育语文课程标准(2011 年版)》，6 页，北京，北京师范大学出版社，2012。

(一)了借助道具或多媒体，领略戏剧之美

小学阶段的学生对戏剧艺术还非常陌生，如何带着他们近距离感受戏剧之美呢?借助多媒体资源，有条件还可以借助具体的道具，从形象事物入手更便于理解。例如，在《京剧趣谈》的两篇中，教师可以用道具或是视频向学生们展示什么是“马鞭”，什么是“亮相”。

(二)了解现当代戏剧家，走进戏剧世界

在四年级上册的《梅兰芳蓄须》课文中，主要介绍了现代著名京剧大师梅兰芳留胡须的这件事。教师在教学过程中，可以向学生简单地系统介绍有关戏剧、京剧的一些常识。有条件可以展示相关图片和视频内容。除此之外，课文不仅仅讲述的是一件小事，更是大师的家国情怀。教师通过带领学生精读词句，体会其中的爱国之举。还可以搜集其他名家的爱国故事，增强学生的爱国热情。

(三)开展拓展活动，传承传统文化

在学习有关戏剧的课文之后，教师可以触类旁通，引申到其他传统文化内容上来。例如，书法、国画、剪纸等，利用综合实践活动课时间，开展有关传统文化的展示或者比赛活动，通过学生感兴趣的活动，来增加他们的对传统文化的喜爱之情。

五、现当代文学与小学语文习作教学

与阅读教学一样，习作教学也是小学语文教学不可忽视的重要部分。“部编版”小学语文教材中每个单元都有专门的习作板块，这些习作内容与本单元学习内容息息相关。习作教学既要重视对学生的习作讲解，又要重视习作课中的讲评。《义务教育语文课程标准(2011年版)》指出：“要引导学生通过观察、调查、访谈、阅读等途径，运用多种方法搜集材料。……表达真情实感，鼓励有创意的表达，引导学生热爱生活，亲近自然，关注社会。……要引导学生通过自改和互改，取长补短，促进相互了解和合作，共同提高写作水平。”[①]在教学过程中，教师需要在横向上将日常“小练笔”与单元习作训练、点评结合起来，在纵向上将自学与合作互助结合起来，真正提高学生的写作水平。

① 中华人民共和国教育部：《义务教育语文课程标准(2011年版)》，30～31页，北京，北京师范大学出版社，2012。

(一)根据单元要求，安排日常“小练笔”

教师首先需要明确单元目标中关于习作部分的要求，然后明确每个单元“小练笔”的次数，在精读课文的课后题部分提出不同的“小练笔”任务，并标出是小伙伴合作或是自己练习，学生可以根据任务展开相应的仿写，包括仿写事物、小故事等。例如，在“部编版”三年级下册教材中，《荷花》一课把荷花写得非常美非常传神，可以请学生也写一写自己喜欢的花；《肥皂泡》一课中，除了文中作者写出的去处，这些轻清脆丽的肥皂泡还会去哪里呢？请学生发挥想象力写一写。

(二)积累好词好句，培养观察意识和能力

习作就是将语言文字重新组合进行自我表达，语言积累程度是影响小学生习作质量的重要因素。随着电子产品的普及，越来越多的小学生不愿意静心阅读书籍，课外阅读量不足，缺乏对好的词汇和语句积累的意识。针对这些问题，教师可以在教学中运用群文阅读的方法，围绕一个主题，选择相应的课内外文本，积累多样的词句及表达方法。小学阶段，学生的观察能力尚处于一个起步阶段，很难认真观察身边的事物，教师可以适当为学生提供观察的学习支架，如设定一个学习单，详细设置观察的目的、对象、计划、方法、感受等。

(三)完善习作讲评标准，弱化主观评价

观摩众多名师的习作课堂后，我们虽然没有看到直接呈现出来的习作评价标准，但是却能明显感受到教师心目中是有一个大致标准的，他们能够运用娴熟的讲课技巧和扎实的知识功底，将讲评标准自然地传递给学生。有了详细的评价标准，教师在面对学生的习作时，就不会直接主观臆断，随手一挥就是“100 分”“80 分”，却提不出细化的修改建议。具体的评价标准需要与课程标准结合起来，例如，可将“部编版”三年级下册第六单元“身边那些有特点的人”习作教学的评价细化为几个具体的讲评标准，具体如下。

第一，能够工整书写，连贯细致地刻画你要描写的“身边人”的外貌，突出人物特点。

第二，能够运用特写法，详细刻画你要描写的“身边人”的动作，突出人物特点。

第三，能够运用其他手法刻画人物，通过一两件小事，塑造整个人物的立体形象。

【思考与练习】

1. 请仿照教学案例，进行现当代选文课文的教学设计。

2. 通过教学实践活动，思考利用现当代选文作品进行读写结合教学的路径和方法。

本章小结

本章从中国现当代文学发展概述、中国现代文学的发展历史与特点、中国当代文学的发展历史与特点、中国现当代文学领域有代表性的作家作品，以及中国现当代文学知识在小学语文教学中的运用五部分展开，试图勾勒出一个完整的知识网络。通过阅读学习本章节内容，学习者可以对现当代文学相关知识有基本的了解，并在今后教学过程中熟悉有关现当代文学选篇的相关背景，可以做到有深度地解读文章，从而向小学生更好地讲授文学作品，知文达意，结合具体教学案例，学习实践现当代文学选文教学的特点和具体的策略方法。

关键术语

中国现当代文学、发展脉络、小说、诗歌、散文、戏剧、文学流派

参考资料

【著作类】

1. 梁启超．饮冰室文集点校(第3辑)．昆明：云南教育出版社，2001.

2. 梁启超．清代学术概论．上海：上海古籍出版社，2005.

3. 郁达夫．中国新文学大系·散文二集．上海：上海良友图书印刷公司，1935.

4. 郁达夫．郁达夫文集(第五卷)．广州：花城出版社，1983.

5. 鲁迅．中国新文学大系·小说二集．上海：上海良友图书印刷公司，1935.

6. 曹万生．中国现当代文学史(1898—2015)(第三版)．北京：中国人民大学出版社，2010.

7. 朱栋霖，朱晓进，吴义勤．中国现代文学史(1917—2012)．北京：北京大学出版社，2014.

8. 杨健．中国知青文学史．北京：中国工人出版社，2002.

9. 董建，丁帆，王彬彬．中国当代文学史新稿．北京：人民文学出版社，2005.

10. 汪曾祺．汪曾祺自选集．桂林：漓江出版社，1987.

11. 曹禺．雷雨．北京：人民文学出版社，1994.

12. 赵树理．赵树理文集(第4卷). 北京：人民文学出版社，2000.

13. 任钧．新诗话．上海：上海两间书屋，1948.

14. 王泉根．儿童文学教程．北京：北京师范大学出版社，2009.

【期刊类】

1. 邹晓霞．论梁启超的个性人格与小说界革命之关系．明清小说研究，2014(3).

2. 沈从文．论中国创作小说．文艺月刊，1938年，第2卷，第4号．

3. 夏衍．社语．光明，1936创刊号．

4. 雷达．废墟上的精魂——《白鹿原》论．文学评论，1993(6).

5. 旷新年．从《废都》到《白夜》. 小说评论，1996(1).

第五章

儿童文学基础

章结构图

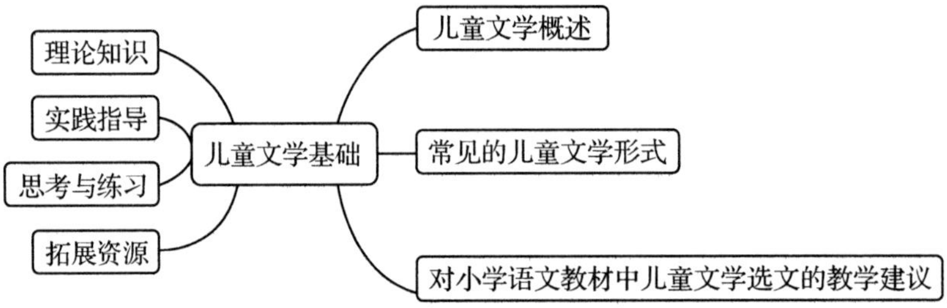

章前概述

儿童文学是语文教育的重要课程资源，正是因为儿童文学本身所具备的语言简练生动、富有儿童情趣的特点，以及满足促进儿童个人意志品质形成的基本要素，越来越多的儿童诗、童话、寓言、小说等多种文体被选入“部编版”小学语文教材，儿童文学作品所占比例正在大幅度提升。对于语文教师而言，儿童文学的相关知识是其专业成长的必备素养，应全方位地挖掘儿童文学的语言特点和人文价值，掌握儿童文学不同文体的特点，善于抓住儿童情趣，最大限度地激发儿童的想象力和创造力，使儿童真正形成阅读能力、感受到儿童文学的魅力。

本章主要分为三大部分，第一部分为儿童文学概述，介绍了儿童文学的基本概念、常见的儿童文学形式，以及儿童文学的美学特质。第二部分针对常见的儿童文学形式展开详细阐述。通过以上两部分的学习，可以增强对儿童文学基本知识的掌握，了解不同儿童文学体裁的定义、文学形式和艺术特点，同时提出相关教学建议。第三部分是对小学语文教材中儿童文学选文的教学建议。

章前导语

儿童文学作品因其自身独特的美学特质和小学生的认知发展阶段的特点，已经成为小学语文的重要课程资源。小学语文教师的儿童文学素养在一定程度上表现为对儿童文学作品的解读赏析能力，在语文课堂上引领学生阅读、感知儿童文学作品的能力。阅读儿童文学作品，可以帮助儿童更好地了解外部世界，加强与成人世界的联系，拓宽自己的眼界，提高自身对美的感知能力、思辨能力与审美能力。

因此，需要树立正确的儿童文学思想观，更多地关注中外不同体裁的儿童文学作品，增加儿童文学的阅读量，正确认识和把握不同体裁的儿童文学作品在教学方面的侧重点，在教学中结合不同学段的学生特点和儿童文学内容展开有效的教学活动，提升儿童的文学素养。

第一节
儿童文学概述

一、儿童文学概念

儿童文学是专为18岁以下的少年儿童创作的文学作品。契合儿童审美意识与发展心理艺术特征，有益儿童精神生命健康成长的文学。儿童文学特别要求通俗易懂，生动活泼。我国台湾儿童文学作家林良将儿童文学称为“浅语的艺术”，主张通过儿童易懂的“浅语”来传递情感。按不同年龄阶段的读者对象，儿童文学又分为幼年文学、童年文学、少年文学。①

二、儿童文学的体裁

儿童文学的文体十分广泛丰富，常见的儿童文学体裁有儿歌、儿童诗、童话、寓言、儿童故事、儿童小说、儿童散文、儿童戏剧、儿童影视和儿童科学文艺等。本章将详细介绍儿童诗、儿童散文、童话、寓言、儿童小说、图画书六种儿童文学体裁。

三、儿童文学美学特点

(一)充满稚气的童真美

童趣是表现童真的最佳形式。童趣在儿童文学作品中，既表现在形象的刻画上，又贯穿于作品的情节中，还融于语言的运用中。

(二)形象刻画的单纯美

以单纯的文学形象，积极乐观的主题引导儿童正确地认识人生、社会和世界，帮

① 王泉根：《儿童文学教程》，12页，北京，北京师范大学出版社，2009。

助儿童树立自信乐观的人生信念，这就铸成了儿童文学形象刻画单纯美的艺术品格。

(三)情节推动的动态美

儿童文学作品的情节要与儿童活泼好动的心理特征和年龄特征相吻合，儿童文学情节的动态美，往往呈现出一种单纯的、活泼的、连续的动态推进形式，且情节推进的速度较快。

(四)画面展示的明朗美

鲜亮明朗，富有色彩，是儿童文学的又一美学特征。儿童文学画面的明朗美，主要依赖于作者在运用语言时对词汇色彩的把握。儿童文学作家通过对作品中不同颜色的描摹和因时空变化对场景所引起的明暗效果的描述，把词汇的潜在功能发挥到最大限度，向小读者展现了色彩亮丽、动静分明、声色和谐的艺术图景。

(五)想象的奇异美

想象是儿童的天赋和本能。它可以引导孩子在辨别真善美和假恶丑的过程中，使对立的双方形成强烈的反差。想象的奇异美，使儿童文学具有了独特的荒诞性，这种荒诞性形成了儿童文学离奇的情节和无穷的趣味，使儿童乃至成人捧腹不已，极大地增强了作品的吸引力，它们所产生的久远的艺术生命力，无时不在证明着作家较高的艺术品位。

【思考与练习】

1. 说说你对“儿童文学”概念的理解。
2. 请结合具体的儿童文学作品，谈谈儿童文学的美学特点。

第二节
常见的儿童文学形式

儿童文学内容丰富，表现形式多种多样。本节将从定义、形式、艺术特点三个方面对儿童诗歌、儿童散文、童话、寓言、儿童小说、绘本展开详细阐述，帮助学习者正确认识和把握不同儿童文学形式的特点，培养学习者对于儿童文学作品的赏析能力、品鉴能力和审美能力。

一、儿童诗歌

(一)定义

儿童诗歌，又称儿童诗，是指以儿童为主体接受对象，适合于儿童听赏、吟诵、阅读的诗歌。它应符合儿童的心理和审美特点，既包括成人诗人为儿童创作的诗，也包括儿童为抒怀而创作的诗。

(二)形式

儿童诗歌往往篇幅短小，形式简单，与儿歌相比形式更为自由，韵脚也没有特殊的限定规律。① 根据形式划分，儿童诗歌包括以下几种。

1. 朗诵诗

朗诵诗是供少年儿童朗诵的诗歌。它语调铿锵、节奏明快、朗朗上口、长短句结合，适合表现富有变化的感情，如金波的《雨中的树林》②。

雨中的树林是个童话世界，
走进去你就会变成个小精灵，
每棵树都会送给你很多喜悦，
你还会发现很多新奇的事情。

晶莹的雨珠滚动在树叶上，
蜘蛛吐丝给你串一串项链；
落花铺成的地毯又软又香，
还有青蛙击鼓跳舞为你表演。

鸟儿在雨中也愿一展歌喉，
听歌的松鼠摇着毛茸茸的尾巴；
细雨淋过的浆果酸甜可口，
刺猬扎满了一身运回了家。

① 方卫平：《儿童文学教程》，173页，上海，复旦大学出版社，2015。
② 金波：《绿色的太阳——金波儿童诗选》，225页，武汉，长江少年儿童出版社，2016。

连那些小雨点儿都会变魔术，
落在地上立刻就变成了蘑菇。

这首诗以拟人的手法，将大自然的一切生灵人格化：蜘蛛串项链、青蛙击鼓跳舞、鸟儿歌唱。雨珠晶莹剔透、落花香软柔美、浆果酸甜可口……诗的意境优美、温馨，想象内容丰富，为我们展现了充满生机的雨中树林景象。如此多彩神奇的仙境与儿童的童年生活一样绚烂多彩，非常适合儿童朗诵。

2. 散文诗

散文诗是介于诗歌与散文之间的诗歌体裁特殊形式。散文写成的诗，分段不分行，不要求有严格的韵律，又比散文注重节奏，如郭风的《叶笛》①。

啊，故乡的叶笛。
那只是两片绿叶。把它放在嘴唇上，于是像我们的祖先一样。
吹出了对于乡土的深沉的眷恋，吹出了对于故乡景色的激越的赞美，
吹出了对于生活的爱，吹出自由的歌，劳动的歌，火焰似的燃烧着的青春的歌……

像民歌那么朴素。
像抒情诗那么单纯。
比酒还强烈。

啊，故乡的叶笛。
那只是两片绿叶。把它放在嘴唇上，于是从肺腑里，从心的深处，
吹出了劳动的胜利的激情，吹出了万人的喜悦和对于太阳的赞歌，
吹出了对于人民的权力的礼赞，吹出光明的歌，幸福的歌，太阳似的升在空中的旗帜的歌！

那笛声里，有故乡绿色平原上青草的香味，
有四月的龙眼花的香味，
有太阳的光明。

正如姚春树先生在《郭风散文选集》的序言中评价郭风的散文时所说：“追求散文文

① 姚春树：《郭风散文选集》，4～5页，天津，百花文艺出版社，2004。

体的多样化和散文艺术风格的自然、本色、纯朴、即追求一种‘从心所欲不逾矩’的自由创作境界。”①本诗运用通感，我们从笛声中嗅到了“青草的香味”“龙眼花的香味”，看到了“太阳的光明”，这悠扬的笛声实际上吹出了作者对故乡深沉的眷恋、对生活的热爱。诗歌抒情意味浓郁，感情强烈，透过自然万物的美表达内心真挚的感受。

3. 童话诗

童话诗的主题具有一定的教育和启蒙意义，往往通过生动、鲜明的形象，浅显易通的寓意，透露出生活的哲理，寓教于乐；有完整的故事情节，富于幻想、夸张色彩，采用儿童的语言和叙述习惯，内容变换神奇，极富吸引力和感染力，趣味性强；语言凝练简洁，通俗生动，朗朗上口，富于音乐性，如张秋生的《小老鼠吱吱的皮鞋》②。

小老鼠吱吱是个小粗心。
一大清早，他穿着一双皮鞋出门了。
“咯，咯，咯”他走得好神气。
小老鼠吱吱，碰到了哈巴狗先生。
哈巴狗笑得弯下了腰。
小老鼠吱吱说：
“怎么，你今天吃了笑药了！”
哈巴狗先生说：
“天哪，瞧瞧你脚上的鞋！”
小老鼠吱吱低头一看，原来——
他穿着妹妹的一只红靴子，自己的一只黑鞋子。
哈巴狗捂着肚子说：
“哈哈，全世界找不出第二双这样的鞋！”
小老鼠生气了，他说：
“谁说的，我们家里还有同样的一双呢！”

童话诗可以看作幽默的小童话，但与童话比，多了一份诗歌的韵律，且叙事和描写更体现儿童诗简洁的特征。《小老鼠吱吱的皮鞋》用小老鼠和哈巴狗对话的形式，给我们讲了个小老鼠因粗心穿错鞋的笑话，这其实是低龄儿童经常犯的错误。诗歌语言简洁，通俗生动，朗朗上口，能给处于此阶段的儿童以提醒。

---

① 姚春树：《郭风散文选集·序言》，9～10页，天津，百花文艺出版社，2004。
② 参见方卫平：《大轮船睡着了》，161页，杭州，浙江少年儿童出版社，2011。

4. 讽喻诗

针对儿童生活中的不良现象，或不良习惯，以夸张讽刺的手法写成的幽默诙谐的诗，如任溶溶的《强强穿衣服》①。

早晨铛铛敲七点，
强强起了床。
拿起书来看半天，
开始穿衣裳。

一个袖子才穿上，
他就去洗脸。
两个袖子刚穿好，
他去吃早点。

扣上两颗小纽子，
他去玩邮票。
再扣两颗小纽子，
中饭时间到。

穿上一条小腿裤，
他去踢球玩。
再穿一条小腿裤，
已经吃晚饭。

一只袜子拉上脚，
他听无线电。
无线电啊听半天，
都快闭上眼。

他再拿起只袜子，
刚刚要穿上，
可是妈妈已经叫：

① 任溶溶：《小孩子懂大事情》，40～41页，上海，少年儿童出版社，1965。

“快脱衣裳，

去上床！”

诗人以极度的夸张手法描绘强强穿衣服动作之慢：早上起床穿衣服，一直穿到晚上。这首诗描写了某些儿童边做事边玩耍的坏习惯。

5. 图画诗

图画诗改变了传统诗歌诗行表现形式，文字与图像结合，构成有趣味的特殊表达形式，如我国台湾诗人陈木城的《瞌睡虫》[①]（见图 5-1）。

诗人借文字与图像巧妙结合，展现了儿童打瞌睡的生动情态，想听课又无法控制自己入睡的俏皮形象跃然纸上。

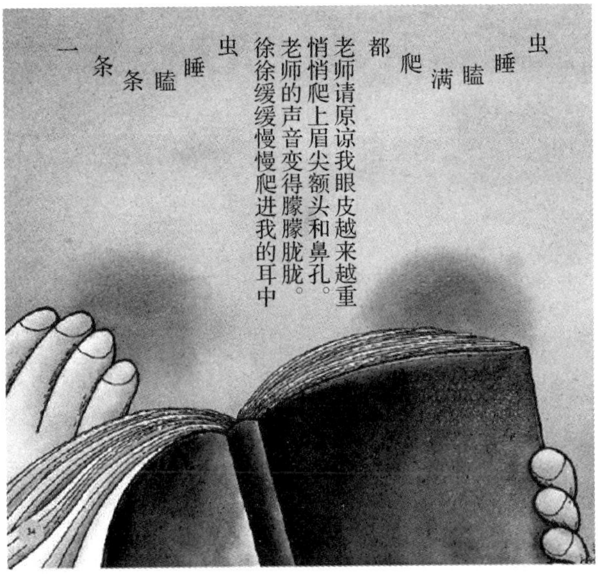

图 5-1　《瞌睡虫》封面

（三）艺术特点

1. 情感饱满

诗歌的情感必须从儿童心灵深处抒发出来，逼真地传达出儿童那种美好的感情、善良的愿望、有趣的情致，书写童心、品味亲情、吟咏自然、感悟生活，以激起小读者感情上的共鸣。

2. 想象丰富

儿童是擅于想象和联想的，他们总是通过自己有创造性的想象力来认识并诠释世

① 海峡两岸儿童文学研究会：《打开诗的翅膀》，34～35 页，北京，中国民族摄影艺术出版社，2010。

界上的一切事物。在他们通过想象而诗化的世界里，花儿会笑、鸟儿会唱、草儿会舞、鱼儿会说。

3. 构思新巧

儿童的情感是单纯、饱满的、儿童的想象力是天马行空的。依赖于这种情感和想象力的巧妙构思，平凡的生活现象变得新奇且充满童趣，儿童诗也变得余味无穷。

4. 语言有趣

“儿童文学本身就是充满童趣的艺术。”①诗歌是语言的艺术。深刻的思想、鲜明的形象只有用凝练、生动、具有表现力的语言来表现，才能成为诗。儿童诗应为儿童学习驾驭语言提供优良的条件，让儿童在优美的语言环境中学习语言、丰富语汇，提高他们驾驭语言、鉴赏语言的能力，同时得到美的享受。

5. 意境优美

感情与形象的结合构成了诗的意境，以营造童稚而优美的意境为目标。

二、儿童散文

(一)儿童散文

儿童散文是写给少年儿童的，适于他们阅读欣赏的、文情并茂的一类文章。② 儿童散文有自身特有的审美品格即“儿童化”和“散文化”。“儿童化”即用儿童的思维去认知探索世界。“散文化”即儿童散文既可以像诗歌那样抒情写意，但不用讲究音律节奏；也可以像童话、故事一样记人记事，但又不用拘泥于情节结构的完整性。兼具故事性、趣味性和知识性。作家以高洪波、金波、吴然、乔传藻、陈丹燕、望安、张秋生、郑春华等人为代表。

(二)儿童散文的类型

1. 叙事散文

叙事散文多从儿童现实生活中取材，以叙述事件为主要目的，它不像小说那样必须要有完整的故事情节或事件的全过程，它可以完整地叙述一件事，也可以写一个生活片段，体现出以情驭事、融情于事的特点。叙事散文的题材非常广泛，凡适合儿童接受的生活情景皆可入题。

这类散文有的以写人为主，也有的以写事为主，其中以叙事为主的儿童散文都有一定的情节长度，但也可以只写事件片段。如桂文亚的《班长下台》、林良的《小太阳》、

---

① 张春梅：《儿童文学》，35页，哈尔滨，哈尔滨工程大学出版社，2012。

② 浦漫汀：《儿童文学教程》，101页，济南，山东文艺出版社，1991。

陈丹燕的《中国少女》、林芳萍的《阿嬷家的樱花，开了》、郁雨君的《遥远的年历片》。

2. 写景散文

写景散文是以状物绘景，叙写风情、风物为主的儿童散文。这类散文将童趣、理趣、感情置于对自然风光、动物、植物和客观事物的描摹之中。

3. 抒情散文

抒情散文是以抒发内心情感为主要目的的儿童散文。这类散文也需要通过写人记事和写景状物抒发感情。作者在进行文学表达时，用感情将材料“串”在一起，以抒发情感为旨归。用强烈的情感与情绪，以及强烈的主观意识去创造诗化、情感化的艺术空间，是儿童抒情散文艺术表现的主要特点。

4. 童话散文

童话散文是用散文的形式来写童话，它是散文与童话的结合，用散文的语言、形式借助童话的想象与幻想，描写拟人化的童话形象。童话散文相较于童话故事而言，淡化了情节，意境更优美，童趣更浓郁，审美价值更高。

5. 知识散文

知识散文是以向儿童介绍知识为主要目的，结合儿童的心理特征、认知特点，寓知识于形象的描述之中的散文。它的写法灵活，语言生动活泼，借用抒情的笔调表现新奇有趣的知识、儿童身边的事物、最新的科技信息等。

(三)艺术特点

1. 语言诗化，渗透儿童情趣

散文的语言具有简洁自然、优美流畅的特点，既富有诗意又饱含哲理。散文的语言文字具有较强的画面感和形象感，使真实可感的人物形象、自然景物等自然地出现在读者眼前，极具感染力和文学性色彩。

比如朱自清的散文《春》，便是一篇充满诗意的散文，作者以诗的笔调描绘了春天的美景。散文的开篇运用诗歌中常用的叠词手法“盼望着，盼望着”，展现人们对春天的期盼。作者先从整体上为我们描绘了一幅生动形象、真实可感的春天的画面。春天的一切都像刚睡醒的样子，万物复苏。“山朗润起来了，水涨起来了，太阳的脸红起来了。”这朦朦胧胧的景象为文章增添了童趣。接下来作者把镜头切换到春草、花木、春风、春雨、春景中的人。最后用了三个比喻式的排比句：“春天像刚落地的娃娃，从头到脚都是新的，他生长着。春天像小姑娘，花枝招展的，笑着，走着。春天像健壮的青年，有铁一般的胳膊和腰脚，他领着我们上前去。”进一步加强语势，展现生机勃勃的春天，表达出对大自然的喜爱之情。

2. 内容真实，贴近儿童生活

与儿童小说、童话虚构的故事情节不同，内容真实是散文遵循的基本原则。儿童散文是作家以儿童的视角观察世界，在真实生活的基础上进行艺术创作的。儿童散文不会限制想象力的发挥，无形中拉近了散文作品和儿童生活的距离。另外，散文的真实性还体现在作者感情的真实性上，真实的情感易与儿童形成共鸣。

如冰心的《小橘灯》便是作者的回忆录，讲述了1945年春节前夕，时值国民政府特务在重庆疯狂屠杀革命党人，小姑娘的父亲便是因为参加地下党的工作而失踪，她的母亲因受牵连遭殴打而卧病在床。开篇一句“这是十几年以前的事了”便把人们拉回到了特殊时代特定的背景中。作者通过小姑娘打电话、照看妈妈、与“我”攀谈、“我”做小橘灯送小姑娘这几件事情，刻画了一个乐观、善良、坚强、勇敢的少女形象。作者在文章里对小姑娘外貌的刻画非常细致：“瘦瘦的苍白的脸，冻得发紫的嘴唇，头发很短，穿一身很破旧的衣裤，光脚穿一双草鞋。”面对如此可怜无助的形象，读者怎能不为之动容呢？于是便有了下文作者对小姑娘的关爱与帮助，注入了对小姑娘同情、心疼、赞赏的真挚感情。

3. 形式自由，充满无限想象

散文的形式自由灵活，这便是我们常说的“形散”。散文的表达方式是自由的，记事、写人、写景、抒情、议论等都是作者表达感情的方式；散文的写作手法是自由的，象征、衬托、对比、以小见大、托物言志、欲扬先抑等都可以为抒发感情来服务；散文的主题是自由的，小到一滴水、一颗珍珠，大到高山流水、江河湖泊、天空宇宙都可以在作家笔下散发光芒，带领儿童遨游文学的想象空间。

三、童话

(一)概念

童话的历史由来已久，《辞海》对“童话”词条这样解释：“儿童文学的一种。通过丰富的想象、幻想和夸张来塑造艺术形象，反映生活，增进儿童思想性格的成长。一般故事情节神奇曲折，内容和表现形式浅显生动，对自然物的描写常用拟人化手法，能适应儿童的接受能力。”①韦苇认为：“童话是为儿童读者而采记、复述、加工、再创作和创作的荒诞性与真实性有机结合、谐调统一的奇妙故事。”②结合以上界定，本书认为童话是极具幻想色彩的神奇故事，通过拟人、夸张、象征等艺术手段将幻想世界和现实世界紧密结合，编写离奇曲折的故事情节，塑造鲜明的艺术形象，满足儿童的审美需要和精神成长需要。

---

① 夏征农、陈至立：《辞海(第六版彩图本)》，2278页，上海，上海辞书出版社，2009。

② 韦苇：《外国童话史》，3页，南京，江苏少年儿童出版社，1991。

（二）童话特征

1. 幻想是童话的基本特征

童话的幻想是从故事的几个基本因素表现自己的独特性。一是地点，英国作家刘易斯·卡洛尔的《爱丽丝漫游奇境记》是19世纪最具影响力的荒诞小说，小主人公爱丽丝的漫游经历是由一个兔子洞开启的，在这个神奇的地下世界里一切都是不一样的：喝一口水身体就能缩得如同老鼠一般，吃一块蛋糕又会变成巨人，同一块蛋糕吃其右边会变矮，吃其左边会长高。二是人物，卡洛·科洛迪的《木偶奇遇记》塑造了一个离奇夸张的人物形象匹诺曹，作者把说谎这一儿童生活中屡见不鲜的现象与鼻子长长的奇异幻想结合起来，幻想大胆，读起来又觉得非常亲切。三是情节，帕·林·特拉弗斯在《随风而来的玛丽·波平斯阿姨》通过幻想描写现实中的不平等现象，比如玛丽·波平斯阿姨带简和迈克尔参观颠倒动物园，在那里人们被关进了笼子，动物们却从笼里走出来唱歌跳舞，观赏笼里的人们，如此颠倒的故事情节让儿童获得奇异的感受。四是时间，童话的世界完全可以冲破时间的限制，如詹姆斯·巴里在《小飞侠彼得潘》中便塑造了永远长不大的小男孩彼得潘，时间在他的身上是永恒的。综上，幻想是儿童创造能力的来源，“是一种与生活愿望相结合并指向于未来的想象”①。

2. 荒诞是必不可少的美学品格

荒诞是作家运用夸张、变形等手法，将真实的生活故意大幅度扭曲，使现实中的实际现象具有离奇古怪、玄妙无比的形式。《吹牛大王历险记》讲述了敏豪森生男爵数不胜数的荒诞游历故事，像打猎、作战、海上旅行、周游世界等夸张的情节，无不向我们展现了一个爱说大话又正直热情、机智勇敢的神秘骑士的形象。

3. 拟人、夸张、象征是童话的主要表现手段

童话中拟人化的角色往往具有双重身份，它们似人非人，似物非物，因此，作品既要象征性地赋予其深刻的“人性”，又要适当地保留、突出其部分“物性”。童话的夸张不能失实，要建立在真实的现实基础上。象征是借助于某一具体事物的形象，以较大程度的概括力和表现力来表现某一思想、某一事件或某一现实的特征。

（三）童话的幻想表现形式

童话的幻想表现形式主要有夸张、象征、拟人、神化、变形、怪诞等。

1. 夸张

童话是用幻想来反映生活的，而那些奇异的幻想往往是通过夸张来表达的。夸张要借助丰富的想象，扩大和强调描写对象的某些特点，突出其本质特征，达到增强艺

---

① 朱智贤：《儿童心理学》，446～447页，北京，人民教育出版社，2003。

术效果的目的。夸张能更好地适应少年儿童的性格特征，使作品更具吸引力；能增强作品的幽默感和趣味性，使读者获得美的享受。

（1）童话的夸张是强烈的、极度的夸张，是从内容到形式的

在童话中，无论是人物的刻画，还是环境气氛的描绘、故事情节的发展等都离不开夸张。如安徒生的《豌豆上的公主》中的娇贵公主，因为在20床垫子、20床鸭绒被下有一粒小小的豌豆，她竟觉得不舒服极了，被硌得全身青紫。卡洛·科洛迪的《木偶奇遇记》中的戏院经理则是“长胡须像墨水瓶那么黑，从下巴一直拖到地板上，走起路来老要给自己踏着，嘴大得跟炉灶差不多，两只眼睛好像里边点着两盏玻璃灯”，生活中再怪异奇特的人也不会如此。又如杨楠的《胖子学校》对小胖子的肥胖情况做了夸张描写：团团如果跌一跤，“几个举重运动员都扶不动他，只能用起重机吊起来”；球球要是跌一跤，“会像皮球一样，从房间的这一头滚到那一头”；圆圆的床和椅子是用“三寸厚的大钢板制成的”①……使读者对肥胖的危害有更鲜明的印象。

（2）夸张造就了浓烈的童话氛围

儿童的思维方式中带有夸张的特点，有限的知识使他们难以准确地反映出面前世界的新奇的事物。他们对事物的把握与想象跟客观现实间存在着很大的距离，而想要超越自己本领的愿望又使他们的表达中经常出现言过其实的现象。强烈的夸张使平淡无奇的生活故事变得生动有趣，易于儿童接受。如张天翼的《不动脑筋的故事》中的赵大化，作者就是靠把他不动脑筋的毛病夸张千万倍进而产生的变异色彩才深深吸引了小读者。赵大化不动脑筋竟达到这样的程度：自己几岁得问妹妹；床上搁着的秤砣硌疼了他，却以为是自己的腰有毛病；双脚套在一只裤管里，却嚷着说自己少了一条腿；看到自己刚放下的钓竿，却说是别人遗失的；最后竟然把自己的家都忘记了而去敲别人家的门，甚至将自己的妹妹也当成别家的人……

2. 象征

象征就是用具体的事物表现某种特殊意义，作为一种艺术手段，它是借助某具体事物的形象来表现某种抽象的概念、思想或情感的。

为了表现某种性格或说明某个事理，作者从生活中找出某些人、物、现象，甚至某种社会观念的性格、性质和特征，集中到童话人物的身上，然后又赋予其以个性，并使其依照这一个性去说话、行动，从而达到象征的目的。如安徒生笔下的“丑小鸭”象征了现实生活中备受歧视而又善良、坚忍、追求光明、美好的小人物；林格伦的《小飞人三部曲》中的卡尔松，是个精神奕奕、活泼勇敢的童话形象，他好吃贪玩、爱吹牛、喜欢恶作剧等性格特点，象征了在现实生活中被压抑的儿童内心世界对自由发展的渴望；怀特的《小老鼠斯图亚特》叙述了小老鼠的生活趣闻和冒险经历，以其蓬勃的

① 汤素兰：《中国现当代童话精选》，66页，杭州，浙江文艺出版社，2013。

生命力象征勇于做生活的主人、充满信心地迎接生活中的挑战的勇敢少年；比利时的莫里斯·梅特林克的童话《青鸟》中有一对兄妹艰难寻觅青鸟的情节，象征了生活中幸福既存在于每个人的身边，但又很难把握的人生哲理。

童话中的象征意义，是由童话形象或是由人物的全部活动甚至整个故事内容来表现的。反映在童话中的生活并非人们实际生活本身。童话中具有象征性的人物、事物，虽与被象征的人物、事物在某一特征上有互相类似之处，但彼此之间绝不是在任何意义上都是贴切的、一致的。童话中具有象征性的形象只能概括某一特征，并不包括被象征者的全部。我们应从童话作品所塑造的形象、性格以及所叙述的故事情节的全部含义去看这个童话要说明的主旨，看它歌颂什么，讽刺什么，暗示什么，揭露什么，看作者是否抓住了所要象征的某些人和事物的重要特征或性质，看作者所采取的象征手法有无积极意义，这样才能正确理解童话。

3. 拟人

指赋予人类以外有形、无形的事物以人的思想、感情、行为和语言能力。拟人亦称“人格化”。

(1)拟人是表现童话幻想的主要手段

童话借助拟人手法，使山川草木、飞禽走兽，甚至一些无形体、无生命的抽象概念，成为童话的主人公，使其有人类的语言行为、思想感情。这种手法既符合儿童的心理，也符合儿童的思维要求。擅长想象和幻想的儿童喜欢拟人，也善于拟人。

拟人化童话中的人格化的角色，并不等于生活中真实的人。这些角色具备了人的某些特点，但仍然保留物的许多属性。如《风筝找朋友》中的风和风筝，既有人的特点，又有风和风筝的特点。风对风筝说：“你要是哭了，你的身上吸了泪水，就会变湿了，变得很重很重，我就推不动你，你也就飞不起来啦!”风要是换成雨就不能推风筝，风筝换成汽车，也不会这么怕被水弄湿，也不可能飞到天上去。太阳有很强的光和热，强光刺得风筝睁不开眼；热气又像火一样烫得风筝受不了。假如写月亮和星星也有这样的光和热，就不符合月亮和星星的属性了。童话中的月亮，身子是弯弯的，两头尖尖的，就像个弯钩；童话中的星星，眼睛是闪亮的……

拟人应注意人性与物性的自然结合。首先，塑造人性是第一位的，否则拟人化形象的存在便没有意义。如《快乐王子》中直面人生、舍己为人的快乐王子，代表着生活中对劳苦大众寄予同情并勇于为之献身的人。正是因为具有了这样动人的人的思想品格，快乐王子的形象才如此光彩照人。其次，忽视了物性和无缘无故地违反物性，都会破坏童话应有的情调。拟人手法不能违背事物固有的属性。鸟兽们做“人物”时，说的话也要符合它们原来的身份特点。如在安徒生的童话里，天鹅、鸭子都可以讲话，植物也可以讲话，但基本上是按照它们原来的生活来写的，如果违背了这些就不可信了。如《木偶奇遇记》中的小木偶是一个真实可爱的儿童的典型形象，由于他贪玩、任性、逃学、说谎，结果使自己吃了不少的苦头。经过许多波折和磨难，他终于吸取了教训，最后成为一个真正的孩子。

(2)物性的选择可以根据形象塑造的需要，有一定取舍的自由

在选用某物做童话角色时，不必全部囊括其物性，完全可以取其中的一方面或几方面而略去其他。例如，叶圣陶笔下的“稻草人”被插在泥土里“身子跟树木一样”“连半步也不能动”，所以他不能替农妇捉虫、帮渔妇煮茶、去搭救寻死的女子……作者之所以自愿地受到物性的约束限制，是因为这符合他要塑造的那个善良而又软弱的人物形象。而美国作家鲍姆笔下的“稻草人”，当多萝茜“把他举起来离开了竹竿”，他就“靠着自己的力量在旁边走动”，他同人一样，能说话、会走路，只保留了没有知觉不怕痛、没有脑子不会想办法、很害怕火烧等物性，因为作者要塑造的“稻草人”是童话故事中互相爱护、互相帮助、共同战胜困难的四个好伙伴中的一个，所以作者必须超越或放弃他的某些物性。

4. 神化

神化指运用神化或魔法的艺术手法进行创作，赋予童话形象以超自然的力量。神化常常借助于魔法宝物，如《七色花》中拥有七片不同颜色透明花瓣的花朵，就能随心所欲地实现自己的愿望；又如《神笔马良》中的神笔，《哈利·波特》中能带着小主人飞翔的魔扫帚都是被神化的宝物。新时期童话作家的魔法道具往往选用现代色彩的科学技术，如《皮皮鲁外传》中的皮皮鲁，可以乘坐“二踢脚”像火箭那样离开地球直奔太阳。

5. 变形

变形即形象的异变。童话创作中，常常运用幻想、夸张等手段把人形变成其他各种事物，或者使人体的某部分变形。前者称为“全部变形”，后者称为“部分变形”。如《格林童话》中“青蛙王子”是因为中了魔法而由王子变成了青蛙，“六只天鹅”是六个中了魔法的王子的变形，二者都属于“全部变形”。《木偶奇遇记》中的匹诺曹说了谎话鼻子就变长，用的是“部分变形”。运用变形可以使故事情节发生奇异的转变，也可形成浓郁的幻想气氛。

6. 怪诞

怪诞指运用尖锐的形象夸张，使现实中的实际现象具有离奇古怪、玄妙幻想的形式。在童话创作中，可用怪诞手法塑造人物形象，营造环境，设计情节。例如，帕·林·特拉森的《随风而来的玛丽·波平斯阿姨》中的玛丽·波平斯阿姨，当“东风在樱桃树光秃的树枝间呼呼吹过”时，她就随风飘进了院子；西风骤起，她就飞过树梢，飞上屋顶，最后飘过山头不见了。贾透法叔叔因为过生日非常高兴，肚子里充满了气，就像气球一样飞了起来，悬在半空看报纸，最后想到了不愉快的事才回到了地面。又如给坏脾气装上开关，根据需要拨动地球时钟的指针……这一切使童话意境更神秘、更富有诗意。

(四)童话的表现手法

童话的表现手法是多种多样的，常见的大致有反复法、对比法、误会法、巧合法、悬念法、烘托法、循环法、推进法、拟境法、自叙法等。

1. 反复法(又称三段法)

反复法是民间童话和现代童话中常常采用的一种手法。反复几次，可以加深儿童的印象。如黄衣青的《小公鸡学吹喇叭》，写一只小公鸡去学吹喇叭，第一次去学不成，第二次去又学不成，第三次学成了。这种反复法，往往是用三次，一件事重复三次，一句话重复三次，所以又叫三段法。叶永烈的科学童话《找不到的伙伴》《特殊鞋店》等，都采用了反复法。

2. 对比法

对比法指作者在编织故事时，把真与假、美与丑、善与恶、正义与邪恶、忠厚与狡猾等进行对比，从而使对立的形象突出，同时也能使情节跌宕起伏、耐人寻味。张天翼的《大林和小林》、阿拉伯童话《阿里巴巴和四十个强盗的故事》、叶永烈的科学童话《圆圆和方方》就是运用了对比法。

3. 误会法

误会法指作者在编织情节时，有意设置一些误会，在解释误会的一系列连续过程不断推动童话情节的发展，不断展示童话形象。科学童话《小蝌蚪找妈妈》就运用了误会法，通过几次找错妈妈而展开故事，具有喜剧色彩。用误会法展开故事，故意混淆真真假假，会显得十分风趣。

4. 巧合法

巧合法是指在童话情节的发展中，设置一些巧合的情节。当然，产生这些偶然性也有其必然因素，不能不合情理地胡编乱造。运用巧合法，会增加情节的生动性和趣味性。如包蕾的《猪八戒吃西瓜》，就运用了巧合法。猪八戒吃西瓜，吃完西瓜后将西瓜皮随便扔掉了。不料猪八戒却被自己扔的一块西瓜皮滑倒在地，摔了个仰面朝天。真是自作自受，逗人发笑。

5. 悬念法

悬念法是指作者在编造童话情节时，自然而然地设下许多悬而未决的疑难问题，令读者极想知道问题的答案，从而产生较强的艺术魅力。如叶永烈的科学童话《谁的脚印》，在开头便设下了悬念：花生地丢了花生，是谁偷的呢？紧接着童话中的小主人公小狗查看现场，发现一种脚印，后来经过反复专访调查，确定了盗贼是田鼠。又如刘斌的《山的回声》、鲁克的科学童话《一块怪石头》，都用了悬念法。

6. 烘托法

烘托法就是用极端的事来烘托一件事，使被烘托的这件事更为突出。如朱家栋写的《珍珍的童话》，写一个女孩因为挑食而变得瘦弱，作者用了蚂蚁可以抬起她，来表现她的身体之轻；用了蚊子和她比赛唱歌，来表现她的声音之弱；用了她钓鱼反被鱼钓走，来表现她的力气之小。这样，这个女孩的瘦弱形象就很立体了。

7. 循环法

循环法也是民间童话的传统创作手法。如甲帮助了乙，乙帮助了丙，丙帮助了丁，而丁又帮助了甲，这样循环了一圈，就是循环法。如方轶群写的《萝卜回来了》，写小白兔挖到了一个大萝卜，送去给小猴，小猴又送去给小鹿，小鹿又去送给小熊，小熊又送去给小白兔，萝卜绕了一圈，仍回到了小白兔家里，这就运用了循环法。

8. 推进法

推进法这种手法指写一个人的某一特征，着力把这特征描写得更进一步。如民间童话《懒媳妇》，写一个女人的懒，她丈夫出门了，给她做了一张很大很大的饼套在脖子上，但丈夫回来，这女人却饿死了。原来她只咬了嘴边的饼吃，懒得连转过头去吃饼也不肯。郑渊洁的《哭鼻子比赛》也用了推进法，童话里把所有爱哭鼻子的人都聚集起来，索性举行了一次哭鼻子比赛。

9. 拟境法

拟境法是指虚构一个地方作为故事发生、发展的背景。如幸福城、说谎岛、慢吞吞国等。罗大里的长篇童话《假话国历险记》，就是虚构了一个全讲假话的国家，在这个国家里，人们把墨水说成面包，把早上说成晚上，把花说成草，一切都是颠三倒四的。又如葛翠琳的《半边城》，虚构了一个只注意半边的地方。

10. 自叙法

自叙法是用童话人物的耳闻目睹的事或亲身经历来介绍自己或环境。如叶圣陶的《稻草人》、科学童话《小豆瓣旅行记》等就用了这一类手法。

四、寓言

(一)寓言

寓言早在春秋战国时期就已盛行，由民间口头创作而成。“寓言”一词最早见于《庄子·杂篇·寓言》，然而寓言作为一种儿童文学样式却是近代的事。寓言是“用假托的故事或者自然物的拟人手法，来说明某个道理或教训的文学作品，常带有讽刺和劝诫的性质”。

17 世纪法国寓言诗人拉封丹说过：“一个寓言可分为身体和灵魂两部分。所诉的故事好比是身体，所给予人们的教训、启示好比是灵魂。”当代著名儿童文学作家严文井说：“寓言是一个怪物，当它朝你走过来的时候，分明是一个故事，生动活泼，而当它转身要走开的时候，却突然变成了一个哲理，严肃认真。”[①]因此，寓言又被称为“理智的诗”“穿着外衣的真理”。

(二)寓言的特征

1. 道理是寓言的灵魂

阐明道理是寓言的目的，故事、形象都为道理而存在。道理往往又隐含在主要形象身上，所以主要形象又是道理的形象化身和具体符号。这些形象可以是人物、动物、植物或是非生物，虽不乏生动的一面，但并不像童话、神话那样具备鲜明的个性特质。如在《伊索寓言》中，不论是《狐狸和乌鸦》《狐狸和葡萄》《狐狸和猴子》《狐狸和山羊》，还是《蝉和狐狸》，狐狸都仅仅是聪明和狡猾的概念化符号，并未因出现在不同的故事中就有不同的个性特征。

2. 劝诫性是寓言的底色

寓言多从反面讲道理，或劝诫或讽刺，尽管不乏幽默和善意，这就是寓言故事的质地，也是寓言与童话、神话、传说、民间故事等文学样式的本质区别。比如在《农夫与蛇》的故事里，一个农夫在寒冷的冬天救了一条即将冻死的蛇，结果蛇恩将仇报反咬了农夫一口。这个故事便通过否定的反面角色蛇，告诫我们要明辨是非。再如《揠苗助长》，也是通过否定讽刺了那些为达到目的而急于求成的人。

3. 故事呈浓缩态势

寓言故事往往情节单一，甚至不完整，一旦揭示了寓意，讲述也就戛然而止。如伊索寓言《燕子与乌鸦》中燕子与乌鸦争吵谁最美丽。乌鸦对燕子说：“春天才能看到你美丽的外貌，我的身体却可以抵御冬季的严寒。”这简短的话便简明扼要地揭示了健康的身体才是最美丽的这一主旨。

4. 多种修辞结合

将讽刺、夸张、拟人、比喻相结合是寓言鲜明的叙事手法，多种修辞结合旨在渲染寓意，易于明理或使人受启发。其实寓言中的比喻手法的最大特点就是具有整体性，以整个故事作为喻体以表明寓意。运用拟人、夸张、讽刺等多种手法塑造形象、制造故事情节、渲染故事氛围，最终指向的是现实生活中的人和事，能够达到生动说理的目的。

5. 言简又不乏生动

言简旨在意赅，不干扰主旨；生动是为巧妙寓“意”的需要。寓言的语言常有一针见血、一矢中的之效。

---

① 严文井：《严文井童话寓言集》，359页，北京，人民文学出版社，1982。

五、儿童小说

(一)概念

小说是儿童文学中最重要的文学表现形式，主要以刻画人物形象、叙述故事情节、展现社会生活环境为主，创作目的是引发读者的审美体验。这就要求有一定生活经验和鉴赏能力的儿童来阅读，儿童小说的读者范围大致为十一二岁至十六七岁。①

儿童小说是为儿童、少年专门创作的儿童文学作品，它的读者对象主要是小学中高年级的学生以及初中的学生。作家根据这一特定读者群的心理特征和审美情趣特点创作的有益于他们健康成长的小说即儿童小说。

(二)儿童小说的分类

1. 历史小说

历史小说是根据历史人物和事件进行适当的想象、虚构，再现一定历史时期的生活面貌和历史发展趋势的小说。它通常以一定历史时期的事件为中心塑造人物，所描写的主要人物和事件具有真实与虚构相统一的特点，以便让后人了解历史，并对历史进行反思，获得某种认识和审美上的启示。瓦尔特·司各特的《罗伯·罗伊》《中洛辛郡的心脏》，乔万尼奥里的《斯巴达克思》等都是深受儿童喜爱的历史小说。

2. 现实生活小说

现实生活小说主要以小说的形式书写和呈现儿童的现实生活，包括儿童校园生活、家庭生活、社会生活，以展现儿童的生活方式和情感体验，塑造儿童喜欢的人物形象，表达儿童对生活的美好愿望。儿童小说可以表现对现实生活中的阴暗面的不满，也可以表现一种理想生活的想象。如讲述少年儿童生活的《男生贾里》《女生贾梅》系列，故事描写了以孪生兄妹贾里、贾梅为代表的 20 世纪 90 年代的中学生在家庭、学校和其他社会环境中的生活趣事，内容非常贴近儿童的生活，在一定程度上满足了儿童精神成长的需要。

3. 科学幻想小说

科学幻想小说是在一定的科学知识基础上进行合理想象的小说。“其立足点仍然是现实社会，反映现实社会中的矛盾和问题”②，用小说的方式描述对未来世界的幻想，以培养青少年儿童对科学的兴趣和爱好，促进儿童智力的发展。如被誉为“科幻小说之父”儒勒·凡尔纳的科幻三部曲《格兰特船长的儿女》《海底两万里》和《神秘岛》，虽然他

---

① 王泉根：《儿童文学教程》，191 页，北京，北京师范大学出版社，2009。

② 黄伊：《论科学幻想小说》，102 页，北京，科学普及出版社，1981。

的作品幻想色彩极浓郁，但是内容都有着坚实的科学基础，有着坚持不懈的精神和超人的智慧的主人公是儿童学习的榜样。

4. 冒险小说

冒险小说多以各种不同寻常的冒险事件为线索，展开惊险刺激、内容新奇的场面描写，给儿童带来独特的感官享受，促进儿童心灵的成长。丹尼尔·笛福的《鲁滨逊漂流记》、罗伯特·路易斯·史蒂文森的《金银岛》、马克·吐温的《汤姆索亚历险记》、江祥智的《山那边是蓝色的海》等都是冒险小说的经典代表作。

5. 动物小说

动物小说是以动物为主要描写对象，向少年儿童展现动物世界的生活，通过观察动物的行为与情感，从中寻觅大自然的奥秘与乐趣，获得有益的启示。如被誉为“中国动物小说大王”的沈石溪，在他的动物小说中，经常在表现动物自然习性的基础上，细致刻画动物的“人性”和情感世界。《狼王梦》以尕玛尔草原和日曲卡雪山为背景，讲述了母狼紫岚培育三只小公狼成为狼王的经过，作者把在大自然中挣扎求生存的狼，以及因求生存而发展出来的“狼道”，刻画得淋漓尽致。我们不仅可以获得关于自然界的知识，还可以感受动物如人一般的勇敢、坚持不懈的精神。

(三)儿童小说的文学特征

1. 人物形象生动丰满，具有鲜明的个性特征

典型人物的塑造是小说的核心问题，儿童小说的人物主要以儿童为主。塑造人物，就是要塑造出生动的、鲜明的、个性的、丰满的典型形象，而典型形象的突出往往是与时代特征、环境特征紧密结合的。小说人物形象的塑造是无可替代的。人物形象主要通过外貌描写、语言描写、动作描写、心理描写和环境描写等来塑造，而外貌描写往往是呈现人物性格特征的一般方式。

2. 故事情节曲折具有可读性

小说的情节往往是一波三折的，结尾往往是出人意料的。这样可以深化主题，丰富细节，增强故事的戏剧性和可读性。如《金银岛》在情节安排上处处暗藏玄机，故事情节主要围绕“藏宝图”展开，在主人公吉姆探索藏宝图之谜、与海盗头子西尔弗抗争的情节演进中，作者一直在为读者设置悬念：独腿水手是谁？黑券是什么？海上航行之前需要准备什么？吉姆是怎样一个人经历海上惊险奇遇的？吉姆在苹果桶里听到的秘密是什么？为什么海盗西尔弗要密谋叛变？海盗西尔弗最后的下场是什么？……作者通过不断设置悬念来激发读者的阅读兴趣，最后一一揭示真相。

3. 主题积极深刻而有针对性

儿童小说的题材主要围绕儿童的家庭生活、学校生活和社会生活，能够紧密结合儿童读者的生活实际、兴趣爱好与审美需求，能引起儿童读者精神上的共鸣与思考，

因而主题是比较积极且具有针对性的。举例来说，一般小说中反复出现的“爱”这一主题，表现爱的形式是多种多样的，如父爱、母爱、祖孙间的爱、友爱等。

六、绘本

(一)概念

绘本，英文为“picture books”，在日本译为“绘本”，直译为“图画书”。绘本是一种以图画为主，文字为辅，甚至是完全没有文字，全是图画的书籍。绘本是一种新兴且独特的儿童文学类型，它不同于我们平时所称的“图画读物”“图画故事”“连环画”“小人书”，与一般带插图的书也不相同。在绘本中，图画是主体，具有讲述故事的功能，它本身就承担着叙事抒情、表情达意的任务。而一般故事书中的插图只是使故事更形象直观的辅助手段。

关于图画和文字的关系，松居直认为如果用公式表现图画书的特征的话，可以这样写：“文＋画＝有插图的书、文×画＝图画书”[①]，一本书不只有一个故事。彭懿认为，绘本是图文合奏的，在绘本里，图画是它的生命，甚至有很多绘本是一个字也没有的无字书。它强调画面的连贯，在规定的篇幅内，画面要形成一个连续的视觉映象。[②] 正如美国插画家芭芭拉·库尼所说：“图画书像是一串珍珠项链，图画是珍珠，文字是串起珍珠的细线，细线没有珍珠不能美丽，项链没有细线也不存在。”图文互补、图文相称是最重要的图画书理念之一。绘本注重文字的同时又注重图画的言语功能，也就是图文各说故事，又互为补充。

(二)绘本的完整结构

绘本作为一种独特的文学样式，“图画和语言相互补足；展示对开的两个页面；通过翻页营造戏剧性变化”决定了绘本的构造。[③] 绘本的完整结构包括：封面、环衬、扉页、正文和封底。

一本绘本“至少包含三种故事，文字讲的故事、图画暗示的故事、以及两者结合后产生的故事”[④]。比如菲比·吉尔曼的绘本《爷爷一定有办法》，讲述了地上约瑟一家和地下小老鼠一家的故事，这也是本书最重要的细节。随着故事情节的发展，每当爷爷精心为约瑟制作外套、背心、领带、手帕、纽扣时，小老鼠一家总是收集着爷爷裁下

① [日]松居直：《我的图画书论》，徐小洁译，241页，乌鲁木齐，新疆青少年出版社，2017。

② 彭懿：《图画书：阅读与经典》，7页，南宁，接力出版社，2011。

③ 朱自强：《亲近图画书》，14页，济南，明天出版社，2011。

④ 培里·诺德曼、梅维丝·雷默：《儿童文学的乐趣(第三版)》，陈中美译，484页，上海，少年儿童出版社，2008。

的碎布，心灵手巧的小老鼠也制作成了被子、背带裤、窗帘、桌布、隔断……当约瑟和大家分享他写下的奇妙故事时，老鼠家的一个鼠宝宝也正好坐在捡来的约瑟的纽扣上和大家分享自己的故事，这是多么温馨、幸福的画面啊！画面下方的小老鼠一家也给读者带来了额外的阅读乐趣。

(三)绘本作为语文学习资源的价值与意义

1. 绘本的特质

绘本是国际公认的最适合儿童阅读的图书，较之一般的纯文本读物能更好地激发儿童的阅读兴趣。它本身对儿童的身心发展有着巨大的促进作用。

(1)绘本能促进儿童审美能力的发展

绘本是以图画为主、文字为辅的一种独特的儿童文学样式，图画承担着重要的叙事功能，图画中往往蕴含着大量的视觉艺术元素，比如构图手法、色彩搭配、线条设置等，这样精心制作的艺术作品能让儿童发现美、感受美。如严淑女的《春神跳舞的森林》为我们展现了一幅美不胜收的阿里山山景图。在充满魔法的樱花树下，阿地、奶奶和自然万物一起参加满月樱花祭，银色的月光照耀着大地，春神在森林里翩翩起舞，这是人与自然共同谱写的美好篇章。儿童在接触这些艺术作品的同时，从最开始的单纯欣赏作品，到自己提笔尝试涂鸦创作绘本，渐渐就会形成一定的艺术感知力和审美能力。

(2)绘本能促进儿童阅读能力的发展

儿童早期的阅读主要以非文字的图画为主，绘本的出现恰好成为儿童阅读最适宜的材料。绘本不仅能使儿童读懂图画和文字传递的信息，最重要的是能使儿童在阅读时调动多种感官，还能培养儿童的综合能力，如观察、注意、记忆、联想、想象、推理、判断等，同时能激发儿童的阅读兴趣，使其养成良好的阅读习惯，促进其思维的发展。

(3)绘本能促进儿童积极情绪情感的养成

影响儿童行为的情绪有积极和消极之分，积极的情绪(如自信、乐观等)能引发好的行为，消极的情绪(自卑、恐惧、悲伤等)则能引发坏的行为。绘本从主题内容上说，涉及人类的价值追求，理解、宽容、正直、自信、尊重、勇敢……这些美好的品质都可以通过绘本向儿童传递，比如《勇敢的克兰西》告诉我们要勇于接纳自己的与众不同之处，《我有友情要出租》教会我们善待友情，《活了一百万次的猫》引发我们对爱与尊重的思考，《苏菲的杰作》让我们体会到了人性的真善美……绘本能促进儿童从中获得正面的情感体验，形成积极、乐观的力量。

2. 绘本适应儿童发展的需要

按照皮亚杰的认知发展理论，小学阶段的儿童正处于具体运算阶段。此阶段的儿童思维仍具有直观性和形象性的特点，对身边具体的、可感知的事物仍有一定的依赖性。绘本中的图画要比语言更加直观，这恰好符合了儿童的认知需求，即使文字认不全的低年级学生也能依靠绘本绘声绘色地讲述完整的故事，这也加快了儿童由阅读图文结合的阶段过渡到纯文字阅读的进程。

3. 绘本适应语文教学的需要

《义务教育语文课程标准(2011 年版)》指出，语文课程资源包括课堂教学资源和课外学习资源。“例如：教科书、相关配套阅读材料、其他图书、报刊、工具书、教学挂图，电影、电视、广播、网络，报告会、演讲会、辩论会、研讨会、戏剧表演，生产劳动与社会实践场所，图书馆、博物馆、纪念馆、展览馆，布告栏、报廊、各种标牌广告，等等。自然风光、文化遗产、风俗民情、方言土语，国内外的重要事件，日常生活的话题等也都可以成为语文课程的资源。”①优秀的绘本作品主题丰富，能将人格情感、学习习惯、行为习惯等都包含在内。将其引入语文教学中，能够让儿童走进生活、感受生活，在与现实生活的交流中陶冶情操、完善人格。

此外，语文作为一门工具性与人文性相统一的学科，学习语言文字是儿童的首要任务，儿童既要学会理解语言，也要学会表达语言，这也是绘本可以作为语文学习资源的最佳结合点。优秀的绘本语言文字精练、音韵和谐，能给学生美的语言享受，比如西姆斯·塔贝克的绘本《有个老婆婆吞了一只苍蝇》是由一首人们耳熟能详的童谣改编的，语言富有韵律节奏，儿童读起来朗朗上口，是语言学习的极佳范本。

【思考与练习】

1. 常见的儿童文学样式有哪些？请结合具体作品做简要说明。
2. 简要说明幻想在童话中的作用，并举例说说幻想的主要表现形式。
3. 儿童诗有着哪些其他儿童文学体裁所不可替代的独特艺术特征？
4. 儿童小说的三要素分别是什么？其各自的特点是什么？

第三节
对小学语文教材中儿童文学选文的教学建议

《义务教育语文课程标准(2011 版)》提出：小学生应该阅读童话、寓言、故事、儿

① 中华人民共和国教育部：《义务教育语文课程标准(2011 年版)》，33～34 页，北京，北京师范大学出版社，2012。

歌等儿童文学作品。教师应培养小学生热爱祖国、热爱生活的情感，不断丰富儿的语言积累，优化小学生的审美情趣和价值观念，促进小学生提升识字能力、阅读能力、写作能力和口语交际能力等，以达到德、智、体、美全面发展的目标。[①] 儿童文学作品因其特有的语言特点和丰富的文化底蕴，非常符合儿童的个性特点、审美特点以及生活环境，容易激发儿童的阅读兴趣，提高儿童的阅读能力和鉴赏能力，目前已经占据了“部编版”小学语文教材的重要部分，逐渐成为小学语文教学中最重要的课程资源。

“部编版”小学语文低年级教材中选编的儿童文学作品以儿歌、儿童诗、童话为主，这是因为低年级学生的思维活动仅限于比较具体的问题，这些文学作品能更好地激发学生的想象与幻想，激发学生学习语文的兴趣；中年级的儿童文学选文体裁则更加广泛，基本上涵盖了儿童文学的所有体裁；高年级的儿童文学选文则考虑到儿童抽象思维的发展，儿童小说数量大幅提升，拓宽儿童的阅读视野，儿童诗、童话、寓言等选文的数量随着年段的增加而逐渐减少，这也与儿童的认知发展规律相符合。[②] 诸多优秀的儿童文学作品能使学生感受文学魅力，引起情感上的共鸣，逐渐形成正确的世界观、人生观和价值观。当然，儿童文学作品不应仅仅局限于小学语文课本中，它应该是小学生进行语文课外阅读的主要素材。课外阅读能拓展儿童的视野，提升语文素养。绘本是儿童接触较早的图书，对儿童观察能力、语言表达能力、审美能力的发展有着不可忽视的作用，越来越多的优秀的绘本资源已进入小学课堂中。因此，本节根据“部编版”小学语文教材的选文情况，着重对儿童诗、散文、童话、绘本等文体，提出教学指导建议。

一、儿童诗教学建议

(一)反复朗读，体会诗歌的韵律节奏

儿童诗的情感主要是通过高度凝练、节奏明快的语言来体现的，体悟诗情的首要途径便是朗读，熟练成诵。在教学中，教师应根据诗歌的特点采用不同的朗读形式，如教师范读、同桌互读、全班齐读、个人默读等。此外，还应特别注意诗歌的停顿、语速、语调、语气、节奏等细节。

《荷叶圆圆》是“部编版”小学语文教材一年级下册第六单元的一篇散文诗，下面我

① 中华人民共和国教育部：《义务教育语文课程标准(2011 年版)》，1～5 页，北京，北京师范大学出版社，2012。

② 陈琦、刘儒德：《当代教育心理学》，30 页，北京，北京师范大学出版社，2007。

们以《荷叶圆圆》课堂实录①进行教学策略分析。这首儿童诗的语言特别适合进行朗读训练，一是要注意第一句的两个叠词“圆圆的”“绿绿的”，指导学生读好停顿；二是要重点指导学生读好小水珠、小蜻蜓、小青蛙和小鱼儿说的话，以及它们在荷叶上下的表现。2～5自然段结构相似，句式相同，都是以小水珠、小蜻蜓、小青蛙和小鱼儿的话“荷叶是我的……”这样的比喻句式开头，然后再写小水珠和小动物们的具体表现和行为，语句表达具有较强的节奏感。为了让学生读出诗歌的趣味，教师引导学生用自己喜欢的方式介绍自己喜欢的小伙伴，一年级学生大部分选择了表演的形式，运用语言、动作、表情在角色体验中读好小水珠和小动物们的话，学生边读边演，将每段话读得生动有趣，深深体会到了小水珠和小动物们对荷叶的喜爱之情。

（二）品味词句，体悟诗歌情感

如何将儿童诗的童心、童趣以及抒发的情感展现出来呢？教师应该回到诗歌中，抓住关键词句进行品读，使学生在感受优美意境的同时领悟诗歌的情感。

诗歌段落结构相似，语言极富感染力。教师在教学时应引导学生品味关键词句，感受用词的准确性。比如在课文《荷叶圆圆》的2～5自然段中，“摇篮”和“躺”、“停机坪”和“立”、“歌台”和“歌唱”、“凉伞”和“游来游去”一一对应，这些词语完全捕捉到了小动物们的生理特点，准确形象，富有画面感。比如教师在指导学习“小青蛙”这一段时，便抓住了青蛙的姿态——呈后腿弯曲的蹲状，学生在角色扮演的过程中体会到了小水珠和小动物们的快乐心情以及夏天自然万物生机勃勃的美好意境。

（三）拓展实践，提高想象力和表达能力

优美的儿童诗为儿童营造了一个无限的想象空间，教师应引导学生在理解诗歌的基础上展开想象，进行创作。比如在教学《荷叶圆圆》时，我们可以安排这样的教学活动：请你课下到公园找一找，看看还有什么小动物会把荷叶当成什么，仿照课文的句式把它写下来。也可以图文结合，把你想象的画面画下来。下节课，我们一起分享。

二、儿童散文教学建议

（一）多种方式朗读，品味文字韵味

品味语言文字是学习散文必不可少的一个环节，通过朗读学生能更透彻地领会作

---

① 许嫣娜：《〈荷叶圆圆〉完整教学实录》，https：//www.doc88.com/p-968179941345.html，2020-12-31。

者饱满的感情，学生在如此优美的语言文字中也能潜移默化地受到熏陶，培养丰富的情感和审美情趣。值得注意的是，朗读的方式可以是多种多样的，但朗读要以尊重学生独特的个人感受为前提。以鲁迅的《少年闰土》（“部编版”语文教材六年级上册）为例，教师在本课教学中采用了个性化朗读、教师评读、创设情境引读的方式引导学生读出自己的感受，读出散文独有的韵味。

（二）品词析句，体认作者心境

散文特有的意蕴、作者的情思往往藏在文中某些关键的词句中，教学时要特别注意那些富有情感的词句，引导学生品读其中的意蕴，理解作者的写作意图。

比如课文中的这段话：“闰土的心里有无穷无尽的希奇的事，都是我往常的朋友所不知道的。他们不知道一些事，闰土在海边时，他们都和我一样只看见院子里高墙上的四角的天空。”作者的羡慕之情是通过闰土“在海边”，“我”只看见“墙上的四角的天空”这样的对比表现出来的。教学时应抓住这样的词句让学生品析。

（三）拓展延伸，引发儿童思考

儿童文学对儿童是有教育意义的，儿童散文也不例外。因每个人的人生体验不同，个人际遇不同，每个孩子对文章的理解和思考都是独一无二的宝贵财富。如学生在理解课题“金色的鱼钩”的真正意义后，教师便引导学生从“闪烁着金色光芒”的鱼钩上挖掘革命先辈舍己为人的革命精神，进而延伸思考我们后世子孙为什么要瞻仰它。

三、童话教学建议

（一）抓情节

1. 情节的结构

对于小学阶段的学生来说，最吸引他们的应该就是故事的情节。教学中应引导学生“抓结构”“用结构”，学会有效地读故事、讲故事、编故事。“部编版”小学语文教材三年级上册第七单元有《大自然的声音》《读不完的大书》《父亲、树林和鸟》几篇课文，是围绕着人与自然和谐相处的主题展开的。在做拓展阅读教学时，可参考蒋军晶以《去年的树》为例做的群文阅读教学。① 《去年的树》一文结构简单，文章开篇直接交代了故事的人物关系：鸟儿和树它们是一对好朋友。全文主要通过对话展开故事情节，一共有四次对话：第一次是鸟与树的对话，它们约定明年春天相见时鸟再唱歌给树听；第

① 蒋军晶：《文学阅读课〈去年的树〉群文阅读》，https：//www.qjmy.cn/qjmy/article/814/，2020-12-31。

二次是鸟与树根的对话，鸟向树根询问树到什么地方去了，树根告诉它，伐木人用斧子把它砍倒，拉到山谷里去了；第三次是鸟与门先生的对话，鸟向门先生打听树的去处，大门告诉它，树被切成细条条做成火柴，卖到村子里去了；第四次是鸟与小姑娘的对话，鸟向小姑娘打听，小姑娘告诉它，火柴已经用光了，只剩下用火柴点燃的灯火。五个人物、四次对话便构成了整篇童话故事。教师在教学时应引导学生注意文本的结构特点，蒋军晶在执教时将丰子恺的漫画(没有脸部五官刻画)与《去年的树》做对比，引导学生观察发现漫画构图和文章结构一样简单、干净，从而展开教学。

2. 情节中的人物

童话里的人物和情节是密不可分的，教师应引导学生体会人物是如何在情节的展开中逐渐个性鲜明起来、栩栩如生起来的。《去年的树》中，小鸟对朋友信守承诺、珍视友情的品质便是在鸟儿的四次对话中层层推进的，这四次对话实质上是鸟儿对树执着的追寻过程，虽然故事的结局不是圆满的，但当它找到树的下落时，一种遵守诺言的满足感与幸福感跃然纸上。文章结尾的两句话颇为传神：“鸟儿睁大眼睛，盯着灯火看了一会儿”“唱完了歌，鸟儿又对着灯火看了一会儿，就飞走了”。特别是两个“看”字，对人物的塑造更是神来之笔：第一个“看”字是鸟儿遵守了对好朋友树的诺言，第二个“看”字是鸟儿对树的眷恋。教学时应紧抓两个“看”字体会人物形象。

3. 故事里的哲理

童话的故事情节、人物形象的塑造都是围绕故事传达的哲理展开的，这也是童话教学的核心目标。学生阅读童话故事不仅仅是感受语言的魅力，体会曲折的故事情节，更是要理解作者表达的道理。安徒生的经典童话《丑小鸭》讲述了一只天鹅在鸭群中破壳后，因相貌怪异，惨遭鄙弃，历经千辛万苦后长成白天鹅的故事。虽然这是发生在动物身上的故事，但“丑小鸭”其实暗指不被关注的学生，丑小鸭的成长是在告诉学生即使身处逆境，也要为实现理想而努力奋斗。

(二)重表达

童话的语言、结构、手法是设计时的重点和难点。对童话教学来说，朗读是打开童话大门的钥匙，教师应引导学生在朗读中感受童话传达的意蕴。教师应引导学生在朗读中揣摩人物的语言，感受童话语言的优美，感受童话中独具个性的人物形象。

(三)促想象

教学童话一定要抓住童话里那些新奇的幻想，让学生插上想象的翅膀，与童话一起飞翔。具体策略有以下三方面。

第一，体味语言，想象读演。只有通过想象和朗读表演才能揣摩到童言童语之味，设计时要自始至终地关注这一策略。

第二，替换角色，想象体验。如果说寓言故事是冷静地旁观式，童话故事则是真诚地参与，因为里面有自己的世界和自己的角色。

第三，虚拟情境，想象表达。

在故事情境中或新创设的情境中讲故事、编故事，提升表达能力。例如，童话故事的续编，如《小猴子下山》(“部编版”小学语文教材一年级下册)，故事的结尾是“小猴子只好空着手回家去”。此时的小猴是相当沮丧的。为了让走进童话故事的学生有一个新的希望，教师可以设计这样的教学环节：小猴子明白了自己空着手回家的原因之后，第二天它又下山了……请学生来续编这个故事，给小猴一个改正错误的机会。学生在续编的时候都会讲到这只小猴吸取了前面的教训，最后高高兴兴地满载而归。让这个原本有些不圆满的童话故事的结局变得圆满，让学生的心里充满了希望，明白犯错之后及时改正，一样能取得好的结果！这也正是童话的魅力所在，能带给学生温馨和美好的感受！

四、绘本教学建议

(一)绘本课的课型

1. 绘本导读课

绘本是具有文学性和故事性的儿童文学作品，在师生初读绘本时可以采用导读课的课型，以师生共读为主，旨在激发学生阅读绘本的兴趣，感受绘本的语言魅力和审美乐趣。《彩虹色的花》是一本色彩鲜明、风格独特、意蕴深远的绘本，师生通过共读不仅理解了彩虹的颜色——红、橙、黄、绿、蓝、紫，也感受到了彩虹色的花乐于助人与无私奉献的精神力量。

2. 绘本讨论课

绘本讨论课一般建立在阅读绘本的基础上，师生可以围绕能引人深思的主题进行思考和讨论，比如对生命的意义、死亡、真善美、付出与回报等有深度的内容展开探讨，以此促进学生理解能力、分析能力和判断能力的提升。《铁丝网上的小花》是一本以战争为主题的绘本，它不仅抨击了战争的残酷与罪恶，也让我们感受到了人性的纯真、善良与美好，师生不妨围绕人性的善与恶进行讨论，使学生更加理解作者所要传达的人类不可或缺的美德。

3. 绘本拓展课

在阅读绘本之后，我们还可以开展与学生生活相联系的拓展课，比如创意写作、戏剧表演、综合实践活动、探究性学习等，多样化的教学形式能使学生更充分地挖掘绘本中的语言、故事情节、人物形象等元素，感受绘本独特的魅力。

(二)绘本教学策略

1. 顺应教学规律，保证阅读过程的连贯性和完整性

绘本教学应该顺应教与学的规律，每一个教学环节都要以保证阅读过程的连贯性和完整性为前提。这就要求教师在备课时思考如何恰到好处地把握阅读中的提问、猜测、探究等问题，以避免破坏整体的教学效果，推动学生对绘本的理解。

2. 关注图文细节，掌握阅读方法

绘本的图画往往隐藏着一些小细节，这些都是读者容易忽视的地方。教师可以引导学生关注极易漏读的扉页、环衬、封底部分，还要特别注意观察图画的色彩、画面的视角、人物的表情等细节。也有部分绘本文字的大小和位置排列是不一样的，这些都是作者精心设计的关键细节，它们是与故事情节密切相关的隐喻信息，当你将这些细节组合在一起的时候，便会体会到绘本的绝妙之处，才会掌握阅读绘本的方法。

3. 丰富语言积累，提升表达技巧

绘本的文字语言是高度凝练的，且故事内容源于儿童生活场景，这便为儿童的语言表达提供了有效的素材。教师可以引导学生在欣赏绘本的时候展开想象，围绕主题、人物形象、故事情节进行交流表达。学生在分享交流的过程中一次又一次地走进文本，能更好地理解绘本的主题。

4. 借助留白巧设情境，激发学生的想象力

绘本的画面情节是非常丰富的，教师应该聚焦图画中情节延伸处、思想碰撞处的留白之处，巧设情境，启发学生进行无限的想象，引导学生仿写故事、续编故事、画出故事等，激发学生语言表达的欲望，与作者产生共鸣，体悟情感，促进思维的提升。

五、整本书阅读建议

(一)关注情节，厘清文章脉络

厘清小说情节，是整本书阅读的第一步。小说的情节源于生活，但比现实更集中，一般包括起因、发展、高潮、结局四个部分，跌宕起伏、可读性较强。小说的人物形象也主要通过情节来塑造。教师可以围绕教学目标引导学生自主阅读，采用自主探究、绘制情节地图等方式帮助学生完成全书阅读，梳理故事情节，把握人物关系。

以《金银岛》为例，本书共分为“老海盗”“船上的厨师”“海岸的探险”“木寨”“我的海上历险”“西尔弗船长”共六大部分三十四章节，情节错综复杂，教师应引导学生学会概括重要事件，厘清文章的脉络。学生初读本书时可以借助如下内容初步感知事件发展过程以及小说主人公吉姆的成长历程，为感受人物形象做铺垫(见表 5-1)。

表 5-1　《金银岛》通读学程

阅读阶段	阅读所需时间	阅读任务	具体要求
1～6 章	3 天	1. 吉姆先后目睹了比尔、瞎子惨死的情景，请你以吉姆的身份，猜想吉姆作为当事人的心情，补充吉姆当时的心理描写 2. 吉姆和母亲在要不要拿走所有钱抵欠款的问题上发生了争论，如果是你，你会怎么做？请说明你的理由 3. 请根据故事情节复制一份藏宝图	1. 猜想要符合人物当时的处境、心理、性格，推断要依据文中的具体语句 2. 藏宝图需标注出方位
7～9 章	2 天	请用思维导图的形式把出海前的准备标注出来	1. 思维导图可以用气泡图的形式 2. 思维导图可结合航员方面、航体布置等方面绘制
10～12 章	2 天	文中的“苹果桶”不仅出现一次，请结合吉姆在苹果桶内的叙述，绘制他的心情波动图	心情波动图绘制要求： 1. 纵轴的正数部分为吉姆的正面情绪，比如兴奋、放松等 2. 波动图的节点标注吉姆的情绪，尽量运用文中的词语 3. 相邻两个节点之间的线段标上吉姆由前一种情绪转变为后一种情绪的原因，可简练概括相关事件或其他缘由
13～15 章	3 天	1. 请为第 13～15 章的插图写设计说明 2. 吉姆意识到自己失职后，用树叶做掩护，尽可能地靠近西弗尔他们以便探听消息。你能从中看到一个怎样的吉姆呢？完成填空：________的吉姆。简单说一说你的理由	插图设计说明要写清： 1. 画面要传达的主要信息是什么？ 2. 为什么要这样画或为什么选择这幅画做插图？
16～18 章	3 天	1. 在吉姆上岸遇到水手的同时，吉姆的伙伴们也在船上进行着自己的弃船计划。如果你是大夫，与吉姆汇合后，你会怎样向吉姆描述你的这段经历呢？ 2. 大夫一行人与船上的六个海盗斗智斗勇，偷运物资到岛上，实施逃跑计划的过程可谓惊险刺激。你能感受到他们紧张的心情吗？从文中哪一处可以体会到？请你简单说说	
19～21 章	2 天	回顾前几章，用思维导图画出西尔弗形象的变化及所有理由	

续表

阅读阶段	阅读所需时间	阅读任务	具体要求
22～30章	4天	1. 还记得《鲁滨逊漂流记》中的鲁滨逊吗？他在荒岛上生活了28年，他是如何生存下来的呢？《金银岛》中的吉姆也有一个人跟鲁滨逊一样敢于冒险，他是谁？他在探险的过程中经历了怎样的蜕变？请绘制他的成长历程图 2.《金银岛》被称为西方的《西游记》。唐僧四人经历了九九八十一难才成佛，吉姆等人在《金银岛》中也历经艰险，请你用表格列举出吉姆等人在探险中遇到的困难和危险，并说明他们是怎样克服的	
31～33章	2天	唯一被救赎的海盗的出场、容貌、言行、结局无不透露着落魄，截然迥异于常人眼中的海盗形象。请你为海盗写一篇人文评论稿	人物评论要求写清容貌、事迹、结局及对人物的评价，字数在300字左右
34章	2天	1. 对比西尔弗在《金银岛》电影和小说中的结局，你更喜欢哪一个结局？请说明你的理由 2. 如果让你分配这笔得来不易的宝藏，你会如何分配呢？请设计你的分配计划	

(二)把握细节，感受人物形象

分析小说人物形象是阅读小说的关键。把握人物形象要借助小说情节的发展来体会，在情节的展开中教师应引导学生关注人物的心理、外貌、行为、语言等细节描写，感受人物的鲜明个性。如果学生想要更好地了解主人公的内心，教师可以引导学生用画曲线图的方式、书写人物心情日记的方式等感受人物的情绪变化，探索人物的内心世界，感受人物独特的品质。以《雷梦拉八岁》为例，在“煮蛋风波”这一章中，雷梦拉因把生鸡蛋磕在头上弄得满头满脸都是蛋液，成为同学们的笑柄，更因威利太太因此说她是个“讨厌鬼”而伤心……雷梦拉如何面对这些烦恼呢？她的心理发生了什么变化？教学时，教师可以引导学生在梳理故事情节的基础上，画出雷梦拉在“把生鸡蛋磕破在头上”“听到威利太太说自己是‘讨厌鬼’”等重要节点时的心情变化图，感受雷梦拉在成长道路上坚忍、勇敢、聪明的独特品质。①

① 梅子涵：《国际大奖儿童文学教案》，38页，天津，新蕾出版社，2017。

(三)聚焦环境，了解小说背景

一切景语皆情语。环境描写包括自然环境和社会环境描写。自然环境描写是围绕小说中的人物活动展开的景物描写，包括人物活动时间、地点、气候、景物等，能起到渲染气氛、烘托人物的作用。在教学中，教师应引导学生透过小说中的自然环境描写感受人物形象。比如《雷梦拉八岁》中的“下雨的星期天”章节，开篇作者便写道：“在十一月里，下着雨的星期天总是让人感到郁闷，但雷梦拉觉得这个星期天尤其让人沮丧。她把脸贴着客厅的窗户，看着大雨从天而降，光秃秃的树枝拍打着屋前的电线。”这样的环境描写勾勒出下雨天的沉闷气氛，烘托出雷梦拉沮丧的心情。教师可引导学生思考：在这样如此阴沉的下雨的星期天里，雷梦拉家中的谁和谁之间爆发了冲突呢？这和下雨有什么联系？

另外，我们还要特别注意社会环境描写，小说中的人物形象、情节的推动都是在一定社会环境下展现的，教学时应引导学生将人物放在一定的社会历史背景下去把握，才能真正理解人物的社会意义。比如要想全面了解小说《金银岛》中吉姆的形象，我们就要把故事追溯到17、18世纪海盗活动盛行的英国，因为海盗的劫掠，英国获得了大量财富，间接刺激了英国的殖民扩张。小说中海盗的典型代表西尔弗两面三刀、狡诈阴险，便是邪恶的象征，先是骗取探宝者们的信任、招揽水手，然后将自己的同伙安插上船并鼓动其他水手造反，接着与探宝者们发生激烈的战斗，当发现藏宝图无效之后又毅然抛弃了他的海盗同伙……小说情节的推进不仅要让吉姆在正义与邪恶之间做出抉择，也在一定程度上引发学生对吉姆、对海盗形象的深刻思考。在教学中，可以通过辩论从正反两方面认识吉姆性格的双重性，理解海盗这一形象在19世纪西方国家这一特定时期的特征，进而对本文主题产生新的理解。比如，小说中的吉姆不停地游走在绅士与海盗两个敌对阵营之间，而两个阵营亦视之为盟友，在成长过程中的吉姆是怎么做到的呢？

【思考与练习】

1. 请结合儿童散文的特点，谈谈儿童散文在小学语文课堂中的具体教学策略。
2. 请结合童话的主要特征，谈谈童话教学的具体教学策略。
3. 简单谈谈绘本课的三种课型各自的特点，选择一本绘本进行导读课的教学设计。

本章小结

随着语文教育教学改革的不断深入，儿童文学作为一种专门为儿童创作的文学样式，因其自身较高的艺术性和文学性，越来越多优秀的儿童文学作品已被选入“部编版”小学语文教材中，成为不可或缺的课程资源，小学语文教师正积极展开关于儿童文学不同文体形式的小学语文阅读教学探索。教师在学生语文学习的过程中起着重要的引领作用，“部编版”小学语文教材目前所涉及的文体形式丰富多样，例如，儿童诗、童话、寓言、散文、小说等，当其面对一部儿童文学作品时，需要准确掌握其文体特点、艺术表现形式、语言表达形式等相关的理论知识以及相应的教学策略，这正是保证课堂教学质量的关键所在。

儿童文学阅读教学要想落到实处，这就要求非中文专业的小学教育专业学生既要踏踏实实地静下心来学习儿童文学理论知识，挖掘不同文体的特点，提升自身对儿童文学作品的鉴赏能力和感悟能力，又要根植于儿童文学阅读教学实践中，解读不同文体作品的教学设计与案例，探讨分析多样化的教学方法，真正做到理论与实践的统一，使小学语文课堂变得更有趣、更生动、更有效。

关键术语

儿童文学、美学特质、儿童化、儿童情趣、儿童文学样式、艺术表现形式、幻想、想象、寓意、小学语文教学、策略

拓展资源

【电影】

《夏洛的网》影片

根据美国作家 E. B. 怀特同名著作改编，由盖瑞·温尼克执导，达科塔·范宁、朱莉娅·罗伯茨等主演，2006 年上映。改编的电影算是相当忠于原著的，语言简单浅白、画面幽默温馨，胆小的乌鸦，贪婪自私但在关键时刻却透露善良本性的老鼠和有些自以为是的奶牛，珍惜友情与生命的夏洛特与韦伯等形象一一展现在观众面前，带领我们走进作者塑造的童话世界，儿童通过浅显易懂的故事感受生命与死亡。

【书籍】

1. [印度]泰戈尔. 愿望的实现. 郑振铎，张炽恒译. 杭州：浙江工商大学出版社，2019.

2. 叶圣陶. 稻草人. 合肥：安徽教育出版社，2015.

3.[丹麦]安徒生．安徒生童话．叶君健译．合肥：安徽教育出版社，2015.

4.[俄]克雷洛夫．克雷洛夫寓言．朱宪生，邱静娟译．杭州：浙江工商大学出版社，2019.

5.[古希腊]伊索．伊索寓言．杨海英译．杭州：浙江工商大学出版社，2017.

6. 张天翼．宝葫芦的秘密．合肥：安徽教育出版社，2015.

7. 徐光耀．小兵张嘎．北京：人民文学出版社，2018.

8. 曹文轩．草房子．南京：江苏凤凰少年儿童出版社，2016.

9.[英]刘易斯·卡洛尔．爱丽丝梦游仙境．张晓路译．北京：人民文学出版社，2018.

10.[英]罗伯特·路易斯·史蒂文森．金银岛．合肥：安徽教育出版社，2016.

11.[法]圣埃克苏佩里．小王子．郑克鲁译．杭州：浙江工商大学出版社，2018.

12.[加拿大]露西·蒙哥马利．绿山墙的安妮．马爱农译．北京：人民文学出版社，2018.

13. 冰心．繁星·春水．北京：人民邮电出版社，2013.

参考资料

【书籍类】

1. 王泉根．儿童文学教程．北京：北京师范大学出版社，2009.

2. 方卫平．儿童文学教程．上海：复旦大学出版社，2015.

3. 姚春树．郭风散文选集．天津：百花文艺出版社，2004.

4. 张春梅．儿童文学．哈尔滨：哈尔滨工程大学出版社，2012.

5. 浦漫汀．儿童文学教程．济南：山东文艺出版社，1991.

6. 夏征农，陈至立．辞海(第六版彩图本)．上海：上海辞书出版社，2009.

7. 韦苇．外国童话史．南京：江苏少年儿童出版社，1991.

8. 朱智贤．儿童心理学．北京：人民教育出版社，2003.

9. 严文井．严文井童话寓言集．北京：人民文学出版社，1982.

10. 黄伊．论科学幻想小说．北京：科学普及出版社，1981.

11.[日]松居直．我的图画书论．郭雯霞，徐小洁译．乌鲁木齐：新疆青少年出版社，2017.

12. 彭懿．世界图画书：阅读与经典．南宁：接力出版社，2011.

13. 朱自强．亲近图画书．济南：明天出版社，2011.

14.［美］佩里·诺德曼，梅维丝·雷默．儿童文学的乐趣．陈中美译，上海，少年儿童出版社，2008.

15. 阿甲．帮助孩子爱上阅读——儿童阅读推广手册．上海：少年儿童出版社，2007.

16. 梅子涵．国际大奖儿童文学教案．天津：新蕾出版社，2015.

17. 朱自强．小学语文儿童文学教学法．南昌：二十一世纪出版社集团，2015.

18. 王荣生．语文科课程论基础．北京：教育科学出版社，2014.

19. 陈琦，刘儒德．当代教育心理学(第 2 版)．北京：北京师范大学出版社，2007.

【期刊类】

1. 朱先云．就这样唱给你听——王崧舟执教《去年的树》的语用艺术赏析．中小学教学研究，2013(12)。

2. 陈娟．一本图画书的味道——观窦桂梅老师《我的爸爸叫焦尼》有感．小学语文教学，2011(27)。

第六章

中国古代文学基础

章结构图

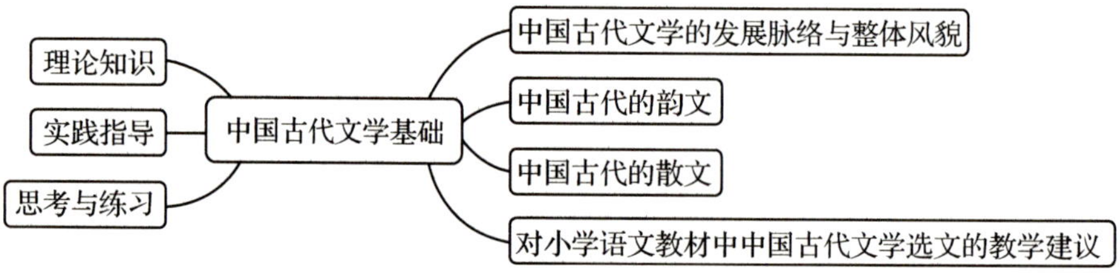

章前概述

通常我们说的“中国古代文学”是指中国古代汉语言文学，又称为“中国古典文学”。从公元前 11 世纪《诗经》中的一些诗篇的出现算起，至五四运动止，中国古代文学汇成的波澜壮阔的长河，为世界文学发展做出了不可磨灭的贡献。

本章共四节：第一节是中国古代文学的发展脉络与整体风貌，介绍了先秦、秦汉、魏晋南北朝、隋唐五代、两宋、元明清文学的发展脉络与整体风貌；第二节是中国古代的韵文，介绍了诗、词、曲等重要文体的基本特点、发展演进与重要流派；第三节是中国古代的散文，介绍了其基本特点与发展演进，以及古典小说的杰出成就；第四节是对小学语文教材中中国古代文学选文的教学建议。

章前导语

中国古代文学在不同的历史时期呈现出不同的风貌。不同文体各具特色，既有时代特点，也有长久的生命力。不同流派的文学作品将作家个人体验、人生智慧凝聚在诗作、文章中，使文学星空熠熠生辉。历代诗评家、文评家的精彩论述与作家的作品一起，相互激发，相得益彰。

第一节 中国古代文学的发展脉络与整体风貌

一、中国古代文学的分期

郑振铎在《插图本中国文学史》中将中国文学分为古代文学、中世文学和近代文学三期。当前学界一般采用袁行霈主编的《中国文学史》的“三古、七段”之说。具体划分情况如下。

上古期：先秦两汉(公元3世纪以前)
　　第一段：先秦
　　第二段：秦汉
中古期：魏晋至明中叶(公元3世纪至16世纪)
　　第三段：魏晋至唐中叶(天宝末)
　　第四段：唐中叶至南宋末
　　第五段：元初至明中叶(正德末)
近古期：明中叶至“五四”运动(公元16世纪至20世纪初期)
　　第六段：明嘉靖初至鸦片战争(1840)
　　第七段：鸦片战争至五四运动(1919)[①]

“三古、七段”说是以文学的发展演进为断限依据，以朝代沿革、社会制度变化等为参照的。这种断限之说，重点观照的是文学发展演进在创作主体、思想内容、文学体裁、文学思潮等方面的变化。相较于以王朝更替为依据的划分方式，更符合文学自身演进的规律。

二、中国古代文学的整体风貌

(一)上古期

上古期包括先秦和秦汉两个阶段。

先秦时期是中国古代文学的发轫期，也是中国古代文学的萌芽阶段，诗歌、散文是这一时期主要的文学样式。

原始歌谣与诗歌的出现紧密相关。古籍记载中的不少歌谣，如《周易·归妹》的上六爻辞，以及《候人歌》《蜡辞》《弹歌》等，在一定程度上保留了原始歌谣的风貌。殷墟甲骨卜辞、钟鼎彝器铭文、《易经》卦爻辞等包孕着后代韵文与散文的胚胎。

我国古代第一部诗歌总集《诗经》编成于春秋时代。它收录了上起西周初年，下至春秋中叶的诗作305篇。这些诗作广泛而深刻地反映了周代社会的历史和现实，内容丰富，手法多样，语言生动优美，感情充沛真挚，为我国诗歌的传统奠定了坚实的基

---

① 袁行霈：《中国文学史》第一卷，12页，北京，高等教育出版社，1999。

础。它不仅是上古诗歌艺术的集大成之作，也是我国上古社会生活及文化思想的宝库。

南方楚国文化的代表《楚辞》，开创了我国诗歌史上第二个重要时期。屈原继承、发扬了《诗经》的比兴手法和托物以讽的表现手法，开创了诗歌创作的新时代。《楚辞》的浪漫主义风格对后世诗歌创作产生了巨大影响。《楚辞》的出现，标志着我国古代诗歌由集体创作向个人创作的转变的基本完成。

甲骨卜辞和钟鼎彝器铭文是我国最早的记事文字。战国时期《左传》《国语》《战国策》等历史散文蔚为大观，标志着我国古代叙事文体的成熟，开启了我国叙事文学的传统。百家争鸣及诸子散文的出现，造就了《庄子》《荀子》《韩非子》等或想象奇崛、或纵横捭阖、或严谨缜密的说理散文，标志着说理文体制的成熟。可以说，在先秦时期，我国散文完成了从萌生走向成熟的过程。

秦汉文学的最高成就是散文，它和战国时代的散文一起构筑了我国文学史上第一个高峰。秦汉散文中一类是叙事散文，以《史记》《汉书》《吴越春秋》为代表；另一类是政论散文，以《吕氏春秋》《淮南子》《论衡》及李斯、贾谊等人的政论奏议为代表。

汉代辞赋是这一时期重要的文学样式之一，大体上可以分为两种类型：一种是以抒情为主的“辞”或“骚”，称骚体赋；另一种是以状物为主的“大赋”，称散体赋。到了东汉中后期出现了篇幅短小、状物摹绘减少而抒情成分增加的抒情小赋。汉代辞赋的代表作家有司马相如、扬雄、张衡等。

继《诗经》《楚辞》之后，古朴率直、情韵流荡的两汉乐府诗成为中国古代诗歌史上的又一奇观。两汉乐府诗以叙事见长，为人称道的有《陌上桑》《孔雀东南飞》等。它在诗歌样式上实现了诗歌由四言诗向杂言诗和五言诗的过渡。

东汉时期，班固、张衡、赵壹、蔡邕等人开创了诗歌创作的新局面。出自文人之手但没有留下作者姓名的《古诗十九首》代表了汉代文人五言诗的最高成就。就诗歌创作而言，五言诗取代了四言诗，成为新的诗歌样式。这一时期还出现了完整的七言诗篇。

(二)中古期

中古期指从魏晋至明中叶这段时期。

这一时期的中国文学进入自觉的时代，并在南北朝完成了自觉的进程。诗、词、曲分别在唐、宋、元三朝达到高峰。文言小说、白话小说分别在唐代、宋元时期趋于成熟。这一时期作家众多、流派纷呈，成就斐然。

中古期的第一段为魏晋至唐中叶。这一时期，诗歌方面成就突出。五言、七言古体诗名家辈出，诗歌创作达到鼎盛；五言、七言近体诗兴起、定型并达到鼎盛。“三曹”、陶渊明、谢灵运、“四杰”、王维、孟浩然、李白、杜甫等名家在题材、体裁、表现技巧、文学观念等方面开拓了诗歌的疆域。

中古期的第二段为唐中叶至南宋末，即从安史之乱起至南宋灭亡止。这一时期，古文运动从中晚唐时兴起，一路发展至北宋，是由韩愈、柳宗元首倡、推进的文学语言和文体的变革。后经由欧阳修、“三苏”、王安石、曾巩等的共同努力，确定了新的文学语言和文体模式，直到白话文运动之后才被打破。诗歌创作方面，重议论、以俗为雅的宋诗在唐诗的基础上开拓出一片新天地。苏轼、黄庭坚、杨万里、范成大、陆游等人的诗作各具特色。此外，这一时期重要的文学成就之一是词的兴起、发展和成熟。经过温庭筠、柳永、苏轼、李清照、辛弃疾、姜夔等人在题材、表现技巧、审美风格等方面的开拓，词成为宋代文学的代表。这一时期唐传奇崛起、兴盛，是古代文言短篇小说文体成熟的标志，为中国小说叙事文学的发展谱写了光辉的篇章。

中古期的第二段为元初至明中叶。这一时期的重要成就是以戏曲、小说为代表的叙事文学样式。元代文学以戏曲和散曲为代表。元代戏曲包括北曲杂剧和南曲戏文。元杂剧是融合宋金以来的音乐、舞蹈、说唱等艺术而形成的戏剧艺术，流行于中国北方。代表作家有关汉卿、王实甫、白朴、马致远、郑光祖等。南戏是在浙江温州一带兴起的“温州杂剧”，代表其艺术最高成就的是元末高明的《琵琶记》。这一时期出现的《三国演义》《水浒传》，预示着长篇小说时代的到来。

(三)近古期

近古期是指从明中叶至五四运动这一时期。

近古期的第一段从明嘉靖初至鸦片战争。这一时期涌现了大量的文学集团、文学流派。在诗文方面有“前七子”“后七子”，以及公安派、竟陵派、神韵派、桐城派等；在词作方面有阳羡词派、浙西词派、常州词派等。不同派别的作家群体间的论争，丰富了文学理论的宝库，体现出强烈的革新意识。在戏曲方面，明代戏曲的主体是明传奇，而明代杂剧渐趋没落，成就最高的作品为徐渭的《四声猿》。“传奇”这一戏剧样式是在宋元南戏的基础上发展起来的，在明清时期风靡全国，发展成为不包括杂剧在内的中长篇戏剧样式。代表作有汤显祖的《牡丹亭》、洪昇的《长生殿》、孔尚任的《桃花扇》等。这一时期，小说方面成就斐然。传奇、话本、章回小说等各有突破，历史、神魔、世情等题材杰作迭出。其中，吴承恩的《西游记》、兰陵笑笑生的《金瓶梅》、吴敬梓的《儒林外史》、曹雪芹的《红楼梦》共同促进了白话长篇小说的繁荣。而蒲松龄的《聊斋志异》是中国文言小说的一座高峰。

近古期的第二段从鸦片战争至五四运动。这一时期，西方文化随着坚船利炮涌入中华大地。文学观念、文学创作呈现出新风貌。以龚自珍、黄遵宪、梁启超、林纾为代表的学人承前启后，为新时期文学的发展打开了一片新天地。

三、研究中国古代文学作品的路径

政治、经济、文化、地理环境、民族心理等诸多方面都在不同程度影响到了文学发展的进程。研究文学作品不应脱离这些特定的背景。比如，春秋战国时期是社会经济、政治、思想均发生剧烈变化的时期。自平王东迁，王室衰微，礼崩乐坏，诸侯争霸，列国兼并，战争频仍；同时，铁器与牛耕的推广、土地私有制的产生、手工业和商业的发展等，推动了经济的发展和繁荣。这些大变革带来了文化上的百家争鸣，与之相适应的是，文学方面出现了繁荣的景象。南北朝时期的南北对峙，宋辽时期宋与辽、金的对峙，使南北方文学风貌迥异；而汉、唐的大一统所带来的文学繁荣又是另一番气象。隋唐开科举，促进了诗歌创作的繁荣；而元代士人地位低下，他们不得不走向勾栏瓦舍，这直接推动了元杂剧的发展。

研究文学作品还应把握某一时期文学创作思潮、风格特征。如建安文学的风格特征被后人称为“建安风骨”“建安风力”，表现为直面现实的乐观精神、慨叹人生无常的苦闷心情、强烈的个性风格等，理解建安时期的诗歌时应予以重视。

研究文学作品还应知人论世。作家的生平、思想、人格等在作品中都有所呈现。如李白初次出蜀的作品与流放夜郎时期的作品在情感、风格上的表现就有所不同。他的不少浪漫主义色彩浓厚的“游仙诗”能窥见道家思想的烙印；非凡的自负与自信、狂傲不羁的独立人格使他发出“安能摧眉折腰事权贵，使我不得开心颜”的怒吼。

将一篇作品置于作家的作品序列中，置于时代背景、文化背景中，才能全面地、立体地把握作品的内涵与精髓。

【思考与练习】

1. 王国维在《宋元戏曲考》中说：“凡一代有一代之文学，楚之骚，汉之赋，六代之骈语，唐之诗，宋之词，元之曲，皆所谓一代之文学，而后世莫能继焉者也。”请简析产生“一代有一代之文学”的原因。

2. 为什么在明中叶以后涌现了大量的文学集团、文学流派，而在唐宋时期却没有?

3. 除了上述研究中国古代文学作品的路径，你认为研究中国古代文学作品，还有哪些路径?

第二节
中国古代的韵文

文体是指文学的体裁、体制。古代文论中的“文体”，除了之文学体裁外，还兼有文学风格的含义。我国古代文学历史悠久，内容丰富，文学种类和文学形式也丰富多样。从广义上来说，文学体裁可以分为韵文、散文两大类。江建名、何毓玲的《韵文概论》说：“韵文是一种有固定韵律、有形式限制、重在抒发情感的文学体裁。”①它包括诗体、词体、曲体、赋体及应用型韵文(如颂、铭、诔、赞)等诸多文体。本节重点介绍中国古代诗歌、词、曲等体裁的基本特征。

一、古代诗歌的分类与特点

诗歌是最早产生的文学体裁。在漫长的发展历程中，诗歌在内容、形式方面不断突破、创新、完善，造就了辉煌灿烂的诗歌艺术。

(一)古代诗歌的分类

我国古代的诗歌，从不同的角度可以分为若干种类。从格律的角度来分，可以分为古体诗和近体诗两种。

古代的诗分为古体诗和近体诗，始于唐代。在唐代，一种在字数、句数、声韵、对仗等方面都有严格规定的新诗体形成并蔚为大观，唐人称之为“近体诗”或“今体诗”，后世也沿用这种称法。由于近体诗在格律方面有严格规定，故而又被称作“律诗”或“格律诗”。所谓“律”，指的是形式排偶和声调和谐的法则，也就是指整齐化和音乐化的规格，所以这种律又被称为“格律”。② 在近体诗形成之前，诗歌没有格律的严格限制，除了押韵之外，在字数、句数、对仗等方面比较自由，唐人称之为“往体诗”或“古体诗”。后世多沿用“古体诗”的称法。古体诗和近体诗最重要的区别在于是否严格遵守格律的规定。格律诗形成、兴盛之后，并不意味着古体诗的衰落，相反，作为一种诗体，古体诗仍长盛不衰，为广大诗人所采用。

---

① 江建名、何毓玲：《韵文概论》，1页，北京，高等教育出版社，1987。

② 启功：《诗文声律论稿》，1页，北京，中华书局，2000。

(二)古代诗歌的基本概念

1. 韵

押韵也称叶韵或协韵。押韵是指同韵母的字在相同位置上重复出现。一般总是把韵放在句尾，所以又叫“韵脚”。诗中出现的第一个韵脚，称为起韵。有的诗歌的第一个韵脚在首句出现，称为首句起韵。

在隋唐以前，诗韵是从当时口语的近似音中选择韵脚字。隋唐以后出现了韵书，便从韵书规定的同韵中选择韵脚字。唐人增修的隋代陆法言编的《切韵》，北宋陈彭年、丘雍编修的《广韵》，清代康熙年间的《佩文诗韵》都是官修的韵书，是诗人作诗押韵的标准。元代周德清编的《中原音韵》将字音分为阴平、阳平、上声和去声四类，成为元明以来作曲用韵的标准。

2. 平仄

汉字四声的发现是在南朝齐梁时期，平声、上声、去声和入声等声韵的发现和运用，为格律诗的形成奠定了基础。在发现、运用四声进行诗歌创作之前，诗歌创作中的声调组合是自然的声韵，且与音乐关系密切。随时代的发展，到了元代，入声字在北方话中基本消失了，入声字分派到平声、上声、去声中，即所谓“入派三声”。平声又分出阴平和阳平。现代汉语的普通话语音和元代基本一致，入声在我国南方的大部分地区还有保留。古代汉语格律诗所讲的平仄，是以中古音的平、上、去、入四声为准的，与现代汉语的语音有所不同，应当留意。中古时期的平声相当于现代汉语的阴平和阳平；上声和去声，与现代汉语的上声和去声基本相当；而古代的入声分别归入平声、上声和去声中了。

在诗歌创作中，由于平声字在声调上没有变化，而上声、去声和入声字则在声调上有抑扬的变化，故而上声、去声和入声字统称为“仄声字”，与平声字相对。平仄是语音声调中最基本、最凝练的单位，在诗歌创作中，也以平仄的排列作为最基本的法则，调配平仄，是诗歌创作的重要内容。“一句之中，平仄交替；对句之中，平仄对立。”这是使用平仄的基本方式，但古体诗与近体诗的平仄要求不尽相同。

3. 对仗

对仗也称对偶，指的是出句和对句的词义称为对偶。对仗中的“仗”字，源自“仪仗”中的“仗”字。仪仗两两相对、整齐匀称。在近体诗产生之前，对仗是诗歌创作中使用的一种修辞手法，能增强诗歌对称的美感。近体诗产生之后，对仗成为格律上的规定，是格律诗的必要条件之一。

诗歌对仗的一般规则如下：一是在两句相对时，相对的字的词性相同或相近，即名词对名词、动词对动词、形容词对形容词、副词对副词；二是出句和对句的句子组成情况要相同或相近。当然，句子组成情况是多种多样的，所举例子是句子组成情况的一种情形。而且，这两种对仗的基本规则，以第一种规则为主，只要对仗的出句和对句的词性相同或相近即可，对句子组成情况可以不必过分要求。古体诗在对仗上的要求比近体诗的要求要宽松很多。

(三)古体诗的基本特点

古体诗按“言”来分，即按照每一诗句的字数来分，可以分为三言、四言、五言、六言、七言、杂言等，但三言诗及六言诗不多见。广义的古体诗包括四言诗、乐府诗、楚辞、五言古诗、七言古诗、杂言古诗等。狭义的古体诗则仅指五言古诗和七言古诗。

1. 四言古诗

一般认为，产生于远古时代的原始型二言体诗是四言诗形成之前的诗歌形式。由于年代久远且没有文字，现存诗作不多。在上古社会，语言中以单音节词较多，社群交往范围较小，社会发展缓慢，使得二言体足以表现先民们的生活和情思。随着人们交往日益频繁，社会生活日益丰富，语言也随之发展变化，词汇量增加了，语法结构变得复杂多样，二言体的形式已不足以表达丰富的内容，需要增加长度、扩大容量。最便捷的方式是将二言诗的两句叠加成为四言，这样，四言体诗便诞生了，成为商周之际和春秋战国时期的诗体。《诗经》是我国最早的一部诗歌总集，它保存的诗歌以四言体诗为主。四言体诗有旺盛的生命力，两汉、魏晋时期仍有诗人创作四言诗。如曹操、嵇康、阮籍、陶渊明等名家都擅长创作四言诗。大约到了南朝时期，四言诗才逐渐衰落。

和二言诗相比，四言诗具备以下特点：一是双音节词入诗，增强了诗歌语言的表现力、形象性和音乐美；二是诗句可以灵活组构，利于各种不同思想情绪的准确表达；三是押韵灵活多样，和美自然。①

2. 五言古诗

五言古诗简称“五古”。一般认为，五古滥觞于汉乐府歌诗。“乐府”是两汉官方音乐机关。乐府机关所编录和演奏的诗篇，多是“感于哀乐，缘事而发”的抒情作品，当时称为“歌诗”。乐府诗的突出特点是合乐而唱。魏晋以后，文人模拟乐府歌诗而创作的不合乐的“徒诗”也称“乐府”或“拟乐府”。乐府诗作为一种新的诗歌体式，虽然三、四、五、六、七言都有，但五言最多；短篇长于抒情，长篇长于叙事的篇章结构，为五言诗的叙事、抒情功能提供了范式；另外，“绝无文饰”(胡应麟《诗薮》)的古朴风格，也是五言古诗艺术风格的基本特点。可以说，乐府诗使五言古体诗得以形成。

五言古诗的发展经历了漫长的过程。春秋战国时期，五言诗并非主流。两汉时期，随着乐府诗的兴起与繁盛，文人竞相模仿，五言体渐趋成为诗歌创作的主流，呈现“五

---

① 杨仲义、梁葆莉：《汉语诗体学》，78～81页，北京，学苑出版社，2000。

言腾踊”的局面。被整体收录在《文选》中的《古诗十九首》，一般认为出自东汉文人之手，代表了汉代文人五言诗的最高成就。《古诗十九首》表现的是哀伤别离的主题，语言浅近自然又含蓄蕴藉，反映了中下层知识分子游学求仕的艰辛生活，表现了深切的生命意识。在形式上，这些作品均为五言一句，偶数句押韵。与四言诗相比，增加一字可以使单音节词、双音节词乃至三音节词自由组合，奇偶变化多样，在音节上形成抑扬顿挫之美，能更充分地表情达意。可以说，五言古诗确立了古代汉语诗歌的基本形式。

3. 七言古诗

七言古诗简称七古。在《诗经》《楚辞》中已可见一些七言句子，屈原的《山鬼》《国殇》就是十分整齐的七言诗。两汉时期的歌谣也保留了七言的句子。东汉张衡的《四愁诗》被认为是最早的文人七言诗，而曹丕的《燕歌行》则被认为是七言诗草创时期最成熟的作品。南朝刘宋时期的诗人鲍照有意识地创作七言诗，如《代行路难》《代淮南王》《梅花落》等名篇，有的以七言句为主，有的通篇是七言句。他在辞藻、用韵、表现手法等方面多有创新，拓展了七言诗的表现力，成就斐然，对当世及其后的诗人影响很大。

七言古诗兴盛在入唐以后。唐代诗人在继承前人成就的基础上，拓展了七言古诗的表现领域，在艺术形式上也有新创造。在王绩、陈子昂、王昌龄、王维、李白、杜甫、韦应物、李商隐等众多诗人的努力下，七言古诗的创作无论是在数量上还是在质量上都相当可观。

4. 杂言体诗

从广义上讲，凡是一篇之中句式长短不齐的诗都可以称为“杂言”，如《诗经》中的一些作品、《楚辞》、汉乐府及受乐府影响而产生的歌行体诗作等。从狭义上讲，杂言体诗指以汉乐府为基本范式的诗篇，包括两汉乐府、后世文人创作的拟乐府及产生于唐代、以七言为主的歌行体等。在唐代产生的一种篇幅可长可短、句式以七言为主兼用杂言乃至散文句式、押韵、转韵、对仗自由灵活的新诗体，被称作歌行体。由于它是七言古诗的变体，也被当作七言古诗。在唐代，歌行体同近体诗一样受到诗人青睐，名篇佳作迭出。《梦游天姥吟留别》(李白)、《茅屋为秋风所破歌》(杜甫)、《长恨歌》《琵琶行》(白居易)等脍炙人口的诗作是唐代歌行体诗歌的佳作。

5. 古体诗的韵

古体诗也讲究押韵，只是不如近体诗那样严格。王力先生认为：“古体诗的用韵，是因时代而不同的。实际语音起了变化，押韵也就不那么严格。中晚唐用韵已经稍宽，到了宋代以后，古风的用韵就更宽了。”[①]作为一种自由或半自由的诗体，古体诗一般押平声韵，但也可以押仄声韵。

---

① 王力：《诗词格律》，67页，北京，中华书局，2000。

6. 古体诗的对仗

在古体诗中，对仗是一种修辞的需要，相对于近体诗对对仗的严格要求，它的对仗比较自由。古体诗使用对仗的位置一般不固定，既可以开头二句使用对仗，也可以在中间位置使用对仗，但末尾二句通常不使用对仗。对仗的句数也没有限制。使用对仗的句子，不要求工对，意义相对即可，而且不讲究平仄，也不避重字，甚至可以追求使用重字。这几点和近体诗的要求相反。

7. 古体诗的平仄

在唐代之前，古体诗在平仄方面没有任何规定，完全自由。入唐以后，受到近体诗影响，古体诗创作呈现两种趋势，一是极力避免律句，二是尽可能使用律句。后者称为“入律古风”。入律古风要遵守律诗在平仄、对仗等方面的要求，但在句数和用韵方面更灵活：一是入律古风句数不限，使用律句的句数也不限；二是入律古风既可以用平声韵，也可以用仄声韵，而且平韵和仄韵可以交替出现。

(四)近体诗的基本特点

齐梁时期的诗人沈约、谢朓等发现了四声并将四声运用到了诗歌创作中，创作出一种新兴的诗体，时人称之为“永明体”或“新体诗”。到了名家辈出的唐代，这种诗体渐趋成熟，时人称之为“近体诗”。因其严格按照一定的格律来写，故而又称“格律诗”，简称“律诗”。

从诗行的多少来分，格律诗可以分为律诗、绝句(这里指律绝，不同于古绝)和长律(排律)。从“言”的角度来分，又有五言和七言之别，即五言律诗、七言律诗、五言绝句、七言绝句、五言长律和七言长律六种类型。

格律诗在字数、句数、对仗、平仄等方面有严格要求。从字数上讲，每句只能是五字或七字。从句数上讲，无论是五言律诗还是七言律诗，句数均为八句，每两句为一联，依次称为首联、颔联、颈联和尾联。绝句每首四句，五言绝句每句五字，七言绝句每句七字。五言长律和七言长律分别是五言律诗和七言律诗中颔联和颈联的部分延长，即延长的是对仗的部分。长律一般句数都在十句以上。除了上述字数、句数等形式上的要求外，格律诗最严格、最重要的规则是对平仄声律、对仗规则和用韵的要求。

1. 律诗

律诗的押韵要求如下：一是只能押平声韵；二是两句一押韵，韵脚在偶数句的句尾，有一部分是首句入韵；三是必须一韵到底，不能换韵；四是必须在同一个韵部中选择韵脚字，不能邻韵通押，更不能四声通押；五是韵脚字不能重复出现。

调配平仄是区别近体诗和古体诗的重要标志。调配律诗的平仄主要规定一句之中各个字的平仄关系、一联之中出句和对句的平仄关系、上一联的对句与下一联的出句的关系。具体来说就是：第一，在本句中平仄交替，由于诗的音调节奏是以双音为单位的，故每一句中平仄是以“平平”和“仄仄”交替变换；第二，在一联中，出句和对句的平仄相反，即平对仄、仄对平；第三，上联的对句和下联的出句的平仄相黏，即此二句的第二个字的平仄相同。另外，偶数句的最后一个字必须是平声。律诗的平仄格式、特殊使用方式比较复杂，限于篇幅，不再展开叙述。

律诗必须用对仗，且位置固定，一般是颔联（第三、第四句）和颈联（第五、第六句）要对仗，合乎平仄要求，尽量使用工对，上下联中相对的字不能相同。颔联、颈联的出句和对句对仗是律诗的常例。也有全诗只有首联和颈联用对仗、前三联用对仗和后三联用对仗的情况，但数量不多，也不是常例。

律诗有工对、宽对之分。同类的词相对叫工对，如名词对名词、动词对动词、副词对副词等。学者将词性大致分为十三大类。就数量众多的名词而言，也可以分为各个小类。不要求每一对相应的字都用工对，只要多数字能对工整就可以看作工对。相对于工对，宽对要求较为宽泛，如天文对时令、衣饰对器物等即可。

2. 绝句

关于绝句的起源，向来有不同的说法。一种说法认为它起源于六朝时期题为“绝句”“断句”或“截句”的五言四句诗。从诗歌发展的角度考察，近体诗产生之前的五言四句绝句，与遵守律诗格律要求的绝句区别很大。故而有诗论家将绝句分为律绝和古绝。律绝是遵守律诗格律规范的绝句，而古绝则是与之相对的，符合古体诗特点的绝句。律绝产生以后，也有诗人写古绝。

3. 律绝的特点

律绝每首四句，每句五言或七言。诗论家公认律绝可以看作截取的律诗的前两联、中间两联、后两联，或是首尾两联。无论截取自律诗的哪些部分，它都要遵守律诗的格律要求。首先，在用韵方面，律绝跟律诗一样，押韵限用平声韵，且韵脚在同韵。晚唐以后，首句容许用邻韵。其次，在平仄方面，律绝要按照律句的平仄规则，讲究黏对。最后，因被看作截取自律诗的不同部分，故而可以用对仗，也可以不用对仗。

4. 古绝的特点

古绝和律绝一样，每首四句，每句五言或七言。但在用韵和平仄规则上和律绝相对立，即古绝押仄声韵、不用律句的平仄规则。符合这两种情况中的一种，即可认为是古绝。

二、中国古代诗歌的演进

（一）《诗经》

《诗经》是我国最早的诗歌选集，也是一部乐歌总集，存目 311 篇，实际存诗 305

篇，另有 6 篇有目无辞的所谓“笙诗”，故不计。所存作品均为配乐演唱的乐歌，配合演唱、演奏、舞蹈的形式流传，作者绝大部分已不可考。关于《诗经》的编纂，有采诗说、献诗说、孔子删诗说等不同说法。一般认为《诗经》的删汰与编订，出自乐师、乐工之手，孔子曾在音乐和文字方面做过整理和订正。《诗经》编定成书的时间，大约在公元前 6 世纪中叶。

《诗经》分风、雅、颂三大类，每一类又各有几个部分。

风即音乐曲调。《诗经》中“风”的部分包括十五国风 160 篇。国是地区、方域之意，十五国风即指周南、召南、邶、鄘、卫等十五个地区的地方音乐。风诗中大部分作品产生于平王东迁至春秋中叶。国风中有相当一部分作品来自民间，保留了天真质朴、节奏明快的民歌特征。如反映战争徭役的《王风・君子于役》《卫风・伯兮》等，反映了对役政的不满、对远人的思念。《诗经》中反映周代农业生产情况和农人生活状况的诗作也不少。如《豳风・七月》反映了农人劳作的辛苦与精神的压抑。表现婚姻爱情主题的诗歌在风诗中占有很大比重。追求爱情的欢乐与痛苦、深挚缠绵的等待、爱情受挫的痛苦、婚姻不幸的哀歌等，在《周南・关雎》《邶风・静女》《卫风・氓》等作品中都有反映。

雅诗是周天子及诸侯祭祀宗庙、宴饮宾客时的乐曲。“雅”指朝廷正乐，是西周王畿的乐调。雅诗又有“大雅”和“小雅”之分，在内容、风格、音乐特征、产生时代等方面有明显不同。今存大雅 31 首，是西周时期的作品；小雅 74 首，大多是春秋时期的作品。雅诗的作者以下层官吏和士大夫为多，内容多表现贵族和士大夫阶层的生活和情感。到西周末期，周室衰微，礼崩乐坏，社会动荡，大量针砭时弊的怨刺诗出现了。如大雅中的《板》《荡》，小雅中的《节南山》《雨无正》等，反映了赋税沉重、民不聊生的社会现实。《小雅・采薇》则反映了厌倦战争、向往和平的忧伤情绪。

颂诗分为周颂、鲁颂和商颂三部分。颂是朝廷用于庙堂祭祀或典礼仪式的乐曲，演唱时载歌载舞，宗教色彩浓重。周颂是周王室祭祖先神、社稷神、山神及祈福禳灾的祭歌曲，共 31 首，全部为西周初年的作品。商颂现存 5 首，创作时代早于周颂，是殷王朝统治者祭祀祖先的乐歌。鲁颂现存 4 首，是鲁国用于朝廷和宗庙祭祀的乐曲。古奥典雅、语言板滞的颂诗虽多歌功颂德之作，但也有历史和文学价值。

一般认为，《诗经》从体类上分为风、雅、颂三部分，从写作上分为赋、比、兴三种表现手法。风、雅、颂、赋、比、兴合称“六义”。赋、比、兴三种表现手法广泛运用于《诗经》中，对后世创作及诗评产生了深远影响。南宋朱熹的说法最具概括性：“赋者，敷陈其事而直言之者也”；“比者，以彼物比此物也”；“兴者，先言他物以引起所咏之辞也”。“赋”，即直接描绘、铺叙、抒情。如周族史诗《生民》等五篇对周人由产生到强大，再到建立统一王朝的历史进程的叙述。“比”，即比喻，使被说明的事理更生动、形象地表现出来。如《卫风・氓》将桑叶由繁茂润泽到枯黄凋落的过程，比喻女子由风华正茂到年老色衰的变化，使读者如见其人、如闻其声。“兴”，即借助外物以引起所歌咏的对象并借以抒情。如《周南·关雎》的开篇：“关关雎鸠，在河之洲；窈窕淑女，君子好逑。”由“雎鸠”成双入对、和谐欢鸣的场景起兴，引起君子追求淑女的情感。赋、比、兴三种手法往往交相使用，共同叙述事物，抒发情感。另外，《诗经》重章叠句的复沓结构、复杂多样的押韵方式、丰富的修辞手段等，也是重要的艺术特点，这里不再赘述。

《诗经》开创了我国古代诗歌的现实主义传统。赋、比、兴的表现手法、比兴寄托、美刺精神等对后世作家关注现实、反映现实影响深远。

(二)《楚辞》

楚辞是战国后期楚国屈原等人创作的具有楚地地方特色的新诗体，它和《诗经》共同构成我国诗歌史的源头。西汉末年，刘向辑录屈原、宋玉等人的作品，定名为《楚辞》。从此，《楚辞》又成为一部诗歌总集的名称。

楚俗“信巫鬼，重淫祀”(《汉书·地理志》)，巫风盛行，宗教祭祀时音乐、舞蹈、诗歌并行娱神。宗教性音乐与迷离浪漫的巫歌、不同于中原地区的楚地方言、缠绵悱恻的楚地民歌等，都影响着楚辞的内容和风格。

屈原(约前340—前278年)，名平，是楚国王族后裔，曾任楚怀王左徒，遭诬陷后被疏远。顷襄王即位后，屈原再次遭受陷害，被顷襄王放逐，他辗转漂泊，最后投汨罗江而死。屈原的作品有《离骚》《九歌》《九章》《天问》等。

《离骚》是自传性的抒情长诗，写于楚怀王疏远屈原之时。《离骚》反映了屈原对楚国黑暗腐朽政治的愤慨，表达了苦闷哀伤的悲痛心情。诗中用婚姻、爱情来比喻自己与君王的关系，表达了忠君的思想。《离骚》篇中大量取兴作比，构成了一个奇异的象征世界。尤其是香草、美人这两类意象，香草与恶草相对，喻指品行之高洁，美人比喻君王或者自喻，表达坚贞的情操。“香草美人”等意象、以夫妇喻君臣等象征手法、主客问答的形式等，影响了后世的诗歌创作。

祭神组曲《九歌》原是民间祭歌，屈原做了加工整理。《九歌》通过描写哀怨又执着的爱情，表达对神灵的赞颂和敬仰之情。《九章》的内容和《离骚》相近，主要是叙述身世和遭遇，是一组表达流亡漂泊之感的组曲。《天问》驰骋想象，以170多个问题对自然和历史发问，节奏明快而强烈，表现了诗人浪漫主义情怀和孜孜不倦的求索精神。

深受屈原影响的楚辞作家群中，仅有宋玉的作品流传下来。《九辩》是宋玉的代表作，表现了对国家兴亡的忧虑、对黑暗政治的批判，抒发了被谗见疏的悲哀。《高唐赋》《神女赋》《登徒子好色赋》等受到屈原的直接影响。宋玉之赋在文辞方面也有创新，影响了汉大赋的发展。

屈原及楚辞对后世文学影响深远。首先是屈原在黑暗中坚守节操、勇于反抗的精神激励着后世文人士子。其次是楚辞浪漫主义美学特征、“托物以讽”“寄情于物”的象征手法对后世诗人的创作有巨大影响。最后是楚辞对汉赋的形成，对咏物、咏史、咏怀等古代抒情诗的发展都有深远影响。

(三)《汉乐府》

乐府是西汉的音乐管理机关，隶属于少府。东汉管理音乐的机关是太予乐署和黄门鼓吹署，分别隶属于太常卿和少府。它的职责除了要组织文人创作歌诗勇于宗庙祭祀之外，还要广泛搜集各地的歌谣来观察民俗风情。“乐府诗”就是由乐府官署搜集、整理、演奏、保存下来的诗歌。宋代的郭茂倩把汉至唐的全部乐府诗编辑整理为编《乐府诗集》，分为郊庙歌辞、燕射歌辞等 12 类。

西汉乐府诗存诗不多，却是乐府诗创作的重要发端期。庄重典雅的《郊祀歌》是汉武帝时期创制的宗庙祭祀乐章，反映了处于全盛时期的汉帝国繁荣富庶的社会生活和昂扬奋发的精神面貌。《有所思》《上邪》写男女爱恋，《战城南》控诉战争，《雉子班》《巫山高》写家庭生活，乐府诗从多角度反映了西汉社会各阶层的生活样貌。

东汉乐府诗中的叙事诗，反映了广阔的社会生活的各个层面。有关注社会现实、反映百姓疾苦的诗作。《妇病行》写了病妇将死、幼儿啼哭求怜、丈夫沿街乞讨的家庭惨剧。《孤儿行》写了受兄嫂虐待的孤儿的悲苦。还有关注婚姻家庭生活尤其是关注妇女命运的诗作。《陌上桑》写了被使君拦截调戏的秦罗敷。《孔雀东南飞》写了在婆母与兄长的逼迫下自杀的刘兰芝。诗人赞美她们的美德，同情她们的悲惨命运，同时对压迫妇女的社会进行了强烈批判。可以说，关怀民瘼、关注家庭生活、关心妇女命运是熠熠生辉的东汉乐府诗的价值所在。抒情诗在东汉乐府中也占有重要位置。如《艳歌何尝行》《古歌·秋风萧萧愁杀人》《猛虎行》等表现了游子思乡的苦闷、抒发了人生无常的感慨。

两汉乐府叙事诗标志着我国中国古代叙事诗的成熟。汉乐府形式自由多样，以五言为主，整散不拘，章法自由。五言的广泛运用、文人的模仿拟作，为五言诗的发展成熟做了有益探索。“感于哀乐，缘事而发”的汉乐府反映现实的手法给后世现实主义诗人极大启发，建安诸子的“乐府旧题”，南北朝时期的乐府民歌，杜甫的“三吏”“三别”，白居易领导的新乐府运动，都可以反映汉乐府的现实主义精神的深远影响。

(四)《古诗十九首》

东汉时期不少文人参与创作五言诗，如班固的《咏史》、郦炎的《见志诗》二首、秦嘉的《赠妇诗》四首等。但在汉大赋、乐府诗、四言诗为主流文学样式的时代，五言诗创作显得势单力薄。也有一些文人创作了五言诗，但创作时代、作者、篇名都湮没不彰了。南朝梁萧统所编的《昭明文选》，把一些风格内容相近、艺术成就较高的十九首诗编在一起，命名为《古诗十九首》。从诗歌的时代背景看，这些诗应该创作于东汉中早期。①

《古诗十九首》的作者多是失意文人，从一方面看，诗歌的主要内容是写游学求仕的艰辛生活和羁旅情思；从另一方面看，也写闺中思妇的盼望游子早归的孤独愁苦。身在他乡心恋故土的思乡情结，时时萦绕在漂泊在外的游子心头。《今日良宴会》是一首羡慕身居高堂大屋的冠带权贵，感叹穷贱、悲叹士不遇的困厄之歌。在欢乐的宴会上听筝、听歌、听歌者言，求仕不顺遂的游子发出"无为守穷贱，轗轲长苦辛"的浩叹。

《古诗十九首》中的思妇诗重在表达思妇独处时的孤独和苦闷。她们眷恋远行的游子，将远人的一封书札藏在怀中，"三岁字不灭"(《孟冬寒气至》)，将远人寄来的一端绮"裁为合欢被"(《客从远方来》)。她们担心远人羁旅辛苦，担心游子喜新厌旧，担心自己的真情不被省察，可以说，闺中思妇无处排遣的精神苦闷，不比游子的羁旅行愁少。

《古诗十九首》的艺术成就，在于其真挚自然、毫无矫饰的抒情风格。元代的陈绎曾在《诗谱》中评价它"情真、景真、事真、意真、澄至清，发至情"。《古诗十九首》真实地袒露了文人士子的世俗情怀，抒发了当时的人的真切的生命意识，写出了人对生命的深层思考。语言雅俗相融又含蓄蕴藉，钟嵘的《诗品》在卷上称它"惊心动魄，可谓几乎一字千金"，营造了大气浑成的艺术境界。《古诗十九首》树立了五言诗的新典范，开启了魏晋南北朝时期五言诗的探索路径，连接了先秦至唐宋诗歌史的主轴，对后世的五言诗影响十分巨大。

(五)重要诗派

1. 山水诗

从诗歌的题材角度看，山水诗是中国古代诗歌的大宗。"山水诗，就是以自然山水为主要审美对象与表现对象的诗歌。"②

虽然《诗经》中出现了"淇水汤汤""维石岩岩"等描写自然山水的诗句，但山水只是描写爱情、婚嫁、征戍生活的背景，而不是审美的对象。《楚辞》祭歌里的深山密林、浩渺洞庭，在作品中仍然处于陪衬地位。在汉大赋、汉乐府中，对自然山水的描摹逐渐增多。到魏晋时期，崇尚自然的老庄思想成为思想界主流，道教盛行，佛教兴起，不少玄言诗借山水谈理趣，以山水证道，在领悟玄理中发现山水之美。刘勰在《文心雕龙·明诗》中说："宋初文咏，体有因革。庄老告退，而山水方滋。"刘宋诗人谢灵运以毕生精力创作山水诗，并影响了谢朓、何逊、阴铿等诗人，开创了山水诗的新领地。

---

① 傅璇琮、蒋寅：《中国古代文学通论·先秦两汉卷》，221页，沈阳，辽宁人民出版社，2005。
② 陶文鹏、韦凤娟：《灵境诗心——中国古代山水诗史》，1页，南京，凤凰出版社，2004。

这一时期的山水诗，处于追求将景物的外部形貌描绘得惟妙惟肖的阶段。如谢灵运的名作《过始宁墅》中“白云抱幽石，绿筱媚清涟”等句，“白云”二句写洁白的云朵抱着峭立的山岩，翠绿的竹子倒映在澄水微波之上更显妩媚，写云、石、竹、水细腻逼真。运用各种手法穷形尽相地描摹自然山水的情态，在景语和理语中表现超脱、宁静、淡泊的气度，是这一时期诗人的杰出贡献。

入唐以后，山水诗有了长足发展。唐代疆域辽阔，国力强盛，文化繁荣。儒、释、道三家并存，且对外来宗教、文化兼容并包，主动学习，社会激荡着昂扬向上的精神。求学求仕的漫游风气和隐逸风气，促使诗人在游历名山大川的过程中捕捉诗意。另外，盛唐后期禅宗盛行，为山水诗提供了新的审美尺度。唐代出现了王维、孟浩然、李白、杜甫、韦应物、白居易、杜牧等一大批名家，佳作迭出，或遗貌取神，或形神兼得，拓宽了诗歌表现技巧和艺术境界，达到了山水诗艺术的高峰。如孟浩然的《宿建德江》：“移舟泊烟渚，日暮客愁新。野旷天低树，江清月近人。”写日暮时分烟渚的凄迷之景，野旷天低、江清月白，对景物细部精心刻画，同时也从整体上表现“客愁”。沈德潜在《唐诗别裁》评价这首诗说：“下半写景而客愁自见。”其实，诗的前两句也在通过客体的山水自然表现主体的“客愁”。可以说，这首诗情景交融，形神兼得，达到了出神入化的境界。

如果用庄严、章铸对盛唐山水田园诗艺术成就的来评价整个唐代的山水诗也是合适的。他们认为：盛唐山水田园诗，在内容上完全克服了有句无篇的缺点，达到情景交融、诗境与哲理的浑然为一。在技巧上使“炼意”“炼字”与“炼句”都统一在以意为帅的整体运作上，较之以往更加精工圆熟。在审美情趣上，不仅继承和发展了自然之美和平淡之美，而且创造和表现了空灵之美与飞动之美。①

宋朝在铨选人才时重视策论与政治才干。宋代程朱理学兴盛，形成了士人长于议论的风气，这种风气又渗透到了学术文化、文艺创作的各个领域，使得宋代诗、词具有“言理而不言情”(《词品》引明末陈子龙语)的特征。“以议论为诗，以才学为诗”的习气对宋代诗坛有很大影响。讲究理趣是宋诗的基本特征，也是宋代山水诗的基本特征。

宋代文人士子善于从日常平淡无奇的生活中捕捉诗意，在山水诗中寄寓人生经验和深邃的哲理，艺术上讲求精细，语言上追求自然平淡和幽默诙谐的风格。如杨万里的《小池》：“泉眼无声惜细流，树阴照水爱晴柔。小荷才露尖尖角，早有蜻蜓立上头。”从平淡无奇的泉眼细流、“树阴照水”、荷池蜻蜓等日常小景中，体味出泉眼之“惜”、树阴之“爱”，诗情之外更见作者对自然风光精细入微的体察与描摹，以及对生活的深切热爱。

元明时期的山水诗学习唐宋，既有复古，又有新变。不同派别的诗人呈现不同的风格：既有清新典雅，也有平白俚俗；既有深幽孤峭，又有俏丽灵动。但这一时期虽有佳作，却难觅大家。清代山水诗题材范围广阔，长篇古体山水诗和大型山水组诗的

① 庄严、章铸：《中国诗歌美学史》，140～141页，长春，吉林大学出版社，1994。

数量也超过历代。开辟了超明越元、差可抗衡唐宋的繁荣局面。[①]

2. 田园诗

有学者将田园诗和山水诗并称为山水田园诗，将山水田园诗作风格相近的作家合称为山水田园诗派。也有学者将二者分开表述。袁行霈主编的《中国文学史》认为："田园诗和山水诗往往并称，但这是两类不同的题材。田园诗会写到农村的风景，但其主体是写农村的生活、农夫和农耕。山水诗则主要是写自然风景，写诗人主体对山水客体的审美，往往和行旅联系在一起。"[②]周秀荣认为："田园诗应指以农村为题材，反映农村田园生活的诗歌；它既有写农村自然风光和隐士闲适生活的一面，也包括乡村的民情风俗、农民的劳动生活、农村的阶级剥削和压迫等内容。"[③]

《诗经》反映田园生活的诗歌，多着眼于农耕生活的苦与乐，对田园风光的描写不多。田园是反映农耕生活、表达忧乐情感的载体。如《魏风·伐檀》《魏风·硕鼠》《豳风·七月》中反映农夫劳作的辛苦、生活的贫困及心灵的忧伤，《周南·芣苢》《魏风·十亩之间》反映农家劳动之乐。反映田园生活、表达农家苦乐、语言质朴醇厚的诗歌为后世田园诗创作在题材、情感、风格方面提供了借鉴。

晋宋之交的陶渊明创作了典型意义的田园诗。陶渊明的田园诗通过写朴素恬美的田园风光、简朴闲适的田园生活，表现躬耕劳作的悠然自得与归隐田园的高雅志趣。《归园田居》《饮酒》等代表作，将田园与归隐融为一体，为后世田园诗人树立了理想的精神模式。[④] 同时，劳作的辛苦、生活的贫困、农村的凋敝等在陶渊明的田园诗里也有体现。陶渊明的诗多在艰辛的躬耕经历中体悟劳动的意义、表达对理想人生的追求。

唐代田园诗的优秀诗人有王维、孟浩然、杜甫、白居易、杜荀鹤等。其中以王维、孟浩然为代表的诗人群体描绘乡村、别业的风光及隐居生活，抒写绝世弃俗的闲情逸致。中晚唐田园诗人如顾况、王建、白居易、杜荀鹤等人，既有表现优美田园风光、人情淳美、田居之乐的作品，如顾况的《过山农家》、王建的《雨过山村》等；也有表现受到剥削压迫的农民的艰辛生活和不幸遭遇的作品，如白居易的《观刈麦》、杜荀鹤的《山中寡妇》等，寄寓了作者的深切同情。可以说，这些田园诗也是反映社会底层生活的一面镜子。

宋代的田园诗蔚为大观，既有批判现实、针砭时弊的田园诗，又有表现田家淳朴生活、秀美的田园风光的诗作。前者如司马光的《道旁田家》、苏轼的《山村五绝》等，反映农民生计日蹙的困苦、山村衰败凋敝的景象。后者如苏轼的《新城道中二首》、陆游的《游山西村》等。宋代田园诗人的杰出代表是范成大和杨万里。他们的田园诗主要

---

① 陶文鹏、韦凤娟：《灵境诗心——中国古代山水诗史》，3页，南京，凤凰出版社，2004。

② 袁行霈：《中国文学史》第二卷，75页，北京，高等教育出版社，1999。

③ 周秀荣：《唐代田园诗研究》，4页，北京，中国社会科学出版社，2013。

④ 葛晓音：《山水田园诗派研究》，84页，沈阳，辽宁大学出版社，1993。

表现农村风土人情和自然风光。如范成大的《四时田园杂兴》六十首、《腊月村田乐府》十首等，表现农民一年之中的劳作、农村节日习俗等。杨万里的《田家乐》《至后入城道中杂兴》十首等写人乐年丰的景象，反映了南宋稳定富庶的农村景象。杨万里、范成大运用组诗的形式表现田园生活，后世诗人多有仿作。总之，宋代的田园诗全景式反映了田家生活，寄寓了诗人的幽逸情趣和人生感慨，在前代田园诗的基础上有了深度开掘。

元明清时期的田园诗多在前人的基础上开掘，诗作不少，佳作不多。王冕、袁枚、高鼎等人的一些诗作清新可喜。

就题材与风格而言，田园诗与山水诗虽不尽相同，但其文学与美学的意义，却是一致的。[①] 山水诗和田园诗一道，讴歌自然之美、表现淑世精神、乡土情怀，成为中国古代诗歌史上的宝库。

从题材上分，边塞诗、咏物诗、咏史诗、送别诗、闺怨诗等在各个时期都各具特色，不少名家名作丰富了诗歌艺术长廊，限于篇幅，不再介绍。

三、词的特征及其演进

(一)词的起源及体制特点

词是一种配合乐谱来组织文字的、可以合乐而歌的新诗体。它产生于隋唐之际，中唐以后文人创作渐多，晚唐五代日趋繁荣。当时一般成为"曲""曲子""曲子词"。从晚唐五代到北宋，随着文人创作热情高涨，渐渐形成了一套创作规则，词体便成为一种独立的文学样式，称作"词"，别称"乐府""诗余""长短句"等。作为韵文的一种，词在音节、句式长短和用韵方面有固定的规则，"调有定句，句有定字，字有定数，韵有定声"，需要严密精审地依曲拍调谱安排字句，故而习惯上称呼创作词为"倚声"或"填词"，即"倚"声调、"填"文词。

研究认为，按谱填词的"曲子词"随着隋唐燕乐普遍流行而不断发展。隋唐音乐包括雅乐(汉魏以前的古乐)、清乐(汉魏以后的民间音乐)和新兴的燕乐，其中雅乐成分很少。《旧唐书·音乐志》说："自开元以来，歌者杂用胡夷里巷之曲。"隋唐统一后，少数民族与汉民族的乐器、曲调逐渐融合，集南北、胡汉、雅俗、宗教世俗等各种音乐之大成，形成新的俗乐——燕乐。民间艺人"倚声填词"，创作了大量广受欢迎的曲子词。随后，中晚唐文人士子竞相学习、仿作，刘禹锡、白居易等都有优秀的作品传世。随后温庭筠、皇甫松、冯延巳、李煜等人的创作技艺更为精进。入宋后，词人将诗的文字技巧融入词的创作中，于是，倚声填词的新诗体至于宋更加成熟、繁荣起来。王

① 郭预衡：《中国古代文学史长编·秦汉魏晋南北朝卷》，299页，北京，首都师范大学出版社，2000。

小盾在《从词体形成的条件看词的起源》一文中认为，“词体的格律特征，事实上反映了一种文化积累：在民间辞阶段，获得歌调；在乐工辞阶段，获得依调撰词的曲体规范；在饮妓辞阶段，增加众多的改令令格；在五代以后的文人辞阶段，这些令格变成由范辞或词谱所代表的格律。”①

“词体即词的形式特征，通常包括调谱、声韵、章句三方面的内容。调谱指的是调名和它所代表的体段格式，有规定字数，多是长短句。声韵指的是词调对于字声字韵的具体规定，大体上沿用诗韵而有转韵、藏韵、多韵等特殊规则。章句指的是词所独有的修辞手法，例如起结、过片、转折、叠字。”②唐宋时期作词主要依据曲谱所规定的乐段、乐句和音节声调来作歌词。但后来的词人不懂音律，加上乐曲变动，乐调失传，只能以词调谱取代音律谱。作为音乐语言与文学语言结合的产物，词到了南宋，逐渐脱离音乐而成为独立的文学体裁，成为文人士子的“案头文学”。词虽不复演唱了，但“倚声填词”或“按谱填词”的方法依然保留了下来。

与“词”相关的基本概念有词调、词牌、词谱等。词调，是指与每一首词相配合的乐调，即“倚声填词”的“声”。每个词调都有调名，又叫词牌。词调有的来自民间，有的来自外域，有的来自教坊，有的则是文人自度。敦煌写本《云谣集杂曲子》所录曲词来自民间，如《苏幕遮》，本是龟兹乐曲，来自西域。《教坊记》中著录盛唐教坊曲343曲，《蝶恋花》(又名《鹊踏枝》《凤栖梧》)《木兰花》《破阵子》等都是唐教坊曲。《如梦令》(又名《忆仙姿》《宴桃源》)为五代时唐庄宗创作；《淡黄柳》《惜红衣》为姜夔自度曲，《六丑》为周邦彦自度曲等。唐五代所用词调不足二百，宋代新声竞繁，新制大量词调。柳永的《木兰花慢》“风暖繁弦脆管，万家竞奏新声”反映的是北宋前期词调创作繁荣的气象。“倚声填词”指要在句数、字数、和声韵方面遵守格律规定，这种格律规定便成为词谱。清代万树的《词律》收录1180多个词谱，清代《钦定词谱》收录2306个词谱。

词调类别按音乐或体段的不同，大致可以分为“令、引、近、慢”四类。“引”和“近”又称为“中调”，“慢曲”又称为“长调”。“令”又称为“小令、歌令、令曲、令章”。令曲出于唐人宴席间的酒令。令曲调短字少，如《十六字令》全词十六个字，《调笑令》三十二字。小令字数虽少，写好却不易。宋末词人张炎在《词源》说：“词之难于令曲，如诗之难于绝句，不过十数句，一句一字闲不得。末句最当留意，有有余不尽之意始佳。”“引”是大曲的引子或序曲。大曲就是整套的舞曲，唐人又叫作“大遍”。唐代盛行的大曲，如《凉州》《六幺》《剑器》等，实际多是来自西域的舞曲。“引”即截取大曲的前段部分而成。“引”的字数一般比小令要长。“近”，又称近拍，在乐调长短、字数多少方面，与“引”相近。既非促拍，又非慢曲。近词字数最少的是《好事近》，四十五字。

---

① 王小盾：《从词体形成的条件看词的起源》，载《扬州师院学报(社会科学版)》，1995(3)。

② 傅璇琮、蒋寅：《中国古代文学通论·隋唐五代卷》，226页，沈阳，辽宁人民出版社，2005。

“慢”即慢曲，相对于急曲而言。慢曲节拍较慢，文字自然较多。慢曲如《苏武慢》《拜星月慢》等，皆百字以上，最长者《莺啼序》有 224 个字。从词的演化和发展来看，最早出现的是大量的令词，稍后才出现大量的中调、慢曲。除此之外，词调还有许多异体变格，如转调、犯调、偷声、添声、减字、添字、摊声、摊破等，各种变格不论是在音乐上还是在文学上，都使宋词更丰富多彩。

在声韵格律方面，词和近体诗一样讲究平仄、格律。但对于“倚声”文学的“词”而言，出于依谱歌唱的需要，为了使音声和谐、便于上口，它不仅要讲究平仄，还要更充分地利用“四声”，即又讲平仄，又论四声。从整个词体上看，词的用韵没有固定的位置，韵字可以是平声也可以是仄声，且可以换韵。但具体到每一首词，它的用韵要求又是十分严格的，不同词调用韵的情况又不相同。在音谱歌法失传后，一般文人只是把词作为抒情诗来创作的时候，对声韵格律的要求不再过分讲求了。

(二)宋词的发展演进

王国维在《宋元戏曲史·序》中说：“凡一代有一代之文学，楚之骚、汉之赋、六朝之骈语、唐之诗、宋之词、元之曲，皆所谓一代之文学，而后世莫能继焉者也。”五代时期，词的创作者众多，影响较广，前人称之为“词世界”。这一时期可以看作宋词发展的先导。到了宋代，“词世界”就更广大了。上至皇帝，下至庶民，都雅好辞章，新创了大量词调，涌现了众多词派，后人或“以时而论”，或“以人而论”，或“以风格而论”，或“以正变而论”，将宋词分为不同派别。可以说，词这种文体与前代后代相比较，宋词的成就超越了前代，后代也难以企及。下面就宋词发展的几个重要阶段做简要介绍。

1. 晏欧小令：以雅为美

传统的文论中，诗歌被赋予“言志”“美刺”“教化”的社会功用，表达温柔敦厚、含蓄蕴藉的情感，而表现裙钗脂粉、香奁艳情的诗歌则是被排斥、被批判的对象。曲子词发展至五代，文人士子竞相用“词”这种文体表现艳情题材，宣泄情感。由于是游戏之作，故而有一些偏于淫鄙的作品，但也有文辞丽美，细腻深曲的佳作。

北宋初期，词作方面成就较大的是晏殊、欧阳修、晏几道等人，他们对五代词的成就既有继承，又有创新。从继承的方面说，在题材、词调、词体的选择和运用上承接前人。晚唐五代词所形成的“词为艳科”的局面，继续被保持下来。小令是他们最擅长的词体，是抒写艳情的文学工具。由于其题材内容相对稳定，风格与含蓄蕴藉、言短意长的五代词风一致。从创新的角度讲，五代词同时存在着精致文雅和淫鄙粗陋两类作品，晏殊等人抛弃淫鄙粗陋的创作题材，转向文雅的方向发展。他们以众多艺术圆熟、意境混成的典范之作，拓展了小令在柔情题材方面的表现力，确立了以柔软婉丽为美的审美规范，在题材、艺术上有所开拓创新。

晏殊(991—1055 年)，字同叔，抚州临川(今属江西省)人。现存《珠玉词》120 余首。后人称之为“北宋倚声家初祖”。他仕途顺达，官至同中书门下平章事(宰相)兼枢密使。学识渊博、生活优渥的晏殊，在词作上表现出富贵闲适、清新委婉的气象。如《浣溪沙·一曲新词酒一杯》写词人厌倦了新词美酒便独自徘徊在小园香径，见时节转换、燕去燕来，一种淡淡的惆怅之情浮上心头。眼前景雅致而不浓烈、心中情忧伤而不焦灼，在淡雅之中蕴藏着大方的气度，这是和其生活优渥、仕宦顺达及繁荣稳定的时代背景分不开的。

欧阳修(1007—1072 年)，字永叔，号醉翁，晚号六一居士，庐陵(今江西吉安)人。累官至翰林学士、枢密副使、参知政事。欧阳修是北宋诗歌革新的领袖，但他对词却不甚重视。他在《采桑子·西湖念语》的小序中说：“因翻旧阙之辞，写以新声之调，敢陈薄伎，聊佐清欢。”把词看作佐欢的“薄伎”。故而与庄重的诗文相比，其词较为妩媚轻佻。在继承传统词风的基础上，欧词也有创新，即运用小令创造了中正和平、和婉细切的风格特色，这主要表现在其雅词中。如平缓徐舒、和婉有致的《踏莎行·候馆梅残》，达到了“状难写之景，如在目前；含不尽之意，见于言外”(欧阳修《六一诗话》引梅尧臣论诗之语)的妙境。在词中寄寓政治感慨和人生感慨也是欧词的一大贡献。它显露了词从“词人之词”而向“诗人之词”开始过渡的新动向。欧阳修的俗词既有迎合市民风情的一面，也有向民歌学习的一面，多用长调，反映艳情冶游的生活、地方风情，整体上比较清爽明净。

晏几道(约 1030—1106 年)，字叔原，号小山，晏殊的第七子，人称“小晏”。他早年过着风流富贵的生活，中年以后陷入潦倒。仕途连蹇而不肯趋炎附势，性格孤傲而极重感情，冯煦在《宋六十一家词选》中称他为“古之伤心人也”。在慢词新声渐趋流行之时，晏几道不迎合世俗创作慢词，也不同苏轼、黄庭坚等致力于词境的开拓，而是沿袭着其父晏殊的士大夫雅词小令而来，以小令抒写男女悲欢离合之情，以独特面貌独立于北宋中后期词坛。

不同于晏殊、欧阳修等泛泛地写男女爱恋，晏几道写男女恋情的悲欢，情感基调是感伤哀怨的。他的词中的女性有明确的指代，即友人家的莲、鸿、蘋、云四位歌女，主要表达对她们刻骨铭心的相思情爱，并融入自己的身世之感，投射出人生无常、世事多艰的忧患与哀愁。通过往昔欢乐与今日空寂的对比来抒写聚散离合的感慨，是晏几道词常见模式。晏几道出身于富贵之门却宦途坎坷，沉沦于下僚，宦游的经历让他看尽世态炎凉，故而反映羁旅行役的词作也感人至深。

小晏的令词，一方面，继承了晏殊、欧阳修雅词小令的优点；另一方面，注意吸收“诗”和慢词长调的写法，章法灵活多变，营造时空交错、虚实相生的艺术效果，呈现一种动态的美感，将五代以来的艳词小令推向极致。

2. 柳永慢词：以俗为美

柳永(987—1053 年)，字耆卿，初名三变，崇安人，家族排行第七，世称“柳七”。

官终屯田员外郎，世称“柳屯田”。柳永与晏殊差不多是同一时期的人。柳永出生于儒宦之家，但科考屡屡失意，仕途也颇为坎坷，年近半百才中进士，多在地方任职，晚年才官至屯田员外郎。

柳永精通音律，才华超绝，科场失意后，柳永混迹于市井坊曲，为教坊乐工填词，供他们在歌楼酒肆演唱。柳永词的题材中近一半与歌女佳人相关。与晏殊、欧阳修等追求词的雅化不同，柳永的词毫无顾忌地以香艳为乐，一反文人士大夫追求的朦胧蕴藉的审美取向，他的词以写实风格描摹歌姬舞娘的形貌个性、描写男欢女爱的生活场景生活场景，贴近市民大众的欣赏趣味，如对歌女外貌姿态的描写：“嫩脸修蛾，淡匀轻扫”“英英妙舞腰肢软”等，以香艳的文辞描绘女儿娇媚之态，给人以强烈的感官刺激。柳永是混迹于勾栏瓦舍的失意文人。他与下层人民密切交往的生活，促使他充分地认识了社会，了解下层女性的生活疾苦，理解市民阶层思想与感情，故而在词中反映他们平庸而快活的世俗生活，如讴歌热烈率放的爱情、高唱“偎香倚暖”的世俗幸福。可见，柳词“以俗为美”的审美趣味，与士大夫阶层追求的典雅之美大异其趣，故而为正统文人所不喜。李清照在《词论》中批评他的词“虽协音律，而辞语尘下”，认为其词格调不高，这代表了当时文人士子对柳永词的态度。[①] 然则，柳词虽有浅薄鄙俗的缺点，但从一方面来看，它反映了市民阶层、底层歌姬舞女的心声，呼应了时代需要，为词坛带来了新的气息，还是值得肯定的。

宦游漂泊生涯使他有机会漫游大好河山，留下了不少歌咏山川美景的作品。歌咏“东南形胜，三吴都会，钱塘自古繁华”(《望海潮·东南形胜》)的杭州，以及“吴王旧国，今古江山秀异”(《永遇乐·天阁英游》)的苏州等，展现了太平盛世的和平、富饶的大都会气象，侧面衬托出世人安居乐业、融洽和乐的生活景象。

柳永曾一度宦游西蜀、江淮和两浙，写下了不少表现羁旅行役之思的词作，表达对闲适遭遇的不满和怨叹，弥漫着辽阔冷落的凄清色调。怀才不遇、去国远游、岁月易逝等情感，一般都是通过“赋诗言志”的创作方式来表现，柳永将之引入词作中来表现，可看作他扩大词的表现力的贡献之一。将羁旅行役的愁苦与儿女爱恋的愁思有机贴合在一起的词作，是意境凄美、脍炙人口的《雨霖铃》。

柳永对宋词的最大贡献是发展了慢词，开启了宋词发展的新天地。晚唐五代至北宋初期，词坛的主要形式是以小令为主。由于宋太宗本人对新声自上而下的推崇，加上繁荣富庶的都市生活渴求“大”(容量大)而“新”(词调新)的艺术形式，于是催生了长调的创作日趋繁盛。在“新声”竞繁的潮流下，急曲子、慢曲子进入了大规模发展的阶段。由于慢词篇幅较长，做到结构严整实非易事。柳永擅长使用“赋”的手法铺排，如对山水景物、城市景观、市民生活及言情词中表现的生活场景等，都是通过层层铺叙

---

① 唐圭璋：《词话丛编》第一册，201～202页，北京，中华书局，1986。

的方法，使听者有身临其境之感。笔法跌宕、承接自然、结构匀整的艺术效果，得益于引赋入词的艺术手法。

柳词在语言运用上多融入市井口语、俚语，这和他以俗为美的艺术追求、混迹市井的生活经历密切相关。“怎、恁、争奈、无那……”等口语在柳词中随处可见。风趣幽默、浅易通俗的语言也便于柳词的理解和传播。《避暑录话》卷三云：“凡有井水饮处，即能歌柳永词。”柳词广受欢迎，与其通俗的语言特征分不开的。

综上，柳永词扩大了词的容量和表现力，儿女情长、自然风光、都会盛景、山水羁旅等都被纳入词中。同时，柳词也拓展了词所承载的艺术风格，词不仅可以柔媚地表现儿女恋情，还可以沉郁地表现文人士子的心志，为苏、辛二人的豪放词的发展起到了推动作用。

3.“指出向上一路”的苏词

苏轼(1037—1101 年)，字子瞻，自号东坡居士，四川眉山人。与其父苏洵、弟苏辙合称“三苏”。苏轼在诗、文、词等方面都有很高的成就，而其词的贡献又超过了诗和文。刘克庄的《后村诗话》中对苏词的评价较中肯，影响也很大：“词自晚唐、五代以来，以清切婉丽为宗，至柳永而一变，如诗家之有白居易；至苏轼而又一变，如诗家之有韩愈，遂开南宋辛弃疾等一派。”①

从题材上说，苏轼拓展了词的表现范围。除了表现男女恋情的艳情词，前辈词人对词的表现对象也多有开拓。如范仲淹的军旅边塞、王安石的咏史感怀、柳永的羁旅行愁等题材，在词中都有体现。但苏轼的词更为开阔，模山范水、怀古伤时、宴饮祖饯、说理咏物、悼亡缅怀……无一不可入题。刘熙载在《艺概·词曲概》中说：“东坡词颇似老杜诗，以其无意不可入，无事不可言也。”②

苏词既向外在世界开拓，也向内心世界拓展。晏欧、柳永等在词中更多表现柔情，苏词则将文人雅士的审美情趣、典雅生活、人生感怀融入词中，全面反映了士大夫的精神与生活世界。无论是向内还是向外，都映照出他作为士大夫的生活面貌和精神面貌。“他把词从‘应歌’和‘艳科’的圈子中拉向了宽广的社会，完成了词的比较充分的‘士大夫化’。”③

苏轼将以前诗歌、文赋中言志、抒情、议论、用典、哲理、意味等融入词的创作领域，打破了“诗庄词媚”的界限，苏词扩大了词的表现功能，突破了“词为艳科”的格局，开拓了词境，将原本视为小道的词提高到了雅文学的高度，提高了词的品位和地位。

沿着晏欧“雅化”的路径，对抗柳永的俚俗词风，进一步将词典雅化，使词在保持

---

① 吴文治：《宋诗话全编》，8372 页，南京，江苏古籍出版社，1998。
② 袁津琥：《艺概注稿》，497 页，北京，中华书局，2009。
③ 杨海明：《唐宋词史》，322 页，天津，天津古籍出版社，1998。

细腻婉转的风格特征基础上，又能表现士大夫的审美趣味。这是苏词对词的发展重要的贡献之一。

苏轼的词还打破了词律词调的束缚，前人多批评苏东坡词“多不协音律”。其实苏词大体遵守音律的基础上，以意为主，“曲子束缚不住”。苏轼对宋词的改革在当时产生很大影响。宋人王灼在《碧鸡漫志》评价苏轼词的成就时说：“东坡先生非心醉于音律者，偶尔作歌，指出向上一路，新天下耳目。”①苏轼所开创的豪放词派，经晁补之、黄庭坚、叶梦得、陈与义、张孝祥、辛弃疾、陈亮等传承发扬，成为有宋词坛上重要的词派，并影响了元明清历代重要词作者的创作。

4. 清真词：富艳精工之美

周邦彦(1056—1121)，字美成，自号清真居士，钱塘(今浙江杭州)人。北宋后期杰出的词人之一。周邦彦兼工诗、文、词，精通音律，善自度曲，传世词集《清真集》，又名《片玉词》。

清真词的题材不是很广泛，主要集中在恋情词、羁旅词、咏物词几种类型上。

周邦彦的恋情词艺术手段很高，即使是写艳情也多姿多彩，不落俗套。与柳永的语言浅俗、格调不高的艳情词相比，周邦彦的词直而曲、显而婉，却无猥亵轻薄之意。章法奇幻，别有一番风情。

周邦彦的仕宦生涯并不得志，其漂泊失意的宦游生涯的苦闷，也常借助词来表达。如作于任职县令时的《满庭芳·夏日溧水无想山作》，上片写细密地铺写溧水初夏景色和自己隔绝外物的生活；下片即景抒情，以社燕自比，写飘零不偶的人生经历，曲折回环地表达天涯沦落之感。宋陈振孙在《直斋书录解题》云：“多用唐人诗语隐括入律，浑然天成。长调尤善铺叙，富艳精工，词人之甲乙也。”②这首词较为典型地体现了“多用唐人诗语”的特点。如“风老莺雏，雨肥梅子”分别化用了杜牧的“露蔓虫丝多，风蒲燕雏老”和杜甫的“绿垂风折笋，红绽雨肥梅”，“午阴嘉树清圆”化用了刘禹锡的“日午树荫正，独吟池上亭”，“老”“肥”“圆”等字生动形象且不落窠臼。词中还有多处化用，不再列举。

周邦彦的咏物词“模写物态，曲尽其妙”，但与以往咏物词描摹事物的外部特征不同，他善于从所咏之物引发联想，通过“体物”来表达对人生的感慨。如咏梅之作《花犯·粉墙低》写雪中梅花的幽香、飞坠青苔的落梅、一枝照水的梅影，高洁、飘逸，“净洗铅华，无限佳丽”，堪称曲尽其妙。但写梅花不是目的，作者通过歌咏梅花，“总是见宦迹无常，情怀落漠耳”③。

清真词对词史的贡献很大，首先是他善于创调，使词的格律化程度有所提高。周

① 岳珍：《碧鸡漫志校正》，37页，成都，巴蜀书社，2000。

② (宋)陈振孙：《直斋书录解题》，618页，上海，上海古籍出版社，1987。

③ 唐圭璋：《词话丛编》，3085页，北京，中华书局，1986。

邦彦晚年被宋徽宗任命为大晟府提举官，使他有机会与乐师交往、切磋，以妙解音律的音乐家从事词曲，在制谱创调方面贡献尤多。《清真集》206首用调一百多，新声调多达55调。其次，发展了词的创作技巧，章法结构方面构思精致，方寸之间跌宕起伏；形成了富艳精工、缜密典丽的艺术风格，南宋大批“雅词”派词人如姜夔、吴文英等都是继承清真词而来。清代陈廷焯评价他说：“词至美成，乃有大宗。前收苏、秦之终，复开姜、史之始。自有词人以来，不得不推为巨擘。”①作为北宋词的殿军，影响了南宋姜夔、史达祖、吴文英等词人，成为维系南北宋词脉的重要纽带。

两宋词坛名家辈出，流派纷呈，秦观、李清照、辛弃疾、陆游、史达祖、吴文英等诸多名家在各自的领域开拓，取得了非凡的成就，共同造就了宋词的辉煌。宋以后词沿着文人词的方向发展，至清代仍绵延不绝，但整体上成就不如宋代。限于篇幅，不再一一论述。

四、散曲的特点

散曲是萌芽于宋金之际、兴盛于元代的新诗体。到了金元时期，人口流动频繁，语言相较于唐宋有了许多变化。北方民间音乐和外族乐曲的流行，促使了一种新的乐曲曲词产生。这就是在文学史上与“唐诗”“宋词”并称的所谓“元曲”。元曲实际上包括两种性质不同的文体，一是“散曲”，是一种配合音乐而歌的长短句；二是剧曲，又称杂剧，是一种利用散曲中的套曲形式而创作的、有科白和情节的戏剧。散曲有南北之分。产生于北方中原一带的称为“北曲”，流行于南方的则被称为“南曲”。文学史上的所谓“元曲”，通常指北散曲，也称“元散曲”。元明时代，散曲也被称作乐府或词，如张可久的《小山乐府》、杨维桢的《铁崖先生古乐府》、冯惟敏的《海浮山堂词稿》等。

按照体式，散曲可以分为小令和套数。小令的特点是调短字少。套数指两个以上的只曲连缀而成的一组曲子，又称“大令”，以与小令相区分；或称“散套”，以与剧曲相区分。套数由多个曲子组成，这些曲子要属于同一宫调，押同一韵脚，有首有尾，结尾用煞曲、尾曲来表示音乐的结束。套曲选用的曲子少则两三支曲，多则有十几支、几十支。短篇的如马致远的【仙吕宫·赏花时】，一套仅有【赏花时】调加【么】篇和【赚煞】三曲组成；长篇的如关汉卿的【双调·新水令】套数，共有【新水令】【庆东原】等二十一支曲子。

从音乐特点上看，曲有宫调和曲调。正如词有词调，每个词调都有一个名称，即词牌。曲也有曲调，每个曲调的名称叫作曲牌。曲词就是按照不同曲牌的格式要求来创作的。宫调是中国古代音乐的调式。元代周德清的《中原音韵》共记载了十二个宫调，

① 唐圭璋：《词话丛编》，3787页，北京，中华书局，1986。

从现存的宫调看，实际常用的有九个宫调，即五宫四调，五宫为正宫、中吕宫、南吕宫、仙吕宫、黄钟宫，四调为大石调、双调、商调、越调。众多的曲牌在音乐上又隶属于不同的宫调。元代周德清的《中原音韵》记载的十二个宫调，下隶三百三十五个曲调(曲牌)。如【南吕宫·四块玉】中，【南吕宫】是宫调名，【四块玉】是曲牌名，表示【四块玉】这支曲调隶属于【南吕宫】宫调。

散曲在押韵方面要求区分平上去三声，一韵到底，可以平仄通押、邻韵通押。散曲在对仗方面的要求比较自由。其突出特点添加衬字。曲是依据曲调规定写出长短句曲词，字句有定格。在曲律规定的字数之外送增加的字，它不受音韵、平仄、句式等曲调的限制。添加衬字一般句首或者句中。衬字扩展了作品表达的内容和感情，使语言更加口语化、俚语化，通俗活泼，增加了声情色彩，唱起来动听悦耳。艺术表现上，更多地采用“赋”的方式，加以铺陈、叙述。

元代散曲作家中，有著名学者王恽、杨果、姚燧、张养浩等，也有低等官吏，如关汉卿、白朴、马致远、张可久等，还有以乔吉为代表的布衣文人。现在保存金元散曲较多的本子，要数杨朝英编集的《朝野新声太平乐府》和《阳春白雪》。

【思考与练习】

1. 为什么中国古代诗歌最终定型为五言和七言，而非四言、六言或八言?

2. 使用意象和典故是中国古代诗词重要的抒情手段。请你梳理常见的意象和典故，结合具体诗词作品谈一谈他们所传达的思想情感。

3. 王国维在《宋元戏曲史·序》中说：“凡一代有一代之文学，楚之骚、汉之赋、六朝之骈语、唐之诗、宋之词、元之曲，皆所谓一代之文学，而后世莫能继焉者也。”你同意这种说法吗？结合“宋之词，后世莫能继焉”谈谈你的理解。

第三节
中国古代的散文

一、古代散文的发展脉络及特点

在我国，“散文”作为文类源远流长，早在先秦时代就已经充分发展，但“散文”作为与诗歌、小说、戏剧并驾齐驱的问题概念，是在“五四”时期接受西方“文学概论”分类概念以后才提出和建立。散文在其发展演变的不同阶段，概念范围逐渐由宽到窄演变。先秦时期，散文无所不包。到了汉代，“文章”专指诗赋等韵文，“文学”指儒家学说及学术著作。魏晋南北朝时期将有韵之文称为“文”，将无韵之文称为“笔”，即所谓“文笔之争”。唐宋时期的古文家反对骈偶，追求散行单句的“古文”，这种“古文”与“散文”同义。骈体文是魏晋六朝时期产生、流行的一种文体。至唐代始有“骈文”“骈俪文”的名称。由于骈体文在句式上多以四字句和六字句为主，宋代又称它为“四六文”。骈体文通篇在意义上、语句结构以及词性上两两相对，这种排偶和对仗的平列的句式，给人一种平衡、对称之美感。散文作为与骈文相对应的概念，一般指“长短错落、无韵律骈俪之拘束、不讲求词藻与典章的文章”①。这种文章被称为“古文”，即我们常说的“古代散文”。也有学者持宽泛的散文概念，将辞赋、骈文归入散文的阵营中。

我国古代散文一直具有实用性的特点，它常常与学术文、应用文混合在一起的，从功用上分，有公牍、论说、箴铭、传状、碑志、序跋、书牍、杂记等类。各类散文由于内容、使用场合、用途的不同，又可以分为各个小类，如公牍又可分为诏、令、章、表等，从而构成了繁多的体类。可以说，古代散文兼及文与学、骈与散、审美与实用的特性。

(一)先秦散文

从春秋末至战国，百家争鸣的学术氛围使我国散文无论是历史散文还是诸子的学术、哲理散文，在数量和质量上都达到高峰。

(二)先秦历史散文

殷商时期专司保存历史资料者的人是巫史，到了周代，形成了史官制度。殷商、西周时期的历史资料通过甲骨卜辞、《易经》卦爻辞、商代青铜器铭文保存下来。这些资料是我国古代记叙文的萌芽。

甲骨卜辞是殷商时代契刻在龟甲和兽骨上的言辞，记载了殷商时期战争、农业、祭祀、天文历法等社会生活。铜器铭文是殷周时期铸在钟鼎等青铜器具上的文字，也称金文。它多记录贵族的战功、盟约、讼断或庆典等，一般比较简短。较长的金文是《虢季子白盘铭》和《毛公鼎铭》。成书于殷末周初的《易经》是对周人卜筮占辞的汇编，故又名《周易》。《易经》以占卜的形式反映现实生活经验，并将生活经验上升到哲学角度来认识。

《尚书》意为“上古之书”，包括虞、夏、商、周书。其中《虞书》《夏书》是后世儒家根据古代传闻的假托之作。《商书》记录的是殷王朝的誓、命、训、诰。《周书》是周初

① 陈平原：《中国散文小说史》，4页，上海，上海人民出版社，2004。

到春秋前期的文献。《尚书》是我国最古老的文章汇编，又是第一部初步定型的古代散文集。由于跨越年代久远，语言变化很大，加上传写讹误，故而十分艰涩难读。韩愈在《进学解》中说它“周诰殷盘，佶屈聱牙”。语言概括洗练、思维严谨也是《尚书》的突出特点。

“春秋”本是先秦时期各诸侯国史书的通称，后来仅有鲁国的传世，便成了专称。《春秋》是我国第一部编年体史书，记载了鲁隐公元年(前 772 年)至鲁哀公十四年(公元前 481 年)共十二公、二百余年的历史。相传孔子对《春秋》做了删削修订，按照他认为恰当的字眼暗寓褒贬来评判历史事件和人物，即所谓“春秋笔法”。《春秋》作为史学著作，具有严格而明确的倾向性，作为文学著作，它简要严密，语言凝练而意蕴深刻。

《左传》原名《左氏春秋》，又称《春秋左氏传》，简称《左传》。它与《春秋公羊传》《春秋穀梁传》都是解释《春秋》的著作，合称“春秋三传”。关于《左传》的著者，历来异说颇多，现在一般认为是战国初期观念接近儒家的无名氏。《左传》站在儒家立场上评价历史事件和人物，其民本思想反映了进步的历史观。作为解释《春秋》的著作，《左传》在叙事上更灵活，在顺序叙述的同时，使用倒叙、预叙、插叙、补叙等手法，生动、完整地叙述事件的过程和因果关系。语言简练而含蕴丰富。《左传》记录了几百次战争，如城濮之战、殽之战、鄢陵之战等，故事结构完整、细节生动，叙述各具特色，绝不雷同。塑造人物也个性鲜明，展现复杂、丰富的人物性格。《左传》对后代散文影响深远，尤其是唐宋以后，古文家多从《左传》中汲取营养。

《国语》是我国第一部国别体历史著作，内容是周、鲁、齐、晋、郑、楚、吴、越八国史料的汇编。记事年代从周穆王开始到鲁悼公(约前 1000—前 440 年)结束。《国语》文字质朴，不如《左传》有文采。《战国策》也是国别体著作，记事年代大致上接春秋，下讫秦并六国。它以策士的游说活动为中心，记载东周、西周、秦、齐、楚、赵、魏、韩、燕、宋、卫、中山等国治、外交的情状。《战国策》善于铺排夸张，委曲尽情。描写人物具体细致，生动活泼。如冯谖弹铗而歌、荆轲刺秦王等，都是脍炙人口的名篇。它也善于引用寓言故事来说理。“画蛇添足”“狐假虎威”“亡羊补牢”等寓言故事历来家喻户晓。

(三)诸子散文

面对诸侯争霸征战不止、民力疲敝的春秋战国时代，各学派领袖及其门人代表自己的阶级或阶层，纷纷开出治世良方，以期天下太平、解民倒悬。诸子的著作中最有代表性的是春秋末至战国初的《老子》《论语》《墨子》，战国中期的《孟子》《庄子》，战国后期的《荀子》《韩非子》《吕氏春秋》等。

老子，姓李，名耳，字聃，楚国苦县(今河南鹿邑)人。他生活的年代与孔子同时且略早。他被道家学派和汉魏以后的道教尊为始祖。今传《老子》共八十一章，章与章之间无有机联系，分作两篇，通称《道德经》。《老子》形而上的哲理思辨是其突出特点。正如他所述的善与恶、福与祸、正与反等概念都是对立的，互相转化的。其形而上的抽象思维方式，和儒家从实践出发归纳哲理的形而下的思维方式是对立的。《老子》多用韵语和对偶句，如“飘风不终朝，骤雨不终日”“知人者智，自知者明”等。这种形式美开启了后世骈文的先河。

孔丘(前551—前479年)，字仲尼，世称孔子，鲁国陬邑(今山东曲阜)人。《论语》是对孔子及其门人的言行记录，记录者是其弟子及再传弟子，所记内容非成于一时，也非出于一人之手。《论语》反映了孔子在政治、哲学、教育、伦理、文学艺术等方面的思想。孔子对春秋时期的社会动荡深感不满，希望恢复以“仁”和“礼”为核心的周礼重建政治秩序和社会秩序。作为语录体，《论语》记录了孔子及其门人言行的片段，内容丰富，其中论学、论礼、论孝等方面的内容，不少语录蕴藏着深刻的哲理，如“岁寒，然后知松柏之后凋也”，以松柏之耐寒喻坚韧之精神，寄寓着深切的生活感受。《论语》语言接近口语，言简意赅，富有启发性，它所体现的人生态度、思想观念，对后世产生了深远的影响。

墨子(约前476—前390年)，“墨子”是后人对墨翟的尊称。他与孔子同时而稍后，相传为宋人，居于鲁。《墨子》是墨翟及其弟子后学著述的汇编，现存53篇。墨家不仅仅是春秋战国之际重要的思想学派，还是一个门徒众多、组织严密的民间团体，他们不畏艰苦，重视实践。墨家思想既反对儒家也反对道家，主张博爱、非攻、尚贤，代表“农与工肆之人”的社会思想和利益。和《论语》较为松散的结构不同，《墨子》的思想已经形成体系，有些观点之间相互联系，初具论说文规模。如《非攻》《兼爱》《尚贤》《尚同》之间关联较为紧密。《非攻》中认为攻人之国是亏人自利。使人不亏人自利必须“兼爱”，做到“兼爱”要依靠贤人为政，王公庶人都要上同天子，天子上同于天。《墨子》重辩论，别是非，语言质朴、逻辑严密，善于运用事例来说理，条理性强，具有很强的说服力。

孟子(约前372—前289年)，名轲，字子舆，邹(今山东邹县)人。《孟子》是孟子与其弟子共同写定的，包括《梁惠王》《公孙丑》等七篇。在处士横议、竞言功利的战国中叶，兵家、法家、纵横家的学说大行其道。孟子继承了孔子的学说，主张王道，倡行仁义，不为当世所接受。他从性善论的哲学观点出发，提出“民贵君轻”的观点，主张“保民而王”；对统治者虐民以逞的残暴行为予以揭露和抨击，斥责他们“率兽而食人”(《梁惠王》)；他不阿世俗，不苟合于当权者，“君之视臣如草芥，则臣之视君如寇仇”(《离娄》)。孟子的民本思想、人格魅力在后世产生和巨大影响，后人尊称他为“亚圣”。

《孟子》虽然属于记录体，但和《论语》相比，篇幅更长，结构完整，逻辑严密。长于论辩是《孟子》的突出特征之一。善于抓住要害问题，或单刀直入、或欲擒故纵、或设问陈疑、或因势利导，进行剖析和逻辑推理。

善于取譬设喻也是《孟子》突出的特征。如《梁惠王上·齐桓晋文之事》中用“挟太山以超北海”“为长者折枝”“缘木求鱼”“邹人与楚人战”等生动形象地说明君主保民而王“能与不能”“为与不为”的能力与态度问题，以及战争的危害。《孟子》也善于通过生动形象的寓言故事来说理。如“揠苗助长”“五十步笑百步”“再作冯妇”等成为后世常见的成语。《孟子》既是感性的，又是理性的，它汪洋恣肆、条分缕析，雄肆而严整，在形象思维方面和文学审美方面，都有创造性。

庄子和孟子同处一个时代，他们的作品在散文史上形成两座并峙的高峰，具有划时代的意义。

庄子(约前369—前286年)，名周，宋国蒙邑(今河南商丘)人。与孟子同时或稍后。做过管理漆园吏，后隐居著书。他鄙薄富贵，不肯与统治者合作，在贫困的生活中自得其乐。《庄子》现存33篇，其中内篇7篇，外篇15篇，杂篇11篇。一般认为内篇为庄子自著，外篇和杂篇为庄子门人后学增补。庄子继承了老子“天道自然无为”的思想，但对其消极思想做了更大发挥。《老子》是以政治为中心，阐释自然无为的政治哲学著作；《庄子》则以个人为中心，探求个体在污浊社会中自我解脱、自我保全的方法。二者常并称为“老庄思想”或“道家思想”。

从文章体制上看，《庄子》已经摆脱语录体形式，开始进入专题性论说文阶段，标志着先秦散文已经发展到成熟阶段，是先秦诸子散文的翘楚。

通过鲜明的艺术形象来阐释哲理，是《庄子》的一大特色。《庄子》和战国时期其他学派的文章一样，善于用神话、寓言、故事等来说理。有所不同的是，《庄子》中的神话、寓言、虚构的故事不仅仅是比喻的材料和例证，庄子将它们改造成新的艺术形象，使它们在扑朔迷离的情节、超现实的艺术氛围中，寄寓深刻的哲理。如“混沌凿窍”的故事，将开天辟地的神话故事加以改造，赋予了提倡返璞归真、崇尚自然的意义。

《庄子》塑造了众多极富神奇色彩的超现实的艺术形象。刘熙载评之为：“‘意出尘外，怪生笔端。’《庄子》之文，可以是评之。”①自然界的鸟兽虫鱼、风云雷电，都被赋予了神奇、迷幻的色彩。如硕大无比的鲲鹏、七窍皆无的混沌、形体残缺的支离疏、吸风饮露的神人、运斤成风的匠石，以及涸辙之鲋、涸泉之鱼、商丘大木……光怪陆离的形象将读者引入恢宏壮观的神奇世界。《庄子》的文章结构似乎并不严密，汪洋恣肆，变化无端，但思想却能一线贯穿。《庄子》的博大精深的思想内涵、浪漫主义文学风格、灵活多变的写作技巧对后世作家影响深远。

荀子(约前313—前238年)，名况，又称荀卿或孙卿，战国末年赵国人。50岁时游学齐国稷下，三次任稷下学宫的祭酒，后离齐适楚，任兰陵令，晚年罢官后从事著述。后人编订《荀子》三十二篇。

荀子的思想基本上倾向于儒家，但又吸收了其他各家的学说，对儒家学说有所改

---

① 袁津琥：《艺概注稿》，43页，北京，中华书局，2009。

造。性恶论是荀子政治理论的哲学基础。他批评儒家的“性善论”，认为“人之性恶，其善者伪也”(《荀子·性恶》)，认为人性本恶，至于善的部分，是人为的。因为人性本恶，故而需要礼仪法度的约束、制裁，来稳定社会秩序。由于人性善的部分是需要后天人为，故而他在《劝学》《修身》《性恶》《君子》等篇强调后天学习的重要性，强调个人修养、品质的重要性。他的政治主张适应了当时新兴地主阶级的政治需要，有较明显的实用价值。

荀子的说理文擅长论辩。虽不如《孟子》气势磅礴，也不如《庄子》汪洋恣肆，但其更理性，论点明确，论证严密，章法严谨，句法平实，代表了先秦论说文的新成就。

《荀子》大量使用日常生活中常见的事物作为譬喻，或正反为喻、或并列为喻，深入浅出、生动形象地将抽象的道理形象化、具体化。如《荀子》的开篇之作《劝学》中强调学习要持之以恒、用心专一时，列举“骐骥一跃，不能十步”和“驽马十驾，功在不舍”等，这些正反比喻组合在一起，形成鲜明对照，这就表明了“积”与“不积”所产生的截然相反的效果，使文章很有说服力。

注意谋篇布局、结构严谨是《荀子》文章的突出特点。《荀子》33 篇，每篇都有明确体现该篇的主旨的标题。句式整齐，朗朗上口。在排偶中适当夹进散句，使文气流畅而不呆滞。

《韩非子》《吕氏春秋》等也特色鲜明，此从略。

章学诚认为：“周衰文弊，六艺道息，而诸子争鸣。盖至战国而文章之变尽，至战国而著述之事专，至战国而后世之文体备。”①说“文章之变尽”未必尽然，但先秦散文尤其是战国时期的散文开后世文体之先河是无疑的。先秦散文逻辑严密，结构严整，语言变化多端，为后世政论文、哲理文的发展提供了养料。先秦散文善于运用生动活泼的神话故事、寓言故事说理，为后世小说的形成具有不可忽视的作用。诸子散文各具特色，风格各异，影响到后世作家的风格趋向。如韩愈、苏轼、王安石的政论文受《孟子》影响较大，而魏晋六朝时期的游仙诗、李白的浪漫主义诗篇，乃至充满奇幻色彩的戏曲《牡丹亭》，都可以看到《庄子》的影响。先秦诸子散文在语言艺术上取得了非凡成就。后世常用的修辞手法、语言风格在先秦散文中都能找到先例，大量寓言故事、成语、词汇等，在当今也有鲜活的生命力。

(四)两汉散文

秦代施行文化专制，且二世而亡，故文学发展几近空白。鲁迅说：“故由现存者而言，秦之文章，李斯一人而已。”②西汉定鼎之后，散文创作面对新时代，探索新途径，

---

① 叶瑛：《文史通义校注》，60 页，北京，中华书局，1985。
② 鲁迅：《鲁迅全集》第九卷，395 页，北京，人民文学出版社，2005。

呈现新的面貌。总结秦灭亡的教训，为新帝国寻求稳固基业的新途径，是西汉前期散文的主要内容。代表作家是贾谊、晁错。

贾谊(前 200—前 168 年)，洛阳人。有《新书》十卷，原有 58 篇，今存 55 篇。其中以《过秦论》《陈政事疏》《论积贮疏》等最为著名。《过秦论》分为上、中、下三篇，旨在总结秦的兴亡教训，为汉文帝治国做借鉴。《陈政事疏》(又名《治安策》)和《论积贮疏》都是针对现实政事的分析。

晁错(前 200—前 154 年)，颍川(今河南禹县)人。汉景帝时任内史、御史大夫。他的著名政论文《论贵粟疏》阐述了重农贵粟的思想，强调了农业的重要性。与润色鸿业、歌颂升平的汉赋不同，贾谊和晁错的政论文有很强的现实针对性，是西汉政论文的典范。鲁迅称："如其《治安策》《过秦论》，与晁错之《贤良对策》《言兵事疏》《守边劝农疏》，皆为西汉鸿文。"①

西汉散文的高峰是司马迁雄视万古的史学巨作《史记》。《史记》原名《太史公书》，是我国第一部纪传体通史。司马迁(前 145？—前 87？年)，字子长，夏阳龙门(今陕西韩城)人，出身于史官世家。司马迁参照前代历史著作的各种体例，创造了纪传体通史，开创了以本纪、表、书、列传五种体例写通史的范例。全书有十二本纪、十表、八书、三十世家、七十列传。本纪记述历代帝王的政绩及兴衰沿革，是全书的总纲；表是依据年月所作的大事记摘录；书是有关天文、历法、经济、制度等方面的专题文献；世家是各诸侯国贵族、王侯、功臣、将相的传记；列传记述历代有影响的不同类型的人物传记。《史记》自成体系，总结了上下三千年的历史，真实丰富的史料、高超的叙事写人技巧、深刻的思想、独特的文学审美价值等，都是空前绝后、无与伦比的。《史记》的影响极其深远，后代的史学家大多模仿《史记》的体例和写法，文学家也从其中汲取营养。后世小说、戏剧、散文等或取材于《史记》，或借鉴其艺术手法。鲁迅说它是"史家之绝唱，无韵之《离骚》"，从史学和文学的角度给予高度评价。

东汉班固的《汉书》又称《前汉书》，它和《史记》《后汉书》《三国志》并称为《四史》。班固(32—92 年)，字孟坚，扶风安陵(今陕西咸阳)人。其父班彪也是东汉著名的历史学者。《汉书》在体制上因袭《史记》。如它的十二纪、八表、十志、七十列传，共 100 篇。改"书"为"志"，取消"世家"。作为我国第一部断代史，史学价值很高，对后代正史的影响也极为深远。但从散文角度审视，其文学价值却不如《史记》。

东汉前期的说理散文，以王充的《论衡》为代表。王充(约 27—101 年)，字仲任，会稽上虞(今浙江上虞)人。王充是敢于反抗世俗、有批判精神的思想家。他的《论衡》现存 84 篇，是一部破除对天神、鬼神、圣人迷信的"疾虚妄"的说理著作。逻辑思维严密，语言通畅易懂。

---

① 鲁迅：《鲁迅全集》第九卷，404 页，北京，人民文学出版社，2005。

王符(约85—162年),字节信,安定临泾(今甘肃镇原)人。著有《潜夫论》十卷,共36篇,针对当时社会上的政治、军事、经济、伦理及日常生活等方面种种弊端生发议论,针砭时弊,和贾谊、晁错的政论文遥相呼应。

(五)魏晋南北朝散文

魏晋是文学自觉的时代,这一时期人们对文学的社会价值、审美价值有了自觉的追求。建安、正始时期的散文大家首推"三曹"(曹操、曹丕、曹植),以及阮籍、嵇康,他们的散文还延续汉以来散文铺排词句、求整求工的传统。"文笔之辨"促使骈体文的产生,在句法、字数上讲求属对和声律,刻意追求形式美、情韵美,加上声律理论渐渐由文学争论走向创作实践并被广泛接受、模仿,加速了散体文的骈化。尤其是南朝,在帝王倡导、词臣附和的创作氛围中,骈文成为社会风尚,散文与之相较有所衰退。

魏晋南北朝时期的散文名家名作有诸葛亮的《前出师表》《后出师表》、李密的《陈情表》、王羲之的《兰亭集序》、陶渊明的《桃花源记》、吴均的《与朱元思书》等。

诸葛亮(181—234年),字孔明,琅琊郡阳都县(今山东省沂南县)人,是著名的政治家和军事家。他在三国鼎立时期的军事与政治作为,在当时产生了重大影响,其人生际遇也因后世诗歌、小说、戏剧的不断加工而为人熟知。前后两篇《出师表》中,《后出师表》是否为诸葛亮所作尚有争论。《前出师表》作于建兴五年(227年)。诸葛亮决定北上伐魏,夺取长安,临行之前以这篇《出师表》上书后主刘禅,劝勉后主要广开言路、严明赏罚、亲贤远佞,并表达自己的耿耿忠心。《出师表》这篇表文以议论为主,兼用记叙和抒情,语言朴实,清新流畅,感情真挚。另外,诸葛亮的《诫子书》中"非淡泊无以明志,非宁静无以致远"的格言,至今仍是振聋发聩的座右铭。

李密(224—287年),字令伯,犍为武阳(今四川彭山)人。曾任蜀尚书郎、大将军主簿等职。晋统一后,晋武帝司马炎征召他为郎中、太子洗马,李密的《陈情表》即婉拒征召之作。这篇文章多用四字短句,以五字句、六字句为错落其间,骈散兼行,富有变化,而叙事抒情,真挚动人。

王羲之(303—379年),字逸少,琅琊临沂(今山东临沂)人。他的楷书《乐毅传》、行书《兰亭集序》、草书《十七帖》等确立了他在书法史上的崇高地位。晋穆帝永和九年(353年)农历三月三日,王羲之与名流高士谢安、孙绰等人在会稽山阴的兰亭集会,临流赋诗,抄录成集,由王羲之作序记录这次雅集活动。全文叙事、写景、抒情,清丽动人,是东晋不可多得的优秀散文。

陶渊明(365—427年),字元亮,或云名潜,字渊明,浔阳柴桑(今江西九江)人,晋大将军陶侃的曾孙。陶渊明出生时家境已经没落。为养家糊口,他或仕或隐,终因不肯"为五斗米折腰"而弃官归隐。陶渊明不仅是东晋末年的杰出诗人,也是一位散文大家。其《归去来辞序》《桃花源记》《五柳先生传》等为人称颂。《桃花源记》是其散文的代表作品。

南朝时期山水之作盛行。自然山水作为审美对象走进诗文。谢灵运的山水诗开风气之先，随后大批作家仿作，呈现百花竞艳的局面。吴均(469—519年)，字叔庠，南朝文学家。吴均所作诗文，为时文仿效，称为“吴均体”。其模山范水的名作《与朱元思书》，写清新而壮阔“奇山异水”，抓住山水的特征，把动与静、声与色、光与影、虚与实、远与近、景与情等巧妙结合，描绘了一幅生机勃勃的山水图画。该文在形式上有骈文讲究属对和声律的影子，但灵动活泼，清新自然。

相对于繁荣的南朝文学，北朝文学较为沉寂。就散文而言，郦道元的《水经注》成就较为突出。《水经》是魏晋时人托名东汉桑钦(一说托名郭璞)所作的一部专记全国主要河流水道情况的地理书。原书较为简略，缺乏系统性。郦道元经过实地考察，为之作注，是为《水经注》。

郦道元(？—527年)，字善长，北魏范阳(今河北涿州)人。曾任东荆州刺史、御史中尉等职。郦道元所作的注解，不但厘清了水道的源流走向及大小支流的情况，还补充了与之有关的逸闻，具有很高的文学价值。最为人称道的是《江水》注中写巫峡的一段，寥寥数笔勾勒出沿岸连山雄伟峭拔和江水湍急凶险的整体风貌。在动与静、声与色中写冬春三峡的景致，颇具诗情画意。写水枯气寒，猿鸣凄凉的秋景，则颇具凄清肃杀之气。语言简洁，层次清晰，文笔洗练，意境隽永。

北朝散文中，杨衒之的《洛阳伽蓝记》和颜之推的《颜氏家训》可圈可点，这两篇和郦道元的《水经注》代表了北朝散文的最高成就，在散文发展史上也占有一定地位，此略而不论。

(六)唐宋散文

唐宋时期是我国传统散文发展和繁荣的辉煌时期。这一时期的散文作品、作家不可胜数，题材、体裁、风格、流派多样，创作质量高，对后世影响巨大。以“唐宋八大家”为代表的唐宋散文，代表着中国传统散文的最高成就。

初唐及盛唐时期，虽然反对六朝浮华文风，提倡以风雅革除浮侈的复古呼声很高，也取得了一定成就，但真正的改变是在安史之乱以后。萧颖士、李华等提出效法三代古文的复古口号。继而韩愈、柳宗元以“文以明道”为纲领，以反对骈文、复古革新为旗号，呼朋引伴，收召后学，刘禹锡、白居易、李翱、皇甫湜等人推波助澜，确立起一种崇儒载道、单句散行的散文新文体——古文，动摇了骈文五百年来的统治地位。韩愈和柳宗元被认为是古文运动的领袖和旗手。到了晚唐五代，古文创作趋向衰落。入宋后，在诗文大家和古文运动领袖欧阳修的引领下，尹洙、苏舜钦以及稍后的曾巩、王安石、苏洵父子等相继加入古文运动的行列中来，宋代散文的发展进入新阶段。以欧阳修、苏轼为代表的作家群体奠定了平易自然的风格特色。唐宋散文革新前呼后应，韩愈、柳宗元、欧阳修、王安石、苏洵、苏轼、苏辙、曾巩合称“唐宋八大家”，其影响直至元明清各代。

韩愈(768—824年)，字退之，河阳(今河南孟州市)人，谥号为“文”，后世称“韩文公”，又以其郡望昌黎，世称“韩昌黎”。其散文331篇收入《韩昌黎文集》中。

韩愈是古文运动的领袖。“文以明道”是韩愈提出的古文运动的纲领。所明之“道”，即孔孟之道。韩愈在《重答张籍书》中说：“己之道，乃夫子、孟轲、扬雄所传之道也。”韩愈的《论佛骨表》《师说》表现出强烈的批判精神和斗争胆略。前者“忠犯人主之怒”(苏轼《潮州韩文公庙碑》)，矛头指向皇帝；后者“不顾流俗，犯笑侮”(柳宗元《答韦中立论师道书》)。韩愈将矛头指向“耻学于师”的士族子弟及“惑而不从师”的社会风气，旗帜鲜明，气激语促，逻辑性强。其游戏性质的《进学解》《毛颖传》《祭鳄鱼文》等文诙谐风趣，于牢骚之中吐不平之气，流畅自然，其文风与义正词严的议论文章大相径庭。

韩愈的散文融注古今，推陈出新，创造了极富个性的许多词汇和新成语，大大丰富了语言的表现力。如“业精于勤，荒于嬉；行成于思，毁于随”“动辄得咎”“焚膏继晷”(《进学解》)；又如“深居简出”(《送浮屠文畅师序》)、“坐井观天”(《原道》)、“轻车熟路”(《送石处士序》)等成语至今仍有极强的生命力。

柳宗元(773—819年)，字子厚，祖籍河东(今山西永济)。今存于《柳河东集》中的论说、传记、寓言、游记等散文约四百多篇。柳宗元散文最为人称道的是山水游记文，代表作是独立成篇的《永州八记》，记录永州西山附近的八处胜景。《至小丘西小石潭记》是《永州八记》中的写景名篇，全文不足200字，以潭为中心记叙了游览小石潭的全过程。写景状物生动真切，寓情于景，情景交融。柳宗元的寓言小品如著名的“三戒”(《临江之麋》《黔之驴》《永某氏之鼠》)等，将叙事说理融为一体，形神毕肖地对“依势以干非其类”“出技以怒强”“窃时以肆暴”三种不良品质予以讽刺，揭露社会病态，构思立意极具特色。

欧阳修(1007—1072年)，字永叔，号醉翁，又号六一居士，庐陵(今江西永丰)人。北宋著名的散文家、诗人、词人、史学家。今存散文五百余篇，其中政论、史论、书序、记游等，既具个性特色，更有宋代散文平易自然的特质。

欧阳修的论说文如《五代史伶官传序》《贾谊不至公卿论》《原弊》等，有的放矢，气势雄健，句式整散交错，语言简练，优游不迫。他的游记散文尤其为人称道。如《养鱼记》《有美堂记》《醉翁亭记》等。如《醉翁亭记》描绘山间四时之春花幽香、夏木葱茏、秋霜高洁、冬水露石，一句一景，各具特色。他的散文追求平易自然，其创作实践对宋代散文风格的形成，产生了深远的影响。

唐宋八大家中“三苏”(苏洵、苏轼、苏辙)以及曾巩、王安石等在散文方面的成就也很高，其中苏轼继欧阳修之后主盟文坛，培养了大批苏门后学，他们在欧阳修开辟的道路上继续开拓，将北宋古文运动推向高峰。

(七)元明清散文

辽、金、元时期的散文创作有因袭、有新变，模仿唐宋韩、柳、欧、苏等名家，但名家名作不多。

明清时期的散文总体上不如唐宋。明清时期的散文家们热衷于拟古、复古。明代前后七子“文必秦汉”，唐宋派顶礼唐宋，清代汉魏派、桐城派等，尊崇汉魏等，虽力求突破，但少有超越。这一时期的诸多流派对散文理论的探索所取得的成就远高于前人。各家文论、诗话较之前人不仅数量多，理论也逐渐完整、深化。明代中后期，追求个性解放的呼声日高，李贽、徐渭和公安派的“三袁”(袁宏道、袁中道、袁宗道)、竟陵派的钟惺、谭元春等反对拟古，力主独抒性灵，所推重的“童心说”“性灵说”等社会思潮影响到诗文方面，创作“独抒性灵、不拘格套”的散文作品成为风尚。明末大量描写山水风光、风土人情、日常生活的小品文，尺幅短小，意趣生动，充满雅致的生活气息与审美情趣。

清代是古代散文集大成的时代。清代散文创作成就比不上唐宋，也比不上同时代的小说、戏曲，但也称得上又一次的繁荣。“清初三先生”(顾炎武、黄宗羲、王夫之)的政论文、传记等有很强的社会性、政治性。顾炎武的《日知录》、黄宗羲的《明夷待访录》、王夫之的《船山遗书》等，反思历史，借古讽今，别有意味。康熙至乾隆年间散文产生巨大影响的是桐城派。

(八)明清小说

明清时期通俗文学盛行，其中小说的勃兴最为引人瞩目。明代发展和定型的章回体小说贡献尤多。章回小说的特点是：“分章叙事，分回标目，每回故事相对独立，段落整齐，但又前后勾连、首尾相接，将全书构成统一的整体。”①以说书人口吻“讲说”故事、进行评论，运用回前诗和回后诗，概括本回内容或者抒发作者情感，偶尔也在回中掺入赞诗来写景状物或抒发感慨等，也是章回小说的显著特点。

明清小说创作百花竞放，各种体裁(传奇、话本、章回小说等)和各种题材(历史、神魔、世情等)均有相当数量作品问世。此外，历史演义、英雄传奇以及拟话本、文言短篇小说也都有名作出现。

1.《三国演义》

《三国演义》是我国历史上第一部章回体历史小说，它是在正史《三国志》及裴松之注、两晋以来的文人笔记及民间流传的三国故事、话本、杂剧的基础上创作的汉末三国时期百年间的政治军事斗争故事。作者罗贯中(约 1330—1400 年)，名本，号湖海散

① 袁行霈：《中国文学史》第四卷，13 页，北京，高等教育出版社，1999。

人，山西太原人。生活在元末明初。

《三国演义》表现了明君仁政的政治理想。《三国演义》“拥刘反曹”的倾向明显，这种思想倾向长久以来在民间流传。作者认为蜀汉政权符合他理想中为忠臣明君、君臣同心、爱民如子的封建政治理想。

《三国演义》塑造了一大批个性突出的人物形象。作为文学形象的诸葛亮，不仅有历史上的诸葛亮出色的军事才能，更有料事如神、未卜先知的特点及忠诚坚毅的品格。关羽正气凛然，具有疾恶如仇、忠贞不屈的品格，经由过五关斩六将、单刀赴会、刮骨疗毒等情节渲染，成为万人敬仰的精神偶像。而作为文学形象的曹操，虽然具备雄才大略的政治家、军事家的特点，但更多夸张地表现他奸诈、多疑、残忍的恶劣品质。刘备忠厚仁慈、张飞粗豪爽直、周瑜雄才大略又气量狭小……人物都各具特色。但塑造人物时，人物性格缺少变化成长的过程，性格特点固定化且过度渲染，有失真之嫌。

《三国演义》的情节与人物，绝大多数有历史依据，同时又有虚构，旧有“七分真实，三分虚构”之说。如借东风、空城计、过五关斩六将、华容道义释曹操等史无记载。在结构上，《三国演义》在头绪繁多、人事错杂的情节中，以三国矛盾斗争的主线，有条不紊地展开故事情节，既曲折变化，又前后贯穿，其叙事章法之妙，组织安排之巧，实属罕见。语言“文不甚深，言不甚俗”，简洁、明快、生动，通俗易懂，雅俗共赏。

2.《水浒传》

在宋元话本、杂剧、民间传说的基础上发展而来的小说《水浒传》，通常被称为“英雄传奇”。其主要人物和题材虽有一定的历史根据，但主要出于虚构。宋末元初无名氏的《大宋宣和遗事》中讲述的水浒故事，已具备相当规模，对《水浒传》的成书有重要意义。《水浒传》的作者一般认为是施耐庵，但对他的籍贯及生平事迹所知甚少且颇多争议。

《水浒传》前一部分通过单个或成组相对独立个人英雄传奇故事，叙写鲁智深、林冲、杨志等英雄好汉被逼上梁山的经过；后一部分写梁山义军与官军对抗，后受招安的过程，及受招安后奉命征辽、征方腊直至失败的悲剧结局。

《水浒传》描绘了北宋末年政治腐败、权臣当道、民不聊生的社会面貌，解释了中国封建社会农民起义的根本原因。上至宰相、太尉、知府、中书，下至下层的贪污官吏、豪绅恶霸，乃至依附权贵、官府的走狗等，或倚仗权势，草菅人命，或凶残霸道，鱼肉乡里，逼到忍无可忍的境地，下层民众只能揭竿而起，啸聚山林。

《水浒传》善于多层次地刻画人物鲜明的性格，在类型相同的人物、冲突相似的情节的比照中突出性格特点。金圣叹在《读第五才子书法》中说：“独有《水浒传》，只是看不厌，无非为他把一百八个人性格都写出来。……叙一百八人，人有其性情，人有其气质，人有其形状，人有其声口。”如李逵莽撞、真率和蛮横；鲁智深粗豪、机智、精细等。在结构上，《水浒传》将若干情节完整、相对独立的小故事有机地连缀成庞大的故事系列，如百川灌海，条理清晰，水到渠成。

《水浒传》是我国文学史上第一部用白话写成的长篇小说，运用口语化的文学语言来写景、叙事、刻画人物性格，形象生动、明快、洗练，具有很强的艺术表现力。标志着我国古代运用白话语体创作小说已经成熟。

3.《西游记》

唐僧西天取经故事在民间广泛流传，南宋时期的“说经”话本《大唐三藏取经诗话》是目前所见最早关于西天取经的文学作品。元代出现了一些取经的戏曲，取经故事框架、人物形象基本固定。元末明初的《西游记平话》对《西游记》的成书有很大影响。一般认为《西游记》的作者是吴承恩。吴承恩(约1500—1582年)，字汝忠，号射阳山人，淮安山阳(今江苏淮安)人。

《西游记》是一部神魔小说，写唐僧师徒四人战胜艰难险阻取得正果的故事，思想繁杂，总体上宣扬了道家、佛家相融合的心学观念。在具体描绘中，吴承恩赋予它进步的主题，用鲜活的人物形象和象征的手法，肯定追求自我价值、个性自由、个性解放，歌颂正义、勇敢和百折不挠的精神。

《西游记》借助打妖除怪的取经故事，描写了一个腐朽堕落的神权世界，犀利地揭露了其虚伪、腐朽的本质。不难看出，这样的神权世界其实是人间封建统治的投影。是对神权世界的嘲讽和批判，也是对现实世界邪恶势力的不满和谴责。

《西游记》成功塑造了取经师徒的形象：追求自由、敢作敢为、坚韧不拔的孙悟空，贪吃好色、贪图小利、勤谨能干的猪八戒，迂腐、无能的唐僧，忠厚踏实的沙和尚。同时，塑造人物形象能做到物性、神性和人性的统一。如鱼精习水，鸟精会飞等，这是物的本性。一旦成妖成怪，又具备神奇的本领，具有神性。但作者又赋予这些妖魔鬼怪以人的性格，遵守人世的规则，具备人性。西游记的艺术成就，一是其瑰丽恢宏的浪漫主义特色，二是诙谐幽默的语言风格，但有些地方诙谐太过，不免流于庸俗。

4.《红楼梦》

《红楼梦》代表了我国古典小说创作的最高成就，在当时及后世都有广泛影响。在清代即有“开谈不说《红楼梦》，读尽诗书也枉然”的说法(《草珠一串·京都竹枝词》)。曹雪芹(约1715—1764年)，名霑，字梦阮，号雪芹，又号芹圃、芹溪，祖籍辽阳。

《红楼梦》以四大家族的兴衰为背景，以宝玉和黛玉、宝钗的爱情婚姻悲剧为主线，揭露了封建官僚家族穷奢极欲的生活，揭示了政治上的腐败是四大家族必然衰败的根本原因。曹雪芹继承了传统小说的写实传统，避免公式化、概念化写法，努力按照生活自身的逻辑和规律叙述、描写。如在塑造人物形象方面，集机智、权变、毒辣、美丽、邪恶、能干于一身的王熙凤，在不同场合中展现出不同的性格侧面，人物形象丰富饱满。宝玉、黛玉、宝钗如此，袭人、晴雯、鸳鸯亦如此。鲁迅认为《红楼梦》：“敢于如实描写，并无讳饰，和从前的小说叙好人完全是好，坏人完全是坏的，大不相同，所以其中所叙的人物，都是真的人物。”[1]这是因为作者将人物置于真实的生活逻辑中全方位多角度地描摹刻画，绝非才子佳人小说程式化、概念化的人物形象所能比的。

长久以来，单线结构的方式是中国古代小说的主流结撰方式，《红楼梦》突破了这一模式，采用网状结构布局全书，多线索并进、交结又相互制约。以贾府为中心，以四大家族的兴衰和宝黛爱情悲剧为轴线，勾连相关社会关系和诸多女子的爱情悲剧和命运悲剧，织成一张社会关系网、人情关系网，全面而深刻地揭示了家庭悲剧、社会悲剧的根源。作家敏锐、准确地提炼、加工口语和古典书面语言，形成了生动自然、准确精练、有生活气息和感染力的文学语言。

从嘉庆、道光年间开始，社会上逐渐形成了一种专门的学问，叫作“红学”，至今仍为显学。

明代通俗小说的优秀代表，还有冯梦龙的“三言”和凌濛初的“二拍”，合称“三言二拍”，即《喻世明言》《警世通言》《醒世恒言》和《拍案惊奇》《二刻拍案惊奇》。“三言二拍”都是白话短篇小说集。清代的通俗小说，成就较高的还有吴敬梓的《儒林外史》。清代的文言小说，成就最高的自然是蒲松龄的《聊斋志异》，能与之比肩的是纪晓岚的《阅微草堂笔记》。

【思考与练习】

1. 请将《孟子》中“楚人学齐语”“乞食墦间”与《庄子》中“运斤成风”“曳尾涂中”等寓言故事做比较，探究二者在语言风格、思想情感等方面的异同。

2. 东汉至隋，骈文炽盛，至唐弊病甚多。韩愈发起古文运动扭转文风，苏轼用“文起八代之衰”(《潮州韩文公庙碑》)来赞扬他的功绩。请谈一谈韩愈发起古文运动的具体原因、举措、结果及影响。

3. 明代小说多从“说话”“话本”发展而来。试论“话本”对明代小说发展的影响。

第四节
对小学语文教材中中国古代文学选文的教学建议

《义务教育语文课程标准(2011 版)》指出：“语文课程是一门学习语言文字运用的综合性、实践性课程。义务教育阶段的语文课程，应使学生初步学会运用祖国语言文字

---

① 鲁迅：《鲁迅全集》第九卷，348 页，北京，人民文学出版社，2005。

进行交流沟通，吸收古今中外优秀文化，提高思想文化修养，促进自身精神成长。工具性与人文性的统一，是语文课程的基本特点。”①“部编版”小学语文教科书从一年级到六年级的古诗文总数量为129首(篇)，其中古诗词112首，文言文14篇，古典名著节选3篇。古诗词涵盖了古诗、绝句、律诗及宋词、元曲；文言文涵盖了《论语》《孟子》《韩非子》《庄子》《列子》《史记》《汉书》《晏子春秋》《吕氏春秋》《世说新语》《山海经》《朱子家训》等内容，基本上涉及了经、史、子、集各部。古典名著涉及《三国演义》《水浒传》《西游记》《红楼梦》四部。另外还涉及古代寓言故事、神话故事、民间传说故事、名人故事等。可见，“部编版”小学语文教材的古代文学作品的选文视野较广，古诗词阅读量也较大，通过一定数量古诗词的背诵积累，来帮助学生打好传统文化的底子。

针对小学阶段的古诗词、文言文学习，《义务教育语文课程标准(2011版)》的核心要求是，通过语调、韵律、节奏等诵读、背诵优秀诗文，想象诗歌描述的情境，体味作品的内容和情感。

以下，根据《义务教育语文课程标准(2011年版)》对古诗文的要求，谈谈相关教学建议。

一、整体把握，构建文学史发展脉络

教师要对中国古代文学的发展史有基本了解。任何作品都脱离不了其创作的时代。站在文学史的角度来理解中国古代文学的文化特征、民族性格和时代风貌，从宏观的角度理解文学史的演变轨迹、文学风尚的嬗变、文学体裁的盛衰等，有助于我们通过文学史演进的内部逻辑，理解具体某一作品的特征、反映的思想和情感。

具体到作家作品，全面、深入了解某一作家的重要作品，能更直观地了解作家的创作特点、思想情感、艺术风格。如深入了解李白众多浪漫主义诗作，体会《夜宿山寺》的夸张艺术手法、虚实相生的艺术技巧，更能体会沈德潜在《说诗晬语》中评李白绝句“只眼前景、口头语，而有弦外音、味外味，使人神远，太白有焉”中“弦外音、味外味”的内涵。另外，阅读某一时期众多作家的重要作品或作品选集，能从宏观的角度把握某一时期的文艺思潮某一文体在该时期的发生、发展的整体风貌。

二、融会贯通，打破学科壁垒

小学语文古诗文阅读能力主要侧重学生对于古诗词的认读能力、理解能力以及欣

① 中华人民共和国教育部：《义务教育语文课程标准(2011年版)》，2页，北京，北京师范大学出版社，2012。

赏评价能力。在教学时，教师了解中国古代诗论、词论、文论的基本知识，对于提升学生阅读理解能力很有帮助。古代诗文作品是反映时代生活、作家心理状态、精神面貌、艺术技巧的载体，诗论、词论、文论则是讨论、评述这些方面的幽微之处的思维结晶，与作品相得益彰、交相辉映。通过历代评论家对文学创作规律、作品风格、技巧的评论，可以帮助我们深入解读文本，鉴赏诗文作品的精湛技巧及得失。无论是刘勰的《文心雕龙》、钟嵘的《诗品》、王国维的《人间词话》等耳熟能详的文论杰作，还是施蛰存的《唐诗百话》、沈祖棻的《宋词赏析》等名家鉴赏集，都是很好的案头助手。另外，现当代文学理论研究文学的基本原理、概念、范畴以及相关的科学方法，能从理论的高度和宏观视野上指导我们对文本的阅读、鉴赏、批评等。“诗庄词媚曲谐”“一代有一代之文学”“言为心声”等理论资源，可以借以分析、比较、理解古诗文的风格特征、思想情感等。如通过比较孟浩然的《宿建德江》与辛弃疾的《西江月·夜行黄沙道中》来体会“诗庄词媚”的特点，理解两种文体在表达情感上的区别。同样，把能体现李白豪放雄奇、杜甫沉郁顿挫、李商隐绮靡繁丽的文体风格的诗作进行比较阅读，引导学生关注不同诗人作品的“风格体貌”，有利于培养学生审美鉴赏能力。

文学与政治经济、文化艺术、文学传统、社会生活等有着复杂的关系。了解与中国古代文学的相关联的学科知识，从多个角度理解古代文学与其所处的文化环境的复杂关系，能加深对作家作品的理解。如了解北宋“兴文教，抑武事”的基本国策、大开科举的政治导向，经济繁荣及市民文学的兴起，就容易理解话本、诸宫调和杂剧、南戏等样式为代表的通俗叙事文学繁盛的原因。了解元代科举制度与元代士人的境遇与心态，就容易理解元曲兴盛的原因及元曲俚俗的特点。

三、遵循规律，注重濡染熏陶

《义务教育语文课程标准(2011年版)》建议通过语调、韵律、节奏等诵读、背诵优秀诗文，指出了小学古诗文的教学的要害——古诗文的节奏韵律是其最基本的体制性特点。要引导学生通过古诗文的韵律节奏背诵积累，以形成语感，增进理解。但释义不能断章取义，教师至少要将学界公论传授给学生，而非个人的主观臆断或片面理解。意象、意境也是理解诗词曲的重要方面和抓手。教师不必面面俱到地介绍相关知识，可以让学生通过积累、比较，加深印象，形成认知，深化理解。“书读百遍，其义自见。”古文的教学更应该强调朗读、诵读。在“熟读成诵”的基础上比较、辨析，更能深入理解古文遣词造句、行文章法之妙。知人论世的方法可以将学生带入“现场”，在真实的语言探究实践活动中，让学生体会品析语言的乐趣，受到情感的共鸣共振和思想洗礼。

古诗文中，还有一些“异文”现象，如《闻王昌龄左迁龙标遥有此寄》的末句“随风直到夜郎西"，异文为"随君直到夜郎西"；《礼记·檀弓》"苛政猛于虎"的故事中，孔子"使子贡问之"，异文为"使子路问之"等。古诗文中存在异文是正常现象，可以引导学生通过比较、辨析领会古人遣词造句的奥妙，锻炼审美能力，不必争论对错。同样，处理古音今读的问题也不必胶柱鼓瑟。如"远上寒山石径斜"中"斜"的读音，现代汉语中读 xié，它与家(jiā)、花(huā)不是同韵字，但在唐代"斜"字读 siá(s 读浊音)，因此在当时是押韵的。[①] "斜"的读音，建议按照今音处理。陈先云认为："一些字在读音上存在着争议，情况较为复杂。……教师在教学中处理此类问题时，总的原则是依据教科书的标注，尽可能简单化，切忌将这类问题作为死的知识教给学生，甚至拿来考学生。"[②]教师在教学中需加留意。

【思考与练习】

1. 背诵积累是学习古诗文的重要任务，有助于积累素材、培养语感、体验品味，达到熏陶感染、潜移默化的目的。请设置一项实践活动以促进学生高效率、高质量地背诵积累古诗文。

2. 教师应运用哪些教学策略提高学生文言文学习兴趣，进而提高中小学生的审美情趣、文学素养和文化品位？

本章小结

本章第一节介绍了中国古代文学的发展脉络和整体样貌。第二节重点介绍韵文中的重要文体——诗体、词体、曲体的基本特点、发展演进的重要阶段及重要派别。无论是从诗、词、曲的题材，还是从作家、风格等任何一个角度论述，都难窥全貌，限于篇幅，本节仅撮要介绍。同样，第三节介绍中国古代的散文，也仅依照其发展演进的过程择要简述。文学史上有重要意义的散文文体如唐传奇、宋话本及明清戏剧等从略。但明清小说尤其是四大名著影响深远，在倡导整本书阅读的大背景下，本节对明清小说做了简要介绍。第四节针对小学语文教材中中国古代文学选文提出了一些教学建议。

关键术语

诗、词、曲、散文、韵、对仗、平仄、流派、风格

---

① 王力：《诗词格律》，3 页，北京，中华书局，2000。

② 陈先云：《谈谈小学语文教材中优秀传统文化内容的编排及呈现方式》，载《小学语文》，2017(10)。

参考资料

1. 袁行霈．中国文学史．北京：高等教育出版社，1999.

2. 傅璇琮，蒋寅．中国古代文学通论．沈阳：辽宁人民出版社，2005.

3. 郭预衡．中国古代文学史长编．北京：首都师范大学出版社，2000.

4. 陈平原．中国散文小说史．上海：上海人民出版社，2004.

5. 陶文鹏，韦凤娟．灵境诗心——中国古代山水诗史．南京：凤凰出版社，2004.

6. 庄严，章铸．中国诗歌美学史．长春：吉林大学出版社，1994.

7. 杨海明．唐宋词史．天津：天津古籍出版社，1998.

8. 唐圭璋．词话丛编．北京：中华书局，1986.

9. 吴文治．宋诗话全编．南京：江苏古籍出版社，1998.

10. 启功．诗文声律论稿．北京：中华书局，2000.

11. 王力．诗词格律．北京：中华书局，2000.

12. 杨仲义，梁葆莉．汉语诗体学．北京：学苑出版社，2000.

13. 江建名，何毓玲．韵文概论．北京：高等教育出版社，1987.

14. 周秀荣．唐代田园诗研究．北京：中国社会科学出版社，2013.

15. 葛晓音．山水田园诗派研究．沈阳：辽宁大学出版社，1993.

第七章

外国文学基础

章结构图

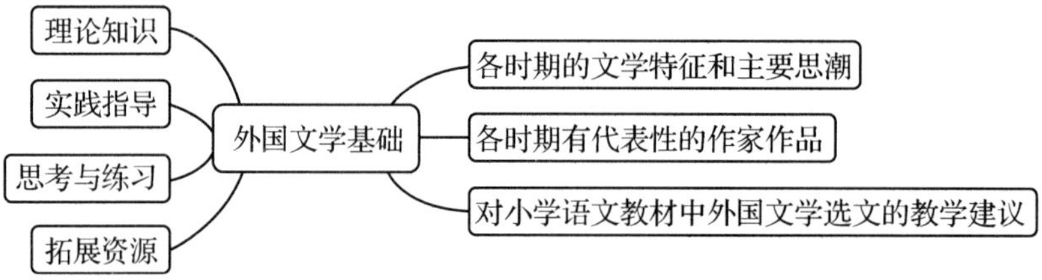

章前概述

外国文学是指除了我国文学之外的世界其他地区、民族、国家的文学，根据地理范围划分为西方文学与东方文学。外国文学深厚的历史和思想内涵及独特而丰富的艺术风格，对我国文学尤其是现当代文学的发展产生了深刻影响。学习者不仅要了解我国文学，更要了解、吸收外国文学的精粹，拓展自己的文学视野，形成立体化文学素养。另外，这也是了解外国文化较简便、直接的方式之一。

本章主要分为三大部分：第一部分以时间脉络为主，梳理了各时期的文学特征和主要思潮；第二部分具体展开各时期有代表性的作家作品；第三部分是对小学语文教材中外国文学选文的教学建议。第一部分到第二部分是关于外国文学的基础知识。通过学习这些内容，学习者可以增强对于外国文学基础知识的认识，厘清外国文学发展的脉络和重点作家作品。第三部分主要着眼于分析小学语文教材中所包含的外国文学文本，根据《义务教育语文课程标准(2011 年版)》的要求，提出教学建议。

章前导语

外国文学除了具有同中国文学所共通的价值之外，如真善美、人文性等，更具有其独特的价值。它展现了不同的历史、现实、社会、人生等题材内容；具有不同的文化内涵和文化特征、不同的思想观念和思维方式、不同的艺术风格和审美价值等，能够丰富小学生的外国文学知识，开阔视野，提升专业能力和人文素养——比较的视野、开放的胸怀、多元的立场、个体价值、人本意识、人道精神、自由与独立精神、理性精神、科学精神等。教师只有不断丰富自己的外国文学知识，广泛阅读外国经典，才能引导学生有方向性地拓展阅读，才能促进学生的文学审美、思想情感和人文精神等核心素养的发展。

第一节
各时期的文学特征和主要思潮

文学即人学，文学反映和服务的对象是社会中的人。因此，文学的发展与人类自身的进步密不可分，具有几乎和人类发展同样漫长的历史。从纵向上看，人类的进步促使着社会和时代的更迭，从氏族社会、奴隶社会到封建社会、资本主义社会和社会主义社会，文化思潮的兴起和变化带动了文学的发展，历史的阶段性使文学也显现出阶段性的特征。从横向上看，不同地区、民族、国家呈现出不同的区域性特征，西方和东方各文化之间又相互影响、彼此交融，不断扩展和丰富文学的形式与内容。

由此，文学思潮的发展不仅源于时代需要，更是各地区、民族、国家的区域文学逐渐汇聚成世界文学大潮的结果。人文主义、古典主义、启蒙主义、浪漫主义、现实主义、现代与后现代主义等文学思潮的涌现和演变，在一定程度也都反映了历史语境下的社会生活和人文面貌。在这种纵向和横向交错发展中，西方文学界涌现出一个又一个经典作家，他们既传达了时代精神，又具有超越传统的创新活力，不断充实文学宝库，为其增添了精彩纷呈、成就斐然、名垂千古的艺术珍品。

一、古典时期

古希腊和古罗马是欧洲文学的发源地，古希腊文学大致分为三个时期，第一个时期为公元前 12 世纪至公元前 8 世纪，史称“英雄时代”，又称“神话时代”。这时期古希腊从氏族社会向奴隶制社会过渡，在文学上的成就主要是神话和史诗。第二个时期是公元前 8 世纪至公元前 6 世纪，史称“大移民时代”。这个阶段氏族社会进一步瓦解，奴隶主城邦逐渐形成，个人意识逐渐占领上风，文学上的成就主要是抒情诗和寓言。第三个时期是公元前 6 世纪至公元前 4 世纪，史称“古典时期”。古希腊的民主政治高度发展，带来了经济的繁荣，形成了“黄金时代”。这时期的文学成就主要是戏剧、散文和文艺理论。其中，戏剧分为悲剧和喜剧，著名的三大悲剧代表是埃斯库罗斯的《俄瑞斯忒亚》、索福克勒斯的《俄狄浦斯王》、欧里庇得斯的《美狄亚》。喜剧的代表人物是阿里斯托芬。

古罗马文学主要是在继承古希腊文学的基础上逐渐发展起来的，主要的文学成就是散文和诗歌。散文的主要代表是西塞罗的演说词和书信等，他确立了拉丁语文学语言“准确、流畅、清新、雄浑”的原则。诗歌作品的主要代表是贺拉斯的《诗艺》、维吉尔的《埃涅阿斯纪》和奥维德的《变形记》，它们都对后世的艺术创作产生了巨大影响，成为各大文豪参考、模仿的典范。

古希腊、古罗马文学对后世文学的影响极为深远，尤其是贯穿其中的生命意识、人本意识和自由观念的基本精神，成为后世欧洲文明的基本内核。

二、中世纪

中世纪是指公元前 5 世纪至公元 15 世纪，介于古代和近现代中间的一个时期。这时期的基督教思想成为文学的主要思想主题，各种文学作品都带有宗教的色彩。随着封建王国和制度的确立，中世纪的文学开始诞生以爱国主义和英雄主义基本思想为内容的作品，如歌颂保卫国家和民族而英勇献身的英雄人物、赞扬英明的帝王。这时期的社会结构等级森严，反映在文学上也衍生出不同阶层的作品和形式。主要有以下四种。

(一)教会文学

教会文学又称僧侣文学，主要是当时的教士和修士写出的文学作品，大多取材于《圣经》，创作目的是宣传宗教教义，具有浓烈的宗教色彩，艺术价值不高，内容干瘪，但长期在中世纪文学史上占据统治地位。

(二)骑士文学

骑士文学是欧洲骑士制度的产物，主要描写了骑士时代离奇的冒险经历和浪漫的爱情故事，充分表现骑士精神。主要体裁有抒情诗和骑士传奇，为后世的浪漫主义文学和小说的发展奠定了基础，其中亚瑟王和圆桌骑士的故事是骑士传奇最常见的题材。

(三)英雄史诗和民谣

英雄史诗和民谣主要记录反映民族的重要历史事件和歌颂伟大的英雄人物或淳朴的劳动人民，是在民间文学的基础上发展来的。著名作品有史诗《罗兰之歌》、“罗宾汉谣曲”。

(四)城市文学

城市文学又称市民文学、世俗文学，伴随着工业中心城市的兴起而产生，主要用讽刺的手法来揭露和抨击封建主和教会的罪恶，从而显现出市民的机智勇敢、聪慧灵敏。主要体裁有散文故事、抒情诗和戏剧等。著名作品有长篇叙事诗《列那狐传奇》和《玫瑰传奇》。

三、文艺复兴时期

14 世纪初至 17 世纪初，欧洲文艺复兴运动给艺术和文学带来人文主义的曙光，对人的关注成为文学思想精神的内核。在主题上表现出对封建教会权威的质疑和否定，赞美理性和个性，摒弃来生而专注描写现世生活人的本能欲望，开始展示人的精神世界，将写实的方法和浪漫幻想的创作方法相结合，碰撞出非凡的火花。这一时期的文学体裁得以扩充，如十四行诗、框架式短篇小说、长篇小说；而原有的体裁得以丰实，进一步发展成熟。代表作品有意大利彼特拉克的《歌集》、法国拉伯雷的《巨人传》、西班牙塞万提斯的《堂吉诃德》、英国乔叟的《坎特伯雷故事集》以及莎士比亚的戏剧。

四、17 世纪

17 世纪的文学主要包括古典主义文学、巴洛克文学和清教徒文学。

古典主义是 17 世纪欧洲的主要文学思潮。路易十四时期君主专制加强了对文学艺术的控制，在语言文学方面确立了统一的规范。因当时的宫廷鼓励和喜爱戏剧表演，因此戏剧创作在这一时期达到井喷状态。古典主义的作品大多描写主人公的感情与家族责任或国家义务的冲突，表现理性趋向使感情服从责任或义务，个人服从国家的主题。也有表示对贵族和宗教糜烂奢侈、虚伪奸诈的揭露和讽刺的作品。在形式上，古典主义戏剧已展现出现代戏剧的初步形式，具有一定的幕数，更适宜演出和表演。同时，创作上必须遵从“三一律”，即情节、地点、时间必须保持“整一”。情节围绕单一的主线进行，时间发生在一天之内，且地点不变。在戏剧冲突的处理上更加尖锐纯熟，语言表达上推崇华丽、典雅。悲剧代表作家作品有高乃依的《熙德》、让·拉辛的《安德洛玛克》，喜剧的主要代表作家作品有莫里哀的《伪君子》《悭吝人》。

五、18 世纪

“理性崇拜”是启蒙文学的思想基础，这时期的文学家都是启蒙运动的参与者或拥护者，他们借用文学来宣传启蒙思想和批判封建主义。尤其是后期的作品中充斥着对古典主义的死板和限制的强烈批判。同时将笔下的主角从古典主义的宫廷贵族转向了平民和资产阶级，描写平民的生活，为 19 世纪批判现实主义的形成和发展奠定了基础。为了宣扬自由平等的思想，作家为作品注入理性之魂，阐发对社会政治、教育、人性等各方面的深刻思考，从而使启蒙文学散发着哲理的光芒。

在体裁上，自古以来诗体文学独尊的局面被打破，散文得到空前发展。尤其是戏剧的散文化，开创了话剧的先河。小说的形式也得以扩展，书信体、政论体、游记体、自白体、自传体、对话体齐放异彩。这时期的代表作家作品有英国丹尼尔·笛福的《鲁滨逊漂流记》、约拿旦·斯威夫特的《格列佛游记》，法国伏尔泰的《老实人》、狄德罗的《拉摩的侄儿》、卢梭的《爱弥尔》，德国歌德的《浮士德》等。

六、19 世纪

19 世纪的欧洲文学呈现出了繁荣景象，除了浪漫主义文学、批判现实主义文学两大主潮文学以外，还相继出现了自然主义、唯美主义和象征主义等非主潮文学思想和流派。在后期，批判现实主义文学的主流地位受到一定冲击，在各种政治社会思想力量的影响下，各文学流派之间相互融合、交融渗透，或者相互竞争、排斥，构成了分庭抗礼、多足鼎立的局面。

（一）主潮文学

1. 浪漫主义

浪漫主义流行于 18 世纪末 19 世纪初，此时的欧洲面临封建制度和资本主义制度的新旧交替。和启蒙主义不同，浪漫主义强调自我，追求自由，表达对自由生命的热切渴望。他们崇尚自然，赞颂自然对人生命的浸润，强调人的自然天性，表达对资本主义工业文明下物欲膨胀而压抑人的个性和情感的反抗。浪漫主义文学的自由观念和生命意识的深层，包含了释放人的非理性内容的潜在欲望，因而具有非理性色彩。① 代表作家作品有英国作家拜伦的《唐璜》、雪莱的《解放了的普罗米修斯》，俄国作家普希金的《叶甫盖尼·奥涅金》，美国诗人惠特曼的《草叶集》等。

2. 批判现实主义

批判现实主义形成于 19 世纪 30 年代，此时的资本主义已经确立并快速发展，人们为财富痴狂，崇尚金钱，秉行“金钱至上”，这种物欲使人的理智、情感、道德感纷纷丧失。与浪漫主义相比，批判现实主义更加理性，作家力图通过文学创作细致地展示广阔的、真实的社会现实，深入地剖析利益驱动下人们的精神世界，揭示现实的种种矛盾。在这些作家的笔下，我们可以看到迭代的不同社会制度下，各种阶层人们的真实生活，发现社会政局和制度的弊端、社会风气的黑暗和社会现象的丑恶。在人道主义被金钱吞噬的环境下，作家又关注到受迫害、欺凌的底层劳动群众和小人物，表现出对这些人悲惨、痛苦生活的同情，淳朴善良品格的赞美，同时寄予社会贫苦境况得到改善的期盼。

---

① 郑克鲁：《外国文学史》(上)，146 页，北京，高等教育出版社，1999。

这一时期，长篇小说的创作空前繁荣，丰富了艺术的表现方式，如心理分析、情景交融、抒情或哲理的插白、性格化的语言和动作，包括塑造出典型环境中的典型人物形象，表现人物在各种环境和矛盾冲突中的性格多面性。代表人物和作品有法国作家司汤达的《红与黑》、巴尔扎克的《人间喜剧》，英国作家狄更斯的《双城记》、夏洛蒂·勃朗特的《简·爱》、艾米莉·勃朗特的《呼啸山庄》，俄国作家陀思妥耶夫斯基的《卡拉马佐夫兄弟》、屠格涅夫的《父与子》等。

(二)非主潮文学

1. 自然主义

自然主义文学思潮是在实证哲学、进化论、遗传学和生理学等科学成果的基础上产生的，并在科学技术逐渐进步的影响下不断发展。自然主义追求“科学”和“真实”，主张在文学创作时应秉持客观、冷漠、公允的态度，使作品达到绝对的真实。在这层面上，福楼拜可谓自然主义的鼻祖。

受科学研究方法的影响，自然主义普遍重视观察、调查，着重细节的描绘和展现，增强作品的真实感，创造平和、冷静的叙述文体。自然主义不满足于现实主义对社会底层人民惜墨如金的做法，增强了文学在社会底层方面的表现能力。但是，常常因过于关注事物的表象，而对内在本质把握不深，也就在艺术思想性上有所欠缺。代表作家作品有左拉的《娜娜》、莫泊桑的《羊脂球》等。

2. 唯美主义

唯美主义主张“为艺术而艺术”，即艺术的非功利性，认为文学艺术等的主要任务在于培养美感、追求美的享受，而非政治宣传、道德说教或反映现实。他们追求绝对的美，必须要通过艺术的美来遮掩住现实的丑，因此唯美主义文学是奇特的、形式的、纯粹的，是自由的、想象的、空灵的。但是有些人不免落入了“华而不实”的窠臼，在思想性上缺乏深度。代表作家作品有王尔德的《道连·格雷的画像》。

3.(前期)象征主义

(前期)象征主义主张物质世界与精神世界的“通感”“应和”，外界物质能与内心相互感应，艺术家们能够敏锐地从每个事物中捕捉到其潜藏的象征意义，他们通过艺术将内心的感受借用物象表达出来。因此作品中多运用象征、隐喻、暗示等手法，呈现出一种梦幻、朦胧之美，富有神秘、灵妙之感，只可意会，不可言传。加上诗歌音乐般的韵律，扩大了作品的想象空间，读来令人回味无穷。代表作家作品有波德莱尔的《恶之花》。

七、20世纪

20世纪的人类社会发生了翻天覆地的变化，浪漫主义和现实主义在19世纪高度发展的基础上，不断充实、丰富和提高，向着更高的多元化境界发展。

(一)现实主义的深化

传统的现实主义不断适应时代的发展，扩展了其包容性和艺术的表现，在表现社会历史现实的同时，开始更着力于揭示人物的精神世界。主要的变化特点就是“向内转”，从细致描绘外界环境、人物行为等客观世界而转向描绘人物的“内宇宙”，即人物的主观精神世界；综合使用多种手法，不再力求塑造典型环境中的典型人物。这与20世纪现代主义的发展有很大的关系。代表作家作品有罗曼·罗兰的《约翰·克利斯朵夫》、托马斯·曼的《魔山》、斯蒂芬·茨威格的《象棋的故事》、萧伯纳的《巴巴拉上校》、萨尔默特·毛姆的《人性的枷锁》、赫伯特·劳伦斯的《查泰莱夫人的情人》、杰克·伦敦的《野性的呼唤》、高尔基的《母亲》等。

(二)现代主义和后现代主义

20世纪的资本主义世界经历了两次世界大战，俄国十月革命爆发，社会历史风云变幻、飞速推进，使各种哲学、文学思潮异常活跃，形成了空前的多元化的格局。像叔本华的唯意志论、尼采的“超人”哲学、斯宾塞的优生学、柏格森的直觉主义、弗洛伊德的精神分析理论、海德格尔和萨特的存在主义、马克思主义都对文学产生了巨大的影响。

富于变化的社会现实、战争的残酷，使作家产生了怀疑、迷惘的状态，读者的审美意识和思想情感也发生了巨大的变化，他们更寄希望于作家能从不同的角度和认识方式来表现当代人的处境和命运，因此现代主义主张“反传统”，大胆创新，衍生了未来主义、超现实主义、后期象征主义、表现主义、意识流等各种流派。其中，意识流的代表作家作品有普鲁斯特的《追忆似水年华》、乔伊斯的《尤利西斯》、福克纳的《喧哗与骚动》、伍尔夫的《到灯塔去》。

20世纪后期，第二次世界大战触发了人们的精神危机，萨特的存在主义成为战后文学的主要思想基础，影响了各个流派。这一时期作家创作的作品更加关注在荒诞世界中个人的生存与选择问题，作品的悲剧色彩变得浓重，哲理思考更深入，也更加注重形式上的表现，彰显非意义化和虚无主义。这一时期被称为后现代主义时期，在流派上主要有存在主义文学、荒诞派戏剧、新小说、黑色幽默和魔幻现实主义等。各个流派的主要代表作家作品如下。

存在主义文学萨特的《恶心》、加缪的《局外人》、西蒙・德・波伏娃的《女宾》；荒诞派戏剧萨缪尔・贝克特的《等待戈多》；新小说“垮掉的一代”的代表大卫・塞林格的《麦田里的守望者》；黑色幽默的代表海勒的《第二十二条军规》；魔幻现实主义的代表加西亚・马尔克斯的《百年孤独》、路易斯・博尔赫斯的《小径分岔的花园》。

【思考与练习】

1. 简述唯美主义的特点。
2. 列举几部后现代主义的代表作品。
3. 简单地概括外国文学各个时期的显著特征。

第二节
各时期有代表性的作家作品

一、古典时期

古希腊早期文学的主要成就是神话和《荷马史诗》。神话源于原始的人类无法解释复杂的自然世界，凭借想象力将自然形象化而创造的。《荷马史诗》中的故事最初以口头的形式流传，直至西元前七世纪由大诗人荷马统整而成《荷马史诗》。

希腊神话有不同的版本，各个版本中的神不尽相同，所反映的家庭形式和关系也有所区别。我们所熟知的奥林匹斯山上以宙斯为主的神话，是继第一代和二代之后的第三代神祇。在奥林匹斯诸神的社会以父权为主，宙斯是宇宙之王，他有两个兄弟，一个是海神波塞冬，另一个是冥王哈迪斯。宙斯的子女分管天上和人间，分别是：日神阿波罗、猎神阿尔忒弥斯、战神阿瑞斯、智慧女神雅典娜和火神赫菲斯托斯……

希腊神话中的神与人同形同性，虽然是神，但也有人的喜怒哀乐、七情六欲。神与人的区别仅仅在于神是永生的，而人类有生老病死。他们不是高尚、完美和神秘的象征，会为了自己的利益而做出坏事，甚至会来到人间谈情说爱。同人类一样，他们也无法摆脱命运的束缚。

(一)《伊索寓言》

相传《伊索寓言》由古希腊公元前六世纪被释放的奴隶伊索所著，是一部以动物生活为题材的寓言故事集，但学者们一致认为，这本故事集并不是由一人所作，而是古希腊人在相当长的时间内的集体创作结晶，共357篇。

寓言故事的讲述视角多是受欺凌的底层人民和奴隶，通过弱小无助的动物来映射他们在社会中的处境，揭露奴隶主和统治阶层的霸道蛮横、虚伪狡猾，继而从反面启发人们奋起反抗，用智慧和良好的品德化解难题、扭转困局。如《狼和小羊》《口渴的乌鸦》《龟兔赛跑》等。

除极少数外，故事多以末尾的寓意作为全篇的终结。《伊索寓言》中的许多命题都极具现实寓意，如知足享乐、诚实守信、勤能补拙、知恩图报等，给人最原始的品德启迪，因此《伊索寓言》多作为孩子的启蒙故事书。

《伊索寓言》最突出的艺术手法就是用拟人化的语言，借物喻人。作者赋予动物人的特性，如狐狸的奸诈狡猾、狼的凶狠险恶、羊的质朴善良，讽刺或暗喻人们的性格特点。至今这些动物的代表性特点还在人们的脑海中留下了深刻的印象，给后世寓言、故事的创作提供了蓝本和典范。

(二)《荷马史诗》

《荷马史诗》被认为是古希腊最伟大的作品，具有文学艺术上的重要价值，反映了古老的迈锡尼文明，记录了氏族社会到奴隶制社会的演变，在历史、地理、考古学和民俗学方面提供给后世很多可研究的素材。相传《荷马史诗》是由公元前八九世纪时的古希腊盲人诗人荷马创作的，根据民间流传的英雄事迹的短歌综合编写而成，包括两部长篇史诗《伊利亚特》和《奥德赛》，两部作品既彼此独立又相互联系。

《伊利亚特》讲述的是希腊军队远征特洛伊城，战争打了十年，作者只描写了第十年几十天内发生的事：军队内部矛盾激化，同盟将领阿伽门农和阿喀琉斯引起事端，大将阿喀琉斯拒绝再度出战，后来阿喀琉斯的好友被特洛伊城的王子赫克托尔所杀，阿喀琉斯为了报仇出战杀死了赫克托尔，特洛伊的国王哀求阿喀琉斯讨回王子的尸体，在城内举行了盛大的葬礼。

《奥德赛》讲述的是奥德修斯贡献的“木马计”使希腊军队大获全胜，于是希腊军队撤兵归还家乡。但是足智多谋的奥德修斯因触犯了海神，在海上漂流了10年才回到希腊，作者用倒叙的手法把10年的海上经历放在他临到家的前40多天的时间里来描写。最终他凭借智慧和勇敢安全返乡，杀死了觊觎他的王位和向他妻子求婚的人，一家人得以团聚。

《荷马史诗》记录了史前英雄时代的大幅全景，它虽然歌咏了英雄们的骁勇善战、刚强威武，但同时也隐晦地表现出对残酷战争的谴责。

《荷马史诗》通过人们同自然、神灵的英勇抗争，肯定了人的价值、尊严和思想，表现了人文主义思想。作品从人的命运被注定，这一悲剧性的预示(正如神勇无畏的阿喀琉斯从一开始就注定他会因被人射穿脚踝而死)，探索出人在命定观下短暂的生命旅程中应发挥最大的潜力，从而实现人生的价值的伟大命题。

《荷马史诗》的艺术特色如下。

第一，独特的叙述形式。史诗属叙事诗，作者用独特、精湛的扬抑格六音部叙述，音律节奏感强，朴素、自然、流畅，堪称艺术上的绝妙佳作。《伊利亚特》中的叙述分两种：一种是诗人以讲述者的身份所做的叙述，被称为“描述”；另一种是诗人以人物的身份所进行的表述、表白和对话，被称为“表演”。

第二，不同的艺术手法。《伊利亚特》写英雄战争，行笔急促、情绪高昂，以“阿喀琉斯的愤怒”为主线，结构严谨而完整；而《奥德赛》写海上历险，极富想象力与浪漫色彩，后半部分写家庭生活又细腻隽秀，富有现实意义。

第三，大量生动的比喻和重复。史诗在古希腊时期是用来口述给别人听的，因此史诗中有大量生动奇特的比喻，这些比喻大都来自人们熟悉的自然现象，人们称之为“荷马式的比喻”。例如，书中把未砍断的流着鲜血的耷拉的头喻为蔫萎的玫瑰；把赫克托尔打得希腊军队四处奔逃，比喻成“好像一只野蛮的狮子攻进牛群，吃了一头而吓得其余的纷纷逃窜”。还有些词汇和句子经常重复，是为了使听众不至于疲劳，减轻听众的负担，这些都是口头文学的特点。

二、中世纪

(一)但丁

但丁·阿利吉耶里(1265—1321 年)，意大利的民族诗人，中古到文艺复兴过渡时期最有代表性的作家，现代意大利语的奠基者。恩格斯评价说：“封建的中世纪的终结和现代资本主义纪元的开端，是以一位大人物为标志的，这位人物就是意大利人但丁，他是中世纪的最后一位诗人，同时又是新时代的最初一位诗人。”①代表作品有《神曲》《新生》《筵席》《论俗语》和《帝制论》。但丁、彼特拉克、薄伽丘是文艺复兴的先驱，被称为“文艺复兴三巨头”，也称为“文坛三杰”。

但丁在放逐期间摒弃中世纪惯用的拉丁文，用意大利俗语写下的长篇史诗《神曲》，促进了意大利民族语言的统一，给中世纪文化以艺术性的总结，展现出文艺复兴时代人文主义思想的曙光，是世界文学史上里程碑式的伟大作品。

《神曲》采取了中世纪流行的梦幻文学的形式。叙述了主人公但丁自己在“人生的中途”(诗人三十五岁)所做的一个梦，在梦中他发现自己迷失了正路，走进了一个幽暗的

---

① [德]马克思、恩格斯：《马克思恩格斯选集》第 1 卷，269 页，北京，人民出版社，1995。

森林；当他正要攀登一座被曙光笼罩着的小山时，被三只野兽——豹、狮、狼(象征淫欲、强权和贪婪)挡住去路。但丁在危急时刻呼救，古罗马诗人维吉尔出现了，他受女神贝雅特丽齐的嘱托前来搭救但丁，引导他走了另一条道路，借此游历地狱和炼狱。之后贝雅特丽齐又亲自引导他游历了天国。游历的过程和见闻构成了《地狱篇》《炼狱篇》和《天国篇》三部曲。

地狱分为9层，加上地狱外围共10层，形似一个上宽下窄的漏斗，从上到下逐渐缩小。罪人的灵魂依据他们生前罪恶的轻重被放在不同的圈层中接受苦刑惩罚，地狱越向下所控制的灵魂罪恶越深重，直到地心。魔王卢齐菲罗掌握漏斗顶端，魔王的尾巴通向地心，另一面就是炼狱。

炼狱共7层，加上地上乐园和外围上下两部分，共10层。净界山中的炼狱分别住着7大罪过——骄、妒、怒、惰、贪、食、色的亡魂。这些亡魂生前所犯的罪过较地狱中的稍轻，且已经悔悟，他们分别在这里修炼、洗涤，而后一层层地升向光明和天堂。在净界山顶的地上乐园，维吉尔突然隐退，女神贝雅特丽齐出现。

天堂的九重天加上净火天共10层，越往上的灵魂越高尚，直到越过九重天，才是真正的天堂，即圣母和所有得救的灵魂所在，经圣母允许，就能一窥三位一体的上帝。在九重天之上的天府，但丁看见了上帝，只是电光之一闪，迅即消失。

《神曲》每部曲分为33篇，加上序诗共100篇，每部曲的最后一行都以“群星”一词做韵脚，彼此呼应。诗歌的韵律形式采用格律三韵句，隔行押韵，连锁循环。这种匀称的布局和结构，完全是建立在中古关于数字的神秘意义和象征性的概念之上的，因为中世纪人认为“三”象征“三位一体”，是神圣的数字，“十”象征“完美”“完善”，是个吉祥的数字。但丁以此作为《神曲》的构思和布局的依据，也是他作为中世纪最后一位诗人的特点。①

《神曲》的艺术特色如下。

第一，多层次、多色彩的艺术手法。地狱是绝望和痛苦的境界，色调恐惧、阴森；炼狱是悔过和希望的境界，色彩转为柔和、宁静；天国是至善至美的境界，笼罩在光辉、幸福之中。多层次、多色调的描写表达了诗人精辟而又抽象的哲学、神学观点所要阐明的道德意义，并通过各种比喻和象征的手法，给人巨大的真实性，使人如身临其境。

第二，想象奇特、栩栩如生的人物形象。但丁以纯熟的语言功底，通过描写具有戏剧性场面的行动和行为动机挖掘、刻画人物性格。但丁在勾勒人物形象的特征时，有时只用寥寥数语。例如，“他昂头挺胸岿然直立，似乎对地狱怀着极大的轻蔑”这两

① 田德望：《神曲(地狱篇)·前言》，23页，北京，人民文学出版社，2008。

行诗就使法利那塔的英雄气概呈现在读者面前。[①] 这些人物形象在但丁笔下并不是虚幻的、概念化的、抽象化的幽灵，而是高度写实的艺术形象，绝妙地烘托出了地狱各个圈层不同的环境氛围，也如实地揭露了当时现实的社会。

第三，大量生动通俗的比喻。运用自然或日常生活中通俗的比喻，将地狱、炼狱和天国的全貌展现得淋漓尽致，如将地狱里的幽灵对维吉尔和但丁惊奇的盯视，比作老眼昏花的裁缝凝视针眼的情形；将枯瘦幽灵的深陷无神的两眼比作一对宝石脱落的戒指。而天国是非物质的世界，但丁就借用光来表现天国的璀璨。但丁还借用比喻来描写人的心理精神状态，如把听了维吉尔的话后重新振作的自己，比作受夜间寒气侵袭而低垂闭合的小花，一经阳光照射朵朵挺起在梗上开放。

这些都表明但丁摆脱了中世纪文学传统的锁铐，力图用新的艺术形式表现新时代的思想内容，这使但丁成为欧洲文学史上继往开来的伟大诗人。

（二）《一千零一夜》

《一千零一夜》（又名《天方夜谭》），阿拉伯民间故事集，共有264个故事，是阿拉伯帝国创建后阿拉伯民族精神形成和确立时期的产物，由中近东地区广大市井艺人和文人学士经过几百年的收集和整理而形成的，是阿拉伯人、波斯人和印度人集体智慧的结晶。由于内容丰富、规模宏大、优美动人，被高尔基誉为世界民间文学史上“最壮丽的一座纪念碑”。

书名来自其主线故事：相传古代有一个萨桑国，国王山努亚因王后行为不端，将其杀死，他心存怨恨，此后每日娶一个少女，第二天一早便杀掉。宰相的女儿山鲁佐德为拯救无辜的女子，自愿嫁给国王，她用讲述故事的方法吸引国王，讲到精彩之处天刚破晓，国王为了听到故事的结尾，不忍杀害她，便由她下一夜继续讲。她的故事一直讲了一千零一夜，国王终于被感动，决定与她白首偕老。

既然是民间故事集，书中的很多故事都站在人民群众的立场上，歌颂劳动大众的勤劳勇敢和聪慧善良，表现他们爱憎分明、忠贞不渝，坚韧地追求幸福生活的美好品质，如《阿里巴巴和四十大盗》和《阿拉丁神灯》；同时也暴露统治阶级的黑暗、残暴和荒淫，如开篇的《国王山鲁亚尔及其兄弟的故事》。

该书采用了连环包孕式的写作手法，结构上采用大故事套小故事，小故事又套更小的故事的连串插入式结构形式，加上奇特、夸张的想象，真实、细致的刻画，用浪漫的幻想和朴素的现实描绘，使内容和形式高度和谐统一，弹奏出恢宏、华丽的乐章。也向人们展现了阿拉伯社会丰富多彩的生活，增添了神秘传奇的色彩，吸引了无数人，成为欧洲许多名人墨客汲取灵感和营养的沃土。

---

① 田德望：《神曲（地狱篇）·前言》，16页，北京，人民文学出版社，2008。

三、文艺复兴时期

(一)塞万提斯

米格尔·德·塞万提斯·塞维德拉(1547—1616年)，文艺复兴时期的西班牙小说家、剧作家、诗人。被誉为西班牙文学世界里最伟大的作家。代表作品有剧本《努曼西亚》，长篇小说《堂吉诃德》《训诫小说集》，长篇叙事诗《帕尔纳索斯山之旅》等。

《堂吉诃德》被认为是西方文学史上第一部现代小说，是国际声望最高、影响最大的西班牙文学著作。

故事讲述的是骑士已不复存在的年代，没落的小贵族堂吉诃德因看骑士小说入迷，终于失去理智，把自己当成游侠骑士，要去除暴安良、行侠仗义，维护公正和道义。他拿出已经生锈的盔甲，拉着邻居桑丘做侍从，出门冒险。但在冒险过程中却四处碰壁、受尽挫折，做出了种种与时代相悖、令人发笑的古怪行为，如错把风车当成巨人，勇猛出击却被卡在风车上随之转动。最终堂吉诃德从梦幻中清醒过来，回到家乡后郁郁而终。

堂吉诃德表面上滑稽可笑，作者试图以这种方式来讽刺当时的骑士文学，但同时也发人深省，以理想和现实的种种矛盾来赞颂惩恶扬善、扶贫济弱等优良品德，揭露西班牙现实社会的丑恶与无情。

书中对鄙弃贫贵等级、崇尚民主平等、向往个人自由、接受文化教育等观点的论述，闪耀出了人文主义思想的光辉。堂吉诃德与单纯的喜剧人物不同，他为了追求正义的理想，甚至不惜为社会的进步而牺牲自己的性命。桑丘也深受堂吉诃德的影响，不断成长，支持正义。他们不再是中世纪夸耀功绩的骑士，而是文艺复兴时期富有人文主义思想的勇敢斗士。

塞万提斯深深扎根于西班牙文学传统之中，在吸取了拉丁文古典小说、西班牙民歌、田园小说、传奇小说、流浪汉小说和骑士小说的一些特点的基础上，把对社会各阶层人物的描写同时对社会现实的描绘结合起来，逼真地再现出贵族绅士的专横跋扈和普通百姓的辛酸苦辣。书中塑造了大约七百个不同的职业、不同性格的人物形象。他们从不同角度反映了16世纪下半叶西班牙社会的现实：公爵夫人的骄奢淫逸、牧羊少年的惨遭毒打、勤劳农民的饥寒交迫、贫苦妇女的横遭凌辱、苦役囚犯的艰难困苦……在一本小说中，以如此宽广动人的画面来反映时代、反映现实，可以说是塞万提斯之首创，它给予近现代小说的发展以深刻的影响。①

---

① ［西班牙］塞万提斯：《堂吉诃德·前言》(经典译林)，屠孟超译，5页，南京，译林出版社，2011。

《堂吉诃德》的艺术特色如下。

第一，巧用对比和矛盾。塞万提斯通过一对对互相矛盾的因素，如现实与理想、智慧与愚蠢、勇敢与胆怯、诚实与虚伪、理性与疯癫……这些相互对立的矛盾紧密地交织在一起，使小说的层次更加丰富，人物的性格更加突出，同时也使小说的哲理更加深刻。[①] 如堂吉诃德与桑丘，一高一矮，一瘦一胖，一个重理想而另一个讲实际，一个耽于幻想而另一个冷静理智，一个讲究献身而另一个看重实利……冲突性的情节布置，使作品在喜剧性的描写中，增添了悲剧性的色彩，将堂吉诃德刻画成一个拥有崇高精神境界的"傻子"。

第二，运用多种笔调进行讥讽。作者不仅引用骑士小说恶劣的文风来表达自己对其形式的鄙弃，还附上自己的评论，直接表达自己的批判。在刻画堂吉诃德这一人物形象时，作者借用行为动机与行为结果的反差来加强讥讽的力度，如化身骑士想要行侠仗义的堂吉诃德第一次出游就被人打得半死，靠乡亲救助才得以回家；牧童遭主人鞭打，堂吉诃德去伸张正义，结果导致牧童丢了差事。塞万提斯运用多重形式来突出讽刺的效果，使作品的主题更加深入人心。

（二）莎士比亚

威廉·莎士比亚（1564—1616 年），文艺复兴时期英国戏剧家、作家、诗人，欧洲最伟大的作家之一，代表着他所处时代文学的最高成就，被誉为"时代的灵魂"。代表作品有四大喜剧《仲夏夜之梦》《威尼斯商人》《第十二夜》《皆大欢喜》；四大悲剧《哈姆雷特》《奥赛罗》《李尔王》《麦克白》；正剧《罗密欧与朱丽叶》以及历史剧、传奇剧、十四行诗等。

《哈姆雷特》是莎士比亚四大悲剧中最早、篇幅最长且最繁复、深刻的一部，被多次改编成舞台剧、歌剧、影视剧。讲述的是身在国外的丹麦王子哈姆雷特突然接到父亲的死讯，回国奔丧不久后，叔叔克劳狄斯迎娶母后，并当上了新国王。新国王认定老国王是被毒蛇咬死的，老国王的鬼魂告诉哈姆雷特毒蛇就是克劳狄斯，并要求他复仇。哈姆雷特满腹怀疑、心事重重，通过装疯来掩护自己，最后借用阴谋杀兄的"戏中戏"证实了叔叔的确是杀父仇人。哈姆雷特失误杀死了爱人奥菲莉亚的父亲波洛涅斯，事情败露，克劳狄斯试图借英王的手杀死哈姆雷特。但哈姆雷特逃回了丹麦，却得知奥菲莉亚因父亲被杀、爱人远走而自杀，便不得不接受了奥菲莉亚的哥哥雷欧提斯的决斗要求。在决斗中克劳狄斯偷偷准备好了毒酒，并在雷欧提斯的剑上涂了毒。王后误喝毒酒而中毒死去，哈姆雷特和雷欧提斯也双双中剑。哈姆雷特在临死前刺死了克劳狄斯，他留下遗嘱，让朋友霍拉旭完成他的心愿。

---

① ［西班牙］塞万提斯：《堂吉诃德·前言》（经典译林），屠孟超译，6 页，南京，译林出版社，2011。

“一千个读者眼中有一千个哈姆雷特”，哈姆雷特这一人物形象充满复杂性和矛盾性。他从涉世未深的单纯少年变成偏激、忧郁的复仇者，突来的悲剧让他重新审视人性的丑恶和阴暗。他自知势单力微，便装疯卖傻，寻找良机；但机会来临时他又犹豫不决，延宕怀疑。他聪明善谋，却顾此失彼，痛失了自己心爱的女人，给敌人创造了机会。但他最后转变觉醒，变得果断而坚定，终于复仇，与敌人同归于尽。

哈姆雷特被认为是文艺复兴时期人文主义的代表形象，从他的悲剧中可以看到，当时的封建势力仍占统治地位，哈姆雷特力求成为新兴资产阶级的改良主义者，但由于性格原因以及社会现状决定了在行动上他只能是孤军奋战。这正是哈姆雷特的悲剧所在，其悲剧不仅仅是他本人的悲剧，也代表了当时人文主义者思想本身具有的局限性①，是时代尚不具备胜利条件的悲剧。

《哈姆雷特》的艺术特色如下。

第一，情节的交织与衬托。在哈姆雷特复仇的主线下，同时交织着雷欧提斯和小福丁布拉斯复仇的副线，三条线相互联系、彼此衬托。除此之外，还交叠着哈姆雷特与奥菲莉亚爱情的悲剧，哈姆雷特好友的背叛。所有的情节都推动了主线的发展，使主线更加充实、丰盈，增加了哈姆雷特复仇的社会意义，突出主题。

第二，丰富而精巧的语言艺术。莎士比亚是语言大师，他的戏剧主要用无韵诗体写成，结合了散文、有韵诗句和抒情歌谣等，又加以比喻、独白等手法的巧妙运用，根据人物不同的身份和处境使用不同的语言，使人物形象更加立体。

如莎士比亚利用传统的“独白”手法来展现人物的内心活动，不仅反映出人物的性格，还借人物之口来展现哲理。例如，著名的“生存还是毁灭”这一段独白凸显出强烈的戏剧冲突，调动了观众的情绪，引人深思。通过这段独白，我们看到了哈姆雷特的彷徨、苦闷和寡断，以及对周围现实世界的怀疑和揭露。

四、17世纪

莫里哀(1622—1673年)，法国喜剧作家、戏剧家、演员，17世纪古典主义文学最具有代表性的人物。古典主义喜剧、芭蕾舞喜剧的创始人。代表作品有《伪君子》《悭吝人》《无病呻吟》等。他推动了近代戏剧的兴起，为世界戏剧的繁荣发展做出了突出贡献。1996年起，法国文化部规定将每年4月作为莫里哀戏剧月，在法国各地上演莫里哀的名作。

《伪君子》是莫里哀艺术成就突出的代表作之一，具有鲜明的古典主义的风格，以韵文诗体，分五幕进行叙述。讲述的是外省的没落贵族答丢夫流落到巴黎，利用宗教

---

① 张豫红：《从人物形象看莎士比亚戏剧的人文主义特征》，载《四川戏剧》，2016(6)。

来谋生路。他披着宗教信士虔诚的外衣赢取了富商奥尔恭的信任，被请到奥尔恭的家中充当“精神向导”。答丢夫在奥尔恭的家中大吃大喝，一个人能吃六个人的东西，酒足饭饱后就睡意缠绵地走进自己的房间，躺在暖和的床上，安稳地一直睡到第二天早上。他总是用一些虚情假意的虔诚动作来骗取信任，奥尔恭为了使答丢夫成为自家人，强迫女儿玛利亚娜背弃原有的婚约，嫁给答丢夫。

女仆桃丽娜识别出了答丢夫的伪善，她发动全家人与骗子进行斗争。奥尔恭的后妻艾耳密尔与答丢夫面谈反对女儿结婚一事，答丢夫竟趁机勾引她，向她表白。躲在套间里的达米斯了解到答丢夫的嘴脸便去向父亲揭发。答丢夫颠倒是非，把自己装成一个被诬陷的人，结果父亲大怒，将儿子赶出家门，并取消了儿子的继承权，而转继给骗子答丢夫，宣布当晚就将女儿嫁给他。

一家人决定一起揭发骗子，后母又施计与答丢夫面谈，她让奥尔恭躲在桌子底下，偷听她和答丢夫的对话，后母假装服从答丢夫的意愿，使他原形毕露，奥尔恭终于醒悟。

撕下面具的答丢夫随即串通法院，以执行“赠与”的契约为名，并向国王控告奥尔恭私藏秘密文件，企图赶走奥尔恭一家，霸占他的财产。而国王察微知隐，随答丢夫前往奥尔恭家的侍卫官当场宣布契约作废，最终捉拿了答丢夫，玛利亚娜嫁给了意中人。

答丢夫身上集中体现了17世纪法国教会和贵族上流势力的贪财、贪色、贪食、伪善、伪虔诚等一系列的精神特征，高度概括了当时社会上的伪君子形象，树立了文学史上伪君子的典型。通过这一形象，作者辛辣地批判了当时法国社会宗教的欺骗性和虚伪性，讽刺天主教教会和相联结的贵族反动势力的伪善，揭露了他们做作、虔诚的外表下罪恶的本质。

《伪君子》的艺术特色如下。

第一，遵循古典主义“三一律”的结构原则。

该剧充分地体现了古典主义的“三一律”。故事始终围绕揭发主人公答丢夫的伪善这一中心线，情节单一；时间集中在24小时内，且范围不超过奥尔恭的家。这样的设计使作品的结构紧凑严谨，主题突出鲜明，矛盾冲突集中尖锐、层次清晰。

第二，巧用悲剧因素增加紧张感。

莫里哀在继承古典主义的同时也有所突破和创新，他融合了多种民间戏剧和喜剧体裁的手法，如父亲逼婚、家庭争吵、父子冲突等，这些悲剧成分增加了戏剧的波动和曲折，不仅反映出答丢夫的可憎可恶，也使喜剧效果倍增，创造了独特的近代喜剧风格。

五、18 世纪

约翰·沃尔夫冈·冯·歌德(1749—1832 年)，德国著名思想家、诗人、小说家、戏剧家、科学家，是最伟大的德国作家，也是世界文学领域的光辉人物。代表作品有书信体小说《少年维特之烦恼》、诗体哲理悲剧《浮士德》、戏剧《葛兹·冯·伯利欣根》、动物叙事诗《列那狐》。歌德是德国民族文学最杰出的代表，他的创作把德国文学提高到全欧的先进水平，并对欧洲文学的发展做出了巨大贡献。

《浮士德》的创作前后用了 60 多年的时间，它代表了歌德创作的最高成就，是他一生思想探索与艺术追求的总结，某种意义上也是欧洲自文艺复兴以来三百年思想和文化发展的艺术与科技成就的总结。

《浮士德》采用诗剧的形式写成，素材源于 16 世纪的关于浮士德博士的民间传说。传说浮士德博学多才，通晓天文地理，人们说他是受魔鬼帮助，才使他创造出那么多奇迹。在后来的文学作品中，浮士德渐渐被赋予挣脱宗教束缚、追求精神解放的时代色彩。《浮士德》是以“悲剧”的名称问世的，主要表现主人公一生经历的几次追求与幻灭。

满腹经纶、久负盛名的浮士德对一无所获的人生充满了迷茫和绝望，他准备服毒自杀，是为知识悲剧。但随着耳边复活节的钟声响起，他天真童年的美好生活的记忆被唤醒，思想发生了转变，随即放下毒杯，决定重新生活下去。这时魔鬼靡菲斯特出现，引诱浮士德签了一份协议，以浮士德的灵魂作为抵押，他会满足浮士德所有的需求，来得到他对一个美好瞬间发出流连忘返的赞叹。这其实是上帝与魔鬼的一个赌注，上帝对人类的乐观和进取精神充满自信，答应和魔鬼打赌，以此来验证浮士德善的本性与魔鬼恶的本性。靡菲斯特使浮士德恢复了青春，从此，浮士德便摆脱中世纪经院哲学的束缚，抱着强烈的入世思想，开始了新的人生追求。

浮士德的第一部是爱情的悲剧。他与小市民身份的少女格雷琴相爱，但却因为身份的矛盾和性格的迥异而使格雷琴陷入苦难。这件事之后，浮士德便从自己的“小世界”扩展到更大的世界中，由个人的私生活转向对社会生活的探求。

第二部则描写浮士德的政治生活、对美的追求和事业抱负。他先是追求功名利禄，认清了整个德国封建王朝的腐朽和资本主义世界金钱势力的不堪，不愿与长久侍奉统治者的弄臣为伍，是为政治悲剧。随后他来到了古希腊神话世界寻找美的化身——海伦。他与海伦结合，生下了儿子欧福良。欧福良在参战时不幸坠地摔死，海伦痛心疾首，化成轻烟而散，是为美的悲剧。最后他重新振作，试图填海造陆，开辟万亩良田，开凿运河，为人类造福。但是他已值百岁高龄，被“忧愁”之灵吹瞎了双眼，听见魔鬼派遣死灵们为他掘墓时铁锹的铿锵声时，以为他的事业即将实现。在这幸福的预感中，他对正在失去的瞬间发出了“逗留一下吧，你是那样美!”的赞叹，随即按照誓约，倒地逝去。他的雄心壮志没有得以兑现，是为事业悲剧。但是他的灵魂被天使接到了天上，而没有归魔鬼所有。

浮士德的一生就这样贯穿着他与靡菲斯特之间的矛盾。他的内心的两重性决定他既容易接受魔鬼的引诱，又能不断战胜恶魔的诱惑，在歧途和错误中克服自身的矛盾而达到至善。整个诗篇贯穿着这种辩证的乐观精神，鼓励人们在与反动、落后的势力的斗争中，在与自己的错误的斗争中，不断追求理想，实现理想。①

歌德是将浮士德塑造成了全人类命运的化身。浮士德人生中的五个追求阶段，实际上高度浓缩了从文艺复兴到18世纪几百年间德国乃至欧洲启蒙主义者探索和奋斗的精神历程。“浮士德精神”象征着启蒙主义者身上一种不断拼搏、超越自我、永不满足，向着“至高、至深”积极探索的可贵精神，以及在启蒙开智的道路上无所畏惧、积极进步的人生观和世界观。

《浮士德》的艺术特色如下。

综合运用多领域知识、多种表现手法和不同文体。该书内容庞杂，包括了哲学、神学、神话学、文学、音乐等多方面的知识，并且结构宏大，多用用典、象征的手法，浪漫主义与现实主义相结合，穿插了五花八门的体裁，有希腊式悲剧、中世纪神秘剧、巴洛克寓言剧、文艺复兴时期流行的假面剧、意大利的行会剧等，使作品艰深晦涩，阅读难度极大。尤其是第二部，浮士德从自我的“小世界”走到了“大世界”中，意味着他走向更崇高的精神境界，在文体上并添加了八行体、三行隔句押韵体、三音格诗体等，所以第二部内容十分丰富、深广。浮士德的形象也有抽象化、概念化的倾向，并不表现典型的人物性格，而是变成哲学观念的化身。

六、19世纪

(一)浪漫主义

维克多·雨果(1802—1885年)，法国诗人、剧作家、政论家、作家，浪漫主义文学运动的领导人物。雨果经历了四分之三的19世纪历史，见证了法国由封建势力覆灭到建立完备的资产阶级政治经济体制的全过程。宣扬并践行人道主义，在法国及世界有着广泛的影响力。代表作品有长篇小说《巴黎圣母院》《悲惨世界》《笑面人》《九三年》。短篇小说《“诺曼底”号遇难记》曾被作为课文选入多个版本的小学高年级语文教材。

① 朱维之、赵澧、黄晋凯:《外国文学简编(欧美部分)》，106页，北京，中国人民大学出版社，2011。

《巴黎圣母院》是雨果的第一部引起轰动效应的浪漫主义小说，打破了以往古典主义的桎梏，是浪漫派小说中的一座里程碑。

小说中美丽善良的吉卜赛少女爱斯梅拉达在街头卖艺跳舞时，被道貌岸然的圣母院副主教克洛德相中，克洛德一心想要得到她，便指使自己的养子——敲钟人卡西莫多去绑架她。卡西莫多是一个长相奇丑无比且命运悲惨的人，他天生独眼、跛脚、驼背，因敲钟又被震聋了耳朵。在婴孩时遭人遗弃，因被克洛德收养而对他言听计从，敬重无比。但其实克洛德是一个极其阴险奸诈、自私虚伪的人。爱斯梅拉达在被卡西莫多绑架的途中被人救下，卡西莫多也被送上耻辱柱接受苦刑。他因口干舌燥而哀号时，众人纷纷奚落，只有善良的爱斯梅拉达不计前嫌，取来水喂他。卡西莫多虽外貌丑陋，但内心纯洁高尚，他大受感动，深深地爱上了爱斯梅拉达。

爱斯梅拉达后被克洛德栽赃入狱，卡西莫多奋不顾身将她从绞刑架上救下，并藏在巴黎圣母院中，对她照顾有加、无微不至。然而阴险的主教克洛德仍不死心，半夜溜进少女的房间，卡西莫多前来相救，惊讶地发现了克洛德邪恶的嘴脸。

爱斯梅拉达竟被法庭和教会诬蔑为女巫，无辜的她最终没能幸免逃难，原本纠结、疑惑的卡西莫多在看到心爱的爱斯梅拉达被绞死后，愤怒地将克洛德从圣母院的塔顶推了下去。

《巴黎圣母院》具有鲜明的浪漫主义艺术特征，主要体现在以下几点。

第一，想象丰富，情节曲折，富有戏剧性。小说中充满了大量奇特的想象，如卡西莫多和爱斯梅拉达的尸骨一分开则化为灰尘；加上极度夸张的手法使作品看起来怪诞但不荒唐，奇趣但不虚妄。不同的故事线索并行交叉，加以离奇巧合的情节叙述，故事一波三折、高潮迭起，使小说颇具戏剧性。

第二，浪漫主义对照美学。书中处处体现“美丑对照”原则，面貌的美丑和内心的善恶，在雨果的笔下不断被夸张放大。人与自身的对比使人物形象更加鲜明丰满，人物自身的外貌与内心为映衬，使美的更加美好，丑的愈加丑恶，尤其是外貌与内心形成的强烈反差，给人以极其鲜明的艺术感受。① 作者通过这种手法赞扬人民群众的互助友爱、舍己为人的人道主义精神，鞭挞宫廷和教会的卑劣伪善、狼狈为奸，再现了15世纪的封建主义专制社会的真实历史，表达善终能战胜恶的主题思想。

(二)批判现实主义

1. 司汤达

司汤达(1783—1842年)，原名马里-亨利·贝尔，法国批判现实主义文学的先驱。代表著作有《阿尔芒斯》《红与黑》《帕尔马修道院》。

---

① 王建丽：《美与丑的对照——〈巴黎圣母院〉的人物塑造》，载《小说评论》，2013(1)。

《红与黑》讲述的是木匠的儿子于连，身份低微但聪明能干、喜爱读书，因精通拉丁文被当地市长家雇为家庭教师。市长夫人本就厌弃庸俗粗鲁的市长，看到清秀、白皙的于连顿时心生好感，重新点燃起了爱情的火焰。于连出于野心和占有欲与市长夫人偷情，事情败露后逃离了市长家，进入了一家神学院。神学院院长受到排挤辞职，于连跟随他到了巴黎，给极端保王党中坚人物拉莫尔侯爵当私人秘书。由于他会审时度势、才干出众，很快得到侯爵的赏识和重用。与此同时，于连又与侯爵的女儿有了私情，侯爵虽万般不愿但终又同意，许给他一份田产、庄园和法兰西陆军中尉的贵族头衔。

就在于连春风得意之际，教士威逼市长夫人写了一封告密信揭发他，侯爵因此取消了他和女儿的婚约。他的前程被毁，激愤之下，开枪击杀市长夫人。市长夫人受了伤，他被捕入狱，被判处死刑。在公审时，他终于认清了封建贵族阶级的嘴脸，拒绝上诉和临终祷告，最终被送上了断头台。

作品通过描写于连的双重人格、矛盾心理和悲剧命运，展现了当时以于连为代表的小资产阶级青年群体受启蒙思想影响而力图向上攀爬的反抗性，以及在备受法国王政复辟时期阶级固化的社会风气压抑下而表现出来的妥协性和动摇性。在当时，青年出人头地的捷径只有两条，非“红”即“黑”，“红”代表穿红色军服的士兵，“黑”代表穿黑色衣服的教士。这不仅代表着当时社会两股势力的相互勾结，也代表拿破仑时代靠个人奋斗而升官加爵的局面已经不复存在。

于连的悲剧是时代所带来的，司汤达借此抨击了当时社会的种种罪恶，成功地塑造了典型环境中的典型形象，揭露社会环境对人物的种种影响。

这部作品在情绪抒发和心理深度的挖掘上远远超出了同时代的其他作家，并使后世文学的创作由外部环境的细致描写转向细腻地刻画人物真实的内心活动，开辟了文学创作“向内转”趋势。

《红与黑》的艺术特色如下。

第一，细致入微的心理描写。司汤达刻画人物擅长运用心理分析的方法，细致地描摹了人物在特定情境下的心理状态，分析了他们灵魂的欲望和情感的细微变化，揭示了人物充满矛盾的内心世界。像于连在与侯爵女儿玛特儿的爱情纠葛中，他的自尊与自卑、欢乐与痛苦、热情与冷静，思绪起伏，瞬息即变。通过心理刻画，既描绘了人物性格，又使读者借此看到了激起人物内心波澜的时代环境。①

第二，零散化的叙事结构。司汤达在小说纵向发展的描写中，会突然切断情节，转向人物的心理活动或作者自身的评论，这种切断有时会使情节发展几乎停滞，减弱了叙事的连贯性，导致其结构零散化。

---

① 朱维之、赵澧、黄晋凯：《外国文学简编(欧美部分)》，155页，北京，中国人民大学出版社，2011。

2. 福楼拜

居斯塔夫·福楼拜(1821—1880年)是19世纪中叶法国最重要的现实主义作家，兼具浪漫主义的特质，并承前启后，对自然主义和后现代产生了深远的影响，被认为是“自然主义之父”、法国“新小说”派的鼻祖。代表作品有《狂人之忆》《包法利夫人》《萨朗波》《情感教育》，短篇合集《三故事》和未完成的小说《法布尔和佩居榭》等。

《包法利夫人》取材于一例真实事件，1839年夏尔·包法利的原型欧解·德拉玛医生在丧妻后与十七岁农家女爱玛的原型德尔芬·库蒂丽叶结为夫妻，德尔芬非常貌美，但生性风流，自视清高，向往贵妇一般的生活。她婚后两次出轨，还欠下了巨额贷款，最后服毒自杀，悲惨地死去。

在小说中，福楼拜把每个人物都刻画得更为饱满：夏尔·包法利性格软弱、老实平庸，没有高超的医术也没有雄心大志，他在父母的安排下平凡地生活；爱玛出身农家却受过修道院教育，在宗教环境中，被浪漫主义的书籍熏陶，脱离现实，幻想着虚无缥缈的爱情，渴盼着有一位风度翩翩的富家公子乘着华丽的马车迎娶她，给她荣华富贵、高雅精致的上流生活和轰轰烈烈、永葆激情的爱情。

但是现实却与她幻想的具有强烈反差，不甘平庸的她却嫁给了无趣、木讷、愚钝的夏尔。

平淡枯燥的婚后生活让爱玛的少女幻想破灭，她像被关在鸟笼中的夜莺，娇艳、美丽却无人欣赏，苦闷的生活使她浪漫的幻想更加膨胀，极力想要突破现状寻找一个出口。

侯爵的一次豪华宴会，给极力想改变现状的爱玛打开了一扇窗。这扇窗子打开后，她越发不能忍受周围现实的生活，惆怅满怀，通过各种方式搜集有关贵族生活的一切信息，在幻想中寻求个人欲望的满足，幻想将她扭曲、侵蚀，她因对现实不满而大病一场。

她天真地以为对她频频谄媚的人能带她逃离痛苦的困境，但是无论是情场老手罗道尔夫还是实习生莱昂，都在寻欢作乐之后扬长而去。她的两度偷情没有给她带来幸福，反而让欲望更加难以被控制，使她成为高利贷者盘剥的对象。最后积债如山，走投无路，只好服毒自尽。

爱玛的形象概括了那个年代不谙世故、天真烂漫，拥有不切实际幻想的浪漫主义者的悲剧性特点，具有典型意义，她的毁灭则暗示了浪漫主义在资产阶级文化生活中的退却。[①] 作品通过爱玛的悲剧，反映了浪漫主义在资产阶级主导下的悲剧性命运。

《包法利夫人》被称为“客观性艺术”的典范，福楼拜以貌似冷漠的态度，用白描手法非常客观地揭示了酿成这一悲剧的前因后果。无论是指责批评、揭露讽刺，福楼拜

---

① 王立新：《外国文学史(西方卷)》，246页，北京，高等教育出版社，2013。

都不直接发表个人的主观意见，而只做客观的描述。①

作者将善恶、美丑的判断，寄寓于场景的临摹与人物的言行之中，使读者从逼真的现实中领悟、思考。尤其是“农业展览会”这一高潮部分，堪称这类笔法的典范。在熙熙攘攘的热闹背景下，平行地叙述官员在集会上的慷慨陈词和罗道尔夫对爱玛的甜言蜜语。前者是政治、经济上的欺骗，后者是生活、情感上的欺骗，相得益彰地构成了一幅典型的虚伪的社会图景，但作者却未对这一切着一判词。作者的隐匿，反倒增强了现实主义的魅力。② 福楼拜的笔触细腻动人，把一个日常生活中的平庸悲剧上升到了人性的高度，也深刻地批评了社会。

3. 托尔斯泰

列夫·尼古拉耶维奇·托尔斯泰(1828—1910 年)，19 世纪中期俄国批判现实主义作家、思想家，哲学家，俄国伟大的作家之一，他的作品被认为是“俄国革命的一面镜子”，对世界文学产生了巨大影响。代表作品有长篇小说《战争与和平》《安娜·卡列尼娜》《复活》和中篇小说《伊凡·伊里奇之死》等。

《复活》是托尔斯泰的最后一部长篇小说，是他一生思想和艺术的结晶，被誉为俄国批判现实主义发展的高峰。一方面，在对当时社会的罪恶和腐朽反动的国家、法律、教会制度的揭露上，很难找出另一部作品有这样的深度和广度；另一方面，它宣扬了赎罪、拯救灵魂、禁欲主义，以及“不以暴力抗恶”“道德自我完善”等观点，宣扬一种属于托尔斯泰自己的“博爱”思想，人们称之为“托尔斯泰主义”。③

小说讲述了年轻时的聂赫留朵夫引诱了姑妈家的女仆玛丝洛娃，使她怀孕并被赶出家门。她一度沦为妓女，生活糜烂荒淫，后因被诬陷指控谋财害命而受审判。聂赫留朵夫以陪审员的身份出庭，见到从前被他引诱的女人沦落到如此地步，深受良心谴责。他决定为她奔走申冤，并请求同她结婚，以救赎自己。上诉失败后，聂赫留朵夫选择放弃自己的优越的环境，将大部分土地分给农民，想要追随玛丝洛娃流放西伯利亚服苦役。他的行为感动了玛丝洛娃，使她重新爱上了他，但为了不损害他的名誉和地位，她最终拒绝和他结婚，同一个革命者结合了。由此，男女主人公都获得了精神和道德上的复活。

小说通过玛丝洛娃的苦难遭遇和聂赫留朵夫的上诉经过，广泛而深刻地抨击了法庭、监狱、官僚机关的腐败、黑暗，揭露了封建统治阶级骄奢淫逸的生活和反动官吏的残暴昏庸、毫无人性的面目，撕下了官办教会的伪善面纱，反映了农村的破败和农民的极端贫困，勾画了一幅已经走到崩溃边缘的农奴制俄国社会图画。④

---

① [法]福楼拜：《包法利夫人·译序》(经典译林)，许渊冲译，4 页，南京，译林出版社，2019。

② 朱维之、赵澧、黄晋凯：《外国文学简编(欧美部分)》，197 页，北京，中国人民大学出版社，2011。

③ 郑君：《试论〈复活〉中的“托尔斯泰主义”》，载《清远职业技术学院学报》，2011(3)。

④ 李危瑚：《中外典型人物》，113 页，南京，江苏文艺出版社，1992。

虽然托尔斯泰反对以革命的形式推翻专制制度，没有找到解决俄国人民社会生活困局的正确出路，也没有将他作品中隐藏的强有力的批判力量转变为激发、唤醒群众的革命力量；但是他信奉的“不以暴力抗恶”，以博爱的形式“感化敌人”的人道主义思想永远闪烁着穿越时空的光辉和魅力。

《复活》的艺术特色如下。

第一，广阔性与具体性描写相结合。作者通过男女主人公活动的主线，把各种事件、各个阶层的人物、各个社会生活的侧面串联起来，组成了俄国社会生活的全貌，广泛地反映了俄国人民的苦难和社会的黑暗，具有较高的艺术概括性。同时又抓住了一些具体情节，给予细腻的描写，尤其擅长通过人物复杂的心理活动，凸显人物的性格，制造出强烈的现实感，仿佛小说中的人物就真实存在于读者身边。

第二，对比与讽刺。作者运用了大量对比，如景物对比、人物遭遇对比、人物外表对比、人物前后思想对比等，生动形象地、突出地、鲜明地暴露社会矛盾，加强了小说的批判力量。作者在刻画反面人物或者揭露人物的恶劣品性时，善于运用辛辣的反讽，对比出贵族与官吏们的虚伪与龌龊。如法庭表面上的庄严肃穆与实际上庭长与法官的敷衍了事、故作姿态，他们越是遮蔽自己的罪恶，越能尖锐地暴露出他们的丑恶。

4. 契诃夫

安东·巴甫洛维奇·契诃夫(1860—1904 年)，俄国作家、剧作家，与法国作家莫泊桑和美国作家欧·亨利并称为“世界三大短篇小说家”。他所创作的题材和数量惊人，一生共创作了四百七十多篇小说，大部分都是短篇。代表作品有短篇小说《凡卡》《小公务员之死》《变色龙》《装在套子里的人》和戏剧《万尼亚舅舅》《樱桃园》(1903)。

《变色龙》描写了警官奥丘梅洛夫在广场上处理一起小狗咬伤人的突发事件。开始时，警官面对受害者系金银首饰匠的赫留金摆出一副要替他“公道处理”的架子，扬言要处理疯狗的主人并除掉这只咬人的小狗。这时，人群中有人回应了一句：“这好像是日加洛夫将军家的狗!”奥丘梅洛夫随即改变了态度，为小狗“伸张正义”。这时，又有人说这不是将军家的狗，他就又转变了态度，表示要惩罚狗的主人，罚一儆百。如此反复，直到将军家的厨子出现，确认“这是将军兄弟的狗”。奥丘梅洛夫又挤出笑容赔罪，并让厨师带走了小狗，警官责备赫留金后又继续在广场上巡视。

高尔基曾对《变色龙》有过这样的评价：“一个荒唐的时代，一个善变的警察，一条无辜的狗，一群无聊的人。给我们上演了一段可笑而又使人压抑的故事。”高尔基还对契诃夫做过这样的评价：“只需一个词，就能创造一个形象，只需一句话，就可以创造一个短篇故事，而且是绝妙的短篇故事。”

《变色龙》的艺术特色如下。

第一，小说紧凑精练，言简意赅。契诃夫早期的小说在结构上非常精练简短，有些作品甚至都不超过1000字。人物数量不多，情节非常紧凑，不会做冗长的叙述，也不会着力于精细刻画，读者甚至不知道人物的名字、长相、穿戴和职业，但是往往还树立了典型的形象。

第二，通过“小人物”映射“大环境”。契诃夫的作品一方面揭示了当时俄国沉闷的社会风气，从警察、政府官员、市民、知识分子等小人物入手，无情地嘲笑政府制度和这些人的奴性心理、空虚无为，揭露错误的思想主张；另一方面也反映了劳动人民的贫苦和凄楚生活，寄予了深切的同情和悲悯。在讲述纠结、矛盾、冲突、愚懦、庸俗的故事中饱含悲伤式的幽默。

七、20世纪

（一）现实主义的深化

1. 海明威

欧内斯特·米勒尔·海明威（1899—1961年），美国记者、作家，被认为是20世纪最著名的小说家之一，是美国“迷惘的一代”作家中的代表人物。曾参加过两次世界大战，分别被授予荣誉勋章。他一向以“文坛硬汉”著称，他在美国文学史乃至世界文学史上都占有重要地位。代表作品有《太阳照常升起》《永别了，武器》《丧钟为谁而鸣》《老人与海》。其中，《老人与海》一书为他斩获普利策奖、诺贝尔文学奖。

《老人与海》是海明威晚年创作的作品，也是他本人最满意的作品，对欧美文学的发展产生了深远的影响。

小说讲述了一个古巴老渔夫圣地亚哥在连续八十四天没有捕到鱼的情况下，独自出海终于钓上了一条马林鱼。这条鱼体形巨大，将老人的小船拖曳了三天，经过两昼夜的搏斗，才被圣地亚哥刺杀。老人把大鱼绑在小船外侧准备返航，结果途中引来鲨鱼袭击，为避免鲨鱼对马林鱼的啃噬，已筋疲力尽的老人又用尽所有力量与鲨鱼进行了生死决斗，从而生发出“人生来不是被打败的，一个人可以被毁灭，但就是不能被打败”的英雄之句。最后，人们在岸边发现了他的小船绑着一副巨大的马林鱼骨架，频频惊呼。

圣地亚哥是海明威所创作的一系列“硬汉”形象的升华，浩瀚的海洋、生猛的马林鱼、凶恶的鲨鱼、恶劣的气候和多舛的命运，都没有把一个风烛残年、孤独无援的老人征服。尽管海明威笔下的老人是悲剧性的，但他身上却有着“超人”的品质，泰然自若地接受失败，沉着勇敢地面对死亡，这些“硬汉子”的品格体现了海明威的人生哲学和道德理想，即人类不向命运低头，永不服输的斗士精神和积极向上的乐观人生态度。①

瑞典文学院院士霍尔斯陶穆称赞《老人与海》："《老人与海》是一部异常有力、无比简洁的作品，具有一种无可抗拒的美。"②在作品中，海明威综合运用了写实、象征、意识流手法，探索出了20世纪现实主义文学的新方向。

《老人与海》的艺术特色如下。

第一，语言精练简洁、明快有力。小说没有冗长的句子，也没有过分渲染和概括，而是通过自然主义白描的平实语言，巧用对话，表达出含蓄隐晦的主题。整篇文章的叙事在时间跨度上仅过了四天，节奏张弛有度，惊心动魄。

第二，象征手法。最典型的代表就是老人经常梦见的狮子，象征着老人虽年老体衰，内心却像狮子一样威猛勇敢。这一意象丰富了老人的形象，凸显了硬汉精神；老人与大海，也象征着具有顽强意志力和至死不屈的人类与未知、美好、波涛汹涌的世界。

第三，冰山原则。该篇小说延续了海明威一贯的"冰山原则"。多年的记者经历锻炼了他语言精练、凝缩却也能包含多层信息的创作风格，尊奉"越少即越多"的理念。他坚持从繁杂的社会生活中撷取最有特征的情节，将自己的思想情感隐藏起来，即只呈现冰山一角，实写八分之一，留下八分之七的空间让读者自行思考与揣摩。通过虚实结合的手法，他以寥寥几笔描写物质世界，表现出隐藏在背后的人物丰富的内心世界，由此凸显主人公不为命运所屈服的硬汉精神。

2. *夏目漱石*

夏目漱石(1867—1916年)，本名夏目金之助，日本近代作家，在日本近代文学史上享有很高的地位，被称为"国民大作家"，门下出了不少文人，如久米正雄、芥川龙之介。代表作品有《草枕》《我是猫》《虞美人草》等。他对个人心理的描写精确细微，开启了后世私小说的风气之先。1916年12月9日，因病去世。1984年，他的头像被印制在日本发行的千元钞票票面上。

《我是猫》以猫为第一人称视角，用幽默讽刺的笔法，叙写了一只偶尔住进苦沙弥先生家的野猫。作者不仅着力描写猫的世界，更用了大篇幅来叙述猫所看到的人的世界，这种独特的观察视点吸引了众多读者，也成为日本讽刺文学的典范之作。

通过这只猫，夏目漱石向读者展现了苦沙弥、迷亭、寒月等知识分子以及金田为代表的资本家的生活面貌，对阴暗腐朽的社会和庸俗无聊的小说人物进行戏谑和批判，并以独特的讽刺手法描述了一幕幕滑稽、丑陋的场面，取得了狂欢式的喜剧效果。③

---

① 吕黛、张煜：《解读英美文学中的智慧》，99页，哈尔滨，哈尔滨工程大学出版社，2016。
② [美]海明威：《老人与海》，沈诗芸译，74页，长春，吉林出版集团有限责任公司，2009。
③ 段小青：《论〈我是猫〉的叙事特色》，载《当代小说(下半月)》，2010(12)。

《我是猫》在反映明治社会现实、批判明治社会的黑暗和丑恶的力度上达到了前所未有的广度和深度。小说不仅反映了20世纪初日本发动的对俄战争给人民群众带来的精神和物质的沉重负担，揭示了日本国内国粹主义思想的猖獗，并从人道主义立场批判了当时日本统治阶级的战争政策。同时，以讽刺的笔调描写了明治社会的金钱、权力关系等，反映了社会贫富悬殊和动荡不安，进一步剖析了隐藏在人们心灵深处丑恶的利己主义。①

《我是猫》的艺术特色如下。

第一，使用大量夸张的描写和新奇的比喻。书中有许多夸张的描写，以达到讽刺或幽默的效果。如描写金田夫妇的面容：金田夫人的鼻子“大得出奇，好像是硬把别人的鼻子抢来安置在自己的面孔正中似的”；而金田则不同，不仅“鼻梁很低”，而且“整个面庞也很扁平”。这种夸大、对照突出了他们面容的丑陋，也收到了令人发笑的效果。

第二，巧妙运用对话。在苦沙弥与朋友的对谈中，说话的人故意甩出许多悬念以增加活泼的气氛，将故事讲的活灵活现；倾听的人则以配合、插科打诨为主。

第三，含义复杂的“笑”。该小说最大特色是书中种种复杂的笑的要素，作品的每一篇都充满了笑声。有对知识分子的调笑与自嘲，也有对资本家发出的冷笑与讥讽。作品一方面使用旁敲侧击的手法来刻画主要人物苦沙弥，另一方面也使用直叙法描写了猫眼中苦沙弥的种种可笑的言行，嘲弄了苦沙弥的虚荣心、自负心及知识分子的种种怪癖。② 但是，在这些讥笑与嘲谑中，又带有一些虚贬实褒的意味。

除了人所担当的笑点以外，猫也有自身演出的许多喜剧。这样把猫从叙述者与评论者的角色从又拉回到了表演者。但在这些场景中，夏目漱石实际上是借用象征或隐喻的手法来讽刺猫所遇到的对象，以此暗嘲现实的种种无奈，讥讽自命清高的知识分子不满现实却无力反抗。

3. 泰戈尔

拉宾德拉纳特·泰戈尔(1861—1941年)，印度诗人、文学家、社会活动家、哲学家和印度民族主义者，被尊奉为印度的“诗圣”。他是近现代影响世界的第一个东方人，尤其是对中国现当代文学史产生了深刻影响。代表作品有诗集《吉檀迦利》《飞鸟集》《新月集》，评论集《国家主义》，演讲集《人类的宗教》等。1913年，他凭借《吉檀迦利》成为第一位获得诺贝尔文学奖的亚洲人。

《吉檀迦利》中，“吉檀迦利”是献歌的意思，作者以奇特纷繁的想象、清新欢快的笔调借颂神的形式表达对“爱”至真的歌咏，表达了作者对国家前途的关怀，对人生理

① 王立新：《外国文学史(东方卷)》，169～171页，北京，高等教育出版社，2013。

② [日]夏目漱石：《我是猫》，刘振瀛译，2页，上海，上海译文出版社，2011。

想的探索与追求，描述了一个真切又模糊的理想世界。瑞典著名诗人凡尔纳·冯·海顿斯特拉姆读过《吉檀迦利》后说："就像饮了一口清澈凉爽的泉水。"

《吉檀迦利》全集共103首，可分为序曲、主歌和尾声。第1～7首为序曲，说明作歌缘由，表现神与人的亲密关系。表达诗人对人神结合境界的向往和追求，第8～35首为第一乐章，主题是对神的思念与渴慕。第36～56首为第二乐章，主题是与神的会见。第57～85首为第三乐章，主题是欢乐颂，歌颂神给世界带来的欢乐和光明。第86～100首是第四乐章，主题是死亡颂。诗人渴望通过死亡获得永生，真正达到人与神合一的境界。最后3首是尾声，概括诗集的内容和意义。①

诗集包含了丰富而广阔的内涵，在对神的歌颂中，还包含了对生命、自然、人类、以及所有物体的歌颂。他歌唱生命的荣枯、现实世界的欢乐与悲哀，将抒情与哲理结合起来，给人深刻的启迪。

《吉檀迦利》的辞藻并不华丽，而是纯粹的、质朴的，但就在这种最自然又热烈的情感表露中，营造出独特的艺术效果，弹奏出最复杂的乐章。诗人将诗歌与日常生活的紧密结合，运用隐喻，赋予诗歌哲理的意蕴，使诗集具有独特且质朴的气质。泰戈尔用浪漫情调吟唱，将"生命之歌"传到了全世界。

(二)现代主义与后现代主义

1. 卡夫卡

弗兰兹·卡夫卡(1883—1924年)，奥地利德语小说家，本职为保险业职员，是20世纪重要的作家。其作品大都用荒诞、异化的形象和象征、隐喻的手法，表现被充满敌意、身不由己的社会环境所包围的孤立、绝望的个人。代表作品有长篇小说《城堡》，短篇小说《变形记》《审判》《饥饿艺术家》等。卡夫卡是表现主义的先驱，现代派文学的奠基人，被誉为"作家中之作家"，是西方现代主义文学具有代表性的作家。

《变形记》讲述了旅游推销员格里高尔一天清早醒来发现自己变成了一只大甲虫，秘书主任因他没有按时上班来家中责问的故事。当他出现在众人面前时，主任被吓跑，父亲被气哭，母亲当场昏倒。此后，全家人都躲避着他，只有妹妹会细心地送来吃食。但是，妹妹对他也逐渐不堪忍受并心生厌恶，格里高尔感到痛苦不堪。

在格里高尔变成一只甲虫后，本是指望格里高尔工资支撑所有开支的全家人一下子陷入困境。在无可奈何之下，全家人出去谋生：曾经闲散惯了的父亲给银行小职员们送早点，患有气喘病的母亲给陌生人缝补内衣，年纪尚小的妹妹做起了售货员。所有人仿佛开始了新的生活。而格里高尔因父亲用苹果把他打伤，永远丧失了灵活行动的能力，忙碌的家人又无暇顾及他，对他照顾不周。他接连失眠，每次面对家人的冷

---

① 刘洪涛：《外国文学名著导读》，287～288页，北京，高等教育出版社，2009。

漠，他身上的伤口就又疼了起来。

为了增加收入，家人把寓所里的一个房间租给了三个房客。一次格里高尔爬出来听妹妹拉小提琴时被房客发现，结果造成一场混乱，房客要求退租。全家人的忍耐到达顶点，认为不该再留下这只可怕的大甲虫阻碍他们的生活。心灰意冷的格里高尔又病又饿，在孤寂中绝望地死去。全家人如释重负，坐车去郊外散步，开始展望新的美好生活。

格里高尔的遭遇是在那个物质极其丰裕、人情淡薄的时代里处于底层的小人物命运的象征。[①] 小说以主人公变为甲虫这一荒诞故事反映了世人唯利是图、对金钱顶礼膜拜、对真情人性不屑一顾，最终被社会挤压变形的现实，也反映了资本主义制度下真实的社会生活。[②] 异化的社会不断催生异化的人，格里高尔悲哀地丧失了自我，又在寻找自我中徒劳、无望地挣扎，而最终格里高尔的死也使他永远地、彻底地摆脱了异化的社会。

《变形记》的艺术特色如下。

第一，叙述真实的怪诞世界。卡夫卡描绘了一个寓言式的虚幻世界，却象征着真实的现实世界。在这里，象征只是一种方式，揭示、暴露问题才是目的。作品真实地表现了黑暗的社会现实给人造成的压力、重负，最后导致人的精神扭曲。[③] 卡夫卡以平淡的叙事态度、独特的叙事视角、细节性的描写，使荒诞不经的事件出乎意料地被刻画得自然、真实。

第二，丰富、独特的象征性、隐喻性。小说中包含了大量的象征和隐喻，纳博科夫认为，小说中的数字“三”最具有特殊的寓意。如小说分为三个部分，格里高尔的房间有三个门，他有三个家人，整个过程中家里共出现三个用人、三个留胡子的房客，格里高尔三次爬出房间。正如通常的“三和弦”“三位一体”“三幅一联”的图画或雕刻，“三”增加了艺术的美感，而卡夫卡通过正论、反论、综合三步体现了完整的逻辑性。[④] 二者增强了小说的寓言性，使他幻想的隐喻性更加丰满。

2. 马尔克斯

加布列尔·加西亚·马尔克斯(1928—2014 年)，哥伦比亚著名小说家，拉美魔幻现实主义文学最具代表性作家。代表作品有长篇小说《枯枝败叶》，中篇小说《没有人给他写信的上校》，长篇小说《百年孤独》《霍乱时期的爱情》《苦妓回忆录》。1982 年，“因为他的长篇小说把幻想和现实融为一体，勾画了一个丰富多彩的想象中的世界，反映了拉丁美洲大陆的生活和斗争”，马尔克斯获得诺贝尔文学奖。

---

① 王璐、乔阳、张哲：《卡夫卡〈变形记〉——荒诞的故事与生活的真实》，载《名作欣赏》，2014(15)。
② 王璐、乔阳、张哲：《卡夫卡〈变形记〉——荒诞的故事与生活的真实》，载《名作欣赏》，2014(15)。
③ 王璐、乔阳、张哲：《卡夫卡〈变形记〉——荒诞的故事与生活的真实》，载《名作欣赏》，2014(15)。
④ [美]弗拉基米尔·纳博科夫：《文学讲稿》，申慧辉译，317 页，上海，上海译文出版社，2018。

《百年孤独》是魔幻现实主义文学最为杰出的作品，该作品的问世曾在拉丁美洲引起一场“文学地震”。作为拉丁美洲“文学爆炸”时代的代表作品，已被翻译成40多种语言，遍及世界多个国家和地区，在世界文学史上占有重要地位，也是现代西班牙语文学中杰出的作品之一。

小说以小镇“马孔多”为背景，描写了小镇的兴衰史和布恩迪亚家族七代人的命运。布恩迪亚家族的命运与马孔多的创建、发展、繁荣到衰落、消亡紧紧绑在一起，也折射出哥伦比亚乃至整个拉丁美洲的历史变迁。马尔克斯制造了一个奇妙绚烂、荒诞、具有魔幻色彩的世界，刻画了大量人物，在疾病、反抗、爱、孤独、死亡等主题中，暗含着各个人物的性格及其命运。

第一代人何塞·阿尔卡迪奥·布恩迪亚与表妹乌尔苏拉结为夫妇，乌尔苏拉因害怕由于近亲结婚生出长有猪尾巴的孩子而拒绝与丈夫同房。布恩迪亚因饱受村民讥笑一怒之下将邻居杀死。为了躲避邻居鬼魂的纠缠，他带领家人跋山涉水，在一个荒无人烟的小河边定居，并将此地取名“马孔多”。随着与外界联系的不断扩大，马孔多变得繁荣起来。何塞·阿尔卡迪奥·布恩迪亚痴迷所谓科学实验，由于他的精神世界与马孔多狭隘、落后、保守的现实格格不入，他陷入孤独之中不能自拔，以至于精神失常，在栗子树下悲惨地死去。

第二代人何塞·阿尔卡迪奥和奥雷亚诺都与用纸牌算命的庇拉·特内拉私通，奥雷亚诺投奔自由党军队，多次起义都以失败告终，17个儿子相继被打死，最后万念俱灰，在反复制作小金鱼中度过残生。

第三代人阿尔卡迪奥和奥雷亚诺·何塞，前者曾做过马孔多的独裁者，后被保守党政府击毙。

第四代人孪生兄弟何塞·阿尔卡迪奥第二和奥雷亚诺第二，两人童年时经常和家人玩互换身份的游戏。因他们表现得与家族中继承的相应名字的相应性格截然相反，以至于让祖母乌尔苏拉怀疑在某次游戏过程中，两人忘记了自己的本名而永远互换了身份。前者曾组织过反对美国香蕉公司残酷剥削的大罢工，但罢工被血腥镇压，而后变得悲观厌世；后者没有正当的职业，终日纵情酒色、大摆筵席、挥霍无数，弃妻子费尔南达于不顾，在情妇佩特拉家中厮混，最后在病痛中死去。

第五代人何塞·阿尔卡迪奥当过神父，后被杀害。

第六代人奥雷亚诺·布恩迪亚与姨母阿玛兰妲·乌尔苏拉乱伦，生下了家族中的最后一代：长着猪尾巴的婴儿。这个婴儿在出生次日便被蚁群吃掉。

当奥雷里亚诺·布恩迪亚看到死去的儿子时，终于破译出了梅尔基亚德斯的手稿。手稿卷首的题词是：“家族中的第一个人将被绑在树上，家族中的最后一个人正被蚂蚁吃掉。”原来，这手稿记载的正是布恩迪亚家族的历史。在他译完最后一章的瞬间，一场突如其来的飓风把整个马孔多镇从地球上刮走，从此这个镇永远地消失了。

《百年孤独》的深层意旨在于剖析拉美地区人们的精神状况，揭示该地区愚昧、落后的内在根源，从而探索出一条摆脱孤独与愚昧而自我拯救的路。“孤独的反义词是团结”，人们在反抗一切外部邪恶势力的同时，还应该走出疏离、冷漠、孤寂的心灵城堡，回归完整而和谐的人性，实现团结、友爱和人道的理想。只有这样，这片亘古如斯的土地才能迎来一个新生的时代。①

《百年孤独》在现实主义写实方法的基础上，打破了时空观念和真实与虚幻的界限，描绘了一个神话般的魔幻、荒诞的世界。魔幻现实主义手法增强了小说的故事性、神奇性和寓言性，在表现或讽喻历史与现实的方式上显得更为机警和巧妙。②

《百年孤独》的艺术特色如下。

第一，循环往复、回扣式的叙事结构。如开篇第一句话：“多年以后，面对行刑队，奥雷亚诺·布恩迪亚上校将会想起，父亲带他去见识冰块的那个遥远的下午。”故事中的人物姓名、性格也存在着重复、循环的特征。

第二，象征手法。如黄色在小说中是不幸与灾难的象征。布恩迪亚家的水泥地裂缝里长出了小黄花，从此这个家族便日趋衰落，不久乌苏拉也寿终正寝。

第三，夸张、奇幻、荒诞的描写。例如，婴儿长出猪尾巴；梅尔加德斯能够死而复生和预知未来；何塞·阿尔卡迪奥一连睡了三天，醒来吃了16个鸡蛋。

3. 川端康成

川端康成(1899—1972年)，日本小说家，新感觉派作家。代表作品有《伊豆的舞女》《雪国》《千只鹤》《古都》。1968年，他凭借后三部作品获得诺贝尔文学奖，成为亚洲第三位获诺贝尔文学奖的作家。

《古都》讲述了自幼被织锦商人收养的千重子，因时常对自己的身份暗自怀疑，逐渐养成了多愁善感的性格。祇园节夜里，她遇到山村姑娘苗子，惊讶地得知两人是孪生姐妹。她们的相貌极为相似，身份境况却相差悬殊，两人相处和睦、彼此思念，却不能相认。作者将姐妹俩淡淡的哀愁融入京都的四季美景，以景相衬，凸显出京都自然、人情共美的美好图景。

小说表面描写了人与人之间纯洁、真挚的感情，实际的主角其实是千年古都——京都：平安神宫的樱花、嵯峨的竹林、北山的园杉、青莲院的楠木；一年一度盛大的祇园会、时代祭、伐竹祭……只有将景与人的故事交融在一起，才能渲染出美丽而哀愁的氛围，展现日本民族独特的审美理念。小说中借用“盆景”来比喻京都，看似是浑然天成的自然风景，其实到处是人工的精雕细琢，这也恰恰体现了日本民族对事物的精细态度，以及对美的极致追求。

---

① 王立新：《外国文学史(西方卷)》，499～500页，北京，高等教育出版社，2013。

② 朱景冬：《〈百年孤独〉及其表现手法评析》，载《外国文学研究》，1991(1)。

《古都》中充斥着浓郁的日本传统文化气息，通过对京都名胜古迹、传统节日风俗等描写，营造出空灵、幽玄、哀怨、唯美的意境，表现了物哀、风雅、幽玄的日本传统美学。作者又糅合了西方的艺术手法，探索出作品的独特美感，表达了对日本传统文化之美的强烈认同和深厚情感，也映射出作者想要努力地寻找寄托内心虚无和缥缈之感的精神家园。

正如诺贝尔文学奖授奖词中所写："《古都》以毫不夸张的感伤，动人心弦的手法，将神社佛阁、工匠荟萃的古老街道、庭院、植物园等种种风物，敏锐而精细地表现出来，作品充满了诗情画意。"

4. 纪伯伦

纪·哈·纪伯伦(1883—1931 年)，黎巴嫩作家、诗人、画家，阿拉伯文学的主要奠基人，20 世纪阿拉伯新文学道路的开拓者之一，被称为"艺术天才""黎巴嫩文坛骄子"。代表作品有散文诗集《泪与笑》《先知》《沙与沫》等。纪伯伦、鲁迅和泰戈尔被认为是近代东方文学走向世界的三位先驱。

纪伯伦从青年时代就开始着手创作《先知》，付出了多年的心血，多次修改，甚至为了完成这本诗集不惜以牺牲健康为代价，按他自己的说法是"思考了一千年"才写成的。该作品也被西方称为"东方馈赠给西方最美好的礼物"。

《先知》讲述的是智者艾勒·穆斯达法即将乘船回归他的故乡，在临别之前被城中的男女簇拥到圣殿广场，以诉求"先知的真理"，告诉他们有关"生和死中间的一切"。他怀着诚挚的感情，回答了一个又一个问题。赠言中论述了爱与美、生与死、罪与罚、婚姻与家庭、法律与自由、宗教与善恶、理智与热情等一系列社会人生问题，谈及人类从古至今乃至未来都关心或将关心的自身问题。全书共分为 28 节，内容充满哲理，用喻新奇，凝结了纪伯伦智慧的思考。

关于人的理想，他认为，人类的精神是沿着"侏儒—人性—神性"的轨道发展的。①人要追求发展和提高，不应做"在日中匍匐取暖，在黑暗中钻穴求安"的初级动物，而应捕捉飞翔在天空的"大我""真我"，目标是"向着无穷性前进"，成为具有"神性"的人。

他以"爱"的主题为始，以"死"的主题为终，将对美和自由的追求联结其中，力求迸发真挚、忘我的爱，延续和转换另一种方式的生命，把握美的本质和真正的自由，以此呼唤生命的解放力，敦促人类向更高更远的目标前进。

在谈及物质文明充斥的社会时，纪伯伦借智者之口，表明解决精神危机的最好途径是"返璞归真""回归大自然"，他洞悉物质只能满足人们一时的感官享受，而不能填补精神的空虚的真理。"城里的房子"不及"想象的凉亭"，都市生活只会增加舒适的欲望，毁灭人类脆弱的肉躯和心灵。

---

① 高慧勤：《东方现代文学史》(下)，1287 页，福州，海峡文艺出版社，1994。

纪伯伦构建的“智者”形象，以超乎常人的洞察力，用平凡生活中的日常小事来启迪人。然而，在现实的回击下，就连清醒的智者也会发出无奈的长叹，产生不可避免的迷茫与哀伤，因此，作品具有掩饰不住的抑郁和凄婉。

《先知》的艺术特色如下。

第一，独特巧妙的文体形式。作者突破了传统散文诗的表现力。一方面，以排比和重复等手法，构建起自由体诗的律动感、节奏感，诗歌富有音乐性，继而增强了可吟诵性；另一方面，以智者发表训诫的形式将哲理抒发出来，使严肃枯燥的哲理中饱含诗人浓浓的情感，增加了内容的感染力。

第二，大量意象的运用。以象征和比喻的手法，将众多自然万物意象构成的客观图景和作者的主观意念、不可见的神的世界交融在一起。加上纯净剔透、梦幻醇美的语言，营造出一个富有神秘色彩的奇幻境界。

【思考与练习】

1.《神曲》如何体现了但丁作为新旧交替时代伟大诗人的成就和矛盾?

2. 怎样理解“堂吉诃德是一个矛盾复杂的悲喜剧形象”这一说法?

3. 请比较浪漫主义与批判现实主义的异同。

4. 请简述《百年孤独》的艺术特色。

第三节
对小学语文教材中外国文学选文的教学建议

“部编版”小学语文教材中选用了不少外国文学篇目，作为展示外国文化信息的窗口，有利于小学生体会不同的写作技巧和思维方式，开阔眼界，感受文化的多样性，培养全球意识。

在“部编版”小学语文教材中，低年级学生的外国文学学习主要以寓言或童话等故事类课文为主，高年级才开始涉猎外国文学多方面的体裁，诸如小说、科普文和散文诗等，这符合小学生的思维由具体形象到抽象的发展特点。尤其是随着年龄的增长，小学生的三观开始逐渐确立，高年级时开始学习外国文学中的小说和散文诗等更有助于他们体会外国文学中丰厚的意蕴及宏大命题，理解历史洪流下人们的现实生活，塑造健全的人格。

一、外国童话与小学语文教学

童话本身就是舶来品，国外的童话起源早，创作较为成熟，强调儿童本位，更具有现代性。“部编版”小学语文教材选用了多篇童话体课文，有来自大家的经典作品，如安徒生、王尔德；涉及多个国家的童话作品，如俄国、日本、瑞典等。在童话的教学上，教师可以参考寓言的教学方法，但同时也要顾及并重视童话独特的艺术价值。对于童话的教学手段在“儿童文学”教学部分已有完整的内容，这里不再赘述，国外童话的独特性教学建议主要有以下几个方面。

(一)多重阅读与朗读，培养语感和语言能力

《义务教育语文课程标准(2011 年版)》提出：“阅读是运用语言文字获取信息、认识知识、发展思维、获得审美体验的重要途径。”①《义务教育语文课程标准(2011 年版)》提出在教学中尤其要重视培养良好的语感和整体把握的能力。童话具有生动鲜活、神秘奇幻的人物形象，怪诞离奇、跌宕起伏的故事情节，更重要的是童话实质上是一种纸质媒体的游戏方式，与儿童生活中的象征性游戏有本质的相同之处②，阅读童话就像进行一种想象性的游戏，这些因素都对儿童有巨大的吸引力，使学生在愉悦的情绪中进行阅读和朗读，乐此不疲。

通过多重朗读的形式，学生在感受音律美的同时，可以逐渐形成良好的语感，更重要的是可以习得语言，强化记忆，发展思维。学生在朗读中因声名义，自发体会到童话故事潜在的思想性含义。

与寓言不同的是，童话中的人物更加丰富，语文课程标准中有明确表明要引导学生有感情地朗读课文，教师要引导学生把自己当作课文中的人物去感受、体验、思考，入情入境地读，根据不同的人物身份读出不同的语气，正确表达人物的内心世界。

(二)跳出课文，回归童话原始文本

抛去教材对童话原文的改编不说，外国童话选文中的经典，尤其像安徒生童话，是具有完整体系的。安徒生童话以其独创性的内容方式基本占据了童话历史舞台上的大块领域。教师在教学时，可以点明安徒生童话中丰富的象征意象、温和的批判方式，以凸显安徒生童话总体的主题内涵和作者的创作意图。

---

① 中华人民共和国教育部：《义务教育语文课程标准(2011 年版)》，22 页，北京，北京师范大学出版社，2012。

② 王泉根：《儿童文学教程》，148 页，北京，北京师范大学出版社，2009。

(三)体会国内外的文化差异

外国童话有明显区别于中国童话的文化历史，如王子与公主的形象，源于国外的社会政治体制，王子与公主的美好结合，一直是学生们期望的幸福美好结局。而主角们身上的良好品质，如王子的勇敢、公主的善良，都以一种闪闪发光的方式影响了小学生的品德发展方向，他们都渴望成为像王子和公主一样的人物。阅读外国童话有利于使学生体会到这种差异性，丰富他们的阅读体验，以更全方位的形式对学生进行教育。

二、外国小说与小学语文教学

从选文来看，外国小说课文中有多篇是18、19世纪的代表作家作品，如丹尼尔·笛福、维克多·雨果、列夫·托尔斯泰、马克·吐温，这些作家都是在整个世界文学史上具有重要地位的人物，其作品都带有强烈的时代特性，同时在反映当时的历史文化背景和社会生活的之外，表现了突出的人道主义，探索出人性伟大的一面。因此，在这类作品的教学中，教师要首先把握18、19世纪的文学特征，了解作者和人物所处时代的社会背景。在对课文进行分析解读时，要凸显作者深厚的文学功底，感受其艺术价值。最后，升华课文的主题，传递给学生隐藏在文本中的崇高命题，给学生以心灵的震撼。

在外国小说的教学上，教师可以参照以下几个方面进行。

(一)灵活利用多媒体资源，了解时代背景、社会背景

小学生的学习还具有很强的经验性，学生不仅对国外的作家感到陌生，对作家所处的历史时代也缺乏认知。然而，文学作品都是文化的衍生，小学生如果不了解国外的文化象征含义，就很难开展教学。随着网络的便利发展，教学也越来越多地引入媒体资源，教师可以在课程教学上利用网络，给学生展示课文中人物的社会背景、生活环境，以此来丰富学生的认识，使学生有初步的感知，调动学生阅读的热情。

(二)合作讨论，鉴赏人物形象

小说以塑造鲜活的人物为核心，在教材中的几篇外国小说选文，都是以人物的性格特点和优良品格来升华主题的，因此把握人物十分重要。《“诺曼底号”遇难记》是小学生在四年级下册接触的一篇外国小说，人物的刻画是通过小说的情节来展现的，学生在阅读故事情节上困难不大，但是在人物形象上的感受可能比较模糊。教师可以选择小组合作讨论的形式，让学生讨论生成对人物的初步认识。

但是，要对人物的形成有清晰、完整的认识，需要教师再引导学生厘清课文情节，

梳理情节、环境和人物的关系，在感受作者精练的写作技巧上和语言表现上，挖掘出隐藏在人物内心深处的心理特质和伟大形象。

除此之外，教师可以利用对比阅读来展现人物身上所承载的人性光辉，如《“诺曼底号”遇难记》与《黄继光》，虽然故事中人物所处时代、文化、国别都具有巨大差异，但是同样表现出了舍己救人、英勇无畏的牺牲精神，向我们展示了英雄的崇高、伟大。

(三)问题导引，分析语言

语言是小说的本体，汪曾祺曾对文学语言有一个形象的比喻：语言不可以像橘子皮一样剥下来扔掉。选文中这些外国小说的作家都是深谙语言艺术的大家，曾深刻地影响了后世的文学创作，具有语言审美意味的典型性。对小说语言的分析不仅可以品味作家的艺术特色，习得写作技巧，更重要的是有助于把握文本的本质内涵，理解主题思想。

(四)拓展阅读，领会外国文学的思想文化意涵

小说的创作几乎代表了外国经典作家的最高成就，外国小说的发展也具有悠久的历史，课文中的经典外国小说选文是一个很好的切入口，教师应引导学生探寻外国作家的创作风格，阅读其他外国文学经典，丰富阅读体验和文学知识储备，为以后的学习奠定深厚的基础，以便构建完整的世界文学史系统，提升语文素养。

【思考与练习】

1. 你喜欢外国文学吗？列举你读过的喜欢的外国文学作品并说明喜欢的理由。
2. 简单介绍在学习本章内容之前，你是如何构思“部编版”小学语文教材中的外国文学选文教学的？现在有哪些新的教学理念和设计思路？

本章小结

政治经济影响文化，文化孕育文学，外国文学的变革历来都是随着历史政治制度和社会生活的变化而变化的。阅读外国文学史除了要通晓每个历史时期文学的特点，还要了解世界尤其是国外历史发展脉络，追根溯源，对这一时期文学的产生及时代特性有本质性的认识。反之，文学包含了各个历史时期人们的思想意识、社会生活、精神状态，尤其在古希腊时期，文学与哲学及其理论相互融合，难以割舍，阅读文学作品除了提升审美素养，也有助于了解世界历史文化，不仅有助于帮助我们获取知识，还有助于各个学科的

融合学习，在学科之间建立联系。

由于篇幅的原因，还有许多重要的作家及作品都没有具体展开介绍，像浪漫主义的代表拜伦的《唐璜》、惠特曼的《草叶集》，批判现实主义代表巴尔扎克的《高老头》、哈代的《德伯家的苔丝》、狄更斯的《双城记》、简·奥斯汀的《傲慢与偏见》、易卜生的《玩偶之家》、莫泊桑的《羊脂球》，现代主义代表艾略特的《荒原》、乔伊斯的《尤利西斯》、普鲁斯特的《追忆似水年华》等。这就要求学习者在本书所列举的代表作家作品之外，拓展阅读积累更多的文学史知识，建立完整的知识体系。除此以外，要选择比较好的译本，切身感受不同作家的创作风格、写作手法，从而生发出何为经典的思考。

对于非中文专业的小学教育专业的同学来说，本章可以作为良好的外国文学入门导览材料。学习基本的外国文学知识，可拓展教师的中文素养，为将来语文的教育教学奠定良好的基础。

关键术语

外国文学、古典主义、启蒙主义、浪漫主义、批判现实主义、后现代主义

拓展资源

【电影】

《特洛伊：木马屠城》改编自《荷马史诗》，由沃尔夫冈·彼德森执导，布拉德·皮特、艾瑞克·巴纳等人主演，于2004年在美国上映。虽与原著有出入，但“木马屠城计”剧情基本符合《奥德赛》文本，拍摄场面宏大、华丽复古，有助于进一步理解原著。

【书籍】

1.[英]朱利安·巴恩斯．福楼拜的鹦鹉．石雅芳译．南京：译林出版社，2010.

2.[俄]伊·托尔斯泰．托尔斯泰次子回忆录．梁小楠等译．北京：北京大学出版社，2016.

3.[俄]契诃夫．可爱的契诃夫：契诃夫书信赏读．童道明译．北京：商务印书馆，2015.

4.[丹麦]安徒生．安徒生自传：我的童话人生．傅光明译．上海：上海译文出版社，2018.

5.[美]欧内斯特·海明威．流动的盛宴．汤永宽译．上海：上海译文出版

社，2016.

6.[印]拉宾德拉纳特·泰戈尔．泰戈尔回忆录．冰心译．南京：译林出版社，2016.

7.[奥地利]卡夫卡．致父亲：天才卡夫卡成长的怕与爱．张荣昌译．桂林：广西师范大学出版社，2004.

8.[哥伦比亚]加西亚·马尔克斯．活着为了讲述．李静译．海口：南海出版公司，2015.

参考资料

1. 郑克鲁．外国文学史．北京：高等教育出版社，1999.

2.[德]马克思，恩格斯．马克思恩格斯选集(第 2 版)．北京：人民出版社，1995.

3. 罗念生．古希腊罗马文学．上海：上海人民出版社，2016.

4.[意]但丁．神曲(地狱篇)．田望德译．北京：人民文学出版社，2008.

5. 穆睿清，姚汝勤．外国文学参考资料．北京：地质出版社，1984.

6.[西]塞万提斯．堂吉诃德．屠孟超译．南京：译林出版社，2011.

7. 朱维之，赵澧，黄晋凯．外国文学简编(欧美部分)．北京：中国人民大学出版社，2011.

8.[法]福楼拜．包法利夫人(经典译林)．许渊冲译．南京：译林出版社，2019.

9. 李危瑚．中外典型人物．南京：江苏文艺出版社，1992.

10. 李树森，刘铁，刘亚丁．高尔基．沈阳：辽宁人民出版社，1984.

11. 吕黛，张煜．解读英美文学中的智慧．哈尔滨：哈尔滨工程大学出版社，2016.

12.[美]海明威．老人与海．沈诗芸译．长春：吉林出版集团有限责任公司，2009.

13.[日]夏目漱石．我是猫．刘振瀛译．上海：上海译文出版社，2011.

14. 刘洪涛．外国文学名著导读．北京：高等教育出版社，2009.

15.[印]泰戈尔．吉檀迦利．萧兴政译．昆明：云南人民出版社，2019.

16.[美]弗拉基米尔·纳博科夫．文学讲稿．申慧辉译．上海：上海译文出版社，2018.

17. 王立新．外国文学史(西方卷)．北京：高等教育出版社，2013.

18. 高慧勤．东方现代文学史(下)．福州：海峡文艺出版社，1994.

19. 郁龙余．东方文学史．西安：陕西人民出版社，1994.

20. 严文井．严文井童话寓言集．北京：人民文学出版社，1982.

21. 王泉根．儿童文学教程．北京：北京师范大学出版社，2009.

22. 张弛．语文教育人文论．杭州：浙江教育出版社，2006.

23. 中华人民共和国教育部．义务教育语文课程标准(2011 年版)．北京：北京师范大学出版社，2012.

24. [美]戴维·利明，埃德温·贝尔德．神话学．李培茱，何其敏，金泽译．上海：上海人民出版社，1990.

第八章

民间文学基础

章结构图

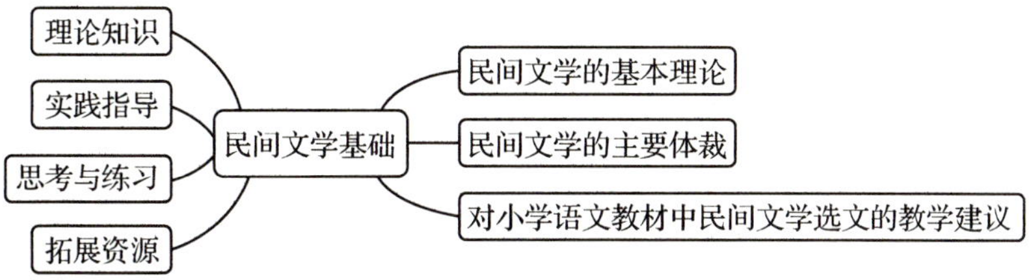

章前概述

掌握一定的民间文学知识有利于完善小学语文教师的知识结构，拓宽专业视野，如果能将所学的民间文学知识灵活运用到小学语文教学和校园文化建设中去，不仅利于提升教师的专业素养和职业技能，还将利于优秀的中华传统文化在社会主义接班人中的弘扬和传承。

本章主要分为三大部分，第一部分是民间文学基础理论，第二部分是民间文学的主要体裁，第三部分是对小学语文教材中民间文学选文的教学建议。第一部分主要介绍民间文学的概念和基本特征，以及与作家文学的关系和搜集整理的原则与成就等基础理论知识；第二部分主要就民间文学的主要体裁进行介绍；第三部分则针对小学语文教学实践提出了建议。

章前导语

民间文学是中华传统文化中不可分割的一部分，是千百年来人民大众口头创作、传承并享用的精神食粮，与作家书面文学作品在形式、艺术特色以及传播途径上差异较大，但是却是全面而深入了解中华民族文化密码的一把钥匙。

第一节
民间文学的基本理论

一、民间文学的概念与基本特征

(一)民间文学的概念

1. 民间文学的概念

民间文学是人民大众的口头创作，它在广大人民群众当中流传，主要反映人民大众的劳动生产、日常生活和思想感情，表现他们的审美观念和艺术情趣，具有自己的艺术特色。①

今天我们应把“民间文学”看作人民的口头创作，是“生产者的艺术”的一部分。我们决不能离开它的这个基本性质，仅从形式上来谈民间文学。

2. 民间文学的范围

马克思主义认为，“劳动人民”是一个历史概念，在不同历史阶段，它所包含的社会成员是各不相同的。

在原始社会阶段，全体社会成员都是劳动者，那时虽无文字，但是语言艺术却已产生，那时的民间文学应属于全体社会成员。

在阶级社会民间文学获得了很大发展，它反映的社会生活比原始社会时期广阔许多，且艺术形式更加丰富多彩，除原始时期产生的体裁继续流传外，又产生了许多新的体裁和样式。在阶级社会，人们分裂为统治阶级和被统治阶级，文字这个工具主要掌握在统治阶级手中，书面文字逐步发展；而从事体力劳动的广大人民群众，被剥夺了掌握文字的权利，只能继续以口头语言为工具，创作并传播神话、传说、民间故事、歌谣、史诗、民间叙事诗、谚语、谜语，以及民间小戏和民间说唱等(说唱文学部分属于民间文学)。这些是民间文学的主要体裁。

在我国长期的封建社会和半封建半殖民地社会中，民间文学主要是广大农民、手工业工人、近代产业工人，以及出生于社会中下层、活动在农村和城市的民间艺人的创作。他们运用上述民间文学体裁，反映广泛的社会生活，抒发自己的思想情感，积累生产经验、斗争智慧，进行自我教育和自我娱乐。因而这个时期的民间文学具有鲜明的阶级性。

在社会主义时期，民间文学进入一个新的历史时期。一方面，过去产生的传统的民间文学作品，很多仍然在人民群众中流传；另一方面，在新民主革命时期和解放战争时期，以及中华人民共和国成立后，人民群众又创作了很多具有时代特色的口头文学作品，这些作品为我国民间文学注入新的血液。

由于社会主义时期人民大众当家做主，难以掌握文字和接受教育的状况得到根本改变；作家也已经变成民众的一部分，不再是传统社会的对立阶层。因此当代民间文学范围的认定需要有新的认识。

首先，社会主义时期民间文学的创作者主要是广大的工、农、兵和其他劳动群众，以及一些直接接近群众的基层干部。

其次，社会主义时期的民间文学既包括口头创作、口头传播的民间文学作品，也包括人民群众以文字为工具，运用民间文学的艺术方法和艺术形式，进行的创作，只

---

① 钟敬文：《民间文学概论(第二版)》，1页，北京，高等教育出版社，2010。

要这些创作在群众中口头流传并被他们喜爱，也是民间文学。

最后，社会主义时期知识分子属于劳动者范围，但是由于体力和脑力劳动的差别依然存在，只要知识分子的作品能够适合群众的美学要求，为群众所接受，能在一定范围的群众中口头流传，同样可以算是民间文学。但从总体来说，这类创作只是少数。

总之，在确定新的民间文学范围的时候，除了明确它属于人民创作的性质，要求具有反映人民的现实生活和思想感情的内容之外，还须强调这种创作应该适合群众的欣赏习惯，能在群众中口头流传。

3. 学习民间文学的目的

学习民间文学，对于高校师范专业的学生来说，具有重要意义。

首先，学习民间文学、牢记人民是历史创造者。高校师范专业的学生是未来的教育工作者，掌握历史唯物主义和社会主义核心价值观是建构健康的思想价值体系的基础，而源自人民群众创作的民间文学在该教育领域则具有先天的优势。

其次，学习民间文学、吸取人民的思想和艺术的营养。民间文学生动地证明着人民创造历史这一历史唯物主义原理的正确性，学习民间文学有助于我们形成对人民的正确认识；它优秀的创作成果，为我们提供了丰富的思想和艺术的营养。

最后，学习民间文学、发挥其在各项科学文化建设中的作用。人民群众运用民间文学反映自己的生活，表现自己的爱憎感情。人民群众也用民间文学来积累关于自然和生产的知识，总结社会生活各方面的经验，用它来达到各种实用的目的。这是民间文学和一般作家书面文学很不相同的一个特点。

民间文学不仅有文学价值，还具有政治意义、历史价值，也可以为哲学、社会学、人类学、民族学、民俗学、教育学、语言学等社会科学提供资料，也可以为自然科学提供资料，比如我国民间谚语中包含大量的天气谚语和农业生产经验谚语，这些都是气象学、农业学的宝贵资料。

(二)民间文学的基本特征

千百年来，和作家文学相比较，民间文学在创作和流传方面有自己的特殊性，这些特殊性通常称为民间文学的特征。

首先，民间文学在思想、内容方面具有鲜明的人民性。与作家文学不同，它是扎根在人民生活土壤中的文学。它紧密地伴随着人民生活的各个方面，充分地反映了现实，表达了人民的思想、愿望。它的艺术形式不仅受到广大群众的喜爱，而且更为他们所掌握、所运用。它从内容到形式处处展现了人民的艺术趣味和美学理想。

其次，在艺术表现上，民间文学与作家书面文学也有许多差别。民间文学的语言，一般说来更质朴平易、形象生动、亲切感人。民间文学的朴素、明朗，显示了人民率真而朴实的创作态度。民间文学的单纯、凝练、粗犷、幽默等艺术风格与过去作家文学的风格也显然不同。

总之，民间文学与作家文学在创作和流传方面相互区别的最突出的特征是集体性、口头性、变异性和传承性。

1. 集体性

集体性是民间口头文学与作家书面文学相区别的重要特征。与作家文学主要由作家个体创作不同，民间文学基本上是一种集体创作、集体流传的特殊的文学。它反映了人民的生活与愿望，集中了人民的智慧，融汇了人民的艺术才能，并被人民集体所承认和保存。这样就构成了民间文学的集体性特征。民间文学各种形式的作品，从创作到流传，从不断加工到长期保存，始终与广大人民群众这个伟大集体有着极其密切的关系。

2. 口头性

民间文学的口头性特征，在这里主要是针对作家文学的书面创作特征提出的。口头性是民间文学与作家文学显著区别的特征。因此，民间文学又称作“人民口头创作”或“口传文学”，以区别于作家书面文学。必须要强调的是，口头性并非民间文学独具的特征，凡在民间通过口头进行创作并传播的作品，都具有口头性。在非人民群众中间，甚至是在剥削阶级中间，也都有自己一定的口头创作的作品，它们也具有口头性。在研究人民的口头文学时，应特别注意不要把那些非人民的、甚至反人民的口头“作品”误认作民间文学。必须先从作品内容方面辨别清楚，严格认定哪些是劳动人民的口头作品。同时，还要把口头性与上述集体性紧密结合起来，才能正确认识民间文学的各种现象。这是探讨口头性特征的前提。

3. 变异性

由于采用集体的、口头的创作和传播方式，民间文学作品总是处于不断变化的状态之中，这种自然而然变动的特点，使民间文学区别于作家书面文学的稳定性，这种特征即变异性。

作家书面文学作品一旦写就，原文本身就是稳固的，即使后来再修改、校订，变动也是有限，修订后又会进入新的稳定状态，即便版本不同也是如此流传。

而民间口头文学的绝大部分作品在传播过程中几乎都可能发生变动。这种变动绝非个别，而是大量发生的，且具有必然性。口头文学中，有很多是由某一个作品的主体，变化成为许多大同小异的作品，形成了若干“异文”。这种现象在散文体的故事中尤其明显，韵文演唱作品则不太突出。

变异性特征的形成，固然以集体的、口头的创作与传播为重要的因素，但是除此之外，还有它本身内在的和外在的因素。

第一，人民的作品是口传心授的作品，这里的心授正是依靠记忆保存和传授的含义。靠记忆保存民间文学作品是形成变动的内在原因。

第二，民间创作者从来没有著作权观念，这是形成变异性特征的另一内在原因。作家书面文学的著作权和版权，历来被作家、出版者和读者尊重，甚至在道德上、法律上予以承认和维护。所有这些观念，在民间文学创作中几乎都不存在。口头传播者往往是再创作者，他有权进行合乎群众需要的改动或加工。这种改动大多数情况下是不自觉的，是按照民间文学艺术传统的规律自然而然地变动的。

第三，民间口头作品流传的环境不同，是形成变异性特征的外在原因。民间文学作品最密切地结合群众的生活环境和实际情景。因此，各地的不同风习、不同环境就成为促使作品内容变化的因素。

第四，历史的发展，时代的变革，是形成变异性特征的重要客观原因。

变异性首先表现在民间作品的语词变化上，一个作品流传到任何地区，往往先染上当地的方言土语色彩，形成了若干异文变体。像流传较为广泛的歌谣《月儿弯弯照九州》《月光光》等，都有许多不同语词的异文。

同时，还有许多作品的内容或情节也有所改变。民间传说、民间故事就经常发生这类变化。这种变化使同类型的传说、故事，具有几种或多种不同的情节和人物；或者原来只是一个简单的梗概，添枝加叶，不断丰富内容，扩展情节，最终成为一个生动的故事。如《牛郎织女》故事从最早关于织女星、牵牛星两星相爱的传说，到后来天上织女和人间放牛郎相爱的完整故事，经历了几百年的变化。

4. 传承性

在拥有变异性特征的同时，民间文学又存在着一系列相对稳定的因素，世代传承。这些标志了民间文学传统的诸特点总称为“传承性”。

民间文学的传承性，首先表现在内容方面的质朴、健康的现实主义传统以及某些形象的沿用方面，其次还表现在千百年来形成的比较固定的艺术形式上。至于民间文学作品内容所反映出来的古老传统观念、信仰、习俗、制度等，在挖掘、整理具有这些传统因素的民间作品时，也不能随意否定，应科学地对待。相对地，民间文学在艺术形式方面所标志的传承性，却有比较广泛的意义，是民间文学艺术本身的规律所决定的。

二、民间文学与作家文学的关系

民间文学与作家书面文学在发展过程中的关系密切而复杂。

两种文学之间的关系在不同历史时期，有着不同的表现和作用。在前阶级社会里，口头文学是全民文学，是文学的唯一形式。在阶级社会，文学也随之分化为两个阶级对立的文学。它们之间的关系是复杂的。就文学所反映的两种不同阶级生活和它的传播手段(口头的或书面的)来说，它们是不同的，但它们又不可避免地互相影响着。民间文学或作家文学，都必须承受着历史发展规律的制约；两种文学都要依赖语言来表达，而人类共同创造的语言是没有阶级性的；一些进步作家会主动地吸取民间文学营养，而民间文学也在一定程度上借助文人、作家的著述来保存，也因此要受到作家文学的影响甚至制约。

到了社会主义时期，各族人民做了文化的主人，文字和文学已不为少数作家所专有，群众中的一些人也采用各种新文学样式(如小说、散文、自由诗)从事书面创作。另外，专业作家(其中有些是在群众创作中成长起来的)因与人民利益一致，更自觉地向人民喜闻乐见的民间传统文艺形式学习。这就势必改变历史上作家文学与民间文学的某些对立状态，而建立起一种作家个人创作与群众集体的民间创作的新关系。但是，民间文学仍然有它自己的艺术特点，也绝非作家文学某种形式所能代替。民间文学将与作家文学长期并存、交相辉映。

(一)民间文学对作家文学的影响

民间文学不仅接近民众生活，同时也是优美的艺术品，哺育着作家文学。

1. 民间文学为作家文学提供了主题和思想素材

我国历代优秀作家在题材或思想内容方面吸取了民间创作的营养。两千多年前，伟大诗人屈原的《九歌》《天问》等作品，都深受楚地民歌、神话的影响，特别是《九歌》《天问》，它们和民间文学的关系更为密切。

2. 民间文学为作家文学提供了典型形象

作家常从民间创作吸取典型形象作为自己作品中的主人公，概括出典型的形象，并因此在本民族甚至世界范围获得巨大影响，世界文坛中这类例子并不鲜见。如莎士比亚的名剧《奥赛罗》《哈姆雷特》，以及塞万提斯的《堂吉诃德》、歌德的《浮士德》等，所有这些作品中的典型和某些情节，在作家著述之前就早已在民间文学中存在了。我国的《水浒传》和《西游记》中的典型人物，就是在几百年的民间传说、民间艺人演唱基础上加工创造的。

3. 民间文学在艺术形式上对作家文学的影响

历代作家在文学样式、表现手法、艺术风格方面向民间文学学习而达到、艺术高峰的现象，也值得我们充分重视。各种文学体裁大都来自民间。正如鲁迅所说："歌，诗，词，曲，我以为原是民间物，文人取为己有……"[①]类似赋、比、兴等表现手法也是从民间文学作品中吸取而来的。

4. 民间艺术语言对作家文学的影响深远

不管多么伟大的天才作家，都离不开人民语言的宝库。比如《红楼梦》中就吸收了

① 鲁迅：《鲁迅书信集》，492页，北京，人民文学出版社，1976。

大量的民间语言，里面有大量的民间俚语、谜语和谚语。

(二)作家文学对民间文学的影响

民间文学哺育了历代作家，反过来，很多作家在保存、提炼和传播民间文学方面也起到了很大的作用，由于他们的努力，很多历史上的民间文学创作才能够保存并流传到今天。但是，古代社会，有的作家出于本身的阶级意识也会在改编民间文学素材时做出扭曲和损害的行为。比如清代乾隆年间成书的《雷峰塔传奇》就出于士大夫的审美意识，大大丑化了白娘子的形象。

总之，在我国文学发展历史上，民间文学与作家文学始终联系密切。

【思考与练习】

1. 我们为什么要学习民间文学?
2. 民间文学的基本特征是什么?
3. 民间文学与作家文学之间是什么关系?

第二节 民间文学的主要体裁

民间文学种类繁多，形式丰富，本节对其中主要的体裁进行介绍与分析。

一、神话与民间传说

(一)神话

神话是人类远古时期创作的民间文学作品之一，是民间文学的重要源头。

1. 神话的概念

作为一种民间文学形式，神话是远古时代的人民所创造的反映自然界、人与自然的关系以及社会形态的具有高度幻想性的故事。①

神话主要是远古时期的产物，它的流传又因为社会性质的改变而造成变形或消亡，

① 钟敬文：《民间文学概论(第二版)》，124页，北京，高等教育出版社，2010。

因此它的保存特别有赖于古文献的记录。目前，我国的神话主要在《山海经》《楚辞》《淮南子》等古籍中有所记述，《国语》《左传》及《论衡》等书中也存有片段材料。这些散落在古籍中的材料虽少，但仍足以印证我国古代神话体系的庞大和内容的丰富。至今我国一些少数民族仍存着活态神话，是我国民间文学宝库中难得的财富。

2. 神话的分类

根据思想内容，神话大致可分为下列三类。

(1)解释自然现象的神话

远古时期的人类由于生产力低下，既有与自然斗争的愿望又充满了要了解自然的好奇与对神秘大自然的敬畏，这些观念在神话中都有充分的体现。他们力图对各种自然现象做出解释。比如我国的“盘古开天地”“女娲造人”神话，就以高度幻想的故事解释了天地如何形成、人类怎样产生等困扰原始人类的问题。这些问题对于科学的发端和研究人类童年的思想文化都很有价值。

(2)反映生产斗争和征服自然愿望的神话

在以前，原始人既有因为强大的自然力而产生的敬畏，也不乏试图控制自然的意志和行动。这种不妥协的态度在神话里有充分的体现。因此这类神话也成为考察原始人类生产实践与成就的宝贵文化史资料。这类神话往往充满了原始人类试图控制自然以获取更多生活资料的愿望与不屈气概的幻想与豪情。“夸父逐日”“精卫填海”也是这类神话的代表。

(3)反映原始社会社会生活的神话

这类神话主要表现了原始社会中人与人的矛盾，反映了原始部落之间的斗争与兼并。原始社会晚期，部落之间为了夺取生活和生产资源，也会发生武力的搏斗。比如“黄帝战蚩尤”的神话。

3. 神话的特点与意义

神话作为一种具有相当特点的意识形态，在性质、思想和艺术方面都有鲜明的特色。

(1)神话是原始人对自然和社会的认识

它紧密地伴随着人们的劳动和生活，具有广泛的作用。人们通过神话解释万物、总结经验、传授历史、组织劳动、表达愿望，因此神话既促进了生产，又形成了道德舆论，对于维护当时的社会秩序具有不可忽视的作用。神话是原始人类萌芽状态的文学、历史、宗教、哲学、法律和自然科学。

(2)神话是民间文学中最富于幻想的形式，是人类童年时期的产物

神话通过神奇的幻想来表现生活。神话在民间文学的各种形式中表现幻想最为充分，最为活泼奔放，幻想新奇而又真切自然。比如“羿射九日”的神话。

(3)神话中的人物形象都是神或半人半神

神话围绕这些形象展开故事叙述，反映了原始人类的生活情景和思想感情。神话中的神或半神，往往是对自然力和自然物以及人们生活共同体中的英雄人物和首领神化的结果。

除此之外，神话还具有重要的历史价值、美学价值和经久不衰的魅力。

(二)民间传说

1. 民间传说的概念

民间传说是人民创作的与一定的历史人物、历史事件和地方古迹、自然风物、社会习俗有关的故事。

民间传说可以说是难以掌握文字的人民群众的“口传的历史”。历代人民通过传说述说历史发展中的现象、事件和人物，表达人民的观点和愿望。但是，传说虽有历史性的特点，却不能等同于严格意义上的历史。传说往往和历史的、实有的事物相联系，所以包含了某种历史的、实在的因素，具有一定的历史性的特点。但是，传说在根据一定的历史事实反映社会生活的本质时，是经过取舍、剪裁、虚构、夸张、渲染、幻想等艺术加工的，而不是严格地再现历史事件本身。如张良戏女、孟姜女到了宜君哭出泉水来等，都不是实在发生过的事情。

2. 民间传说的分类

民间传说几乎涉及人民生活的各个方面，内容广泛，可大致分为三类。

(1)人物传说

这类传说以人物为中心，叙述他们的事迹和遭遇。相当一部分人物传说中的主人公是真实的历史人物，他们在不同的时代背景下做出这样那样的贡献，起了进步的历史作用。人民传说创作为这些敬佩的人物立传，如关于诸葛亮、岳飞和包公的大量传说。也有一些传说对历史人物进行批评和揭露，表现了人民群众的清醒认识和严正的是非观念，如大量关于秦桧的传说。

(2)史事传说

这类民间传说以叙述历史事件为主，是人民对历史的认识。它们往往以某一历史事件为中心，广泛刻画各阶层、各方面人物的动态，揭示历史的真实，表现人心的归向。杨家将的传说、戚继光抗倭的传说以及清末义和团抵抗八国联军入侵的传说都属于此类。

(3)地方风物传说

大量有关地方的山川古迹、花鸟虫鱼、风俗习惯或乡土特产的由来和命名的口头叙事故事便是地方风物传说。如杜鹃鸟的由来传说、北京潭柘寺的传说以及各地名特小吃的传说都属于此类。

总而言之，以上分类只是相对的，真实的民间传说常常出现各类内容交叉的现象。

3. 民间传说的艺术特色

在故事情节和人物塑造方面，民间传说具有显著的艺术特色。

(1)在故事情节方面，民间传说往往具有“传奇性”

民间传说的故事情节首先必须具有生活本身的形态，情节发展基本合乎生活逻辑，如《白蛇传》多次出现百姓生活的细节；同时又把生活素材加以剪裁、集中、虚构、渲染、夸张、幻想等艺术手法的处理，再通过偶然、巧合，以至“超人间的”情节来推动故事发展，如鲁班修建赵州桥的传说中，鲁班像赶羊一样从山上赶来了大量石头解决了修桥石材的问题。

(2)在人物塑造方面，民间传说往往紧扣故事情节来塑造人物

人物的思想感情多以具体行动外现，而少用心理和静态描写，刻画人物也多粗线条，甚至只突出人物的一个或有限的几个侧面，不求全面。如鲁班的机智、诸葛亮的智慧和包公的清廉等。这恰是民间文学长期口头流传形成的体裁程式。

二、民间故事

民间故事是民间文学的重要体裁之一。

(一)民间故事的概念

目前，民间故事的概念有广义和狭义之分。广义民间故事指人民创作并传播的、具有假想(或虚构)内容和散文形式的口头文学作品，即所有民间散文作品的通称。狭义民间故事指神话、传说以外的那些富有幻想色彩或现实性较强的口头创作故事。此处我们所论的是其狭义的概念。

(二)民间故事的分类与特征

民间故事的分类比较复杂。大多数学者认为我国民间故事可分为四大类：幻想故事、生活故事、民间寓言和民间笑话。该分类从我们的实际出发，既有中国特色，又适当吸取了外国的有益经验。

1. 幻想故事

幻想故事(又称“民间童话”)是幻想性较强的民间故事。我国各族人民几乎都有大量幻想故事。它产生于前阶级社会，到阶级社会又继续发展。它通过幻想的手段来表达人民大众的心声。对于我们不可能的事件，在某种特定条件下，在幻想故事中被当作可能而表现出来。幻想故事的社会理想的基础，就是人民赖以创造世界的劳动。

2. 生活故事

现实性比较强的民间故事即生活故事，其幻想性较少或完全没有幻想性。有时也称为“写实故事”或“世俗故事”。

生活故事大都是阶级社会出现以后产生的，它艺术地反映的是阶级社会的社会关系和社会现象、人们日常生活的事实和经历以及人民的愿望。

生活故事的主人公，通常是民众熟悉的劳动者，如贫苦的农民、工匠、牧民、渔民等。它颂扬那些正直、勤劳、善良、聪明的人，和新社会的先进生产者、劳动能手、战斗英雄等；它讽刺、鞭挞古代社会的那些剥削者和压迫者，如地主、官僚、皇帝、牧主、不良僧道、奸商以及象征封建社会最高统治者的阎王、天帝等；有的故事则对人民的缺点进行善意、幽默的讽刺。

3. 民间寓言

民间寓言是民间文学的一种独特的散文形式(个别也有韵文)。它是人民的智慧、经验和知识的结晶。寓言的形体短小、精悍，人物性格十分突出。其故事情节常集中在一件极简单的事情上，含意却很深远。它反映了人民健康、朴实的思想，闪耀着人民高尚道德情操的光芒，蕴藏着丰富的知识和经验，表现了人民优越的艺术才能和幽默风趣。

民间寓言的艺术特色鲜明，往往篇幅短小、形象生动而又寓意深刻。民间寓言善于运用经典的生活的片段来塑造典型的人物(或动物)形象，又多用简约、有个性的口语来刻画人物，以简驭繁，生动传神。民间寓言同时还有民间讽刺文学的明快、犀利、高度简约、含蓄的艺术特色。

4. 民间笑话

民间笑话也叫“民间趣事”或“滑稽故事”，是一种短小形式的民间故事。它叙述的是滑稽境遇中展开的插曲式的事件，其中不少都带有尖锐的政治内容。它产生比较晚，幻想元素也较少。

民间笑话的以讽刺阶级敌人和嘲笑人民自身的缺点的作品居多，前者有揭露贪财官僚借属牛的妻子生日向属下索要金牛的《属牛》，后者有嘲讽懒惰妇人脖子上挂着大饼也饿死的《懒婆娘》，虽然大部分笑话的思想内容都较健康，也有一些取笑人类生理缺陷的低俗笑话应当摒弃。

民间笑话具有篇幅短小、人物较少、情节巧妙和善于运用讽刺手法的艺术特点。

三、民间歌谣

(一)民间歌谣的概念

民间歌谣是人民集体创作的口头诗歌，可以歌唱和吟诵的韵文体民间文学，人类较早的口头艺术样式之一。与同为民间韵文样式的史诗、民间叙事诗、民间说唱等相比较，民间歌谣具有短小或比较短小的篇幅和抒情的性质。

民间歌谣包括民歌和民谣。民谣大都没有固定的曲调，唱法自由近于朗诵，所以谣词多为较短的一段体，在章句格式的要求上不像民歌那么严格。现在民歌几乎已成歌谣的总称，民众大都认为包含民谣在内。我国各民族都拥有丰富的民间歌谣，形式也十分多样。汉族除了民谣、儿歌、四句头山歌和各种劳动号子之外，还有“信天游”“爬山歌”“赶五句”和“四季歌”“十二月”等多种样式。

（二）民间歌谣的分类与特征

我国民间文学创始人钟敬文先生提倡主要从民间歌谣的内容出发，结合它的某些特殊功能和服务对象，将我国民间歌谣分为劳动歌、仪式歌、生活歌、情歌等。

1. 劳动歌

劳动歌是一种由体力劳动直接激发起来的民间歌谣。它伴随着劳动节奏歌唱，与劳动行为相结合，具有协调动作、指挥劳动、鼓舞情绪等特殊功能。劳动歌应是民间歌谣里产生得最早的，其产生跟原始人类的集体劳动应有直接的联系，至今还仍在某些劳动中发挥着作用。劳动歌最突出的艺术特点是节奏感强烈。

2. 仪式歌

仪式歌主要在民间礼俗和祀典等仪式上唱诵，其内容和形式一般与该仪式的目的相适应。我国古代的庆节祈年、贺喜禳灾、祭祖吊丧等活动，大抵都有一定的仪式，并伴以歌谣。如年终蜡祭时的《蜡辞》、七夕乞巧时的《乞巧歌》、结婚撒帐时的《撒帐歌》等。现在仍流传的仪式歌为数不多，因为随着历史的发展，有些仪式同其仪式歌一并消失了，还有些则演变为民间歌舞或者儿童歌谣。

3. 生活歌

广义地说，凡是反映人民社会生活和家庭生活的歌谣都可称为生活歌。但是本节采用生活歌狭义的概念，指反映人民日常劳动生活和家庭生活状况的歌谣。包括田歌、牧歌、渔歌、猎歌以及妇女、劳工、孤儿、流浪汉、单身汉等的歌谣，从不同侧面表现了各行各业、各种不同遭遇的人民的生活和悲欢。

4. 情歌

情歌是反映人民爱情生活的民间歌谣。情歌的数量比较多，艺术性也比较高。它的艺术手法丰富多样，比较突出的有比兴、双关、重复等。情歌具有重要的科学与文化价值。情歌或含蓄、或直率地表达青年对幸福爱情的热烈追求，充分表现人民淳朴健康的恋爱观点和审美情操，有的传统情歌还表现了对封建礼教的蔑视和公开反抗。我国传统情歌丰富多彩，特别是许多少数民族，初识歌、试探歌、赞美歌、逃婚歌等歌谣遍布在他们爱情生活的各个阶段和方面。

四、史诗与民间叙事诗

史诗和民间叙事诗和前面提到的民间歌谣都是韵文体民间文学，只是史诗和民间叙事诗篇幅更长，属于人民(或人民的专业艺人)集体创作、口头流传的韵文故事，故又称为“故事诗”或“故事歌”。史诗产生在各民族形成的童年期，主要反映远古时期的生活，民间叙事诗主要是在阶级社会里产生和发展的。

(一)史诗

1. 史诗的概念和特点

史诗，是民间叙事体长诗中一种规模比较宏大的古老作品。它用诗的语言，记叙各民族有关天地形成、人类起源的神话故事，以及关于民族迁徙、民族战争和民族英雄的光辉业绩等重大事件。

史诗和原始神话一样，是一个历史范畴的文学现象，只诞生在人类的童年期；它和古代的神话、传说有着天然的联系；史诗具有综合性，不仅是文学，也是历史，是记录着各民族人民早期生活经验和智慧的百科全书；因其特殊的内容以及与原始宗教的关系，史诗的叙述一般都具有庄严性。

2. 史诗的分类

根据史诗所反映的内容，可分为创世史诗和英雄史诗两大类。

(1)创世史诗

创世史诗，又称“原始性”史诗或神话史诗。这类史诗主要叙述了古代人所设想和追忆的天地日月的形成，人类的产生，家畜和各种农作物的来源，以及早期社会人们的生活。

(2)英雄史诗

英雄史诗是一种以民族英雄的斗争故事为主要题材的史诗。我国藏族的《格萨尔》，蒙古族的《格斯尔传》《江格尔》及柯尔克孜族的《玛纳斯》等都是英雄史诗。

(二)民间叙事诗

1. 民间叙事诗的概念

民间叙事诗和史诗在形式上具有相似性，虽都是叙述长篇故事的韵文体口头民间文学作品，但民间叙事诗产生的时间要明显晚于史诗。史诗产生于人类童年时期，主要反映远古时期的生活；民间叙事诗则主要是在阶级社会里产生和流传的。

2. 民间叙事诗的特点

我国民间叙事诗作品涉及面很广，风格多样，北方的民间叙事诗粗犷豪放，南方的民间叙事诗秀丽含蓄，但基本呈现相似的艺术特点。

首先，叙事线索单纯、故事首尾完整，民间叙事诗的情节一般都以主人公的命运或遭遇为主要线索，单线顺序向前发展。

其次，叙事手法多用重叠复沓、一唱三叹，这是民间叙事诗刻画人物、表现性格的一种常用且有效的艺术手段。

最后，叙事语言富有艺术感染力，既朴素自然，又善用引类譬喻来生动形象地表述。《阿诗玛》中以“脸洗得像月亮白，身子洗得像鸡蛋白，手洗得像萝卜白，脚洗得像白菜白”来描述可爱的小阿诗玛，生动形象的语言仿佛从生活中信手拈来。

这些都是长期适应口头流传形成的艺术特点。

【思考与练习】

1. 民间文学有哪些主要体裁?
2. 你了解我国哪些著名的神话和传说? 说一说。
3. 民间寓言有什么特点?
4. 我国民间史诗主要分为哪几类?

第三节
对小学语文教材中民间文学选文的教学建议

一、注意民间文学选文的特殊性

教师在教授语文教材中的民间文学选文时，在满足语文教学基本要求的同时，要能够兼顾民间文学选文的特殊性。

(一)引导学生注意到民间文学作品选文的基本特征

民间文学的基本特征之口头性、集体性、变异性和传承性是民间文学选文迥异于作家文学选文之处，教师要注意区分民间文学选文的文体特征，为学生从小树立正确的民间文学理论观念。如“部编版”小学语文三年级下册中的《枣核》这篇民间幻想故事在很多地方都有类似的异文流传，有条件的教师可以引导学生关注一下本地流传的故事异文。

(二)引领学生了解民间文学作品选文的体裁与特点

教师在学习了民间文学基础理论知识后，要能够对入选教材的民间文学作品选文的体裁和特点建立相对明晰的认识，并在具体的教学实践中引导学生认识入选教材的民间文学作品选文的体裁，并讲解这些体裁的基本特点，以激发学生对本民族优秀传统文化的热爱之情。

二、注意民间文学选文的地域性与乡土文化的独特关系

因为目前在全国各地大力推行的“部编版”教材即便再努力考虑各地的不同情况，也无法在选文时体现每个区域的文化个性，而我国幅员辽阔，地域文化存在差异。在这种情况下，教师在教授语文教材中的民间文学选文时，要能够在完成课标的要求的前提下，积极结合本地的历史文化与民间文化特色，对教材中的民间文学选文做出深入的挖掘和结合本地民间文化的拓展，以引领学生在幼年时形成对本地文化的立体认识。如在教授“日积月累”中的天气谚语“朝霞不出门，晚霞行千里”时，可以引导学生向家人或周围人收集类似的当地天气谚语，然后以课堂汇报或手抄报的形式来展示收集成果，这个教学过程既可以加深学生对相关民间文学作品的理解，又可以锻炼他们对本地民间文学资源的探索能力，又可以在无形中锻炼学生的人际交往能力，还可以强化学生对本地乡土文化的了解与认同，在潜移默化中传承了祖国优秀的传统文化。

【思考与练习】

1. 民间文学作品选文与教学对小学语文教育有何意义?
2. 谈谈“部编版”小学语文教材中民间文学作品的选编情况、特点和你的看法。

本章小结

本章主要阐述了民间文学的基础理论、主要体裁知识，在此基础上对“部编版”小学语文教材中的民间文学选文的教学实践提出建议。希望学习本章后，同学们能理解并记住民间文学的概念、范围和基本特征，了解民间文学与作家文学的关系，知道民间文学搜集整理的原则与成就等基础理论知识;了解民间文学的主要体裁，了解对小学语文教材中民间文学选文的教学建议。

关键术语

民间文学、民间故事、民间传说、民间叙事诗

拓展资源

1. 贾芝，孙剑冰．中国民间故事选．北京：作家出版社，1958.
2. 钟敬文．民间文学作品选(第二版)．北京：高等教育出版社，2010.
3. 袁珂．中国古代神话选编．武汉：长江文艺出版社，2019.
4. 严优．我们的神：写给孩子的中国神话．北京：北京大学出版社，2019.
5. 马昌仪．古本图说山海经．济南：山东画报出版社，2001.
6. 商礼群．历代民歌一百首．北京：中华书局，1962.
7. 马学良．中国民间情歌．上海：上海文艺出版社，1989.
8. 上海文艺出版社．中国民间长诗选．上海：上海文艺出版社，1980.
9. 赵宝忠．中华谚语．北京：中国经济出版社，2013.
10. 王仿．中国谜语大全．上海：上海文艺出版社，1983.
11. 中国曲艺研究会．相声传统作品选．北京：作家出版社，1957.
12. 中国曲艺研究会．评书传统作品选，北京：作家出版社，1958.
13. 张紫晨．中国民间小戏选．上海：上海文艺出版社，1982.

参考资料

【著作类】

1. 钟敬文．民间文学概论(第二版)．北京：高等教育出版社，2010.
2. 段宝林．民间文学教程(第二版)．北京：高等教育出版社，2016.
3. 王泉根．儿童文学教程．北京：北京师范大学出版社，2009.

【期刊类】

李姣玲．民间文学如何有效融入语文教学．文教资料，2018(25).

【学位论文类】

1. 谢林．民间故事和神话传说教学研究．山东：山东师范大学，2018.
2. 曹雯．小学高年级语文课本中民间故事的德育符号研究．上海：华东师范大学，2018.

3. 武青．民间文学在德育校本课程中的利用研究．陕西：陕西师范大学，2017.

4. 袁田莉．小学语文教材中的民间故事选文研究——以人教版和苏教版教材为例．上海：华中师范大学，2017.

5. 胡倩．小学语文教材中的传统文化内容分析——以现行人民教育出版社版教材为例．北京：中央民族大学，2016.

6. 张慧思．神话在小学德育课程中的应用研究．河北：河北大学，2016.

7. 李秋慧．小学语文教科书中儿童文学编选比较研究——以人教版和苏教版教材为例．云南：云南师范大学，2015.

8. 臧霜．小学语文教材中的传统文化建构——以现行人教版教材为例．北京：首都师范大学，2014.